거꾸로 배움, 두 번째 이야기

학생 바보 교사의 용기

최경민 김규태 공저

양성원

서문

가르치는 업을 담당하는 우리에게 무슨 색을 좋아하냐고 묻는다면 우린 흰색을 좋아한다고 말하고 싶다. 이것은 백지 상태에서 매 학년 아이들에 맞는 색을 스스로 입어야 한다는 의미에서 그러하다. 또 다시 무슨 색의 교사가 되고 싶냐고 묻는다면 우린 흰색 교사가 되고 싶다고 말하고 싶다. 그것은 이미 채색된 색보다는 매년 맡는 학생들에게 알맞은 색으로 변화하고 싶기 때문이다. 이것은 여러 상황에 따라 변색하는 카멜레온의 의미가 아니다. 우린 학생의 입장에서 그들의 원함과 필요와 색깔을 그리고 싶다는 의미이다.

그렇다면 학교는 어떤 색이어야 하는가? 우리는 학교도 흰색 위에 학생, 교사가 원하는 '빨주노초파남보' 무지개 색깔을 언제든 그릴 수 있어야 한다고 믿는다. 그러나 학교는 파랑, 교실은 노랑, 도서관은 초록, 급식실은 노랑, 교과서는 주황, 수업은 보라, 선생님은 빨강 등으로 물들어졌다고 믿고 있다. 그래서 학교를 '빨주노초파남보' 무지개 색깔 중 하나로 바꾸려고 해도 이미 도색된 것을 벗겨내기 어렵고, 벗겨내어 덧칠하기는 더욱 힘들다고 생각할지도 모른다. 그것은 학생이나 세월의 탓이기 보다는 우리들의 선입관이나 고정관념의 탓일 수도 있다.

우리는 학교, 교실, 교과서, 도서관, 급식실, 수업 등을 하얀색으로 보면서 새로 색칠을 해보면 어떨까? 교실은 초록이면 어떨까? 교과서는 빨강이면 어떨까? 선생님은 주황이면 어떨까? 이런 질문들을 던져보고자 한다. 그래서 본서 곳곳에 우리에게 익숙한 것들에 대해 물음표(?)를 달아보면서 진짜 그것만이 전부인가를 생각해 보기로 했다. 예를 들면, 학교란 무엇인가? 학교하면 먼저 생각나는 것들은 무엇인가? 이런 질문들을 해보기로 하였다.

독자들에게 '학교라 하면...'하고 질문을 하면 이런 것들이 떠오를지 모른다. 학교 건물 중앙에는 동그란 시계가 있고, 네모반듯한 건물, 그 안에는 네모반듯하게 만들어져서 나열되어 있는 교실들이 있으며, 학교는 커다란 교문과 담으로 둘러싸여 있고, 교문은 등교시간 이외에는 항상 닫혀 있으며, 지각을 하면 교문 앞에서 혼이 나는 모습들이 떠오를지도 모른다. 또한 학교 안의 교실들은 수의 순서에 따라 일정하게 배열이 되어 있어서, 어느 누구라도 그 다음 교실은 몇 학년 몇 반이 될지 예상할 수 있다. 그렇다. 대부분의 사람은 학교라고 하면 이러한 건물이 먼저 떠오를 것이다. 또한 학교를 그저 건물로 여기고 있고, 아이들이 일정한 나이가 되면 다녀야 하는 곳, 그리고 선생님의 지도 아래 국어, 영어, 수학, 과학, 사회 등 교과목을 배우고 암기하고 시험을 치르는 곳으로 여길 수 있다.

우리는 이미 관성에 의해, 대학교 때까지 학습한 내용으로 그리고 그동안 우리들이 수업을 받아왔던 방식 그대로 학교를 바라보고 그러한 곳으로 인식하고 있을지도 모른다. 우리는 '학교는 그런 것이야'라고 기정사실화하고 있는 것들에 대해 의문을 가지고 다시 보는 것에 게을렀을지도, 아니 두려웠을지도 모른다. 그러나 우리는 '학교하면' 이러한 건물이나 외형적인 모습이 아니라 그 속에서 함께 웃고 울면서 배우고 활동하는 아이들의 모습이 떠오르며, 교사과 학생과 함께 어울려 서로 사랑과 웃음이 가득하며 행복한 모습을 생각해야 한다고 믿는다. 학교는 행복한 공간이며, 교실이 행복한 장소이며, 수업이 행복한 시간이다. 아니 그랬다고 떠오르는 그런 생각을 했으면 하는 바람이 있다.

앨빈 토플러는 이러한 말을 했다. "21세기 문맹인은 글을 못 읽거나 못 쓰는 사람이 아니다. 학습하지 못하는 사람, 학습하는 것을 버리지 못하는 사람, 재학습하지 못하는 사람이 문맹인이다." 그의 말대로 우리는 학교에 대해 학습한 것들을 다시 돌아보고자 한다. 또한 학교 안에서 배우는 아이들 관점에서, 학교를 새로 정립해보고자 하는 교사들 관점에서 바라보고자 한다. 즉, 토플러가 지적한대로 학교에 대한 학습을 버리고, 다시, 새로 학습해 보고자 한다. 우리는 믿는다. 우리 교육이 바뀌어야 한다고. 교실이 바뀌어야 하고, 학교가 바뀌어야 한다고. 이를 위해서는 왜 그래야 하는가에 대한 비판과 성찰이 필요하다. 또한 세상은 변하고 있고, 이미 그 변화의 흐름 속에 있음으로 학교도 변화해야 한다는 인식 전환이 필요하다. 지금까지 바라보며 믿었던 학교에 대해 달리 생각해 보고자 한다.

이러한 접근은 용기가 필요하다. 우리의 교육철학을 드러내야 하는 용기가 필요하다.

그 교육철학을 토대로 학교, 교실, 수업, 선생님 등을 다시 바라보는, 그 실상과 상황을 파헤치는 용기가 필요하다. 그리고 우리가 달리 보는 그것이 진짜 그럴 수 있다는 실행과 그것의 결과도 제시해야 하는 용기도 필요하다. 이러한 용기는 쉽지 않다. 우리가 먼저 변하고, 그 변화가 옳을 수 있다는 것을 입증할 때 그 용기를 인정받을 수 있기 때문이다. 그렇지 않다면 그것은 아집이요 똥철학으로 취급될 수 있기 때문이다.

본서는 가르치는 사람은 학생 바보이어야 하며, 그 바보가 생활하는 학교는 백색 종이에 늘 새롭게 채색되어야 한다고 믿으며, 우리가 생각하는 학교, 교실, 교사, 수업, 교과서, 배움 등에 대해 고정관념을 지니고 있는 것들을 비판적 성찰과 파헤침을 시도하며, 새로운 접근 방안을 모색하고자 몸부림을 친 용기 있는 현장 교사의 스토리가 담겨 있다. 이 이야기는 아직 미완성이다. 왜냐하면 그 이야기는 이 한명의 교사와 함께 할 수 있는 동료들과 계속 써야 하는 글이기 때문이다. 새로운 변화와 시도를 격려하고 지원하는 모든 이들과 함께 만들어야 하는 글이기 때문이다. 학교를 재학해야 한다고 믿는 배움의 공동체와 함께 멀리 가야 하는 길, 즉 유분튜 길이기 때문이다. 이러한 용기 있는 행보에 격려와 지지가 함께 할 때 이 길은 가벼워진다. 하지만 그것이 없어서 무거운 발걸음이 있을지라도 학교를 다시 보고, 파헤치고, 그것을 반성하며 새로운 시도를 해보고자 하는 용기 있는 교사들은 많아지길 기대한다.

하지만 본서는 많은 교사들의 반감을 불러일으킬 수도 있다는 걱정을 가장 먼저 하게 된 것 같다. 우리 학교 내에서 조차 많은 교사들이 앞으로 우리가 하고자 하는 많은 이야기들에 대해 동의를 하실 분도 있지만, 반대를 하실 분도 많기 때문이다. 그래서 본서로 인해서 마음이 상할지도 모르는 분들에게는 용서를 구한다. 마지막으로 본서를 출판할 수 있도록 허락해 주신 양성원 강철원 사장님과 본서의 편집과 교정을 담당해 주신 편집부 선생님들께 진심으로 감사를 전한다.

학생 바보가 되고 싶은

최경민, 김규태 배상

추천의 글

-한 땀 한 땀 진솔함으로 꿰어내고 있는
미완성 '대한민국초등교육 고민보고서'에 대하여-

저자 최경민은 본인이 근무하는 상모초등학교의 현직 연구부장으로 4년째 재직중이다.

그는 그리 길지 않은 교직 경력임에도 불구하고, 대한민국 교육의 현주소를 아파하며 늘 교육의 본질에 대한 그 자신의 고민과 물음을 던지면서 비록 바위에 계란치기일지라도 교육개혁, 수업개혁이 자신에게 주어진 사명임을 자각하고, 늘 교실 속 수업에 있어서 혁신을 시도하고 또 시도하는 학구파 교사이다.

가끔씩 우리는 젊은 교육자들에게서 교육개혁에 대한 막연한 패기를 찾아볼 수 있지만, 그에 따른 이론과 설천을 겸비한 젊은 현장교사들은 드물다고 생각하고 있었다. 교사 최경민은 이러한 점에서 어느 한쪽으로 치우치지 않는 균형감으로 교육의 현장이론에서도 실천 가능한 현장감이 뛰어나고 그에 따른 현장에서의 묵묵한 실천의 발자취 또한 남다르다고 할 수 있다. 교직의 선배로서 본인은 평소 이렇게 주어진 현장에서 이 시대의 교육을 진정으로 고민하고 작은 발걸음이나마 교육개혁을 위해 용기있게 내어딛고자 하는 저자 최경민 교사는 미 대통령 오바마가 극찬하다시피한 바로 '네이션 빌더'의 자격을 충분히 가지고 있다고 생각을 한다. 우리 대한민국의 미래가 밝으려면 이러한 젊고 유능한 학교교육 전문가가 교단을 굳건히 지켜나가야 된다고 굳게 믿는다.

이번에 펴내게 된 거꾸로 배움, 두 번째 이야기는 본서의 저자가 밝힌대로 교실의 소리없이 강한 작은 개혁의 씨앗을 뿌려가는 그 현장의 생생한 모습들이 우직스럽기까지 하게 나타나 보여지는 다큐멘터리 보고서와도 같은 책이라고 할 수 있다.

아무쪼록 이 길을 함께 가려하는 뜻있는 많은 동료 선후배 교육동지들에게, 한 젊은 교육자의 투박하지만 진솔한 '대한민국 초등교육 고민 보고서'를 한번 쯤 정독해주기를 흔쾌히 권해 드리는 바이다.

상모배움동산에서

미말의 배움터섬김이 교장 박용진

목차

1부 학생 바보 교사가 되려는 용기

2부 학생 바보 교사의 실천 용기

이야기를 시작하면서...

2016년, 세상을 떠들썩하게 한 사건이 발생하였다. 바로 프로바둑 기사와 인공지능인 알파고와의 맞대결이었다. 경기 전 세간의 기대와 달리, 결과는 생각보다 쉽게 끝이 나버렸다. 3판을 내리 이긴 알파고가 승리를 하였다. 하지만 4번째 대국에서 프로바둑 기사가 승리하면서 인간의 창의적인 사고에 대한 기대감이 높아지게 되었다.

알파고와 바둑기사의 경기가 끝나고, 우리 사회는 인공지능에 대한 관심이 높아지게 되었다. 카이스트 김대식 교수는 경기가 끝나고 난후 인공지능 시대에 우리들이 어떻게 살아야 하는가에 대해 말을 한 적이 있다. 그의 말을 빌린다면, 우리 사회는 그다지 멀지 않은 미래에 인간이 하고 있는 대부분의 노동과 일을 기계가 대처하게 된다고 한다. 그 한 예로 얼마 전 미국의 거대 로펌회사에서 인공지능 변호사가 채용이 되었다고 한다. 물론 실제 변호를 하는 변호사가 아니고, 판례를 찾아주는 역할을 하는 인공 지능이지만, 이미 인간의 일을 기계가 대처하기 시작했다고 여겨도 무방한 사건이 발생하였다. 또한 자동차 자동 주행 기능이 현실화 되었으며, 버튼하나만 누르면 자동차가 앞 차와의 간격을 자동적으로 조절하여 스스로 주행하는 시대가 되었다. 어쩌면 이러한 기술이 더욱 발달하게 되면서 운전은 인간이 아니라 인공 지능의 역할이 되지 않을까 한다.

이러한 시대에 우리 아이들이 학교에서 배우고 알아야 하는 것은 무엇일까?

기성세대에 접어들기 시작하거나 이미 기성세대에 속한 우리 교사들은 이제부터라도 많은 고민을 해야 할 시기라고 생각한다. 기성세대들이 학교를 다니던 시대 그리고 현재의 시대는 과거에 충분한 지식을 쌓으면 미래가 보장되던 시대였다. 하지만 앞으로의 시대는 다르다. 이제부터 우리는 기계와 경쟁을 하며 살아가야 하는 미래사회(그리

멀지도 않은 미래인 것 같다)에 살아가게 될 우리 아이들을 위해 우리가 무엇을 해줄 수 있는지에 대해 곰곰이 고민하고 성찰을 시작해야 한다.

물론, 미래 세상이 어떻게 될지 아무도 모른다. 하지만 한 가지 확실한 것은 10년, 20년이 지난 후에는 인간들이 습득하고 있는 그 어떤 지식보다 기계들이 가지고 있는 지식이 훨씬 더 많아지게 될 것이다. 그리고 우리가 현재 학교에서 배우고 있는 국어, 영어, 수학, 사회, 과학과 관련된 지식 역시, 인간이 알고 있는 것보다 훨씬 더 많은 것을 기계가 알고 있고, 더 잘 찾아 낼 것이다. 이러한 미래사회가 자명함에도 불구하고, 학교현장에서 지금까지 해온 것처럼 국, 영, 수를 열심히 가르치고, 아이들은 그 가르침에 따라 열심히 외우고 암기하게 하고, 시험을 통해 확인을 하는 교육활동은 불도저가 등장하는 시점에서 삽질을 잘하는 방법을 배우는 것과 같다. 즉, 아무런 경쟁력이 없다는 말이다.

미래의 기계와 경쟁을 해야 하는 우리 아이들에게 학교는 여전히 기계와 경쟁해서 이길 수 있는 능력을 길러주기 보다는 기계와 똑같은 것을 가르치려고 한다. 과연 우리 아이들이 이러한 학교와 교실, 수업을 통해 계속 성장하고 발전하게 된다면, 기계와의 경쟁에서 어떠한 결과를 가져올 수 있을까? 아마도 알파고가 프로 바둑 기사를 이긴 것과 같은 결과를 가져오지 않을까?

그래서 교육이 바뀌어야 한다. 어쩌면 알파고의 등장, 알파고와의 바둑 경기가 우리 사회에 큰 갈등과 문제점을 불러일으키고 있을지도 모르지만, 이렇게 발견된 갈등과 문제로 인해 우리는 앞으로 더욱 발전하고 성장할 수 있는 기회를 잡게 되었을지도 모른다.

물론 교육이 이러한 변화를 완전히 무시하고 있지는 않다. 변화의 흐름에 따라 교육에서도 핵심역량을 중요시 여기고 있다는 점에서도 변화의 흐름에 따라 교육도 변해야 한다는 인식을 조금씩 가지게 되었다고 생각할 수 있다. 그러나 핵심역량의 등장배경과 이유에 대해 부정적으로 여기는 세력도 존재한다. 필자 역시 핵심역량이라는 개념이 미국의 거대 IT회사에서 처음 등장하였다는 것에 의해 부정적인 이미지를 가지고 있기도 하였다. 거대 IT회사에서는 취직한 사람들을 대상으로 적합한 역량을 길러주기 위하여 재교육을 해야만 했으며, 이러한 불편함과 낭비를 줄이기 위하여 미리 길러주어야 하는 기술을 공통된 것만을 묶어서 핵심 기술이라는 개념을 도입하였으며, 교육을 통해 이러한 핵심 기술을 길러줄 것을 요구하였다. 이러한 핵심 기술이 우리나라에 도입이 되면서 핵심 역량이라는 말로 탈바꿈하게 되었다. 이러한 이유로 나 역시 핵심 역량이 교육에 도입되는 것에 대해 처음에는 많은 거부감을 가지고 있었던 것이 사실이다.

하지만 시대의 흐름을 거스를 수 없는 것이다. 우리 아이들이 기계와 경쟁에서 승리할 수 있는 방법은 인간으로서의 삶을 살아가는데 있어서 필요한 역량을 길러내는 것이다. 이러한 이유로 2015개정 교육과정에서 핵심역량을 중심으로 교육과정을 재구성하였다는 점에서는 동의한다. 물론, 그동안의 교육 정책이 그러했듯이 이러한 것들이 말뿐인 정책이 아니라, 실제 아이들의 삶속에 녹아들어서 우리 아이들의 미래 삶을 더욱 윤택하게 해주는 밑거름이 되기를 바랄 뿐이다. 또한 핵심역량을 길러주기 위해 모든 교육이 이루어지는 것이 아니라, 다양한 교육활동의 과정 중에서 이러한 핵심역량이 저절로 함양될 수 있도록 교육이 이루어진다면 핵심역량이 교육적인 측면에 도입이 되어도 무방하다고 생각을 하게 되었다. 활동의 결과가 중심이 되는 것이 아니라 아이들의 활동 과정을 중시여길 수 있는 교육이 이루어져야 하며, 그러한 과정 중에서 아이들은 스스로 학습하고, 소통하며, 함께 문제를 해결하면서 사회가 요구하는 핵심역량이 함양될 수 있을 것이다. 이러한 면에서 본 저자는 프로젝트 학습을 하나의 대안으로 제시하고자 하였다. 프로젝트 학습에 대해서는 앞으로도 계속 언급하게 될 것이다.

어쨌든, 이러한 변화의 흐름은 PISA에서도 확인할 수 있다. 바로 2015년도부터 새롭게 추가되는 협동적 문제해결력이다. 이제는 인간 혼자서가 아니라, 함께 하는 것의 소중함, 함께 해결하는 것이 중요한 시대라고 할 수 있다. 기계와 경쟁에서 승리하기 위해서 우리가 할 수 있는 것은 함께함이다. 미리 입력된 프로세스를 따라서 움직이고 해결하는 기계들에게는 창의성은 찾아볼 수 없을 것이다. 물론 정형화된 방법대로 해결하는 것에는 인간보다 훨씬 더 능력이 뛰어날 것이다. 그러나 함께 할 줄 알고, 함께 문제를 인식하고 해결할 줄 아는 인간은 기계는 흉내 낼 수 없는 창의성을 발휘할 수 있다. 이번 알파고와의 바둑 경기 또한 이세돌과 함께 여러 명의 프로바둑 기사가 함께 바둑을 두는 경기를 했었다면, 경기의 결과가 바뀌었을지도 모르는 일이다.

하지만 창의성이 필요하다고 하여 기존의 창의성 교육처럼 창의성만을 길러내기 위해 고군분투하는 잘못된 교육이 실천되어서는 안 된다. 이에 대해서는 본문에서도 언급을 하도록 하겠다. 창의성은 갑작스럽게 나오는 것이 아니다. 다들 알고 있지 않은가?

10,000시간의 법칙을...

이 세상에서 창의적이라고 인정을 받는 그 누구도 갑작스럽게 창의성이 발휘되지 않았다. 자기의 분야에서 최소 10년 동안 매일을 3시간 이상을 열심히 노력하고, 더 많은 것을 경험하고 배우고 학습해야만 그러한 창의성이 발휘되는 것이다. 하지만 우리나라의 창의성 교육은 10년은 고사하고, 창의적 수업을 위해 처음부터 창의, 창의, 창의만을 강조한다. 이 또한 교사 중심의 수업과 무엇이 다를까? 창의성 수업이라고 하는 것들을 찾아보아라. 그 속에서 대부분의 수업은 교사 중심의 수업에서 벗어나지 못하고 있음을 발견하게 될 것이다.

이제 우리나라 교육, 학교가 나아가야할 방향이 조금은 보이는가?

우리 교육이 바뀌어야 한다고 생각한다. 교실이 바뀌어야 하고, 학교가 바뀌어야 한다. 연구학교 시범학교의 이야기가 아니다. 단위학교가 바뀌어야 한다. 그러기 위해서는 왜 그래야 하는가에 대한 스스로의 성찰에서 시작해야 한다. 교사가 편하기 위해서가 아니다. 우리 아이들의 미래를 위해서, 기계와 경쟁하며 살아가야 할 우리 아이들의 더 나은 미래를 위해서이다. 세상은 변하고 있고, 이미 그 변화의 흐름 속에 있다.

이런 말도 있지 않은가…

혼자 간다면 빨리 가지만, 함께 한다면 더 멀리 갈 수 있다.

이제는 직접 교육 현장에서 이러한 것을 보여주고 실천할 수 있도록 해야 하는 시기가 왔다. 우리 아이들에게 보여주어야 할, 그리고 배우고 학습하게 해야 할 것은 단편 지식이 아니라, 함께 함의 소중함일지도 모른다. 2015개정 교육과정에서 제시하는 6대 핵심 역량 역시 함께하는 문제해결력을 높여주는 것과 별반 다를 것이 없다. 협동하여 문제를 해결하기 위해서는 스스로 학습하는 능력(자기 관리 역량)을 가지고 협동하는 능력(공동체 역량)이 필요하며, 협동하기 위해서 서로의 정보와 지식을 처리(지식정보 처리 역량)하여 의사소통하는 능력(의사소통 역량)도 필요하며, 때에 따라서는 활동 과정 및 결과물에 대한 예술적 감각(심미적 감성 역량)도 필요하다. 이러한 친구들 혹은 선생님과의 함께 함 속에서 알게 되는 다양한 생각과 사고들로 조금 더욱 새롭고 창의적인 생각과 서로의 다른 생각을 알아가는 것이 앞으로의 미래 사회에 우리 아이들에게 필요한 역량이 아닐까 생각한다. 이러한 교육 철학을 가지고 이야기를 시작해보고자 한다.

1부

학생 바보 교사가 되려는 용기

거꾸로 배움을 위한 두 번째 이야기를 써내려가면서 필자는 많은 용기가 필요함을 알게 되었다. 지금의 책이 많은 교사들의 반감을 불러일으킬 수도 있다는 걱정을 가장 먼저 하게 된 것 같다. 우리 학교 내에서 조차 많은 교사들이 앞으로 하고자 하는 많은 이야기들에 대해 동의를 하는 분도 있지만, 반대를 하는 분도 많기 때문이다.

지난 한해, 필자가 읽은 다양한 도서들 중에서 가장 큰 힘이 되었던 것이 바로 '미움 받을 용기'였으며, 나와 타인의 과제를 분리하고자 수많은 노력을 해오고 있다. 이번 저서도 그러한 노력 중의 하나인 것 같다. 미움 받을 용기의 핵심이 되는 심리학자 아들러는 이러한 말을 했다고 한다.

교사는 아이의 마음을 형성하고, 인류의 미래는 교사의 손에 달려 있다.

우리 교사는 바른 인성을 지닌 아이, 시대가 요구하는 다양한 사고력을 지닌 아이로 길러내기 위하여 부단히 노력을 하고 있다. 인류의 미래가 교사의 손에 달려있다는 것에는 동의하지만, 지금까지의 필자는 아닌 것 같아서 많은 반성과 성찰을 하고 있는 중이다. 이러한 반성과 성찰이 본 저서의 시작인 것 같다.

교직은 아이들에 대한 이해를 바탕으로 아이들의 배움과 학습을 이끌어내는 것이 그 소명이라고 생각한다. 하지만 한 아이를 제대로 이해한다는 것은 어려운 일이다. 경력이 많은 선배 교사들은 가능한 일인지 모르겠지만, 경력이 적은 교사들은 한 아이도 제대로 이해하지 못한다고 생각을 한다. 아이들의 마음을 제대로 이해하고, 아이들의 눈으로 세상을 바라보고 수업을 바라보고 싶었다. 그러기 위해서는 학교가 변해야 한다는 사실을 알게 되었다.

앞으로 써내려가게 될 이야기들은 전적으로 필자가 경험하고 겪은 이야기다. 다른 그 누구의 이야기도 아니며, 어떠한 특정한 누구를 겨냥해서 그들이 잘못되었다고 비판하기 위한 이야기도 아니다. 그저 아이들의 눈으로 수업을 바라보고, 세상을 바라보고, 아이들과 함께 우리 교실 속 이야기가 함께 만들어가는 하나의 삶이 될 수 있었으면 하는 바람에서 적은 필자의 이야기이다.

필자가 겪은 교직 이야기를 글로 적는다는 것은 용기가 필요하다. 왜냐하면 그 이유는 이 글을 읽고 그렇다고 할 분들도 계시겠지만, 내심 불편해 할, 거부감을 느끼게 될,

극히 심하게 혹은 적당히 반대하게 될 선생님, 학부모, 혹은 이 세상의 많은 어른들이 있을 수 있기 때문이다.

흐르는 강물처럼, 세상도 흘러가며 변화하는 것처럼 학교와 교실도 그렇게 변화해야 하지 않을까? 그렇지만, 혹자들은 물어올 것이다.

"이렇게 하면 수능은? 우리 아이들의 성적은? 대학은 어떻게 할 건데?"

이 질문에 필자는 확답을 주지 못한다. 이것은 내 일이 아니다. 하지만 필자가 할 수 있는 한 가지 말은 수능은 바뀌어야 하고, 이러면 우리나라 교육도 바뀔 수 있다는 것이다. 필자의 이야기를 더 써내려가기 전에 필자가 담임을 하고 있는 우리 반 학부모의 글을 먼저 읽어보도록 하겠습니다.

선생님~
제가 일을 해서 답글은 자주 못 남기지만 늘 선생님께서 아이들을 대할 때 가지시는 마음가짐과 가치관을 보고 저도 많은 것을 느끼게 되고 매일 들어와서 봅니다
많은 부모님들께서도 저와 같은 마음일거라고 생각됩니다~
항상 응원합니다~~^♡^
2016년 5월 27일 · 답글 · 빛내기

님 핵가족화에 살면서 편하고 좋은 점도 있지만 아이들을 키우면서 옛날처럼 대가족에서 산다면 우리 아이들이 더 행복하지 않을까 하는 생각을 많이 했습니다. 살면서 가족의 의미가 더 크게 와 닿는대요 우리가 익히 알고 있는 가족의 의미에서 한단계 더 나아가서 생각을 하게 되네요^^ 선생님 글을 읽으면 우리 아이들의 행복한 웃음소리가 들리는것 같아 늘 좋습니다^^
2016년 5월 27일 · 답글 · 빛내기

님 아이들이 수업에서의 소리는 함께 공유하고 공감하고 다른사람의 의견을 듣고 느낌과 생각을 얘기하고 자유로움 속에서 서로 다른점을 배우고 스스로 터득하고 느끼는 소중한 시간이라 생각듭니다 절대 시끄럽고 질서없는 소리가 아닙니다 그것을 인정해주시는 선생님이 계셔서 아이들의 사고가 크게 확장된것 같습니다 그런 선생님이 우리 선생님이셔서 영광스럽고 존경스럽습니다

부모님 아이들 마음에 이미 달콤한 열매가 맺어 익어가는 모습이 너무 행복해 보입니다. 선생님~감사합니다 ^^*
2016년 5월 25일 · 답글 · 빛내기

님 선생님께서 지금 하시는 노력이 훗날 우리아이들에게 귀중한 밑거름이 될거라 생각합니다 누군가는 해야하는 일을 새로운 길을 만드는 일은 분명 힘들지만 분명히 좋은 결실을 맺을거라 생각합니다 오늘도 감사합니다~^^
2016년 5월 25일 · 답글 · 빛내기

님 집에서도 학교친구들과 선생님은 언의가족이니 잘해주고 아껴줘야 한다고 이야기 나눴답니다 진정한 마음의 한가족이 되면 좋겠어요^^♡ 아이들이 스스로 만든 규칙 · 반성 잘 지켜나가 선생님도 미소짓는 1반이 되길 기대해봅니다~~
하루 전 · 답글 · 빛내기

모님 선생님의 수업내용을 읽어내려오면서 반성,또 반성하게 됩니다.아이들을 하나의 인격체로 대해주지 않고 어른들의 잣대로 평가하고 강요하는 제 자신의 모습이 떠올라 애들에게 너무 미안합니다.
그리고 선생님도 너무 감사합니다^^♡

우리 반 학부모의 글을 보면서 어떠한 생각이 들었는지 잘 모르겠다. 하지만 글을 통해 알 수 있듯이 많은 학부모가 그동안의 학교와 수업에 대해서 어느 정도의 불신과 불만을 가지고 있었으며, 이미 그러한 교육에 대해 많은 변화를 원하고 있다는 것을 알 수 있다.

앞으로 써내려가게 될 필자의 교육 철학, 수업 방식이 현 시대에 적합한 수업 방법이라고 할 수 없다. 그렇게 되어서도 안 된다. 다만 함께 교육에 대해서 다시 한 번 더 고민하고 이야기 나누고, 교실 수업 개선이 왜 필요한지에 대해 스스로 자문하고 성찰하는 기회가 되었으면 한다. 그러한 성찰을 통해 얻게 된 여러분 스스로의 교육 철학, 스스로의 수업 방식은 오롯이 나만의 것이 되어서 우리 교실에서 더욱 빛을 발하게 될 것이다.

교육 혁신은 교육부의 책임이 되어서도, 교육청의 지시에 의한 것이 되어서도 안 된다. 교사들 스스로의 성찰을 통해서 이루어져야 하며, 교사의 책임이 되어야 한다. 행복교육이라는 이름하에 수 없이 쏟아지는 공문 상에만 존재하는 행복 교육 행정들, 수업 혁신이라는 이름하에 수 없이 쏟아지는 공문과 각종 행사와 업무들로 인해 교사들은 스트레스와 소진을 경험하게 된다. 교육의 주체는 교사가 되어야 하며, 배움과 학습의 주체는 학생이 되어야 한다. 교사를 믿지 못하고, 탁상공론식으로 쏟아지는 업무가 주가 되어서 교육 혁신, 수업 개선, 행복 학교, 행복 교육 등의 교육 행정이 이루어져서는 안 된다. 교실마다 수업이 개선되고, 교육의 혁신이 이루어지고, 그러한 과정을 통해 행복교육, 행복학교가 이루어져야 한다고 생각한다.

적어도 우리 반 학부모들의 대다수는 행복을 느끼고 있다. 아이들이 학교에 가고 싶어 하고, 그 날 그 날 하게 될 활동에 대해 미리 학부모와 이야기를 나누고, 그 날 그 날 활동에 대해 집에서 함께 이야기를 또 다시 나누어가는 행복한 아이들의 모습을 보면서 우리 학부모는 학교가 행복한 공간이 될 수 있고, 교실과 수업이 행복한 장소와 시간이 될 수 있음을 깨닫고 있다.

서울대를 나와도 공무원 시험 준비를 하고, 취업이 되지 않아서 걱정인 시대에 살고 있으며, 부모와 성적, 그리고 교사들의 권유에 의해 어렵게 들어간 대학교에 적응하지 못하고 자퇴를 하는 아이들이 점차적으로 늘어가는 시대에 살고 있다. 앞으로 이러한 경향은 더욱 심해질 것으로 예상할 수 있다. 어른들의 욕심, 어른들의 잣대로 아이들을 바라보고 아이들에게 원하는 것을 주입시켜주면 안 된다. 우리 아이들은 하나의 인격체이며, 하나의 인간이며, 나아가서는 하나의 우주가 될 수 있다.

아이들이 중심이 되는 학교로 변화시키고자 하는 용기를 이 글을 읽고 있는 독자들도 함께 가져보기를 희망해본다. 혜민 스님은 완벽하지 않은 것들에 대한 사랑에서 이러한 말을 하였다.

너무 착하게만 살지 마요. 다른 사람보다 본인에게 먼저 착한 사람이 되세요.

다른 사람들을 의식하여 그에 맞추어서 교육을 하려 하지 마세요. 동료 교사들에게 피해를 주지 않기 위해서, 다투지 않기 위해서, 그저 말 잘 듣는 착한 교사가 되기 위해서가 아니라, 우리 아이들을 위해서 무엇이 바른 방법인지 스스로 성찰하고 실천할 수 있는 자기 본인에게 먼저 착한 교사가 되기를 바래본다.

1장

학교란?

이 책을 처음 펼치고 읽기 시작한 여러분에게 제일 먼저 던져보는 질문이다. 이 질문에 대한 우리들의 편견과 오해들로 시작하여 이 책이 나오게 되었다. 지금 필자의 이야기가 책으로 엮이게 만들어 준 가장 첫 질문을 던져본다.

학교하면 무엇이 떠오르나요?

아마도 대부분의 사람들은 아래의 그림과 같은 학교 이미지가 떠오를 것이다.

학교 건물 중앙에는 동그란 시계가 있고, 네모반듯한 건물, 그 안에는 네모반듯하게 만들어져서 나열되어 있는 교실들이 있으며, 학교는 커다란 교문과 담으로 둘러싸여 있고, 교문은 등교시간 이외에는 항상 닫혀 있으며, 지각을 하면 교문 앞에서 혼이 나는 모습들이 떠오를지도 모른다. 열린 교육이 우리나라에 들어오면서, 그리고 지역사회를 위한 학교 개방을 위해 담벼락을 허물던 시대도 있었지만, 현재는 여러 학교 안전 문제들로 인해 담벼락이 다시 쌓여가고 있다. 담벼락이 있고 없고를 떠나서, 이러한 교육행정들로 인해 얼마나 많은 예산이 낭비되고 있는지에 대해서도 잠시나마 한번 생각해 보았다. 또한 학교 안의 교실들은 수의 순서에 따라 일정하게 배열이 되어 있어서, 어느 누구라도 그 다음 교실은 몇 학년 몇 반이 될지 예상할 수 있다.

그렇다. 대부분의 사람은 학교라고 하면 이러한 건물이 먼저 떠오를 것이다. 하지만 나는 학교하면 떠오르는 것은 이러한 건물이나 외형적인 모습이 아니라 그 속에서 함께 웃고 울면서 배우고 활동하는 아이들의 모습이 떠오르며, 많은 선생님들도 그러한 생각이 떠올라야 한다고 생각한다. 필자는 그러한 것이 안타까웠다. 학교에 대한 오해와 편견은 학교가 만들어내는 것도 아니며, 학교에서 아이들을 가르치고 있는 교사들이 만들어내는 것도 아니다. 이미 모든 일반 사람들이 자신도 모르게 학교에 대한 오해와 편견을 가지고 있는 것이다. 학교를 그저 건물로 여기고 있고, 아이들이 일정한 나이가 되면 다녀야 하는 곳, 그리고 선생님의 지도 아래 국어, 영어, 수학, 과학, 사회 등 교과목을 배우고 암기하고 시험을 치르는 곳으로 여기고 있다.

물론 이렇게 학교를 생각하게 만든 것은 그동안의 우리들 교육이 잘못되었기 때문이라는 것에는 반박의 여지가 없다. 그동안 우리들의 학교 모습은 어떠하였는가? 아래의 질문에 대한 답을 해보면서 그에 대하여 함께 이야기를 나눠보자.

사회학에서 자기연출이라는 개념을 처음 도입한 어빙 코프먼은 우리 주변의 4곳의 특징을 찾아 아래와 같은 공통점을 찾아내었다. 아래에서 설명하는 장소는 어디일까?

① 담이 높으며 한번 들어가면 예정된 시간이 끝나야 나눌 수 있는 곳
② 시간표가 있고, 벨이나 타종에 의해 시작과 끝을 알려주는 곳
③ 유니폼이 있는 곳
④ 감시자와 피감시자의 공간이 분리되어 있는 곳
⑤ 피감시자들에게 번호가 부여되는 곳

아마 몇 번씩 이와 비슷한 내용을 본 적이 있을 것이다. 위의 공통점을 모두 가지고 있는 장소는 군대, 감옥, 정신병원.. 그리고 학교이다.

등교시간에 맞혀서 들어오고 나면, 하교시간 전까지 교문이 폐쇄되어 아무도 나가지 못하는 학교, 정해진 시간표가 있고 시종으로 매시간의 시작과 끝을 알려주는 학교, 교복으로 모두가 같은 옷을 입고 다니는 학교, 교사(교무실)와 학생(교실)이 머무르는 공간이 분리되어 있는 학교, 학생들에게 학급별로 번호가 부여되는 학교. 이러한 학교 이미지가 한국 학교에 대해 누구나 가지고 있는 고정된 생각들일 것이다.

2014년 한국방정환재단과 연세대 염유식 교수 연구팀에 의뢰해 초등학교 4학년부터 고등학교 3학년까지 7천 여 명의 학생을 대상으로 행복지수를 조사한 '한국 어린이 · 청소년 행복지수'결과를 살펴보면서 74점으로, OECD 국가 중 가장 낮은 점수를 획득하였다. 이는 2009년 시작된 조사부터 6년 내리 최하위를 벗어나지 못하고 있다. 물론 2009년 64.3점으로 시작하여 매년 꾸준하게 오르고 있지만, OECD 평균인 100점에는 턱없이 모자란 점수이다.

초중고생들은 '좋아하는 일을 실컷 할 수 있을 때' 평소 행복을 느낀다고 공통적으로 대답했다. 평소 행복하지 않다고 느낄 때는 '성적 압박이 심할 때'와 '학습 부담이 너무 클 때'로 나타났다. 초등학생은 '부모와 관계가 좋지 않을 때' 행복하지 않다고 느낀다는 비율이 20.8%로 학습부담(20.8%)이나 성적압박(15.6%)과 함께 높게 나타났다. 행복지수 6개 영역 가운데 '주관적 행복'은 꼴찌였지만, '교육'(122.2점) 및 '행동과 생활양식'(128.8점) 영역은 OECD 국가 가운데 가장 높았다. '물질적 행복'(111.9점) 및 '보건과 안전'(111.1점) 영역도 OECD 평균인 100점보다 10점 넘게 높았다. '가족과 친구관계'는 98.9점으로 평균보다 약간 낮았다.

이 뿐 아니다. 서울특별시교육청과 한국재정분석 연구원이 공동으로 개발한 서울형 학생행복지수 연구 결과에서도 학생들의 행복지수는 100점 만점에 62.5점으로 높지 않은 점수를 나타내었다. 특히 초등학교, 중학교, 고등학교로 학교급이 올라갈수록 학생들의 행복지수는 현저히 떨어지고 있었다. 또한 대전 지역 학생들을 대상으로 한 학교생활 만족도 조사에서도 설문 응답자 955명 중 553명이 '학교가 즐겁지 않다'라고 응답하였다. 학교생활이 만족스러울 때가 언제냐는 질문에는 친구 관계 및 노는 것을 대부분 선택하였으며, 학업을 선택한 학생은 초등학생 9%, 중학생 4%, 고등학생 8%에 그쳤다.

학교는 더 이상 학생들에게 행복한 공간이 아니라고 할 수 있다. 우리 아이들은 현재 자신이 다니고 있는 학교의 모습에 만족하지 못하고 있으며, 이제부터라도 우리들이 스스로 학교를 변화시켜야 하는 이유가 바로 여기에 있다. 학교는 아이들을 위한 장소이다. 그러나 그 장소에서 주인이 되어야 하고, 주체가 되어야 하는 아이들이 행복해하지 않고 있다.

왜 그렇다면 학교가 아이들에게 행복한 공간이 되지 못하고,
아이들을 가둬두는 공간이 되어 버렸을까?
왜 선생님은 아이들을 감시하고 관리해야 하는 걸까?

최근 우리나라 사회에서는 학교 붕괴의 우려 목소리가 여기저기서 나오고 있다. 이에 학교 혁신에 대해 많은 사람들이 관심을 가지기 시작했으며, 교육청에서도 여러 방안을 제시하고 있다. 그 한 예로 경기도 교육청에서 혁신 학교를 내세우고 있으며, 서울시 교육청에서는 학교 운영의 혁신, 교육과정의 혁신, 수업의 혁신, 생활지도의 혁신, 교육 복지의 혁신 등 다양한 교육적 혁신을 제시하고 있다. 그러나 과연 이처럼 위에서부터 이루어지는 공문 위주의 혁신이 실효성을 거둘 수 있을지에 대해서는 큰 의문점을 남긴다.

필자가 본 저서를 통해 제시하고자 하는 변화는 이러한 위에서부터 이루어지는 혁신이 아니다. 학교가 가지고 있는 여러 가지 불편한 진실을 끄집어내고, 이를 다른 방향으로 생각해보고, 그동안 학교에 대해 가지고 있던 오해와 편견, 불편한 진실에 대한 사고의 전환으로 교실과 학교 자체에 변화를 가져오고자 한다. 그동안 많은 역사적 사실을 통해서도 알 수 있듯이, 큰 변화, 변혁, 혁신은 위에서 부터가 아니라 아래로부터 이루어졌다. 한 사람의 정치인이 아니라 대다수의 국민들의 요구에 의한 혁신에 더 큰 힘이 있으며, 변화와 혁신의 의의 역시 높다. 이러한 의미에서 이제는 우리들 스스로 변화를 꾀하고, 혁신을 바래야 하며 그러한 혁신을 위해 우리 스스로 생각에 변화를 주어야 한다고 생각한다.

이쯤에서 또 다른 질문을 던지고 싶다.

학교는 어떻게 변해야 할까?
앞으로 학교는 어떠한 공간이 되어야 할까?
아이들에게 학교는 어떠한 이미지로 비춰져야 할까?
학교가 행복한 공간이 되려면 어떻게 해야 할까?......

이 모든 질문에 대한 해답(?)은 학교를 뒤집어 생각해보는 것에서 찾을 수 있다. 건물이 중심이 되는 학교가 아니라 그 속에서 함께 숨을 쉬면서 삶을 살아가고 있는 학생들이 중심이 될 수 있는 학교, 교사가 중심이 되어 다른 사람들이나 상급자에게 잘 보이기 위한 교실이 아니라 조금은 더럽고, 조금은 어지럽더라도 아이들이 중심이 될 수 있는 교실, 교사가 중심이 되어서 교사가 만들어가는 공간으로서의 교실이 아니라 아이들이 중심이 되어서 아이들이 함께 만들어갈 수 있는 공간으로서의 교실...

많은 학자들은 앞으로 학교가 어떻게 바뀌어야 할까라는 질문에 대해 학자들의 수만큼이나 다양한 의견들이 제시되고 있다. 돌려서 생각해보면, 이렇게나 다양한 의견을 제시하는 사람들이 존재한다는 점에서 그들 모두는 공통적으로 한국 학교가 이대로 계속 되어서는 안 된다고 생각을 하고 있다는 반증이 되기도 한다. 여러 학자들의 다양한 의견을 범주화 해보면 두 가지로 나눌 수 있다. 요즘 사회적으로 많은 이슈가 되고 있는 학교폭력문제, 안전사고 문제 등을 해결하기 위한 훈육의 장으로서 학교 기능 회복과 학생 개개인의 적성과 흥미, 끼와 꿈을 키워줄 수 있는 학습의 장으로서 학교 기능 회복으로 나눌 수 있었다.

훈육의 장으로서 학교 기능을 회복하고자 주장하는 사람들은 과거의 엄격하고 규율을 강조하는 전통적인 학교가 학생들의 미래 삶에 더욱 도움이 된다는 생각이 깔려 있다고 할 수 있다. 하지만 이러한 생각을 가지고 있는 선생님들을 비판하거나 잘못되었다고 말을 하는 것은 아니다. 그리고 흔히들 말한다.

"지금 힘들어도 참고 열심히 공부하면 좋은 대학교에 가서 좋은 직장을 얻게 될 것이다" 그래서 한 때 여학생들의 급훈으로 유행한 것이 바로 "삼십분 더 공부하면 내 남편의 직업이 바뀐다."이다.

여기서 잠시 관련된 것 같지는 않지만 관련된 다른 이야기를 하고자 한다. 아마 모두들 마시멜로 이야기를 알 것이다. 지금 마시멜로를 먹지 않고 참으면 다음에 더 많은 마시멜로를 먹을 수 있다. 아이들을 실험의 대상으로 두고, 마시멜로를 먹는 아이들과 먹지 않고 기다린 아이들을 추적하여 그들의 삶이 어떻게 다른지 비교하는 내용의 글이다. 아이들을 실험 대상으로 둔 것부터 마음에 들지 않았지만, 지금 참고 노력을 하면 훗날 더 나은 미래가 보장된다는 교훈을 준다는 측면에서 나 역시 매우 관심을 가졌던 이야기였다. 이 이야기를 처음 접했을 때가 대학교 때였고, 임용고사를 준비하던 나에게 큰 위로가 되었던 책이었다. 그런데 세월이 흐른 지금, 나는 이 작가에게 혹은 마시멜로 이야기를 좋아하고 신봉하는 사람들에게 묻고 싶다.

"맛있는 음식을 앞에 두고, 먹지 않으면 다음에 더 많은 것을 사줄게라는 말을 들은 아이들의 기분은 어떠할까? 과연 먹고 싶은 것을 앞에 두고서, 꾹 참음 뒤 더 많은 것을 먹고 싶어 할까? 그리고 다음에 더 많은 것을 선택한 아이들이 한 선택은 올바른 선택이 맞을까?"

필자는 '아니다'라고 말을 하고 싶다. 이러한 생각과 사고가 아이들의 행복을 뺏어간다고 생각한다. 지금 행복을 포기하면 미래의 행복이 보장되고, 지금 먹을 것을 참으면 미래에 더 많이 먹을 수 있다는 말이 과연 아이들의 행복을 보장해줄지 의문이 생긴다. 아이들의 지금, 현재의 행복도 매우 중요하다. 나는 우리 학생들의 현재 삶 또한 행복해야 한다고 생각한다. 학교는 아이들의 행복을 위해 바뀌어야 한다. 언제 올지도 모를 미래의 행복한 삶을 위해 현재의 삶을 포기하게 하고, 딱딱한 의자에 앉아서 매일 매일 교과서와 씨름하며 외우고, 또 외우게 만드는 학교는 바뀌어야 한다고 생각한다.

그동안 우리 학교는 아이들의 개성을 무시하고 하나의 인간으로 여기지 않았다. 이로 인해 몰개성화 교육이라는 말을 듣기도 한다. 표준화된 학교 모습 속에서 표준화된 교과서로 표준화된 지식을 동시에 수많은 아이들에게 전달하는 학교에서 과연 아이들은 자신만의 개성을 찾아 갈 수 있을까? 그 속에서 행복을 느낄 수 있을까?

학교는 다양한 활동과 체험을 통해 직접 경험하고 깨닫게 하고, 그러한 과정 속에서 자기의 적성과 흥미, 개성을 찾아가게 도와주어야 하지 않을까? 학생들은 저마다 가지고 있는 재능과 개성이 다 다르다. 학생 개개인을 배려할 수 있는 교육의 장으로서의 학교가 되어야 한다. 그래서 필자는 학습의 장으로서의 학교 기능이 더욱 활발하게 이루어져야 한다고 생각한다. 물론 미래를 위한 준비의 과정으로서 학교가 존재해야 한다는 것까지 반박하는 것은 아니다. 다만, 오롯이 학생들의 미래를 위한 준비를 위하여 현재의 모든 행복을 포기하게 하지 않아야 한다는 것이다.

현대 사회는 태어나서 죽을 때까지 배워야 하는 세상이 되었다. 스마트 폰이 처음 생겨났을 때 어른들이 과연 사용할 수 있을까라는 의문이 생겼다. 하지만 지금 길거리에 나서면 나이가 지긋하게 드신 분들도 모두 스마트 폰을 사용하신다. 스마트 폰을 사용하기 위해 얼마나 많이 배우고 또 배웠을까? 본 저자도 부모님에게 스마트 폰 사용법을 알려주기 위해 똑같은 내용을 몇 번씩이나 설명을 다시 드렸는지 모른다. 어른들도 스마트 폰의 편리함과 필요성을 스스로 깨닫고 이러한 깨달음을 통해 계속해서 배우게 되는 것이다. 그렇다. 현대 사회는 매일 매일 새로운 것이 나타나게 되고, 그로 인해 죽을 때까지 배워야 하는 시대가 되었다.

전 일생을 배워야 하는 시대에 살고 있는 우리들, 그보다 훨씬 더 많은 것을 전 일생을 두고서 배워야할 우리 아이들을 위해, 이제는 배워야 하는 시기를 학생에게 국한시키기 보다는 인생의 모든 시기에 배움을 고르게 분배할 줄 아는 방법을 알려주어야 하지 않을까? 물론 학생들에게 현재 삶의 즐거움이나 행복감 중 조금을 미래의 삶을 위해 양보하고 미래의 삶에서 그러한 즐거움과 행복감을 더해서 살아갈 수 있도록 삶을 재구조화할 필요가 있음을 알게 해주는 것이 필요할 것이다. 과거 우리들이 살던 시대에서는 현재의 행복을 포기하고 학교에서 열심히 공부만 하면 미래의 삶이 더욱 윤택해질 수 있다는 보장을 받았다. 하지만 지금의 사회는 그렇지 않다. 서문에서도 말을 했듯이 우리 아이들은 기계와 경쟁하며 살아가야 하는 시대에 살게 된다. 학교에서 아무리 열심히 공부하고 외우더라도, 기계가 가지고 있는 지식을 능가하지 못한다. 그래서 지금의 아이들에게는 미래의 행복한 삶을 위해서 현재 모든 삶의 행복을 포기하게 해서는 안 되며, 학교가 그러한 공간이 되어서도 안 된다.

어느 연수에서 들은 사례를 꺼내본다.

어느 한 고등학교에서 연예인 지망생인 학생이 있었다. 그 학생은 소속사에 속해 있었고, 평소에는 학교 후에 소속사에 가서 열심히 연기 연습을 하면서 자신의 진로를 찾아가고 있었다. 열심히 노력한 끝에 오디션을 통해 영화에 출연하게 되었다. 기쁜 마음에 학교에 소식을 전하고, 영화 촬영을 위해 며칠 간 학교에 출석을 하지 못하게 되었다고 말씀 드렸다. 학교 측에서는 이 학생을 어떻게 처리해야 하는지 고민에 빠지게 되었다. 몇 번의 회의 끝에 나온 결론은 결석처리였다. 이러한 학교 측의 결정에 불만을 품은 학부모가 항의를 하자 학교 측에서는 교장의 결정이었다라는 말을 하였다.

위 학교의 사례를 읽으면서 어떠한 생각이 들었는가? 실제 어느 고등학교에 있었던 일이다. 물론 심의를 거쳐 학교장의 최종 승인이 나서 결석 처리를 했다는 결정에 대해서 이 학교가 잘못을 했다는 것은 아니다.

이 학교에 속해 있는 교사들이 조금이라도 앞으로의 학교가 아이들에게 어떠한 역할을 해야 하며, 아이들에게 학교가 어떠한 존재가 되어야 할까라는 질문에 대해 함께 모여서 약간이라고 생각을 나누는 시간을 가졌더라면 이러한 결정을 내리지 않았을 것이라는 것을 말하고 싶다. 학교는 아이들의 더 나은 미래를 위해 준비할 수 있도록 도와주는 장소가 되어야 하는 동시에 아이들의 적성과 흥미를 찾을 수 있도록 다양한 진로를 탐색해주어야 하는 장소가 되어야 한다. 또한 아이들의 행복한 삶을 영유할 수 있는 장소가 되어야 한다. 위의 학생은 현재 자신의 진로를 스스로 찾아가고 있었으며, 그러한 과정에서 행복한 삶을 스스로 영유하고 있었다. 그 결과 본인이 정말 하고 싶었던 영화에 참여하게 되었다. 자신의 진로를 스스로 탐색하여 찾았고, 자신의 미래를 위해 이제 첫 출발선 상에 선 아이에게 학교가 꼭 그러한 결정을 해야 했을까? 라는 의문이 든다. 오히려 그러한 아이를 더욱 칭찬하고 더욱 성장하여 나아갈 수 있도록 도와주는 역할을 학교가 해야 하지 않을까 한다.

이제 우리는 학교에 대한 이미지를 떠올릴 때 아래와 같이 생각을 해야 할지도 모른다. 건물과 교사가 중심이 되는 공간이 아니라, 아이들이 중심이 되는 학교가 되어야 할 것이다.

그리고 묻고 싶다.

"지금도 아이들이 마시멜로를 먹지 않는 것이 올바른 선택이었을까요?"

1개의 마시멜로를 현재의 포만감과 행복감에 충실하여 지금 당장 정말 맛있게 먹는 것과 꾹 참고 있다가 몇 일 뒤에 2개의 마시멜로를 먹는 것 중 과연 어느 것이 더욱 행복할까?

우리 학생들에게는 현재의 행복도 중요하다고 생각한다. 필자는 과감하게 전자를 선택하고 싶다. 행복 하고 싶다는 본능에 충실하다고 해서 미래의 삶이 행복하지 않은 것이 아니다. 우리는 항상 배워야 하고, 항상 인내하고 참아야 한다. 그러한 과정에 마시멜로와 같은 행복을 누리는 것은 또 다른 에너지가 되어서 더욱 열심히 학습과 배움에 충실하게 되는 계기가 될지도 모른다. 개인적으로 그러한 경험이 더 좋았던 것 같다. 아마도 이 글을 읽는 독자도 그러할 것이라고 생각한다. 힘들고 어려울 때 한 번 씩 머리를 식히며 노는 것이 더욱 앞으로 나아가고 더욱 열심히 일하거나 배움에 충실할 수 있는 에너지가 되었던 경험을 누구나 했을 거라고 짐작한다. 그렇다면 우리 아이들은 왜 그러한 행복을 포기해야 할까? 다시 한 번 생각해보자.

학교 편 ● 학부모와 교육에 대해 소통하려는 용기

오늘은 행복학교 주간 중의 하나인 과학마술 체험이 있었던 날입니다.

오늘 아이들의 활동 모습과 웃음 소리를 들으며 하나의 질문이 떠오르네요

학교는 어떠한 장소가 되어야 할까요?

저는 한마디로 아이들이 뛰어놀 수 있는 공간이 되어야 한다고 생각합니다.

책을 통해, 놀이 활동을 통해, 수업을 통해, 배움을 위해, 친구들과 함께 뛰어놀 수 있어야 한다고 합니다.

그리고 즐거움과 감동, 행복감을 주어야 하는 공간이 되어야 한다고 생각합니다.

학교가 재미없는 곳이 되거나 가기 오기 싫은 장소가 되면 안 됩니다.

이러한 생각으로 저희 학교에서 교육과정 담당을 4년째 하고 있습니다.

첫해에는 문화예술체험주간을 만들고 둘째 해에는 하루 종일 즐거운 배움을 위한 스팀(STEAM) 데이를 만들었습니다.

그리고 셋째 해에는 교내대회, 일회성의 행사 위주의 교내 대회를 최대한 줄였습니다.

그리고 올해 경쟁을 야기하고 일회성의 행사를 모두 통폐합하는 작업을 하였습니다.

그리고 운동회, 체육대회역시 행사 중심의 보여주기 운동회가 아니라 아이들이 직접 뛰어놀고 열심히 그리고 마음껏 놀 수 있는 시간을 마련하고자 했습니다.

이를 위해 학기별로 2주간의 행복학교 주간을 만들었습니다.

2주간 스팀데이를 확장하여 교육과정 재구성을 학년별로 하도록 해주었고 4월 과학의 달을 맞이하여 그림그리기 대회 등 각종 대회를 폐지하고 직접 모든 아이들이 체험할 수 있는 과학마술 체험을 계획하였습니다. 그리고 다음 주 3일간은 문화예술체험, 현장체험학습, 운동회가 학년군별로 교차하여 운영이 됩니다.

3일 동안 하는 운동회로 인해 불평을 가지는 부모님도 계시고 3일 동안 행사가 치뤄지면선 학습의 방해도 걱정하시는 분도 계십니다.

하지만 묻고자 합니다.

1시간 동안 가만히 기다리다가 5분 동안 행사를 발표하는 운동회.. 이를 위해 2주 동안 운동장에서 소리를 질러가며 그리고 그러한 소리를 들어가며 연습할 아이들을..

매번 똑 같은 수업으로 지겨움을 가질 수 있는 교실 수업 모습을..

이런 모습은 어떠한지?

이러한 모습보다는 지금 우리 학교에서 하고자 하는 행복학교가 어찌보면 어느 정도 지향해야 할 학교의 모습이 아닐까 합니다.

물론.. 지금의 행복학교가 무조건 바르다는 것은 아니지만..

학교가 어떠한 공간과 장소가 되어야 할지 한번쯤 고민해 보셨으면 합니다.

학교는 교사가 만들어가는 곳이 아니라 아이들과 학부모님들이 만들어가야 하는 곳이라고 생각합니다.

이러한 학교의 변화.. 이러한 우리 학교의 변화가 1년의 노력으로 끝이 나지 않기만을 바랍니다.

다양한 곳에 우리학교의 이러한 모습을 자랑스럽게 말해주세요~~^^

오늘도 우리 아이들과 함께 할 수 있어 행복합니다~~^^

이에 대해 학부모들은

부모님 풍선하나씩 받아들고
해맑은모습으로 하교하는모습이 너무 행복해보였어요~~^
오늘 너무즐거운 하루였다고
매일 오늘처럼 마술했음 좋겠다고ㅎㅎㅎ
2016년 4월 28일 · 답글 · 빛내기

부모님 하원하면서도 상상마술하며 재잘재잘~ 넘 즐거웠나봅니다^^ 아이들 교육에 신경많이써 주셔서~ 학교도 가기 싫다는 얘기 안해서~ 넘 좋습니다 ㅎㅎ
2016년 4월 28일 · 답글 · 빛내기

부모님 아이들 얼굴에 행복해하는 모습~좋아요~
선생님~ 감사합니다~

2장

교실이란?

우리들은 교실이라고 하면 무슨 모습이 떠오르나요?

아마도 교탁과 교단이 떠오르고, 교단 위에서 그리고 교탁 앞에서 아이들을 가르치고, 칠판에 열심히 글을 써내려가는 교사와 그 글을 열심히 따라 쓰는 아이들의 모습이 떠오를 것이다. 그리고 학교 뒷 게시판 및 교실 환경을 꾸미기 위해 3월 한 달 동안 담임 선생님 혼자서 혹은 예술적 감각이 뛰어난 몇몇 여학생들이 함께 갖은 고생을 하며 꾸미고, 그렇게 꾸며진 게시판에 누군가에게 보여주기 위하여 우리들의 작품을 만들어서 게시하고 있는 게시판, 그리고 벽면에는 시계와 시간표가 떠오를지도 모르겠다. 그리고 항상 깨끗하고 정리정돈이 중요한 교실의 모습이 떠오를 것이다.

어느 한 선배교사의 말이 떠오른다. 그 분도 학생들을 위해 수업을 개선하고자 하는 의욕이 넘치는 분이었다.

"나는 후배 교사들이 왜 그렇게 교실을 더럽게 사용하는지 모르겠어. 청소도 열심히 하고, 누군가 들어갔을 때 항상 정리 정돈된 교실이 되어야 하는데, 요즘 후배 교사들, 특히 갓 들어온 후배들 교실을 가보면 얼마나 더러운지, 내가 다 민망하다니까."

이러한 교실의 선생님, 그리고 이 글을 읽고 있는 독자에게 묻는다.

이러한 교실은 누구를 위한 것일까?
교실은 누구를 위한 것일까?

이 글을 읽고 있는 여러분도 교실이라고 하면 무엇이 떠오르나요? 교사가 아니어도 상관없다. 누구든 교실이라고 하면 무엇이 떠오르나? 아마도 아래와 같은 그림이 떠오를 것이라고 장담한다.

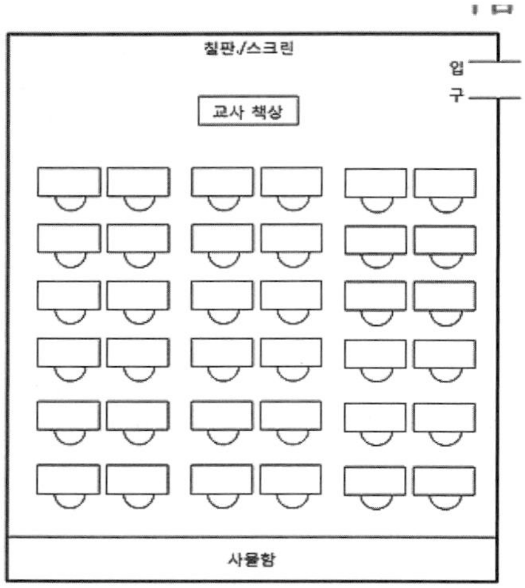

아마도 대부분의 사람들은 이런 모습의 교실을 떠올릴 것이다. 교실 앞의 중앙에는 교탁이 있고, 아이들의 책상은 열과 행을 잘 맞추어진 교실을... 그리고 아이들은 열과

행이 맞춰져 있는 곳에 앉아서, 교실 앞 교탁에서 열심히 무서운 얼굴로 표준화된 교과서 지식을 표준화된 수업 방식으로 설명을 하는 교사의 모습이 떠오를지도 모른다.

하지만 우리는 이제 공간이라는 것에 대해 함께 생각을 해야 한다. 교실이라는 공간은 누구의 것인가? 대부분의 사람들은 학생들 것이요! 라고 말을 할 것이다.

그러나 실제 교실은 누구의 것일까? 아마 그동안의 모든 교실은 교사의 것이었을 것이다. 과거와 현재의 교실을 비교해보자.

어느 사진이 과거이고 어느 사진이 현재의 모습일까?

아마도 그 차이는 교실 속 물건들을 통해 알게 될 것이다. 교실 선진화라는 이름하에 교실에는 다양한 정보화 기기들이 들어오게 되었고, 이로 인해 과거와 현재의 교실을 구분할 수 있게 되었다. 하지만 그 이외에 바뀐 것은 무엇일까? 아마도 찾기 어려울 것이다.

또 다른 예를 들어보자. 궁금한 점이 있는 아이가 있다. 질문을 하고 싶어 한다. 과연 그 아이는 어떻게 할까?

아마 대부분의 교실에서의 아이들은 교탁 혹은 교사 책상에 앉아 있는 교사에게 가서 질문을 할 것이다. 이러한 교실의 모습을 상상하게 될 것이다. 이런 교실에서 주인은 누구일까? 바로 교사이다.

그리고 여기 또 다른 이야기가 있다. 학기 초 학부모 상담주간에 대부분의 어머니들이 교실의 뒷문으로 들어오시고, 상담 후에도 교실 뒷문으로 나가시는 모습을 보았다.

그러는 어머니들에게 여쭈어 보았다. "왜 뒷문으로 들어오시고, 나가세요?" 어머니들의 한결같은 대답은 "그렇게 하는 게 예의인 것 같아서요. 그리고 어릴 적부터 교실은 뒷문으로 다니는 거라고 배웠으니까요"라고..

왜 교실의 문은 두 개일까? 앞문은 교사를 위해서, 그리고 뒷문은 아이들을 위해서 2개를 만들어 놓은 것일까? 아니다. 적어도 나는 그저 아이들의 출입을 편하게 하기 위해서라고 생각을 한다. 앞문으로 다니는 것이 편하면 앞문으로 다니고, 뒷문으로 다니는 것이 편할 때는 뒷문으로 다니면 된다. 교사에게 용무가 있다면 앞문으로 들어오는 게 더 옳지 않을까?

그리고 상담을 들어오시는 대부분의 어머니들은 교탁으로 걸어오신다. 그리고 교탁 옆에 놓은 필자가 수업할 때 사용하는 아이들의 책상에 앉으려고 한다. 아마도 그 책상이 상담 때 사용하는 책상이라고 생각을 하신 것 같다. 그리고 학부모는 그동안 대부분의 상담을 그렇게 교사 옆에 놓인 의자에 앉아서, 그리고 교사는 교사용 책상에 앉아서 해왔을 거라고 예상할 수 있었다. 그러한 학부모들에게 나는 이렇게 말을 한다.

> 거기는 아이들과 수업할 때 제가 사용하는 책상입니다. 앞에 앉으시면 되요.

그리고는 나도 학부모님과 같이 아이들의 책상에 앉는다. 이러면 대부분의 어머니들은 어리둥절해하신다.

"지금까지 상담을 할 때 선생님들은 교탁에 계시던데요."

그렇다. 우리는 이미 교탁, 교사의 책상에 익숙해지고 있는지도 모른다. 그리고 학생 중심이 아니라 교사 중심의 교실을 만들어가고 있는지도 모른다. 바뀌어야 한다. 그리고 뒤집어야 한다. 교실 속에서 우리도 모르게 가지고 있는 교사 중심의 생각과 행동을 변화시킬 수 있는 용기를 가져야 한다.

그래서 학생들과 나는 약속을 했다. 앞문으로 나가는 것이 편할 때는 앞문으로 다니고, 뒷문으로 나가는 게 더 가까울 때는 뒷문으로 다니기로 하였다. 앞문과 뒷문이 중요한 것이 아니다. 아이들이 교실이라는 공간을 자신의 것이라고 여기게 만들어주는 것이 중요하다. 그래야 교실 속에서 아이들이 자유롭게 활동하고 서로 소통하며 대화를 나누게 되고, 그러한 활동과 대화가 기반이 되어 활동 중심의 수업, 학습 중심의 수업이 이루어질 수 있을 것이다. 학습 중심, 활동 중심 수업의 핵심은 바로 주제와 문제에 대한 각자의 생각과 사고를 교환하며 소통하는 대화·토의·토론이기 때문이다. 자유로운 소통과 대화를 위해서는 교실이 자유로운 공간이 되어야 하며, 아이들은 교실을 자신들의 것이라고 생각을 해야 한다. 교실이라는 공간이 자신들의 것이라고 여기고, 편한 공간이 되며, 자유로운 장소가 되면 더 많은 이야기가 시작될 수 있으며, 그러한 이야기들 속에서 소통의 대화, 토의, 토론이 더욱 자유로워질 수 있기 때문이다.

그리고 나는 교사들은 항상 아이들의 눈높이에 맞출 수 있어야 한다고 생각한다. 이를 위해 교실은 오롯이 아이들을 위한 공간과 장소로 만들려고 노력을 하고 있으며, 나는 교실의 모든 공간을 아이들에게 제공을 하고자 노력하고 있다. 교사 책상을 교실 앞쪽의 중간에서 왼쪽 제일 끝으로 밀어 넣으면서 아이들에게 말을 한다.

> "선생님이 교탁에 있을 때는 급한 일이 있을 경우이거나, 여러분을 위해 수업을 준비하는 중일 때 이니 이곳에 있을 경우에는 여러분이 나에게 와서 물어보거나 이야기를 해야 해요. 그러나 이외의 교실 안의 모든 공간은 여러분을 위한 공간이므로, 선생님 책상에 있을 때를 제외하고는 자리에서 손을 들고서 있으면 선생님이 여러분에게로 갈게요."

가끔씩 공개수업을 가보면 이러한 경우가 있다. 교실 앞의 중간에 교사의 책상을 두고서 활동 중심 공개수업을 하면서 아이들에게 칠판에 다양한 생각을 포스트잇에 적어서 붙이는 활동을 이용하는 모습을 볼 수 있었다. 과연 이러한 수업을 평소에도 이런 수업을 하는 교실일까?

필자는 아니라고 답을 할 수 있다. 교사 책상이 교실 앞의 중간에 놓여있을 경우 교실 앞의 공간은 아이들에게 죽은 공간이 되어버린다. 평소에는 교실 앞에 나오는 것이 불편하며, 평소에는 교사가 책상에 앉아서 아이들을 가르치는 교실 수업을 하고 있음을 예상할 수 있다. 공개수업을 위해서, 활동중심 수업을 보여주기 위하여 이번 공개수업 시간에만 특별히 아이들이 자유롭게 칠판을 이용하도록 만들고 있음을 예상할 수 있다.

교실이라는 한정된 공간을 최대한 아이들에게 제공하기 위하여 우리는 아이들을 먼저 배려하고, 이들이 자유롭게 교실을 최대한 많이 이용할 수 있도록 아이들의 공간을 제공해야 한다.

교사 책상이 놓인 최소한의 공간만을 교사를 위한 공간으로 마련해두고, 남은 공간은 모두 아이들에게 제공해주고자 해야 한다. 그래서 필자는 교사의 책상을 최대한 창문 쪽으로 밀었다. 그리고 칠판을 아이들에게 허용하고, 마음껏 교실의 앞을 활용할 수 있게 안내하였다. 그랬더니 아이들의 활동 범위와 수준에 변화가 일어나기 시작했다. 교실의 이곳저곳을 돌아다니며 서로 이야기를 나누기 시작하고, 교실 앞문과 뒷문을 자유롭게 다니기 시작하였다.

물론 이로 인해 칠판에 낙서를 하는 아이들이 생기고, 교실에 누워서 장난을 치는 아이들, 뛰어다니는 아이들이 생겨나기도 하였다. 뛰어다니는 아이들에게 다치지 않기 위하여 가끔씩 주의를 주기는 하지만 그 또한 어떤가? 교실을 자기의 것이라고 여기고, 스스로 마음껏 이야기 나누고 장난도 치고, 다양한 사고와 생각들이 충돌을 하는 교실을 만들어 가는 것이 더 중요하지 않을까 한다.

그리고 아이들과 눈높이를 맞추기 위하여 나는 아이들과 같은 책상을 교실 앞과 뒤에 하나씩 더 두었다. 수업 시간에는 나도 아이들과 똑같은 책상을 교실의 앞과 뒤에 하나씩 두고서 설명을 할 때는 그곳에 앉아서 함께 이야기를 나누며 함께 수업을 하였다. 아이들과 함께 호흡하며 수업을 하기 위하여 수업 시간에 사용하는 언어 수준을 맞추고, 질문의 수준도 맞추는 것 이외에 신체적 물리적인 눈높이도 함께 맞추고자 아이들과 같은 책상과 의자에 앉아서 아이들의 눈을 마주하며 대화를 나누었다. 우리 교실의 모습은 매우 다양하며, 거의 대부분을 칠판이 아닌 서로의 대화를 통해 학습이 이루어지는 수업을 만들고 있다. 이로 인해 교사가 꼭 교실 앞쪽에서만 설명을 하지 않을 경우가 있다. 더러는 교실 뒤편에서 아이들을 바라보면서 이야기를 하는 경우도 있다. 그리고 교실 뒷 쪽에 앉아 있는 친구들은 가끔씩 수업 시간에 소외감을 느낄 수도 있다는 생각을 하게 되었다. 뒤에 앉아 있는 친구들에게 더 가까이 갈 수 있는 방법이 무엇이 있을까? 고민하고 생각을 하면서 내린 결정이 교실 뒤에서도 수업을 하면 안 되는 것일까? 였다. 그래서 교실 뒤쪽에도 아이들의 책상을 하나 더 두고서, 교실 뒤에서도 수업을 진행하였다. 일렬로 정렬된 책상이 아니라 자유롭게 움직일 수 있도록 다양한 형태의 책상 배열을 사용하고 있는 교실이었기에 가능한 방법이라고 할 수 있다. 여러분도 교실 속 아이들의 책상을 한번 살펴보면 좋겠다. 그리고 고민하고 생각했으면 좋겠다. 과연 우리 교실은 아이들이 자유롭게 움직일 수 있게 만들어져 있지를 생각해보고 변화를 주었으면 한다.

그리고 필자는 아이들에게 궁금한 점이 있거나 묻고자 하는 것이 있으면 손을 들게 하였고, 손을 들고 있는 아이들의 곁으로 가서 질문도 듣고 설명도 하고, 함께 대화를 나누었다. 교실은 아이들의 공간이며, 아이들의 것이기 때문에 필자는 교실에서 아이들의 입장에서는 손님이 되었다. 그래서 교실의 주인인 아이들에게 손님인 필자가 직접 걸어가서 대화를 나누었다. 학생이 중심이 되는 교실에서는 궁금한 것이 있는 학생이 교사에게로 움직이는 것이 아니라 질문이 있는 아이들에게로 교사가 직접 움직이면서 아이들에게 설명하고 이야기를 나누는 것이 더 옳지 않을까 생각을 하게 되었다.

하지만 이것만은 함께 약속을 하였다. 중간 놀이시간이나 개인적인 업무를 보기 위해서 교사 책상에 앉아 있을 때는 교사의 공간에 있을 때이므로 아이들이 교탁 근처로 와서 말을 하게 하였다. 하지만 수업 시간에 교탁에 앉아서 있을 일은 정말 급한 일이 아이고서는 거의 없었기 때문에 이러한 경우도 수업 시간에는 거의 없다고 할 수 있다. 4년 동안 한 학교에서 연구부장 업무를 맡으면서 많은 업무를 추진하였지만, 수업 시간까지 포기하면서 일을 해야 하는 경우는 정말 극히 드물었다.

물론 세종 시에 새롭게 들어온 초등학교처럼 다양한 전자장비, 아이들의 토론 및 토의 활동에 적합한 최근의 책상과 의자들, 그리고 수업과 배움에 도움이 될 수 있는 다양한 도구들로 가득한 교실이 아이들에게 더욱 도움이 될 수 있을지도 모른다. 하지만 필자가 지금 여기서 말하는 교실은 물리적인 공간뿐 아니라 심리적인 공간도 함께 포함된 공간으로서의 교실을 이야기 하는 것이다.

신체가 자유롭고, 사고가 자유로우면 아이들의 행복 지수도 높아지게 된다. 모든 배움은 신체와 사고의 자유로움에서 시작이 되어야 한다고 생각을 한다. 신체가 자유롭지 못하고 사고가 자유롭지 못하면 아이들의 스트레스가 높아진다고 한다(Connell, 2010). 또한, Goleman(1998)은 이러한 스트레스가 더 많은 실수를 유도하고, 주의를 산만하게 만들며 기억을 할 수 없게 하고 관련 없는 사고가 끼어들어서 정보처리를 어렵게 만들며, 나아가서는 우울증을 겪게 한다고 하였다. 그러므로 교실이 아이들의 스트레스를 제공하는 공간이 되어서는 안 된다. 최대한 스트레스가 없는 교실을 만들도록 노력해야 할 것이다.

필자가 말한 방법이 아이들의 스트레스를 없애는 교실이 아닐 수도 있다. 하지만 우리 반 아이들의 모습 속에서 교실에 있는 시간이 불편하다는 느낌, 교실에 오는 것이 싫다는 느낌을 받지 않았다. 이것만으로도 좋은 것이 아닐까? 이러한 변화를 주기 전 우리 교실에서는 아이들이 쉬는 시간만 되면 운동장으로 나가려고 했다. 하지만 지금은 바뀌었다. 운동장에 나가는 것보다는 교실에서 다른 놀이 활동을 찾으려고 한다. 보드 게임을 하는 아이들, 함께 이야기를 나누며 수업 시간에 알려준 놀이 활동을 하는 아이들이 대부분이다. 그리고 교실에서 뛰어다니려고 한다. 아이들에게 자유로운 교실, 아이들이 만들어가는 교실, 아이들이 주인이 되는 교실은 아이들의 스트레스를 줄이고, 행복한 교실로 만들어가는 방법임을 직접 경험하고 느끼고 있는 중이다.

이처럼 교실은 아이들이 자유롭게 생각을 이야기하고, 함께 나눌 수 있는 공간으로 변화해야 한다. 우리가 물리적인 환경을 변화시키기는 어렵지만 심리적인 환경을 변화시킬 수는 있을 것이다. 이러한 점은 교실 속 교사와 학생의 상호작용 속에서도 잘 드러난다. 나의 상호작용 방법이 어떠한지, 그리고 다른 교사들은 어떻게 생각을 하는지 생각의 차이, 사고의 차이를 알 수 있는 이야기를 해보겠다.

어느 날, 공개수업을 촬영하고, 수업 동영상을 관내 교사에게 공개한 적이 있다. 수업 동영상을 함께 살펴본 뒤, 수업에 대해 함께 나눔을 실천하였다.

동영상을 본 후, 한 교사가 이런 말을 한다.

"저는 정말 재미있게 잘 보았습니다. 아이들의 적극적인 활동 모습이 매우 보기 좋았고, 저학년에게 토의 토론 수업을 이렇게 적용할 수 있음을 알 수 있어서 좋았습니다. 그런데, 수업 중간에 선생님께서 아이들에게 미안하다는 말을 하는 것을 듣고서 저는 그 순간에 빵 터졌습니다. 아이들에게 공개수업인 관계로 활동을 중간에 끊을 수밖에 없는 상황을 이해시키고 미안하다는 말을 하는 모습에서 웃음이 났습니다."

이 말을 한 교사는 진정으로 나의 수업을 즐겁게 바라본 사람이며, 나의 말 하나 하나를 잘 잡아준 매우 고마운 선생님이셨다.

그런데 나의 미안하다는 말이 그렇게 재미있던 부분이었나라는 의문점이 들었다.

나는 아이들에게 '미안하다'라는 말을 많이 하고, '고맙다'라는 말을 많이 한다. 내가 아이들의 활동을 방해하거나 끊어야 할 때 마안하다는 말을 하고, 아이들이 나의 수업에 집중하고 발표를 해줄 때 고맙다는 말을 많이 한다.

평소에는 충분한 시간을 주면서 아이들의 다양한 생각과 사고를 이끌어내고자 노력하였지만, 공개수업이라는 이유로 그 시간을 줄이고, 교사가 일방적으로 막아야 한다는 생각에 진심으로 아이들에게 미안한 마음이 들어서 미안하다고 말을 하였다.

그런데 돌이켜 생각해보면 대부분의 교사는 이런 말을 잘 사용하지 않는 것 같다. 아마도 나에게 그런 말을 한 교사도 그러할 것 같다.

교실의 심리적인 환경의 변화는 교실을 아이들의 공간으로 만들어주는 동시에 수업 속 혹은 일상생활 속 아이들과 교사의 상호작용 속에서도 잘 드러나야 한다고 생각한다.

왜 아이들에게 미안하다는 말, 고맙다는 말을 하지 않을까?

미안하다는 말은 위에 있는 사람이 할 수 있는 말이다. 고맙다라는 말도 그렇다. 아래에 위치한 사람들은 미안하다라는 말 대신 용서를 구해야 하고, 고맙다라는 말 대신에 고맙다라는 말을 듣기 위한 행동을 취해야 한다. 교사와 아이들의 입장도 그러할 것이다. 잘못을 한 아이들은 매번 선생님에게 용서를 구하고, 선생님에게 칭찬을 받기 위해 착한 행동만을 하려고 하는 아이들도 있을 것이다. 하지만 아이들은 선생님에게 용서를 구하거나, 고맙다라는 말을 듣기 위해 착한 행동을 요구받는 존재가 되어서는 안 된다. 이는 교사들이 미안하다는 말, 고맙다는 말을 하지 않기 때문이다.

세상에서 가장 값진 말은 무엇일까? 아름답고 고귀한 단어들이 세상에는 무수히 많이 있지만, 나는 미안하다와 고맙다가 가장 가치 있는 말이라고 생각한다. 미안한 마음이 들 때 미안하다고 말을 하고, 고마운 마음이 들 때 고맙다라는 말을 하는 것이 무엇이 어려운지 의문을 가질 수도 있다. 하지만 이글을 읽고 있는 독자들도 한번 생각해보라. 얼마나 자주 미안하다라는 말과 고맙다라는 말을 하고 있는지 말이다. 특히 아이들과의 관계에 있어서는 더욱 그러한 말을 하지 않는 자신을 발견하게 될지도 모른다.

아이들에게 약속을 지키지 못했을 때, 수업 시간에 그들의 사고와 생각을 막아야 하는 순간에 필자는 아이들에게 정말 미안한 마음이 들고, 미안한다는 말을 서슴없이 한다. 그리고 아이들에게 불편함을 주었을 때도 미안하다고 한다. 특히 공개수업을 해야 하는 경우에는 그로 인해 늦게 하교를 해야 하는 아이들에게 미안하다는 말부터 시작을 하게 된다.

미안하다는 말, 고맙다라는 말을 아이들에게 하기 시작하고부터 아이들과의 관계가 조금씩 바뀌었다. 그리고 반드시 왜 미안한지, 왜 고마운지에 대해 정확하게 아이들에게 전달을 한다. 처음에는 미안해하는 선생님의 모습을 보면서 낯설어하던 아이들, 선생님이 화를 내지 않게 조심스럽게 착한 행동만을 하고자 하던 아이들이 변하기 시작하였다. 선생님을 바라보지 않고 친구들을 바라보게 되었다. 이제 우리 교실은 그 누구도 선생님의 눈치를 보지 않는다. 그저 옆에 있는 친구들, 주변의 친구들에게 더욱 집중하고 더 많은 이야기를 나누고, 더 많은 대화를 나누려고 한다. 단지 그러한 대화와 소통의 기회를 막지 않으려고 한다. 소통의 기회를 막을 때면 항상 미안하다는 말을 한다. 그리고 그러한 미안함에도 불구하고 필자의 이야기를 들어주고, 그들의 대화와 소통을 멈출 때 고맙다는 말도 잊지 않고 한다. 필자의 영향이었는지 모르겠지만, 우리 반 아이들은 서로에게 미안하다, 고맙다는 말을 자주 하는 것 같다. 어쩌면 우리 교실은 학교 폭력 예방 교육이 따로 필요하지 않을지도 모른다. 서로에게 미안하다, 고맙다는 말을 하는 것만으로도 우리 교실은 서로 함께하며 배려하는 교실 문화가 형성이 되기 시작하였다. 물론 때로는 다투고 싸우고, 울고 불며 필자에게 오는 아이들도 있지만, 그러한 아이들에게도 나는 서로 대화를 할 시간을 충분히 준다. 그러한 과정 중에 서로 미안하다, 고맙다는 말을 하면서 서로 대화하고 소통하며 함께 지내는 방법을 깨닫는 교실이 되어간다.

그렇다면, 대부분 교실에서 교사들은 어떠한 말을 많이 할까?

이 일이 있은 후, 공개수업을 참관 할 기회가 생겼을 때 필자는 교사들이 수업을 하면서 어떠한 말을 많이 할까에 초점을 두고서 참관하였다. 그랬더니 가장 많이 하는 말은 이것이었다.

"이제 알겠나요?"
"무엇을 알게 되었나요?"
"그래 맞았어요"

어쩌면 우리 교사들은 아이들과의 상호작용보다는 평가를 하는 것에 익숙해져 있는지도 모른다. 이러한 평가로 인해 아이들은 더욱 정확한 답만을 말하려고 하고, 정답을 잘 알지 못하는 친구들은 손을 들지 못하고 발표의 기회조차도 사라지는 교실로 만들고 있는지도 모른다는 생각을 하게 되었다.

교사 중심적인 사고에서 벗어나야 한다. 그래야 학생들이 보이기 시작하고, 학생들의 이야기가 귀에 들리기 시작한다.

10년 전 교직에 첫 발을 내 딛고, 필자는 운이 좋게(?)도 매년 2번 이상의 공개수업을 실시하였다. 초임이라는 이유에서이다. 하지만 왜인지 모르겠지만 내가 부임하고 3년이 지나고 난 뒤로 초임이라고 공개수업을 무조건 실시해야 한다는 인식이 사라졌다. 개인적으로는 후배들에게는 불쌍하다는 말을 하고 싶다. 공개수업을 준비하면서 과연 이러한 방법이 공개수업이 맞는 것인지 많은 고민을 하면서 아이들을 훈련시키는 활동에 힘들어 했고, 공개수업 후에는 교감선생님과 1:1로 앉아서 1시간 넘게 혼이 나듯이 수업에 대해 지적을 받으며 화도 나고 억울한 기분도 들었다. 그리고 저녁에는 동료교사 선생님들에게 차를 마시며 한탄을 하기도 하였다. 하지만 그러한 힘듦과 어려움이 나를 성장하게 만든 계기가 되었다는 것을 시간이 흐른 뒤에 알게 되었다.

이때부터 인 것 같다. 멋도 모르고 그냥 하면 되지 라고 시작했던 수업에 대해 반성을 하고, 다시 돌아보게 되고 스스로 성찰 활동을 시작했던 것이.

그때는 그러한 것이 수업 돌아보기인지, 성찰활동이었는지도 인식하지 못했지만 시간이 흐르고 다시 생각해보니 그때부터 그러한 활동을 스스로 시작했던 것 같다. 물론 지금 필자의 수업도 많이 부족하지만, 그때 수업에 비해서는 조금 더 학생들의 입장에서 바라보고, 학생들이 중심이 될 수 있는 수업을 가꾸어가고 있다고 생각을 한다. 어쨌든 그러한 수업에 대한 고민과 되돌아보기를 할 수 있는 기회가 점차 사라져가는 교직 사회를 보면서 앞으로는 더욱 많은 기회를 통해 자신의 수업을 개방하고, 서로의 수업에 대해 수업 나눔을 실천을 하고, 이를 바탕으로 나의 수업에 대한 성찰의 기회를 제공해 줄 수 있는 교직 문화로 바뀌어야 한다는 생각을 하게 되었다.

물론 그동안의 공개수업과 수업 장학이 바르지 않은 방향으로 흘러왔기에 많은 교사들이 수업 공개와 수업 나눔에 대해 부정적인 시각을 가지게 되었음을 부정하지 않는다. 수업 공개에 대한 이야기는 뒤에서 계속하도록 하겠다.

어쨌든 그런 시기에 공개 수업을 하기 위해서 필자는 아이들에게 발표 연습을 엄청 시켰던 기억이 난다. 지금은 절대로 하지 않을 교육 방법을 그때는 교사라는 입장에서 학습 훈련을 시키기 위해, 그리고 공개수업을 어떻게 하면 더 잘 할 수 있을까라는 고민 끝에 보여주기 식의 발표 연습을 수도 없이 화를 내며 연습 시켰다.

그리고 실제 공개수업에서 필자는 이러하였다.

수업 시간에 손을 들고 발표하지 않는 학생에게는
"손을 들고 발표해야지"
그리고 바로 발표 내용을 말하는 학생에게는
"네 선생님 이라고 말을 하고 발표해야지"
친구의 이야기에 반박하는 말을 하는 학생에게는
"누구 누구 의견에 저는 반대를 합니다. 라고 말을 하고 발표해야지"
라고 말을 하며 평상시에도 나는 발표연습을 열심히 시키고 있다는 것을 알려주고 싶었다.
그리고 발표를 연습한 대로 잘 한 친구에게는
"네 아주 잘 했어요. 경민이에게 칭찬의 박수를 세 번 치세요."
하지만 발표를 잘 하지 못한 친구에게는
"다음에는 경민이가 하는 것을 보고 배워서 발표를 해 보세요"라고 말하였다.

이 얼마나 어리석은 짓이었는가?

필자는 어느 사이인가 아이들의 발표 내용이 아니라 연습과 훈련에 따라 얼마나 발표를 형식에 맞게 잘 따라 하는지를 살펴보면서 아이들을 평가하고 있었던 것이다. 그리고 칭찬과 조언이라는 미명하에 아이들을 평가하고 분류하고, 잘하는 아이들에게는 우쭐함을 제공하고, 못하는 아이들에게는 부끄러움을 제공하지는 않았는지 스스로 반성을 한다. 누구 하나를 칭찬함으로써 필자는 어쩌면 칭찬이 아니라 다른 아이들을 꾸짖고 있었던 것은 아니었는지 생각을 하게 되었다. 이러한 반성을 할 때 쯤 그 아이들은 우리 교실에 있지 않았으며, 아이들에게 더욱 미안한 마음을 가지게 되었다.

또한 이 당시, 필자는 아이들에게 "고마워, 미안해"라는 말을 전혀 사용하지 않았던 것 같다. 만약 이때 공개수업을 하지 않았다면, 그리고 스스로 반성하고 성찰하지 않았다면 이러한 나의 행동이 교육적이지 않았음을 깨닫지 못했을 것이다.

대부분의 공개수업 속 아이들의 발표 모습을 보면서 나는 많은 선생님들에게 한 가지 묻고 싶다.

꼭 손을 들고 발표해야 하는 걸까요?
꼭 한 명씩 발표를 해야 하는 걸까요?
발표를 시키고, 하는 이유가 뭘까요?
발표에 대해 내가 꼭 평가를 해주어야 할까요?

필자는 이 질문에 스스로 답을 해보면서 많은 고민과 생각이 들었다. 많은 생각과 고민을 하면서, 한 가지 분명한 것은 이러한 교실 상황 속에서는 학생들이 자유롭게 자신의 의견을 표현하지 못한다는 것이었다. 아마도 발표하기에 앞서 어떠한 방법으로 발표해야지 칭찬을 받을 수 있을 것이라는 고민을 먼저 하게 될 것이다. 자신의 의견을 표현하기 위한 자유로운 발표는커녕, 형식적인 발표 방법 연습에 더욱 매진하게 될 것이다. 그렇다면 어떻게 해야 할까? 교실 속 상호작용은 어떻게 변화해야 할까?

교실은 다양한 상호작용이 평등하게 이뤄져야 하고 협력적인 대화를 더 많이 나눠야 한다. 이래야 수업과 발표에 대한 학생들의 주도권도 증가하게 된다. 그리고 한 가지 중요한 것은 다시 말을 하지만 교실이라는 공간은 물리적인 공간이든 심리적인 공간이든 오롯이 학생의 것이 되어야 한다는 것이다.

그렇다면 학생들의 발표에 대한 평가는 어떻게 해야 하나? 필자는 아이들의 발표에 평가를 내리면 안 된다고 생각한다. 발표에 대한 평가를 내리기 보다는 이렇게 발표를 해주는 것, 수업에 몰입하고 함께 참여 하고 있음에 "감사하다, 고맙다"는 말을 해야 한다는 생각을 한다. 그리고 그들의 활동이나 행동, 사고를 막게 될 경우에는 먼저 미안하다는 말을 해야 한다. 충분한 시간을 제공하지 못함에, 그리고 그들의 행동과 활동을 방해함에 미안하다는 말을 해야 한다고 생각한다. 또한 손을 들고서 발표를 시키는 것이 아니라 그들의 이야기를 가서 들어주어야겠다고 생각했다. 교사는 앞에 서고, 아이들은 손을 들고 일어나서 발표를 하는 동안 얼마나 많은 아이들이 시간을 소비하고 있을지를 생각하게 된다면, 대다수의 아이들에게 교사는 미안한 마음을 가지게 될 것이다. 한명의 발표를 듣기 위해서 20명이 넘은 다른 아이들은 시간을 소비하고 있는 것이었다. 물론 친구들의 발표를 들으며 함께 공부하고 배울 수 있는 것도 있지만, 이를 위해서 꼭 손을 들고 발표하게 하면서 시간을 낭비하게 할 필요는 없다고 생각했다. 그래서 발표하고 싶은 친구들이 있으면 동시에 일어나게 하고 발표를 하게 했다. 처음에는 어리둥절하며 몇몇 아이들만 주뼛 주뼛 일어나더니, 어느 샌가 아이들이 모두 일어나서 자기의 말을 하고 있었다.

우리 교실은 모두가 발표를 해야 하는 경우에는 짝을 지어서 동시에 우리 반 친구 반이 일어나서 발표를 하게 하였다. 그리고 그 발표 내용을 짝이 들어주고 서로 이야기를 나누도록 하였다. 그리고 나서 역할을 바꾸어서 한번 하게 하였다. 발표는 교사를 위해서 하는 것이 아니라 아이들 스스로를 위해서 혹은 친구들과의 대화를 위해서 하는 것이 되어야 한다. 그렇다면 꼭 한명씩 일어나서 할 필요가 있을까? 나의 짝이 나의 발표를 들어주고, 발표 내용에 대해 함께 이야기를 나누면서 나의 발표 내용이 어떻게 전달이 되고, 친구들이 어떻게 이해를 하는지 대화를 통해 알게 되고, 발표를 들은 친구는 발표를 들으면서 자신의 사고방식에 따라 재해석하면서 발표를 한 친구에게 설명을 하게 된다. 이것보다 고차원적인 사고력을 길러주는 발표 활동이 있을까? 한명씩 발표 할 때보다 발표 시간이 매우 활발해졌고, 더 많은 아이들이 발표를 하게 되었으며, 시간의 낭비도 최소화할 수 있게 되었다. 그리고 발표에 대한 교사의 평가가 사라지게 되었다.

이러한 상황에서 독자에게 묻고 싶다.

> 한명씩 일어나서 발표를 하고 다른 친구들은 그 내용을 들으며 생각하는 교실과
> 모두가 일어나서 자기가 하고 싶은 발표를 모두 한 번에 하는 교실 중
> 어느 교실이 더욱 활발한 상호작용이 일어나고 있을까?

물론 모두가 한 번에 발표를 하면서 필자는 더욱 힘들어졌다. 평소에 발표를 잘하지 못하거나 학습능력이 부족한 아이들이 어떠한 발표를 하는지 움직이면서 직접 확인을 해야 했으니 말이다. 그래도 그러한 아이들도 어떠한 내용이든 발표를 하게 되고, 수업에 참여를 하게 됨에 따라 조금씩 변화하는 모습을 살펴보는 것이 매우 행복했다. 필자는 이렇게 생각한다. 교실이 변화하기 위해서는 교사가 조금은 힘들어져야 하고 더욱 노력해야 한다고 말이다. 아마 이 말을 하게 되면 많은 교사들이 필자를 미워하고 너는 얼마나 잘하는지 한번 두고 보자는 생각을 하며 싫어하게 될지도 모르겠다. 우리 학교를 변화시키기 위해 많은 선생님들에게 이것저것 해달라고 부탁을 하고서, 그 뒤에 욕을 먹은 경험을 떠올리면서(이에 대해서는 뒤에 이야기를 계속 이어 가겠다), 아마도 교사가 힘들어져야 하고 노력해야 한다는 말은 전국의 많은 교사들에게서 더 큰 욕을 얻게 되는 계기가 될지도 모른다는 생각이 들기도 한다.

그래도 뭐 어쩌겠는가? 필자의 생각이 그러한 것을…

교사가 힘들어져야 한다고 생각한다. 그리고 교사가 더 많이 움직여야 한다. 그래야 교실이 더욱 자유로워지고, 학생들이 더욱 자유로워진다. 교사는 아이들의 모범이며 본

보기이다. 교사가 직접 이곳저곳을 다니며 이야기를 나누고, 이야기를 들어주는 모습을 직접 보여준다면 학생들도 그러한 모습을 보이지 않겠는가. 그리고 자유롭게 이야기를 시작하지 않을까?

과거에는 이런 생각을 했었다. 발표를 하기 위해, 지명을 받기 위해 모든 학생이 손을 들고서 필자는 그 중에 한 명의 학생을 지명하고 연습한 대로 발표를 시작하고, 정확한 방법에 따라 정해져 있는 정답을 발표하는 것이 가장 이상적인 발표이며, 수업 방식이라는 생각을 가지고 있었다. 그리고 발표를 하기 위해서 우리 반 모두가 "저요, 저요" 하며 손을 드는 모습을 보면서, 이러한 수업이 진정한 수업이며, 아이들이 수업을 통해 행복을 느끼는 순간이라고 생각을 하면서, 이러한 교실 모습을 보면서 나는 참교육을 하고 있다고 여겼다. 지금도 그러한 교실 모습을 상상하며 열심히 아이들의 학습 훈련에 매진하는 교사들에게는 "정말 미안하지만.. 이제는 그만 하면 어떠세요"라고 말을 하고 싶다.

아이들은 훈련을 받아야하는 존재도 평가를 받아야 하는 존재도 아니다. 교사라고 하여 학생을 평가할 권리는 없다고 생각한다. 같은 인격체로서 서로 존중하고 서로에게 배워야 하는 존재라고 생각을 한다. 그게 학생이든 교사이든 누구이든 관계없다. 학생은 가르침을 받거나 평가를 받아야 하는 것이 아니라 친구들 그리고 선생님과 함께 학습하고 배우고, 그들 나름대로의 사고와 생각을 가지고 수업에 스스로 참여하고 몰입하는 존재가 되어야 한다. 이를 위해서 교실에서는 물리적 환경, 심리적 환경에 많은 변화를 주어야 한다.

담임교사에게 칭찬을 받기 위해서 그리고 그 칭찬을 통해 보상을 얻기 위해서 담임교사의 권위가 인정받는 교실이 되어서는 안 된다. 교사의 독백으로 이루어지는 교실, 교사의 억압으로 강제적으로 몰입하게 되는 교실, 교사의 칭찬과 보상을 받기 위해 적극 참여하는 척하는 교실은 더 이상 교육적인 교실이 아니라고 할 수 있다. 교실에서 활발하게 발언하고 토론하고 이야기 나눌 수 있는 자유를 제공해주어야 한다.

다시 한 번 묻고자 한다.

교실은 누구를 위한 공간이 되어야 할까?

실제 우리 반 아이들의 활동모습 속 다양한 교실 모습은 아래와 같다.

어떤가?

앞에서 보여준 열과 행이 맞춰져있는 책상에 앉은 아이들과 교탁에 가만히 서서 설명을 하는 교사로 이루어진 교실 모습과 비교했을 때 어떠한 생각이 드는가?

첫 번째 사진은 매 계절마다 이루어지는 창문 계절 꾸미기 활동 후 상호평가를 하는 모습이다. 교실의 창문 쪽 공간도 아이들의 평가를 위해 활용할 수 있게 해주었다. 여러분은 평가라고 하면 어떠한 모습이 떠오르나? 아마도 책상에 앉아서 시험지를 풀고 있는 아이들의 모습이 떠오를 것이다. 혹은 수행평가라는 이름하에 활동지에 내용을 기록하게 만들지도 모른다. 수행평가라고 하지만 과연 그것이 수행평가가 맞는지에 대해서는 의문점을 가진다. 그리고 두 번째 사진은 팀별로 자유롭게 바닥에 앉아서 활동을 하는 모습이고, 세 번째 사진은 우리 반 학급회의 시간 모습이다. 마지막은 우리 반 팀별 수업시간 모습이다. 너무 자유로운 모습이다. 교실이라는 공간이 물리적인 것뿐 아니라 심리적인 측면에서도 교사가 아닌 학생들의 것이 되었을 때 가능한 모습이라고 생각한다. 교실의 모습은 하나가 되어서는 안 된다. 수업 시간 주제에 따라, 그리고 활동 내용에 따라 다양한 모습을 가져야 하며, 오롯이 학생들을 위한 공간이 되어야 한다고 생각한다.

교실이라는 공간은 학생의 것이 되어야 한다. 학생의 것이 되기 위해서는 학생을 위해서 교실이 배치되어야 하고 그들의 것으로 만들어 주어야 한다. 교실이라는 공간의 작은 변화가 아이들의 사고를 자유롭게 만들고, 자유로운 사고로 인해 더욱 다양한 활동이 가능해지고, 이를 통해 삶을 더욱 윤택하게 만들어 줄 수 있는 배움 중심의 수업이 가능하게 될 것이다.

필자도 아직 이러한 교실을 완벽하게 구현하지 못하고 있다. 다만 조금씩 변화를 시도하고 있고, 바뀌어가는 중에 있다. 그러한 과정에 이 글을 읽는 독자들도 함께 동참하기를 희망해본다.

교실 편 1 학부모와 교육에 대해 소통하려는 용기

오늘은 어제 아이들이 팀별로 계획한 봄 창문 꾸미기 결과물에 따라서 직접 창문에 봄 풍경을 꾸며보는 시간을 가졌습니다.

원래는 팀 활동에 어느 정도 익숙해지고 함께 그림도 다양하게 그려보고 난 뒤에 여름부터 창문을 꾸며보려고 했는데 학기 초 아이들이 워낙 잘 따라와 주어서 봄부터 창문을 직접 꾸며보게 해보았습니다.

역시나.. 그래서 그런지

활동을 하는 동안 하지 않아도 될 잔소리도 하고, 정리 정돈에 대한 꾸지람도 하게 되네요.

그래도 아이들이 꾸미는 봄 풍경의 모습을 보면서 오늘 하루도 즐겁고 행복한 기운을 느낄 수 있었습니다.

교실이라는 공간에 대해 오늘 다시 한 번 더 생각해 봅니다.

흔히 교실이라고 하면.. 교탁이 중간에 있고 깔끔하게 정리되어 있으며 다른 사람들이 보기에 좋도록 정갈하게 꾸며지고 이쁘게 만들어진 공간을 생각하게 됩니다.

하지만.. 그러한 교실은.. 누구를 위한 것일까라는 고민을 하게 됩니다.

조금은 더러워 보이더라도.. 정리가 안 되어 보이더라도.. 지저분해보이더라도 아이들이 직접 만들고 꾸며보는 공간으로 만들면 우리 아이들이 교실을 더욱 자신의 것이라고 여기고 애착을 가지고 교실에 오는 것을 더 좋아하지 않을까 라는 생각을 하게 됩니다.

교실은 오롯이 아이들을 위한 아이들에 의한 아이들이 만들어가는 공간이 되어야 한다고 생각합니다.

앞으로 우리 아이들이 만들어가게 될 다양한 계절 풍경을 더욱 기대해 봅니다.

이에 대해 학부모들은

부모님 너무 이쁜 수업을하고 즐기는 공부를 하는 친구들 행복해 보입니다

부모님 와~^^
아이들 솜씨 좋네요~~~
멋져요~~~^^
2016년 3월 31일 · 답글 · 빛내기

부모님 그런 교실 넘넘 사랑스럽고 자랑스럽습니다~♡

교실 편 2 ● 학부모와 교육에 대해 소통하려는 용기

오늘은 어제에 이어서 결정하지 못한 학급회의를 계속하였습니다.

수업시간에 자주 장난을 치는 학생은 어떻게 해야 할까라는 주제로 진행된 2번째 학급회의. 아이들이 원해서 시작하게 된 학급회의 결과는 반성문을 쓰고 복도에 무릎 꿇고 반성문 들고 있기였습니다.

복도에 무릎 꿇고 들고 있는 것은 조금 많이 힘들고 어렵다는 판단에 제가 대신에 반성문을 쓰고 친구들 앞에서 발표하는 것으로 하면 어떨까? 로 바꾸어 주었습니다.

그리고 물었습니다.

우리 교실은 누가 만들어가는 건가요?

그랬더니 아이들이 하나 같이 "우리들이요~~^^!!"라고 합니다.

제가 원하던 교실 모습이었습니다. 아이들이 원해서 회의를 하고 그 결과를 실천하면서 아이들이 만들어가는 교실.

아직은 분별력이 부족하여 할 수 있는 것인지 힘든 것인지 판단이 조금 부족하기 때문에 그 결과에 대해 선생님이 조금 수정을 해준다면 더 좋은 결과가 나오지 않을까 했습니다.

이렇게 되어 나온 우리 반의 또 다른 규칙이 하나 더 생겼습니다.

제가 아이들에게 주는 것이 아니라 아이들이 만든 규칙이기 때문에 더 잘 지켜나가지 않을까 기대해봅니다.

그리고 나서 각 팀 가족에게 감사의 마음을 담아 편지를 써보았습니다.

편지를 쓰는 방법을 배우지 않고 미리 하고 싶은 말을 편지로 써보라고 했습니다.

편지방법에 틀려도 된다. 우선 하고 싶은 말을 써보세요 라고 했습니다.

그리고 나서 편지 쓰는 방법을 함께 배웠습니다.

그런 후 자기의 글을 다시 살펴보고 편지 글의 양식에 맞게 방법에 맞게 고쳐써보았습니다.

교과서에 있는 살아있지 못한 글이 아니라, 아이들의 생각이 들어가고 아이들의 삶이 묻어나는 글을 활용하는 국어시간입니다. 내일은 이 글을 활용하여 문장부호와 어려운 낱말을 배워서 이것을 이용하여 미션을 주고서 다시 글을 고쳐보고 질문을 만들어서 함께 풀어보는 질문과 함께하는 국어시간이 계속됩니다.

아이들의 삶이 묻어나고 생동감 넘치고 살아있는 내가 쓴 글을 이용한 국어수업 시간을 기대해주세요^^

조금은 많이 부족할지도 모르고 많이 모자랄 수도 있지만, 조금씩 자기의 글을 수정하고 고쳐나가면서 글을 쓰는 방법을 스스로 깨닫고 반성해나가는 것이 진정한 국어 수업의 방향은 아닐까 라는 개인적인 생각을 가져봅니다.

이에 대해 학부모들은

부모님 집에서도 학교친구들과 선생님은 언의가족이니 잘해주고 아껴줘야 한다고 이야기 나눴답니다 진정한 마음의 한가족이 되면 좋겠어요^^♡ 아이들이 스스로 만든 규칙 · 반성 잘 지켜나가 선생님도 미소짓는 1반이 되길 기대해봅니다~~

ㅣ부모님 선생님 말씀에 항상 공감합니다 모든 선생님들이 우리아이들을 가족처럼 보듬어주고 사랑해주신다면 자라나는 우리아이들도 학교에서 더욱 특별한 가족애를 느끼고 사람이 주는 행복감이 얼마나 소중하다는 것을 깨우치며 발전할 것입니다~ 학교에서 상처받고 상처주고 좌절받고 시련을 못견디고 가슴아픈 예들이 모두 사라지면 좋겠습니

3장

학교 도서관과 급식실이란?

수업을 위해, 그리고 아이들의 배움을 위해 가장 중요한 활동 중의 하나가 독서이며, 학교에서 독서를 책임지는 공간은 교실 내 학급 문고와 학교에 있는 학교 도서관이다. 학교 도서관에 대해서 흔히 볼 수 있는 이야기를 하나 던져본다.

아이들이 점심시간에 점심을 먹고서 하는 말이 있다.
"선생님 책 반납하고, 다른 책 빌리러 도서관 다녀올게요."

점심시간에 도서관에 다녀오는 아이들에게 뭐라고 하는 말이 아니다. 오히려 도서관에서 천천히 책도 보고, 함께 수업과 배움에 대해 이야기를 나눌 수 있는 충분한 시간을 제공하지 못하는 것에 대한 미안한 마음이 더 크다.
이러한 마음을 가지면서 스스로에게, 또한 독자들에게 물어본다.

학교 도서관은 꼭 조용해야 하는가?

실제 우리 학교 선생님과의 모임에서 나누었던 이야기이다.

대부분의 교사들은 말한다.

"도서관?! 왜 그런 걸 물어봐. 도서관은 아이들이 필요한 책을 빌리거나 과제를 하거나 공부를 하는 공간이잖아!"

나는 다시 묻는다.

"동네의 다른 도서관들도 다 그런데, 굳이 학교 도서관까지 그러할 필요가 있나요?"

이런 질문에 당당하게 말하던 여러 선생님들은 곰곰이 생각에 잠기곤 한다.

"그러면 선생님은 학교 도서관이 어떠해야 한다고 생각을 하나요?"

나는 대답한다.

"학교 도서관은 시끄러운 곳이 되어야 한다고 생각해요. 아이들이 학교 도서관에서는 조용하게 다녀야 하고, 책을 빌리는 곳이라는 생각을 가지게 하는 것에 대해 저는 미안한 마음이 있습니다. 도서관에 있는 다양한 책들을 함께 읽어보면서 이야기도 나눠보고, 시끌벅적 서로의 생각을 이야기 나눌 수 있는 곳이면 좋겠어요. 그리고 어느 학교를 가더라고 학교에서 제일 좋은 위치, 학교 건물 1층의 정 중앙, 그러니까 아이들이 가장 많이 다닐 수 있고 접근성이 제일 좋은 곳에는 교무실, 행정실, 교장실이 있어요. 저는 그 곳에 학교도서관이 있어야 된다고 생각해요. 아이들이 제일 많이 다녀야 하는 곳이 바로 도서관인데, 우리들의 학교는 도서관을 제일 구석진 곳에 두고는 아이들이 책만 빌려가기에도 시간이 부족하게 만들어요. 도서관은 아이들이 정말 편안하게 다른 친구들과 함께 이야기를 하며 책을 읽을 수 있는 공간이 되어야 해요. 그리고 도서관만큼은 벽이 없어야 될 것 같아요."

그러자 다시 묻는다.

"그래요 선생님의 의견에 어느 정도 공감은 해요. 그런데 책을 읽고자 하는 친구들에게 방해가 되지 않을까요? 그리고 분실의 우려는 없을까요?"

"아이들에게 그러한 점을 분명하게 인지시켜주어야겠죠. 학교 도서관이 어떠한 장소인지에 대해서, 그리고 학생들을 믿고 있기 때문에 도서관을 완전 개방하고 있다는 것을 말이에요. 그리고 학부모와 공감을 통해 혹시나 가정에서 학교에서 가져 간 책이 있을 경우에는 학생에게 되돌려 줄 수 있도록 함께 지도를 한다면 문제가 없을 것 같아요."

필자는 이렇게 생각을 한다. 학교 도서관 만큼은 학교 밖의 도서관과는 차별화된 학교만의 아이들을 위한 공간이 되어야 한다. 학교 도서관은 아이들의 배움을 위한 공간이 되어야 하며, 오롯이 아이들을 위한 공간이 되어야 한다고 생각을 한다.

배움을 위해서 서로 이야기를 나누고 토론할 수 있는 공간이 되어야 한다. 이런 의미에서 학교 도서관은 아이들의 시끌벅적한 소리로 가득한 공간이 되어야 한다고 생각을 한다. 조용하게 책을 읽는 공간은 학교 밖 도서관에서도 충분히 할 수 있다. 학교 도서관은 아이들이 즐겁게 책을 읽고, 독서를 통해 알게 된 내용을 함께 토의·토론하며 새로운 사실을 함께 발견하고, 문제를 함께 해결할 수 있는 즐겁고 재미있는 공간이 되어야 할 것이다. 즐거운 공간이 학교 도서관이라는 인식을 하는 순간 아이들이 더욱 자유롭게 학교 도서관을 이용하고, 더 많은 책을 접하게 될 것이다. 이러한 공간을 위해 도서관은 벽을 허물고, 개방된 공간으로 마련하면 어떨까라는 제안을 한다. 도서관이라는 인식보다는 학교에서 자유롭게 놀 수 있는 공간, 책과 함께 자유롭게 이야기를 나누며 놀 수 있는 공간으로서의 학교 도서관을 만들어 준다면 책을 더 많이 접하게 되지 않을까 한다.

행사 위주의 독서 교육, 독서 감상문을 쓰기 위해 그리고 상을 받기 위해, 혹은 어른들의 권유로 인해 억지로 책을 읽는 것이 아니라 놀이처럼 즐겁게 독서를 하는 아이들이 되면 좋겠다. 책보다 좋은 선생님, 친구는 없으니 말이다.

이쯤에서 또 다시 하나의 질문을 던져본다.

급식시간은 정말 조용해야 하는가?

우리나라는 밥을 먹을 때 조용히 먹어야 하고, 입을 벌리고 먹으면 안 된다는 예의범절을 가지고서 지켜가는 나라이다. 이러한 나라에서 위의 질문은 어찌 보면 예의범절을 아이들에게 가르치지 말라는 의미로 들릴 수도 있을 것 같다. 하지만 지금 책을 읽고 있는 독자들은 함께 모여서 식사를 하는 자리에서 어떠한가?

즐겁게 만나서 그동안 살아온 이야기를 나누며 식사를 하고, 그러한 식사시간을 위해 따로 약속시간을 잡지 않는가?

우리 아이들도 그러한 시간을 경험하면 안 되는 걸까?

아이들에게 학교에서 제일 즐거운 시간을 뽑으라고 하면, 항상 최상위에 급식시간이 있다. 아이들이 즐겁게 생각하는 시간에 굳이 줄을 서지 않았다고 혼을 내고, 친구와 장난을 쳤다고 뭐라고 하고, 이야기를 하며 밥풀 튀었다고 벌을 세우게 한다면, 즐거운 식사시간이 아이들에게는 끔찍한 시간으로 다가오지 않을까? 안 그래도 학교에 다니는 것이 행복하지 않은 아이들인데, 더욱 행복하지 않은 학교생활이 되지 않을까?

필자도 한때는 학교의 방침 하에 조용히 시키기 위해 많은 노력을 했었다.

그런데 어느 급식시간에 다른 생각을 가지게 되었다. 그날도 필자는 조용히 시키기 위해 많이 노력을 하고 있었다. 갑자기 떠들던 2명의 친구가 있어서 조용히 불러서 혼을 내려고 했다. 그런데 한 학생이 이렇게 말을 했다.

"선생님, 4교시에 우리가 수학시간에 배운 내용 중에 자를 이용하는 방법에 대해 설명을 하고 내일 선생님 신체의 길이를 재기 위해서 이렇게 하자고 말을 했더니, OO이가 그렇게 하면 안 된다고 말을 해요. 선생님이 제가 하는 말이 맞죠?"

또 어떤 날은 어느 학생이 급식시간에 나에게 와서는 이런 말을 했다.

"선생님, 점심 다 먹고 3교시(우리 학교 2학년 3교시 후에 급식을 먹는다)에 그린 그림을 수정해서 완성해도 되나요? 친구들이랑 이야기 하다 보니 그림을 다시 그려야 될 것 같아서요."

이러한 상황이 몇 번 반복이 되었고, 이러한 말을 들으면서 또 다른 갈등을 경험하게 되었다. 물론 대부분이 식사시간의 이야기는 장난스러운 이야기들이며, 다른 반 친구들의 급식을 방해할 수도 있는 장난을 치기도 하지만, 그 속에서 몇 명은 스스로의 배움을 위해 그들 나름대로의 방식으로 이야기를 하고 있을지도 모른다. 그러한 배움을 우리는 급식시간은 조용해야 한다는 강박관념으로 인해 막고 있었던 것은 아니었는지 모른다.

한 연수에서 있었던 일이다.

우리 지역에서 유명한 선생님이고, 아이들을 위해 교육과정 재구성도 스스로 실천하면서 주위 교사들에게 덕망이 높은 분이었다. 그분이 급식시간에 대한 이야기를 하시면 이러한 말을 하셨다.

"급식시간이 많이 시끄러우시죠? 저희는 이렇게 해보았어요. 급식실에 종을 설치하고, 아이들이 장난이 심해지거나 시끄러워지면 종을 치게 했어요. 3월 달에는 하루에도 몇 번씩 치던 종이, 조금씩 줄어들고 요즘은 일주일이 지나도 몇 번 치지 않을 정도로 조용해졌어요. 선생님들도 한 번 해보세요."

이 방법은 교사들이 화를 내거나 혼을 내지 않고도 급식시간을 조용하게 만드는 효과적인 방법일 수 있다. 이러한 말이 잘못되었다는 것이 아니다. 필자는 단지 그러한 시끄러움과 장난스러움 속에도 아이들 스스로 배움을 위해 그들의 방식대로 함께 이야기를 나누고 학습, 반성, 성찰을 할 수도 있는데, 그러한 기회를 완전히 박탈하는 것은 아닌지 묻고 싶었다.

물론 단지 몇 번의 배움과 학습을 위해 그러한 시끄러움과 장난스러움을 참아야 하느냐고 반문을 한다면 필자는 선뜻 대답을 하지 못할 것 같다. 하지만 교사라는 직업을 가지고 있는 우리들로서 아주 극소수라 할지라도 그 속에서 배움과 학습이 들어가게 된다면, 우리는 그들을 위해서 참고 인내하고 견디어야 하지 않을까?

필자는 누군가의 독서시간을 방해하자는 의미도, 누군가의 식사시간을 방해하자는 의미에서 지금 이러한 질문을 던지고 말을 하는 것이 아니다. 단지 학교 안에서의 모든 공간은 아이들의 배움과 학습을 위해서 존재해야 하며, 그 속에서 겪게 될 시끄러움과 장난스러움은 어느 정도 감수하고 견딜 줄 아는 공간이 되어야 하지 않을까? 누구를 위한 공간인가? 학교와 교실은?

처음에는 시끌벅적한 도서관이 익숙하지 않고, 장난스러운 급식시간이 익숙하지 않을지 모른다. 그래도 아이들 스스로 익숙해지고 왜 시끄럽고 장난스러워도 되는지 스스로 깨닫게 된다면 그 후에는 그러한 시끄러움과 장난스러움이 배움과 학습을 위한 하나의 길과 방법이 된다는 것을 스스로 알게 될 것이라고 아이들을 믿어보면 어떨까?

교사는 아이들을 믿어야 하는 존재라고 생각한다. 처음에는 장난스럽게 시작을 하고, 시끄러움으로 시작을 하더라도 그 속에서 무엇인가를 느끼고 생각을 하게 된다면 그러한 장난과 시끄러움이 배움과 학습으로 반드시 이어지게 될 것이라고 아이를 믿어보고 기다려주면 어떨까?

이 글을 읽는 여러분도 아이들을 믿고 기다려주면 어떨까? 한 두 번 믿어주고 기다려주다가 포기하고 이전으로 돌아가기 보다는, 꾸준히 지켜보고 더 많은 시간을 기다려주자. 우리 아이들의 성장과 발전 능력은 우리가 생각하는 것보다 훨씬 더 뛰어나며 더 많은 잠재력을 가지고 있으니 말이다.

시끄러움과 급식실 대화 편 1 ● 학부모와 교육에 대해 소통하려는 용기

오늘은 지난 주 금요일 가족 만들기 활동에 이어서 가족을 만들고, 팀별로 서로의 팀 가족 이야기를 만들어주는 활동을 해보았습니다.

선생님의 가족을 만들어주고, 각자가 선생님 가족의 일원이 되어서 이름도 지어보고 하는 일과 역할도 만들어보았습니다.

그리고 이젤패드에 만들어져 있는 가족 그림 이야기를 돌아가면서 살펴보고 어떠한 모습 같은지 상상해서 이야기를 만들어 주는 시간을 가졌습니다.

그리고 나서 자기 팀의 이젤패드를 보고서 우리들의 이야기와 다른 팀의 이야기를 함께 섞어서 우리 팀 가족 이야기를 최종적으로 만들어보았습니다.

이렇게 가족이라는 것은 함께 만들어 갈 수 있는 것임을 알았으면 합니다.

나에게 주어지는 것이 가족이 아니라 우리가 함께 만들어가는 것이 가족이라고 생각을 한다면 조금은 주변 사람들을 더욱 배려하고 나의 가족에 대해 더욱 감사한 마음을 가지는 계기가 되지 않을까 합니다.

오늘도 역시나 발표까지 계획을 했지만..ㅠㅠ

한 팀만 발표를 하고 났더니.. 다른 팀이 잘못했다고 더 수정하면 안되나요 아우성입니다.

어떻게 했을까요?^^

당연히 더 시간을 주었습니다. 부족한 것을 알고 고치고 싶은 것을 알게 되었는데

그냥 무시하고 제 시간을 쫓겨서 발표를 하게 한다면..

잘못된 것을 알고 고쳐야 되는 것을 알게 된 그 사고를 멈춰버리게 될 것 같았습니다.

조금은 느리면 어때요? 조금은 천천히 가면 어때요?

함께 더 발전하고 성장하기 위해 스스로 고쳐가면서 함께 나아간다면

그것보다 소중한 배움과 학습의 경험은 없을 것 같습니다.

오늘도 엄청 시끄러운 교실이었습니다^^

그리고 그 시끄러움이 이제는 익숙해집니다.

============

갑작스럽게 점심시간에 한 학생과의 대화가 떠오르네요

한 학생이 갑자기

"선생님! 저는 로또가 되면 좋겠어요. 그래서 부자가 되면 행복할 것 같아요"

제가 이렇게 말들 해줘봤습니다.

"로또는 니가 힘을 들여 번 돈이 아닌데도 좋아?"
"네! 부자가 되니까 좋아요"
"그러면 로또가 되서 부자가 된 후 그 돈으로 힘들게 사는 사람과
자기의 힘으로 돈을 벌어서 행복한 사람 중에 뭐가 되고 싶어?"
"둘 다요!"
"둘 중에 굳이 고른다면?"
"행복한 사람이요!"
"그래. 그러면 꼭 돈이 많아야 행복할까?"
"아니요. 필요한 만큼만 있으면 되요. 그래도 자녀들에게 돈을 물려줘야 되잖아요?"
"왜? 낳아주고 길러주고 하시는데 또 돈도 물려줘야 돼?"
"아니요. 낳아주고 길러주는 것도 감사한 일이에요"
"그러면 돈이 많을 필요가 있을까?"
"아니요. 필요한 만큼만 있으면 될 것 같아요. 그리고 행복한 삶이 되고 싶어요"
아이와의 대화를 모두 담을 수는 없었지만, 이러한 대화 내용이 떠오릅니다.
많은 것을 원하고 많은 것을 가져야만 행복한 줄 아는 아이들…
물론 많으면 좋지만, 물질적인 것만을 더 많이많이 가지기 위해서만 살아가게 된다면…
과연 미래 사회가 필요로 하는 사람일까?
우리 아이들이 주변 사람들을 더 많이 살펴보고 나에게 남는 것을 주변 사람을 위해 도움을 주는데 스스로 줄 수 있는 마음이 넓은 사람이 되었으면 합니다.
이번 가족 프로젝트가 그러한 계기가 되기를 희망해봅니다.
주변 사람들이 함께 살아가는 가족이 될 수 있음을 깨닫고
직접 실천에 옮긴다면 조금씩 우리 세상이 변하지 않을까 합니다.

이에 대해 학부모들은

부모님 선생님 날씨가 넘 덥네요 더운날 우리아이들 가족처럼 돌봐주시고 교육시켜 주심에 항상 죄송한마음과 감사한마음 입니다~ 선생님 덕분에 마음편히 학교 보내고 있습니다^^♡

2016년 5월 30일 · 답글 · 빛내기 ···

시끄러움과 급식실 대화 편 2

학부모와 교육에 대해 소통하려는 용기

오늘은 나와 가족 두 번 째 날이 있었습니다.

나와 가족에 대해 다시 한 번 더 생각하는 기회를 제공함으로써 건강한 관계형성을 통해 우리 반도 하나의 가족이 될 수 있다는 것을 알게 하고자 합니다.

두번째 날 활동은 어제 각 팀별로 선생님의 가족을 만들어주고, 각자 그 가족에서 하나의 역할을 배정하였습니다.

이를 통해 가족을 어떻게 부르는지, 친척들의 관계가 어떠한지 스스로 배울 수 있도록 하였습니다.

각자의 역할에 따라서 서로의 관계가 다름을 알게 하였습니다.

그리고 나서 가족 이야기를 만드는 시간을 가졌습니다.

각자 가족 친척들과의 가장 기억에 남은 추억을 떠올리고 추억을 함께 공유하는 시간을 가졌습니다.

그리고 나서 그 이야기를 바탕으로 새로운 가족이야기를 만들어보는 시간을 가졌습니다.

팀별로 준비한 잡지책을 살펴보면서 그림 대신에 잡지책을 오려 붙이면서 이야기를 표현해보았습니다.

가족의 이야기를 만들어보는 시간을 통해 지금 함께 하는 우리 팀이 하나의 가족이 될 수 있다는 것을 몸소 깨달았으면 합니다.

가족이란 나를 낳아주고 길러주는 분들뿐 아니라 나와 함께 생활하고 삶을 함께 공유할 수있는 사람들임을 알게 하고 싶습니다.

우리 아이들이 만들어가게 될 가족 이야기가 벌서부터 궁금합니다.

오늘은 활동 시간이 부족하여 모든 이야기를 만들지 못해서 아쉬움이 남습니다.

그래도 내일 있기에.. 우리 아이들의 성장과 발전, 그리고 이야기를 더 기다려 봅니다.

교육은 기다림의 미학인 것 같습니다. 배움과 학습도 그렇구요..

기다리지 못해서 더욱 다그치고 혼을 내는 것 같습니다.

앞으로도 더 많이 기다려주고, 더 많은 이야기를 들어주고자 합니다.

우리 아이들은 로봇이 아니니까요. 기계가 아니니까요..

빠르게 성장하고 발전하기 보다는 각자에게 맞도록 천천히 그리고 적당하게 바라보고자 합니다.^^

가족이야기를 만들면서 오늘도 정말 시끌벅적한 교실이 되었습니다.

매번 느끼는 것이지만.. 아이들의 시끄러운 이러한 소리가 저에게는 정말 행복한 소리고 들립니다.

웃으며 함께 이야기를 나누는 우리반 아이들의 모습과 배움을 계속 지켜주고 싶어집니다^^

==

며칠 동안 어머님들의 답변을 보면서 크게 힘을 얻고 있습니다. 아직 부족한 것이 않고, 더 발전하고 성장해야 하는 부분이 많은 수업임에도 불구하고 많은 학부모님들께서 응원해주시고 저의 교육철학에 동의해주시는 것 같아서 행복합니다.

학교, 교실, 수업이라는 것은 교사와 학생이 만들어가는 것이기는 하지만 그 속에서는 학부모와 함께하는 공동체도 꼭 필요할 것으로 생각됩니다.

학부모님들의 응원과 지원, 지지 없이는 아이들의 삶을 만들어갈 수도, 생활과 연계된 수업이 될 수도 없을 것 같습니다.

이에 대해 학부모들은

부모님 사진만봐도 아이들의 목소리가 들리는것 같습니다 아이들이 서로 다양한 생각을 이야기하는 모습 너무 예쁘네요
아이들의소리가 행복한소리로 들린다는 말에 감동받았습니다 선생님 고맙습니다^^
2016년 5월 27일 · 답글 · 빛내기

엄마 선생님~
제가 일을 해서 답글은 자주 못 남기지만 늘 선생님께서 아이들을 대할 때 가지시는 마음가짐과 가치관을 보고 저도 많은 것을 느끼게 되고 매일 들어와서 봅니다
많은 부모님들께서도 저와 같은 마음일거라고 생각됩니다~
항상 응원합니다~~^♡^
2016년 5월 27일 · 답글 · 빛내기

부모님 핵가족화에 살면서 편하고 좋은 점도 있지만 아이들을 키우면서 옛날처럼 대가족에서 산다면 우리 아이들이 더 행복하지 않을까 하는 생각을 많이 했습니다. 살면서 가족의 의미가 더 크게 와 닿는대요 우리가 익히 알고 있는 가족의 의미에서 한단계 더 나아가서 생각을 하게 되네요^^ 선생님 글을 읽으면 우리 아이들의 행복한 웃음소리가 들리는것 같아 늘 좋습니다^^
2016년 5월 27일 · 답글 · 빛내기

부모님 아이들이 수업에서의 소리는 함께 공유하고 공감하고 다른사람의 의견을 듣고 느낌과 생각을 얘기하고 자유로움 속에서 서로 다른점을 배우고 스스로 터득하고 느끼는 소중한 시간이라 생각듭니다 절대 시끄럽고 질서없는 소리가 아닙니다 그것을 인정해주시는 선생님이 계셔서 아이들의 사고가 크게 확장된것 같습니다 그런 선생님이 우리 선생님이셔서 영광스럽고 존경스럽습니다

4장

교과서란?

이글을 읽고 있는 독자에게 묻는다.
아래의 질문은 우리 교실에서 아이들에게도 동일하게 했던 질문이다.

> 책은 무엇이라고 생각하나요?

아마도 이러한 질문을 보았을 때, 대부분의 사람들의 반응은 이러할 것이다.
이 질문은 대체 뭐야? 책이 뭔지 몰라? 마음의 양식을 쌓기 위한 거잖아.
그리고 공부를 하거나 궁금한 것이 있을 때 찾아보는 서적이잖아.
그렇다. 맞는 말이다. 그렇다면..

> 교과서가 무엇이라고 생각하나요?

우리 반 친구들은 이 질문에 하나같이 "공부를 하기 위해 필요한 거잖아요."라고 대답을 한다.

이에 나는 이렇게 말을 해보았다. "그냥 너희들이 공부할 때 혹은 필요할 때 마음대로 사용하라고 나라에서 주는 거야." 그랬더니 다들 벌떼같이 나를 쏘아붙인다.

"공부하라고 주는 거예요."
"함부로 사용하면 안 돼요."
"물려주어야 해요. 깨끗이 사용해서 동생한테도 보여줘야 해요."라고 대답한다.
대체 이러한 생각을 어디서 배운 것일까?

책이라는 것, 교과서라는 것은. 이것들은 모두 내가 필요할 때 마음껏 사용할 수 있는 것 들이 되어야 한다고 생각한다. 필요하면 낙서도 해도 되고, 그림을 그려도 되고, 찢어도 된다. 필자는 그렇게 생각을 한다. 물론 장난을 치거나 아무런 목적이나 이유 없이 그림을 그리거나 찢으면 안 되지만, 스스로 학습하거나 무엇인가의 배움을 위해서라면 책이나 교과서를 어떻게 사용을 하더라고 괜찮다는 생각을 한다.

책이라는 것. 교과서라는 것을 소중히 다루어야 한다는 어른들의 말씀과 배움으로 인해 착한 우리 아이들은 교과서에 낙서를 하거나 그림을 그리거나 찢는 행동을 하는 친구들을 보면 여지없이 나에게 일러바친다. 이런 아이들에게 필자는 말한다.

"괜찮아. 책은 낙서를 하라고 있는 거고 그림을 그리라고 있는 거란다."

무엇이 문제인가? 책에 낙서를 하던 그림을 그리던 그 책을 사용하고 읽는 주인이 그렇게 사용을 하겠다는데 무엇이 문제인 건인지 묻고 싶다.

문제는 낙서를 하고 안하고, 그림을 그리고 안 그리고가 아니다. 우리 사회의 관습이 문제인 것이다. 책은 깨끗이 사용을 해야 하고, 찢어지거나 구겨지면 안 된다고 어릴 때부터 배워온 우리들의 고정관념이 문제라고 생각한다.

우리들은 지금 어떠한가? 아래의 퀴즈를 풀어보고서 함께 이야기를 다시 나누자.

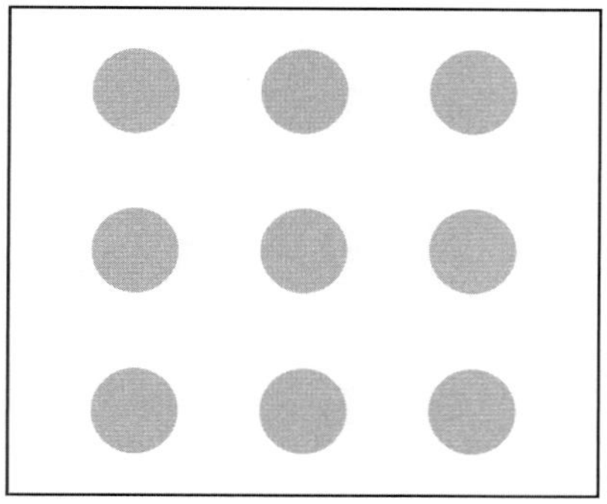

위의 점들을 선분 4개 이하를 이어서 모두 지나가도록 만들어보아라.

아마 많은 분들이 정답을 알고 있을 것이다. 선이 점을 지나가도록 그리면 된다. 하지만 이것 말고도 가능한 방법이 더 있다. 점과 선에 대한 편견을 버리면 된다. 위의 그림처럼 점은 크기와 관계없이 동그라미로 찍히면 모두가 점이 된다. 즉, 점의 크기는 매우 자유롭다고 할 수 있다. 그러면 아래의 그림처럼 선을 그을 수도 있다.

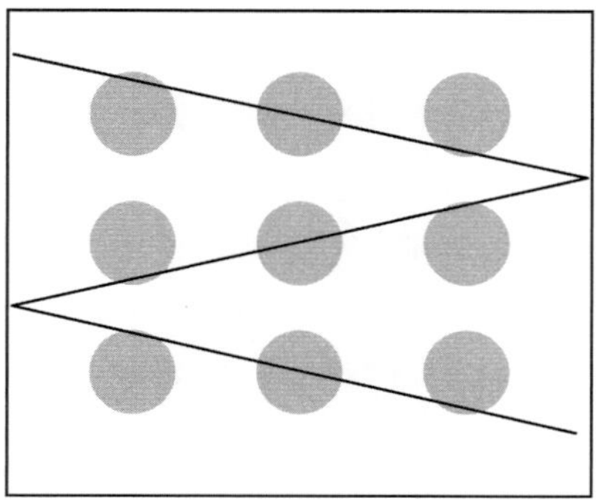

이렇게 말이다. 선분도 마찬가지다. 연필로 그어도 선이 되고 붓으로 그어도 선이다. 그렇다면. 넓이가 넓은 붓으로 선을 긋게 된다면 선 하나로도 9개의 점이 모두 지나갈 수 있다. 아래의 그림처럼 말이다.

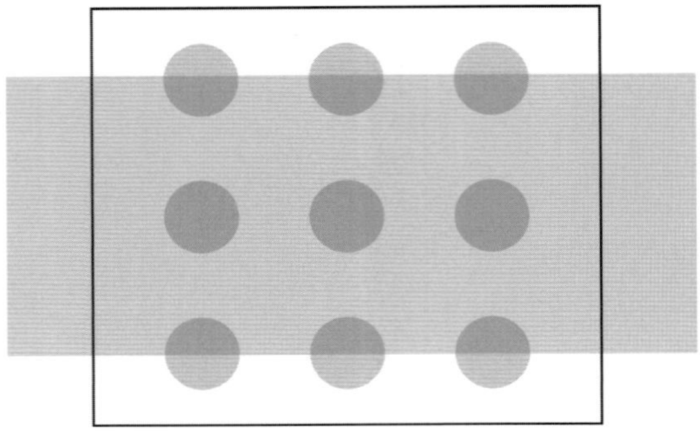

이렇게 편견을 버리면 다양한 방법이 떠오른다. 하지만 내가 말하고자 하는 것은 이것이 아니다. 또 다른 방법이 있다.

점이 그려져 있는 종이를 접거나 잘라서 점이 모두 일치하게 두고서 실로 종이를 뚫는다면 하나의 선분으로 이 점들을 모두 지나가도록 할 수 있다. 이러한 방법은 우리나라 사람들은 절대 생각할 수 없는 것이라고 한다. 어린 시절부터 책을 소중히 다루어야 하고, 찢거나 구기면 안 된다고 배워온 우리들은 말이다.

물론 무조건 책을 찢거나 구기라는 말이 아니다. 공부를 하거나 배움이 일어나는 순간에 필요하면 찢거나 구겨도 된다는 말이다. 그리고 낙서도 해도 되고 그림을 그려도 된다. 왜? 하나의 정답만이 존재하는 것은 없다. 여러 가지 정답이 존재하며 낙서와 그림으로 질문에 대한 답변을 생각하게 되었다면 그렇게 표현해두어도 된다. 왜 꼭 교과서에서 제시하는 질문에 대한 답은 글로 표현을 해야 하는 걸까? 낙서처럼 혹은 그림처럼 표현을 하면 안 되는 걸까?

책이나 교과서는 그저 학생들이 공부를 하기 위해, 배움을 위해, 학습을 위해 필요한 도구로 여겨야 한다. 애지중지 누구에게 물려주기 위해서 조심스럽게 다루어야 하는 것이 아니라 말이다.

이제 다시 묻는다.

책이나 교과서에 낙서를 해도 되나요?
책이나 교과서를 구기거나 찢어도 되나요?

생각을 바꾸는 것, 관습을 뒤집는 것은 참으로 어려운 일이다. 두 번째 질문에도 여전히 그래서는 안 된다고 생각하는 교사, 어른들이 분명이 존재할거라고 생각한다. 하지만 조금씩 바꾸어보자. 생각과 관습을 조금은 바꾸어 보자.

이것이 바로 학교에서 시작해야 하는 일이라고 생각한다.

이제 교과서에 대한 생각이 조금 바뀌었는가?

그러면 혹자는 필자에게 이렇게 물어볼지도 모르겠다.

그러면 선생님이 생각하는 교과서란 무엇인가요?

올해 우연찮게 2017학년도부터 적용될 2015개정 교육과정의 통합교과 교과서에 대한 현장 검토를 하는 연구회에 소속되어 2016년도에 활동을 하게 되었다. 집필진과 심의진의 의견을 반영하여 나온 현장 검토본을 보면서 과연 현장에 적용을 했을 때 실현이 가능한지, 그리고 아이들과 선생님이 그 교과서를 가지고 수업을 잘 하고, 잘 참여할 수 있을지 등 교과서 내용 및 디자인 등 전반적인 부분에 대해 검토를 하게 되었다.

이 경험을 통해 교과서에 대한 생각을 많이 하게 되었다. 매달 하나의 단원을 선정하여 검토를 하고 의견서를 모아서 교육부에 제출을 하였다. 그러던 중 현장적합성 검토 의견수렴 결과 및 협의사항에 대한 워크숍에 참석할 기회가 생겼다. 연구회 회장이 참석을 해야 하지만 급한 일로 인해 참석자를 찾는 도중에 필자는 정말 좋은 기회가 될 것 같아서 흔쾌히 참석하게 되었다.

정말 많은 이야기를 듣고, 할 수도 있을 거라는 기대를 가지고 참석을 하였다. 하지만 어느 워크숍이나 마찬가지로 기대와 달리 실망을 하고 돌아온 것 같았다. 집필의 총괄을 담당하는 교수님이 현장의 목소리를 듣는다기 보다는, 집필진의 의도를 우리에게 설득하려는 느낌을 강하게 받았으며, 집필진의 의도에 따라 우리들의 의견을 받아들이려 한다는 생각을 하게 되었기 때문이다. 필자는 많은 말을 하고 싶었지만 나의 의견이 어떻게 받아들여지게 될지 걱정이 되어서 자세히 하지는 못하였다.

아직 정식 교과서가 나오지 않았기 때문에 자세한 내용을 말하지 못하는 점에 대해서는 아쉬움으로 남는다. 우리들의 의견이 얼마나 받아들여져서 얼마만큼 교과서가 바뀌게 될지 모르기 때문이다.

그 자리에서 내가 하고 싶었던 말을 이 글을 빌려서 하고자 한다.

나는 교과서가 이렇게 바뀌어야 한다고 생각을 한다. 나의 주변 대부분의 선생님들은 수업을 하기 위해, 혹은 공개수업을 하기 위해 가장 먼저 생각하고 찾는 것은 교과서도, 교육과정도, 지도서도 아니다. 인디스쿨을 비롯한 인터넷 사이트의 다양한 수업 자료 및 방법들이다. 왜 우리 교사들은 수업을 하기 위해 교과서가 아니라 인터넷 사이트의 유명한 선생님들의 자료를 찾는 것일까? 왜 교과서가 아닐까?

이러한 의문점을 가지면서 나는 한 가지 답을 얻게 되었다. 바로 교과서가 다양성을 제시하지 못하고 있으며, 하나의 방법만을 그리고 교사 중심의 수업을 할 수 밖에 없게 만들고 있기 때문이라는 것을 알게 되었다. 활동중심의 학생의 배움을 강조하는 수업을 하라면서 교과서가 과연 그러한 방향을 제대로 제시하고 있는지 우리는 교과서를 살펴보면서 생각해 보아야 한다.

왜 교과서가 인터넷 사이트처럼 방대한 자료나 활동을 제공하면 안 되는 걸까?

그리고 흔히들 말을 한다. 교사들의 교과서를 가져야 하고, 아이들도 자신만의 교과서를 만들어야 한다고 한다. 나도 동의한다. 그렇게 되려면 교과서가 바뀌어야 한다. 왜 교과서는 바뀌지 않으려고 하면서 교사들의 수업 자율성과 창의성, 프로젝트 학습을 위해서 수업을 만들게만 하는 것인지 궁금하였다.

인터넷 사이트에서처럼 단원별, 주제별, 성취기준별, 핵심역량별 등으로 나뉘어져서 아이들이 할 수 있는 다양한 활동꺼리, 이야기꺼리 등을 모아서 교과서로 만들면 어떨까라는 생각을 한다. 이러면 적어도 교사들은 클릭하던 행동을 멈추고 교과서를 보게 되고, 어떠한 활동이 있는지 살펴보고, 우리 아이들과 어떻게 수업을 하면 좋을지 고민하기 시작할 것 같다.

그리고 아이들에게는 이러한 교과서와 함께 백지로 이루어진 공책 같은 교과서를 얇게 주면 좋겠다. 각 단원, 주제, 혹은 핵심성취나 핵심역량 별(이 중에서는 교사의 의도에 따라 무엇을 선택해도 될 것 같다)로 그러한 백지 교과서를 주고서, 다양한 활동꺼리가 있는 교과서에서 하고 싶은 활동이나 이야기꺼리 등을 골라서 찢어서 백지의 교과서에 붙이게 하면 어떨까 한다. 물론 이때도 개인보다는 팀, 혹은 반 전체가 함께 모여서 이러한 나만의 혹은 우리 팀만의, 아니면 우리 반만의 교과서를 만들게 된다면 아이들은 더 즐겁고 행복한 수업을 하게 되지 않을까 한다.

이러는 동안 교사는 아이들이 핵심성취기준이나 학습 목표에 맞게 다양한 활동을 선정하고 있는지, 그리고 흐름을 잘 구성하고 있는지, 부족한 부분은 없는지 확인을 하면서 도와주게 된다면 수업 시간에 컴퓨터 화면을 보는 대신에 아이들을 바라보게 되고 아이들과 더 많은 소통을 하는 시간이 되지 않을까 한다.

물론 이렇게 될 경우 교과서가 책의 형태를 띄지 않아도 된다는 장점도 가지게 된다. 하지만 여러 가지 면을 고려하였을 때 나는 교과서만은 책의 형태를 유지하면 좋을 것 같다. 함께 이야기를 나누고, 서로 교과서를 찢고 붙이는 활동을 통해 책에 대한 고정관념도 버릴 수 있는 좋은 기회를 가지게 될 것이다. 혹시 모르지 않나? 정말 모든 학기가 끝나고 교과서가 필요 없을 때, 아이들은 그냥 그 교과서를 버리기 보다는 또한 학습자료로 활용하거나 놀이 활동에 이용하게 될지도 모를 것이다.

학년이 지나고, 학기가 지나고 폐휴지를 모아두는 곳에 그냥 버려지는 교과서를 보면서 이런 생각을 하였다. 차라리 저렇게 버리기 전에 아이들에게 찢어서 딱지로 만들게 해서 딱지치기라도 할껄… 그러면 이렇게 그냥 버려지는 대신에 즐거운 놀이거리와 활동거리라도 줄 수 있을 텐데 라고 생각한다. 그렇게 버려질 교과서라면 찢을 수 있게 만들어주면 좋겠다는 생각을 하게 되었고, 그래서 자료 집 같은 교과서를 제공하고, 교과서를 찢으면서 나만의 새로운 교과서를 만들 수 있게 한다면 아이들이 더욱 흥미롭고 재미있는, 그리고 더욱 다양한 생각과 사고를 이끌어 낼 수 있지 않을 까 한다.

그리고 이렇게 될 경우 하나의 단원 혹은 주제가 마무리 된 후에는 개인별 혹은 팀별로 모두 다른 결과물을 만들어 낼 것이며, 서로의 작품이나 결과물을 살펴보면서 또 다른 학습 경험의 기회를 제공하게 될 것이다. 이렇게 서로 돌아가면서 살펴본 후 아이들은 스스로 함께 모여서 더 하고 싶은 것이 생기게 될 것이며, 그들이 스스로 수업을 만들어서 실천할 수 있는 기회도 몇 차시 정도 제공한다면 서로의 결과물을 통해 상호 평가한 내용이 더욱 유의미하게 아이들에게 다가가게 될 것이다. 그리고 다양한 놀이 활동이나 방법을 제공하는 교과서가 만들어지게 되고, 아이들은 더욱 다양한 놀이나 활동을 알게 된다면 서로 함께 놀기 위해서 컴퓨터를 찾고, pc방을 찾고, 스마트폰을 찾는 대신에 교과서를 함께 살펴보면서 어느 놀이를 할 것인지 서로 이야기를 나누면서 교과서를 가지고 함께 노는 모습을 보게 될지도 모른다는 상상을 하게 된다.

또한 이러한 자료집 같은 교과서가 만들어지게 될 경우 교육과정이 바뀔 때마다 교과서의 형태가 바뀌고 형식이 바뀌게 되면서 겪게 될 현장 교사들의 어려움도 줄어들 게 될 것이다. 매년 다양한 경로를 통한 설문조사를 통해 많이 활용되는 자료와 활용이 되지 않은 자료를 분류하고, 활용이 되지 않는 자료는 삭제하고 그동안 새롭게 개선된 또 다른 자료를 제시하여 후년도 교과서가 나오게 되는 시스템이 구축될 경우 교육과정이 바뀌어도 교과서의 형태나 형식이 크게 바뀌지 않게 될 것이다. 변화되는 교육과정의 내용, 성취기준의 내용에 따라 교과서에서 제시하는 활동이나 내용, 자료들에 변화만 생길 뿐 교과서의 큰 틀에는 변화가 없기 때문이다. 교과서 안의 활동을 함께 살펴보면서 아이들은 그 안의 활동을 가지고 자기만의, 우리들 팀 만의 혹은 우리 반 만의 교과서를 만들어 가면 되기 때문이다.

7차 교육과정 이후 수시 개정으로 교육과정의 형식이 바뀐 뒤, 2007개정, 2009개정, 2011개정, 2015개정 등 10년 사이에 4번이나 교육과정이 개정되었다. 물론 사회적 요구, 시대적 변화의 흐름에 맞는 교육을 만들어가기 위하여 그리고 우리 아이들을 위한 교육을 만들어간다는 의미에서 교육과정이 자주 변화될 수는 있다.

하지만 그때그때 마다 교과서가 변화되고, 변화된 교과서에 익숙해지기 위하여 부단히 노력해야만 하는 교사들, 특히 이미 과거의 교사 중심의 수업에 익숙해져서 교과서가 수업의 전부인 듯 여기는 교사들에게 몇 년마다 바뀌는 교과서, 그리고 교사의 수업 자율성을 점차 강조하면서 나오는 새로운 철학을 담은 교과서로 인해 현장의 많은 교사들은 어려움 호소하고 있으며, 그들만의 많은 고충을 가지게 되어 스트레스와 소진을 경험하게 만드는 원인을 제공하고 있다.

교육과정의 변화와 관계없이 교과서는 하나의 형식이나 형태가 존재해야 한다고 생각하며, 교육과정 및 성취기준의 변화에 따라 형식이나 형태는 변화가 없지만 그 안의 내용, 자료, 활동들만 바뀔 수 있는 교과서가 만들어져야 만 많은 교사들이 교육과정이 변화하더라도 많은 어려움이 없이 변화된 교육과정을 현장에 적용할 수 있게 될 것이다.

통합교과 역시 2013년도에 도입이 되고, 2016년에 새롭게 바뀌어서 적용이 된다. 처음에 통합교과가 도입이 되고서 많은 어려움을 겪으며 이제 막 적응을 하고, 재미있게 수업을 만들어갈 수 있게 된 시점에서, 교육부에서는 새로운 형태의 교과서를 만들어서 또 다른 적응기간을 교사에게 요구하고 있는 것은 아닌지 고민하게 된다.

교과서를 통해 새로운 수업을 만들게 하고 싶고, 선생님들이 수업에 대해 다시 바라보고 새로운 수업 방식으로 개선하고 싶다면 교과서가 제로에서 다시 시작되어야 한다. 기존의 큰 틀이나 방식은 그대로 두고서 무언가를 자꾸 바꾸려고 하니까 의견이 분분하고 서로의 의견이 상충되고 의견 조율이 잘 되지 않는 것이다. 집필진이나 교육부에서는 왜 의견이 분분하고 다양한지 고민하고 어느 의견을 받아들여할지 선택과 집중의 문제로 바라보기 보다는, 왜 그러한 다양한 의견이 나올 수 밖에 없는지 근본적인 상황에 대한 고민을 해보았으면 한다. 매년 교과서를 통해 새로운 것을 추구하려고 하기 때문이다. 기존의 틀에는 변화를 주지 않으면서 자꾸 새로운 것만을 넣으려고 하니까 말이다.

많은 학부모나 학생들은 교과서의 페이지가 많고 무겁다고 많은 불평을 가진다고 한다. 그래서 교육부나 집필진에서는 교과서의 쪽수를 줄이는 것도 하나의 큰 방향성으로 삼고 있다. 하지만 나는 말하고 싶다. 왜 그러한 불평이 있는지에 대한 근본적인 물음에서 시작을 했으면 한다. 만약 아이들이 정말 좋아하는 활동들로만 가득한 자료집 같은 교과서가 만들어지고, 그들에게 자유롭게 구성할 수 있도록 백지의 공책같은 얇은 교과서에 그것들을 찢어서 붙이게 하면서 교과서를 스스로 만들게 한다면, 과연 그러한 불평과 불만이 계속 이어질까? 교과서를 가지고 놀기도 하고, 수업도 하고, 아이들과 함께 놀기 위해서 교과서를 찾는 자녀들의 모습을 보게 된다면 더 많은 활동, 더 다양한 자료를 넣어달라고 요구하지 않을까?

한번 용기내어 말을 해본다. 불평이 있다고 하여 근본적인 면은 바라보지 않고, 그저 눈에 보이는 불평과 불만을 해소하기 위하여 교과서의 페이지를 줄이는 것이 중요한 것이 맞는지? 그러면서 또 다른 방식의 수업을 교사에게 요구하기 위해 그 속에서 또 다른 교육 철학을 심고서, 집필진은 불친절한 교과서를 지향한다는 주장을 한다. 필자는 감히 말을 하고자 한다. 불평과 불만을 해소하기 위한 방향이 잘못되었고, 바라보는 시각이 잘못되었다고 말이다. 교과서 페이지, 지도서의 양, 부록의 양이 얼마나 되는지, 그리고 무게가 얼마나 나가는지가 중요한 것이 아니라, 어쩌면 학부모와 학생들은 교과서에 담긴 우리들 교사나 교과서를 만들어가는 사람들의 고정관념이 너무 무겁다고 여기고, 불평과 불만을 하고 있는 것은 아닌지 묻고 싶다. 이제는 교과서에 담긴 우리들의 고정관념과 사고들을 줄이고 버려야 할 때가 아닌 지 반문해본다.

그렇다면, 교과서에 대한 또 다른 질문을 던져본다.

교과서는 정말 필요가 없는 것일까?

5년 전, 1급 정교사 자격 연수 중 어느 한 교수가 이런 말을 하였다.

"앞으로 여러분은 각자의 교과서를 만들어야 하고, 지금의 교과서는 모두 사라져야 합니다. 교과서로 인해 천편일률적인 수업을 하게 됩니다. 그러므로 우리 아이들과 앞으로의 교육을 위해서 교사들은 자신들만의 교과서를 가지고 있어야 합니다."

이러한 말은 진보적인 성향이 강한 교수나 교사들이 흔히들 하는 말이다. 이 말을 듣고서, 평소 수업에 대해 고민을 하고 걱정을 하고 있던 필자는

"아하! 그래 이거였어. 교과서를 버려야 되겠다. 그러면 수업이 바뀔 수 있겠다."

라고 생각했던 것이 떠오른다. 그리고 교과서를 다시 살펴보기 시작하게 되었다.

교과서를 버리기 위해서.. 나만의 교과서를 만들어내기 위해서..

그러면서 나는 인디스쿨의 자료를 찾기 시작하고, 그러한 자료를 폴더별로 모으기 시작했던 것 같다. 교과서를 버리기 위해서라는 목적 하에 나는 다른 교사들의 자료를 모으면서, 그것이 마치 나만의 교과서인 것처럼 생각을 했던 필자의 모습이 떠오른다. 인디스쿨과 관련된 이야기는 뒤에서 계속 이야기를 하겠다.

어쨌든, 이러한 생각을 가지고서 교과서를 계속해서 살펴보게 되었던 것 같다. 처음에는 무조건 버리려는 목적으로 인디스쿨의 다양한 자료를 찾는데 집중하였지만, 시간이 지나고 교과서를 계속 살펴보면 볼수록 나는 교과서가 버려져서는 안 된다는 생각을 어느 순간부터 하게 되었던 것 같다.

교과서를 버려야 한다는 말은 몇 년 전부터 계속해서 나오고 있다. 하지만 없어지기는커녕 검정교과서 제도가 들어오면서 오히려 선택할 수 있는 교과서의 개수가 더 늘어나게 되었으며, 교육과정이 개정될 때마다 교과서도 질적인 측면에서 함께 성장하고 발전하고 있다.

물론 교과서를 금과옥조로 여기면서 교과서대로 수업을 하자는 말이 아니라는 것을 이 글을 읽는 사람이라면 모두 알고 있을 것이다. 나는 단지 교과서는 수업을 위한 하나의 부교재로서 역할을 해야 하며, 이로 인해 교과서는 반드시 필요하다는 말을 하고 싶다. 학생들과 함께 어느 정도 진도를 나가고 있는지 확인하기 위하여, 학부모들이 교실에서 이루어지는 다양한 활동과 학습 내용들이 교육과정과 연계된 것임을 알려주기 위해서 교과서만큼 객관적인 자료는 없다. 모든 학부모들이 교육과정이 무엇인지, 그리고 교육과정이 어떻게 구성되고 짜여져 있는지 알고 있다면 아마도 교과서는 정말 필요가 없을지 모르겠지만, 학교에서 우리 아이들이 무엇을 배우고 있는지, 그리고 왜 배우고 있는지 알게 하기 위해서 교과서만큼 객관적인 자료는 없다.

실제 사례를 예로 들어 보자.

아이들의 배움과 학습을 강조하면서, 그를 직접 실천하고자 교육과정을 스스로 분석하고, 이를 중심으로 재구성하고, 학생활동중심의 수업을 위해 다양한 교수·학습 방법을 만들어서 아이들과 함께 호흡하고 생활하면서 삶의 이야기를 이끌어내고자 열심히 노력하고 있던 2014년, 1학기··· 어느 날···

한 학부모가 연락이 와서 이렇게 물었다.

"선생님, 아이들이 교실에서의 수업을 매우 재미있어 합니다. 그런데 교과서는 언제 나가나요? 아이들 시험도 치고, 집에서도 가르쳐 주려고 하는데 교과서 어디를 봐야 할지 모르겠어요."

이러한 학부모의 말에 잠시 대답을 하지 못했다. 아무리 교육과정 중심으로 내용을 분석하고 교과서를 재구성하여 교과서가 필요없는 수업을 만들고자 노력을 하고 있습니다. 그리고 교실에서 이루어지는 활동은 모두 교과서에서 제시하고 있는 것들을 학습 주제에 따라 변형을 하여 적용하고 있다라고 말을 하더라고 학부모들은 이 말이 도저히 이해가 되지 않을 것을 알기 때문이다.

그러면서 알게 되었다. 학부모와 함께 대화를 하고 내가 하고자 하는 교실에서의 작은 변화를 이해시키기 위해서는 교과서를 절대 버려서는 안 된다는 것을 말이다. 그래서 2학기부터는 활동을 하면서도 교과서를 하나씩 확인시켜주면 이쯤 진도를 나가고 있고, 다음 활동은 국어는 어떤 단원, 수학은 어떤 단원, 통합교과는 어느 교과의 어느 단원을 함께 배우게 될 거야라고 하나씩 설명을 해주었다.

이러한 어려움을 겪은 뒤, 2015년도부터는 교과서와 교육과정을 함께 기반으로 재구성하여 교실 수업에 변화를 주기 시작하였다. 그래서 그런지 2015년도에는 어느 학부모도 어디 진도를 나가고 있나요, 교과서는 언제 배우나요라고 물어보는 학부모가 없었다.

이러한 사례도 있다.

얼마 전 프로젝트 학습을 전 학년이 실천하고 있는 창조 학교 공개수업을 참관한 후, 수업 나눔에서 한 선생님이 했던 말이다.

"저도 프로젝트 학습을 진행하고 있습니다. 그런데 어느 날 학부모가 전화가 와서 우리는 진도를 언제 나가요? 교과서는 언제 배우나요? 시험은 어떻게 치게 되나요? 라고 물어와요. 전화가 올 때마다 설명을 드리고,

"교육과정에 따라 재구성하여 운영을 하고 있어요."

라고 대답을 하지만, 이해를 시키거나 설명을 하는 것이 힘들어져서 이제는 교과서를 가지

고 수업을 하게 되었어요. 어떻게 하면 좋을까요?"

수업을 한 선생님이 선뜻 답을 하지 못한다. 그러면서 이런 말을 한다.

"저희도 그런 점으로 인해 많이 고민하고 어려움을 겪고 있습니다. 저희 학교 같은 경우에는 올해부터 창조학교라고 하여 많은 홍보가 되어 있어서 그나마 그러한 어려움이 적은 편입니다."

그리고 나서 내가 말을 할 차례가 되었다. 어떠한 말을 해야 하나 고민을 하다가 솔직하게 모든 이야기는 하지 못하고, 우선은 이렇게 말을 하였다.

"프로젝트 학습을 진행함에 있어서 왜 그러한 프로젝트를 하게 되었는지에 대한 교사로서의 생각과 철학이 반드시 있어야 합니다. 그리고 교과서에서 제시하는 활동을 재구성하게 되는데, 교과서의 어떠한 활동을 엮어서 이렇게 프로젝트로 진행을 하는지 아이들과 학부모에게 안내를 해주어야 합니다. 우리 교실에서는 프로젝트를 시작하기에 앞서 항상 소책자를 제작하여 제공하고 있으며, 소책자와 교과서를 함께 살펴보면서 어느 단원, 어느 활동들이 들어 있는지 안내를 합니다. 중간 중간에도 안내를 하며, 프로젝트별로 프로젝트가 마칠 때 확인을 시켜줍니다."

이러한 이야기를 읽으면서 필자가 교과서를 버려서는 안 된다고 해서 어느 누구도 교과서를 금과옥조처럼 여기며 수업을 해야겠구나라고 생각을 하지 않을 거라고 예상한다. 그렇다. 교과서를 버려서는 안 되지만, 한 가지 명심해야 할 것이 있다. 교과서 진도를 나가기 위한 수업, 그리고 교과서의 내용을 더욱 많이 가르치기 위해서 혹은 더 많은 내용을 정확히 암기하고 기억하도록 수많은 지식을 어떻게든지 더 많이 전달해 암기시키는 게 교사로서의 책무를 다하는 것이라고 믿어서는 안 된다.

이혁규 교수는 수업이라는 책에서 이러한 게임을 설명하였다. 교실에서 필요 없는 것들을 하나씩 제거하고 나면 무엇이 남을까? 우선 교실 첨단화를 위해 들여온 텔레비전, 실물 화상기, 빔 프로젝트 같은 교단 선진화 기기가 제일 먼저 사라질 것이고, 교실 환경을 장식하는 다양한 물건들이 사라질 것이다. 그리고 책상과 의자가 사라질 것이다. 물론 학생은 사라지지 않을 것이다. 학생이 있어야 교실이 존재하기 때문이다. 그러면 이제 남은 것은 교과서와 교사이다. 누가 먼저 사라질 것인가? 아마도 현재 학교 상황이라면 교사가 먼저 사라질 것이라는 생각이 더 많을 것이다.

– 이혁규, 2013, 수업 중에서

그만큼 현재 우리 학교의 교실상황에서 교과서가 차지하는 비중이 크다는 의미이다. 그리고 교사는 교과서의 표준화된 지식을 잘 전달하고 기억하고 암기하게 하는 역할이 더욱 크다는 의미이기도 하다. 교사 역할에 대한 이야기는 다음 장에서 계속하도록 하겠다.

어쨌든 교과서 위기론은 과거부터 지속되어 왔으며, 끊임없는 위기론에도 불구하고 교과서는 그러한 위기를 극복하기 위해 계속해서 발전하고 있다. 과거의 교과서는 표준화된 지식을 담고 있으며, 교사가 친절하게 풀어서 전달하고 학생들은 그것을 암기하고 기억하고 받아들이기 쉽도록 제작이 되었다. 이로 인해 교과서 위기론이 생겨나게 되었을 것이다. 하지만 현재의 교과서는 천편일률적인 교사 중심의 설명식 수업을 전제로 하지 않고, 토론학습, 협동학습, 탐구학습 등 다양한 교수·학습 방법을 전제로 하여 학생들의 학습을 더욱 자극하고 촉진할 수 있는 자료형식으로 제작이 되어있다.

단편적인 예로, 초등학교 저학년에 도입되는 통합교과를 들 수 있다. 과거 바른생활, 슬기로운 생활, 즐거운 생활로 구분지어서 나오던 교과서에서 비슷한 주제를 묶어서 나, 봄, 가족, 여름, 우리나라, 가을, 이웃, 겨울 등 8개의 교과로 재구성되어 제공되었다. 이는 2015개정교육과정에서는 4개의 교과로 재통합되어 제공될 예정이다. 또한 교과서에서 제시하는 활동에 필요한 재료들을 교과서 부록으로 제공되고 있다. 즉, 다양한 학생활동 중심의 교수·학습 방법을 전제로 하여 교과서가 점차적으로 발전되고 있는 것이다. 그리고 단원별로 수업 만들기라는 차시를 추가하여 교사들이 아이들과 함께 하고 싶은 활동들을 엮어서 프로젝트 학습을 실천할 수 있는 기회를 교과서가 제공하게 되었다. 교과서 역시 시대적 흐름에 맞게 변화하고 발전하고 있는 것이다.

하지만 여전히 현재의 교과서를 두고서 교과서가 필요하다는 입장과 교과서가 필요 없다는 입장이 대립을 하고 있는 형국이다. 교과서가 필요 없다는 입장은 교과서를 옹호하는 사람들을 보면서 전통적 수업을 고수하는 낡은 관행, 전통적인 수업에 매달려 있는 교사라고 비판을 할지도 모른다. 물론 나도 교과서 변화의 흐름을 읽지 못하고, 교과서를 보이는 그대로 읽고, 과거의 전통적인 수업방식에 얽매여서 지식 전달 중심의 암기식 수업을 위한 도구로 교과서를 바라보는 교사들에 대해서는 동의를 하지 않는다.

교과서의 새로운 변화 흐름을 읽고, 교과서를 수업을 위한 보조교재로서 활용함으로써 새로운 수업이 가능하도록 재구성을 한다면 교과서는 매우 훌륭한 수업 재료가 될 것이다. 하지만 문제는 교과서가 바뀌고 있다고 해서 교실 수업이 바뀌지 않는다는 것이다. 본 저자가 학교에서 공부했던 방법이 지식 전달 중심의 암기식 수업이었고, 이러한 방식의 효과성을 알고 있는 대부분의 교사들은 그 방식을 그대로 답습하고 있는 것이 현 실정이다. 교과서는 다양한 교수·학습 방법을 전제로 하여 교실 수업 개선을 위해 변화하고 있지만, 정작 교과서를 활용하여 아이들과 함께 교실에서 호흡하고 삶을 영글어나가야 하는 교사가 과거의 낡은 방식을 그대로 사용하고 있다는 것이 문제인 것이다.

교과서를 통해 지식을 전달하는 것에서 그치지 않고, 교과서를 기본으로 하여 교육과정과의 연계성을 찾고, 교육과정과 교과서를 함께 재구성을 하여 주제 중심 프로젝트 학습으로 이끌어낼 수 있다면 교과서도 아이들의 배움과 학습을 위해 매우 중요한 재료가 될 수 있다.

이 글을 읽고 있는 독자에게 다시 묻는다.

> 아직도, 교실 수업을 변화시키기 위해서는 교과서가 사라져야 한다고 생각하나요?

그리도 또 다시 묻는다.

> 교사와 교과서 중 교실에서 먼저 사라져야 할 것은 무엇이라고 생각하나요?

> 새 술은 새 부대에 담으라고 했다.

교과서를 다시 바라보자. 그리고 제로에서 시작하자. 그러면 다른 길이 보이게 될 것 같다. 수업에 있어서 많은 변화를 바라고 있으며, 이에 교과서도 변화를 하고 있다. 기존의 틀에서 변화를 이루는 것에는 한계가 있으며 많은 교사들에게서 오해와 불신을 남기게 된다.

새롭게 시작할 수 있도록 교과서도 바뀌었으면 한다. 필자는 교과서는 반드시 존재해야 한다고 생각한다. 단, 지금의 교과서가 아니라 새로운 교과서가 되어서 존재해야 한다고 생각한다. 이 글을 읽고 있는 여러분도 한번 생각해보면 어떨까?

자료 집 같은 교과서.. 그리고 그 교과서를 통해 내가 하고 싶은 것으로 골라서 나만의 교과서를 만들 수 있게 된다면 우리 아이들이 수업과 학습에 있어서 어떠한 행동과 태도의 변화를 보일지.. 상상 만해도 신나고 재미있지 않은가?

그리고 컴퓨터 화면이 아니라 아이들의 얼굴을 바라보고 아이들과 이야기를 하게 되는 교실을 교과서가 만들어 줄 수 있게 될 것이다. 다양한 방향을 제시하고 다양한 활동을 안내하는 교과서가 만들어진다면 교사는 더 이상 인터넷에서 존재하는 교사의 학습 자료나 지도 방법에 얽매이지 않게 될 것이다. 아니 얽매일 수 없게 된다. 아이들만의 교과서를 가지고 우리 반만의 수업을 스스로 만들어가게 될 테니 말이다.

다시 말을 하고 싶다. 교과서가 교사들, 학생들의 즐겁고 재미있고 행복한 수업을 위한 진정한 의미에서의 보조 자료가 되기를 희망한다. 교과서는 수업을 위한 보조 자료로서 존재해야 한다. 이를 위해 교과서에 대한 기존의 틀을 버릴 것을 제안한다,

학교의 변화, 교실의 변화, 수업의 변화는 버리는 것에서 시작하는 것이 아니다. 생각과 사고의 전환에서 시작되어야 하는 것이다. 교과서 중심의 수업에서 벗어나야 한다고 해서 교과서를 버리라는 말이 아니다. 교과서를 하나의 부교재처럼 여기고, 교과서를 내가 수업을 함에 있어서 하나의 보조 재료로 생각하고 다양한 수업 재료들과 함께 활용을 한다면 생각보다 어렵지 않게 교실 수업의 혁신과 변화를 이끌어 낼 수 있을 것이다. 교과서를 어떻게 활용을 하면 좋을지 2부에서 본 저자의 실제 적용 사례를 보면서 자세히 살펴보면 좋을 것 같다.

교과서 편 ● 학부모와 교육에 대해 소통하려는 용기

오늘은 어제 아이들이 직접 쓴 편지를 이용하여 질문이 살아있는 국어수업을 해보았습니다. 어려운 낱말을 함께 배우고 문장부호도 다시 한 번 더 복습하였습니다.

직접 편지쓰기 방법에 맞게 고쳐 쓴 글을 가지고 문장부호와 어려운 낱말을 3개 이상씩 사용을 하고 그 중 2개는 틀리게 적도록 하여 글을 다시 고쳐 쓰도록 하였습니다.

그리고 그 글을 이용하여 질문을 만들고 제비뽑기를 통해 서로 질문에 대한 답변도 해주고 틀린 부분도 찾아서 고쳐주는 활동을 하였습니다.

그리고 나서 팀별로 다시 돌려 읽어 보면서 최고의 편지를 선정하고 그 중에서 함께 풀어보고 싶은 질문을 골라서 우리 팀 최고의 질문도 함께 찾아보았습니다.

글을 읽고 교과서에서 제시하는 질문에 따라 답변을 적으며 이루어지는 조용한 국어시간이 아니라 아이들의 삶이 묻어나는 글을 이용하고 그들의 질문을 통해 만들어가는 시끌벅적한 국어수업이었습니다.

학기초보다 글이 훨씬 더 좋아지고 있습니다.

가정에서는 다양한 종류의 책을 독서하는 기회를 접하고 학교에서는 직접 글을 쓰고 그 글을 함께 공유하며 고쳐써보는 활동이 지속되어진다면 아이들의 글쓰기 역량이 점차 더욱 성장하지 않을까 합니다.

내일부터 짧은 연휴가 시작됩니다. 아이들과 함께 책도 읽어보고 그 들을 이용하여 글도 한번써보는 뜻깊은 시간을 가져보는 것도 좋을 것 같습니다.

이전과 달리 아이들의 글쓰기 능력이 한층 더 성장하였음을 모두 느끼실거라고 확신합니다^^

아이들의 작품은 사진을 찍어서 올리고자 하는 아이들의 작품만 찍었습니다^^

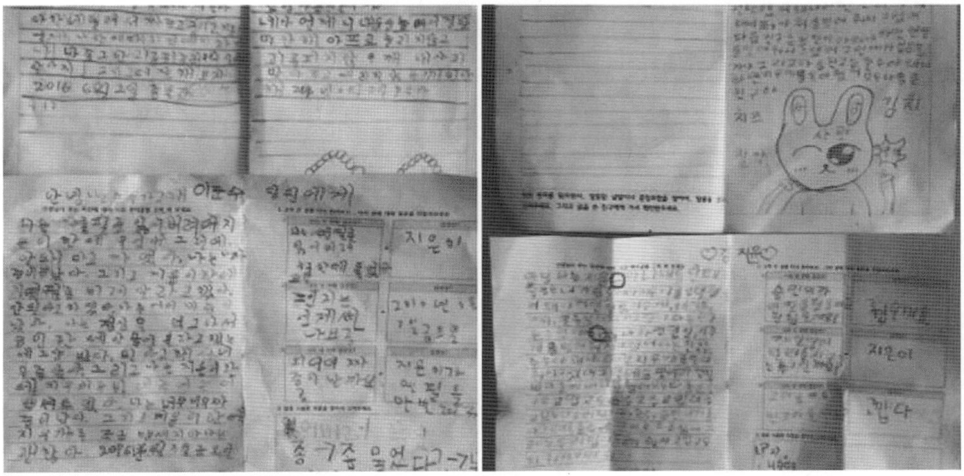

이에 대해 학부모들은

멋진 글들이 많아요^^♡♡

2016년 5월 27일 · 답글 · 빛내기 ···

안좋은 감정도 학교에서는 존중받고 인정받으니 좋은감정으로 승화되고 집에서도 부정의 생각들을 더 공감해주고 보듬어주니 엄마와의 관계도 더 애정으로ㅋㅋ 저도 함께 변화되는 삶이 감사합니다~ 즐거운 주말 되세요~

2016년 5월 27일 · 답글 · 빛내기 ···

저번 주말에 선생님 글을 읽고 현이와 같이 꼭 분리수거를 하고 싶었는데 주말에 일이 너무 많아 깜빡하고는 못 했었어요 그때도 아쉬웠는데 오늘 글을 읽고 나니 또 아쉬운 맘이 생기네요 우리 1반 친구들 맘도 이쁘고 글도 정말 잘 쓰네요 깜짝 놀랐습니다^^

2016년 5월 27일 · 답글 · 빛내기 ···

애니메이션에서 본기억이 있는데 기쁨과 슬픔은 항상 공존하는 감정이라네요~~우리 아이들의 건강한 정서를 위해서는 꼭필요한연습인듯해요.^^

2016년 5월 29일 · 답글 · 빛내기 ···

5장

창의력이란?

필자는 많은 선생님, 학생들에게 먼저 이것을 묻고 싶다.

> 창의력하면 무엇이 떠오르나요?

아마 이글을 읽고 있는 독자도 생각을 해보게 될 것이다. 무엇이 떠오르나?

거의 대부분의 사람들은 아래의 그림과 같은 이미지가 떠오를 것이다.

전구에 불빛이 들어오는 이미지 말이다. 이것이 바로 창의력에 대한 잘못된 이해이며, 오해와 편견이다. 이로 인해 많은 교실 수업은 새로운 것만을 번뜩이며 찾는 것이 창의력 향상을 위한 수업이고, 영재 학급에서는 일반 아이들과 비교하여 더욱 새로운 것, 더욱 참신한 것, 더욱 기발한 것만을 찾는 수업을 하려 한다. 그것이 바로 창의력이라고 생각을 한다.

실제 영재학급 공개수업에서 있었던 사례를 하나 들어보자.

> 영재 교실에서 수업 도입에서 종이컵을 들고서 어느 한 교사가 묻는다.
> "이것이 무엇으로 보이나요?"
> 아이들은 새로운 것을 대답하기 여러 가지 단어를 말한다.
> "우주선.. ufo..."
> 그러자 교사가
> "그래! 종이컵을 ufo라고 볼 수 있는 거야"라고..

과연 이것이 창의성 향상 수업이 맞을까?

종이컵은 그저 종이컵일 뿐이다. 그것을 다르게 바라보고 전혀 다른 물건과 연결 지어서 대답한다고 해서 그 학생의 창의성이 매우 뛰어나다고 할 수 있을까?

창의력에 대한 어원을 찾아보자. 창의력을 의미하는 creative의 어원은 crescere이며, 이는 자라다를 의미하는 라틴어이다. 밭을 갈고, 씨앗을 심고, 곡식이 자라서 열매를 맺는 그러한 과정을 의미하는 단어로서, 많은 노력 후에 열매가 맺을 때 쯤 나오는 것이 바로 창의력이다.

하지만 우리나라에서 창의력이라고 하면 무엇인가 더욱 새로운 것, 더욱 기발한 것만을 떠올리려고 하며, 노력보다는 어느 순간 번뜩이는 아이디어에서 창의력을 찾고자 한다.

창의력은 없는 것에서 있도록 찾는 것이 아니라 있는 것을 다시 바라보고 새로운 것을 추가하거나 불필요한 것을 제거하는 것이다. 즉, 창의력은 내가 있는 지금, 여기서 필요한 무언가를 생각하고 그것을 위해 아이디어를 추가하거나 불필요한 어떤 것을 빼어내는 것을 말한다. 창의력을 강조하는 우리 교실 속 수업은 어찌 보면 그 출발점부터 잘못된 것은 아닐지 한번 곰곰이 생각해보게 된다.

그렇다면 교실에서 추구해야 하는 창의력은 무엇일까?

어느 출근 길, 라디오를 통해 조승연 작가의 말을 듣게 되었다.

과거 대부분의 사람들은 밭을 갈고, 곡식을 기르는 일을 하였다. 그에 반해 일부분은 사무실에 앉아서 편하게 일을 하는 사람들이 있었으며, 그러한 사람들에 대한 동경이 있었다. 사무실에서 일을 하는 사람들, 이들은 과거에는 대부분 예술을 하는 사람들이었다. 예술자를 의미하는 단어인 artist의 의미가 기술자라는 것을 살펴보면 이해가 될 것이다. 이러한 사람이 되기 위해 사람들은 숙련된 기술자에게 찾아간다. 그러면 기술자는 자신의 돈벌이를 최대한 뺏기지 않기 위해 처음 6년간은 자기 밑에서 허드렛일을 시킨다. 그리고 시간이 흐르면 다른 기술자들의 다양한 능력을 보고 오라고 하면서 4년간 여행을 다녀오라고 한다. 그렇게 10년의 세월이 흐른 뒤, 원하는 기술자가 되기 위해서는 자신을 가르쳐 준 스승과는 비슷하지만 다른 길을 가고 있다는 증거로 작품을 만들어내야 한다. 그러한 작품이 인정을 받고, 스승이 자신의 길과는 다른 방향을 찾아서 발전하고 있으며, 그러한 결과가 작품으로써 인정을 받게 되면, 길드에 소속되게 되며 이때의 작품을 마스터 피스라고 한다.

– 조승연, 2015, 비즈니스 인문학 중에서

그리고 어느 작곡가는 이러한 말을 하였다. 영감이라는 것은 아마추어나 하는 말이라고..

그렇다 전문가는 영감이라는 단어를 사용하지 않는다. 창의력도 이와 같다. 새로운 것만을 찾기 위해서 보다 다른 것만을 찾는 것이 아니라. 자신을 더욱 다듬고 생각이나 사고가 더욱 자라나도록 도와주는 과정을 통해 창의성을 기르고자 하였으며, 이러한 과정이 바로 창의력을 길러주는 교육이 될 것이다.

창의성이 높고, 영재라고 누구나 인정을 받는 학생이 있다. 얼마 전 지도교수 논문을 표절했다는 기사를 접하면서, 그 학생에게 우리 사회가 큰 잘못을 범하고 있는 것은 아닐까라는 생각과 걱정을 하게 되었다. 그 영재 학생은 20살이 넘은 대학생이 알 수 있는 것을 5살의 나이에 모든 것을 학습하게 되었다고 한다. 하지만 지금 현재 그 학생은 어떠할까?

물론 이러한 이야기를 하기에 앞서 우리는 조숙성에서의 학습력에 대한 내용도 알고 있어야 한다. 송인섭(2007)은 아래와 같이 조숙성에서의 학습력을 위한 수월성교육을 통한 학습의 수월성에 대하여 이야기하고 있었다.

> 조숭성에서의 학습력을 위한 수월성의 특성은 지적, 정의적, 성격적 측면 등에서 다양하다. 그러나 그 중 특별한 것은 조숙성에서의 학습력은 신체적 연령에 비해서 다양한 지적 특성이 3년 또는 5년 이상이 빨리 성장하고 있다는 것을 말한다. 그러나 일반적으로 우리가 가지고 있는 역사적 인식의 개념은 신체연령에 따른 정신연령의 고정관념이 있다. 이러한 고정관념에서 좀 이탈될 때 문제아나 부적응아로 보는 경우가 있다. 그래서 우리는 가능하면 우리가 가지고 있는 고정관념 속에 모든 학생을 단일 집단으로 묶으려는 의식과 강반관념을 가지고 있다.
>
> 여기에 바로 조숙성에서의 학습력을 위한 수월성 교육에 큰 장벽이 존재하며, 이 같은 문제점을 어떻게 해결하느냐에 따라 새로운 조숙성에서의 학습력을 위한 수월성 교육의 가능 여부가 결정될 수 있는 것이다.

이에 대해 필자 또한 조숙성에서의 학습력을 위한 수월성을 갖고 있는 아이들의 가능성을 사장시켜서는 안 된다고 생각한다. 그 가능성을 차단해서는 안 된다고 생각한다.

여기서 필자가 말하고자 하는 것은 조숙성에서의 학습력을 위한 수월성 교육이 아니라, 우리 교육 사회에서 흔히 펴져 있는 조숙성을 보이지도 않은 아이들에게 영재교육이라는 이름하에 잘못된 영재교육을 실천하고자 하거나 그러한 교육을 받고 싶어 하는 어른들에게 이렇게 전하고자 하는 것이다.

또한, 이신동(2007)은 영재 교육에 대하여 다음과 같이 말을 하고 있다.

> 영재교육은 우수한 능력을 가진 학생들이 잠재력을 극대화시켜줌으로써 그들 자신의 행복을 추구하기 위해 실천되어야 한다. 그리고 우수한 능력을 가진 학생들은 이질적으로 구성된 집단수업 학급에서 교육적 요구가 만족되지 않는다. 또한 우수한 능력을 가진 학생의 능력 극대화 교육은 국가발전의 시대적 사명이기도 하다.

지금까지 언급을 했듯이 필자 역시 영재교육을 완전히 무시하는 것은 아니다. 위의 의견처럼 나 역시 우수한 능력을 가진 학생들에게는 그들에게 맞는 교육을 제공해주는 것이 교육의 수직적 형평성에 더욱 어울린다고 생각을 한다. 하지만 그동안 우리들 학교에서의 영재 교육은 이러한 측면이 강조되는 것이 아니라, 우수한 능력보다는 선행학습에 조금 더 초점이 맞추어져 있었던 것은 아니었는지에 대한 스스로의 반성에 대한 이야기였다. 영재교육이 필수가 되기 위해서은 국가와 사회는 이에 부응하는 정책을 수립하고 적극 지원이 필요할 것이다.

20살이 넘어서 어려운 문제를 해결하는 방법을 아는 것과 5살이 되어서 아는 것과 차이가 있을까? 그 영재 학생이 5살에 풀 수 있는 문제를 나는 20살이 넘어서 풀 수 있게 되었다. 그렇다고 해서 문제가 있을까?

오히려 나이에 맞게 성장을 하는 것이 더 바람직하다고 생각을 한다. 나이게 맞게 천천히 성장을 하고 난 뒤, 필자는 그 지식을 지금 아이들의 성장과 발전에 더욱 도움을 주고 있다. 그러한 성장과 발전 과정이 있었기에 교육을 다르게 바라보는 안목이 생기게 되었고, 수업을 바꾸고자 하는 의욕이 생기게 되었다. 과연 어린 시절 매우 똑똑하여 어린 나이에 모든 것을 이루었다면, 그래서 천천히 성장하고 발전할 기회가 주어지지 않았다면 어떠했을까? 모르긴 몰라도, 지금 영재 아이라고 인정을 받고 있는 그 학생과 비슷한 길을 가지 않았을까 예상해본다. 어린 나이에 빠르게 성장하였다고 하여 좋은 것이 무엇이 있을까? 과연 사회에 얼마만큼의 도움이 되고 있을까?

적어도 필자는 그 학생보다 매우 어리석고, 똑똑하지 못하며 빠르게 성장하지 못하였지만, 그 학생이 하지 못하는 것을 통해 아이들과 학부모를 위해 노력하고 있는 중이다. 어찌 보면 내가 사회에 더욱 도움이 되는 일을 하고 있지 않을까? 물론 그 학생이 나의 나이가 되었을 때 더 크게 사회에 공헌을 할 수 있을 것이다. 아니 그래야만 한다. 공헌 정도가 크든 작든, 모두가 사회에 공헌을 한다는 점에서 공통점을 가지고 있다.

나이보다 빠르게 성장하고 발전한 영재학생의 현재와 천천히 나이에 맞게 성장한 나의 현재를 비교하면 어떨까? 사람들마다 생각의 차이가 있을 것이다. 그러나 나는 오히려 지금의 내가 사회에 더욱 도움이 된다고 생각을 한다. 사회의 스포트라이트를 받게 되고, 그로 인해 더 빠르게 더 많은 업적을 이루기 위해 노력하고 그러한 노력이 잘못된 결과를 가져오게 되는 것은 아닐까 걱정이 된다.

창의성, 영재성이라는 것은 빠르게 그리고 그보다 더 빠르게 성장하고 발전하는 것만이 능사는 아닌 것 같다. 빠른 속도를 내기 위해 도움을 제공하기 보다는 그에 맞게 성장속도를 맞추어주는 것이 더 바람직하지 않을까라고 개인적으로 생각을 해본다.

교실 수업도 아이들의 발달상황에 맞게 변화되고 바뀌어야 한다고 생각한다. 많은 것을 주입시키고 암기시키는 것이 아니라. 아이들의 삶에 필요한 것을 스스로 깨닫고 알게 함으로써 풍성한 열매를 맺을 수 있게 다양한 경작활동이 학교와 교실, 그리고 수업을 통해 이루어져야 하지 않을까 한다.

창의성 편 ● 학부모와 교육에 대해 소통하려는 용기

오늘은 수학 덧셈과 뺄셈 단원 진도를 나갔습니다.

아마도 다음 한 시간정도 마무리를 하면 덧셈과 뺄셈 단원 진도를 모두 나가게 될 것 같습니다.

어제 함께 이야기를 하며 배운 내용을 토대로 오늘은 아이들이 직접 자기의 이름 혹은 팀원의 이름을 넣어서 문장제 문제로 만들어보는 시간을 가졌습니다.

그리고 각자 만든 문제를 활용해서 통합교과 봄2책에서 제시하는 활동을 함께 활용하여 달리고 찾아라 활동을 하였습니다.

아직은 문장을 읽고 해석하는 능력이 많이 부족하기도 하고 이러한 활동에 많이 익숙해지지 않아서 문제를 직접 만든다는 것에 큰 어려움을 겪는 것 같습니다.

그래도 직접 생각을 하면서 문제를 만들어보는 활동은 문제집을 통해 문제를 더 많이 풀어보는 것보다 더 많은 사고를 하게 되고 수학에 대한 깊이 있는 이해를 하게 되는 활동인 것 같습니다.

기계적으로 풀이 방법을 암기하고 외워서 문제를 풀기 보다는 문제를 만듦으로써 어떻게 식을 세워야 하고 그러한 식이 왜 나오게 되었는지를 스스로 이해하게 되는 것 같습니다.

한 아이가 수업 시간에 이렇게 말을 합니다.

"선생님~~!! 그 문제는 그렇게 풀면 안되요!! 이렇게 풀어야 된다고 했어요~!!^^"라고..

그래서 저는 칠판에 더 많은 풀이 방법을 보여주었습니다.

그리고 다른 친구들의 풀이 방법도 함께 더 적고서는.. 이렇게 다양한 방법으로 풀면 안되는 걸까?라고 물었습니다.

그리고 각각의 방법을 비교하면서 각각의 풀이방법에 대한 장단점도 함께 이야기 나눴습니다.

그리고 나서 문장을 읽고서 식을 만들어 보라고 했습니다.

그리고 나서 왜 그러한 식을 세웠니라고 물으니, 많은 아이들이 ... 답이 그래야 나오니까요...라고 합니다.

그래서 한 참동안 함께 이야기를 나누고 왜 그러한 식을 세워야 하는지 함께 더 많은 이야기를 나누고 나서.. 아이들이.. 하는 말은..

"아!!! 이제 알겠어요"였습니다.

수학은 기계식으로 풀이 방법을 외우는 교과가 아닙니다.

문제를 읽고 식으로 표현할 수 있도록 사고력을 길러주어야 하는 교과이며 다양한 방법으로 자신만의 방법을 찾아서 문제를 해결하게 해주는 창의력도 길러주어야 하는 교과라고 생각을 합니다.

저학년 아이들에게 벌써부터 기계식의 풀이방법 암기가 과연 앞으로 우리 아이들의 성장 과정과 발달 정도에 어느 정도 크게 효과적일지 의문점을 던져 드립니다~~

함께 하는 이유는 다양한 생각과 사고를 알아가고 그러한 다양한 생각들 중에서 나에게 적합한 것 혹은 더 나은 생각을 함께 찾아가는 것인 것 같습니다.

우리 아이들이라도 암기하는 수학이 아니라 이해하는 수학을 접할 수 있기를 희망합니다.

빨리 가는 것.. 빨리 아는 것.. 빨리 푸는 것이 중요한 것은 아니라고 생각합니다.

조금은 천천히 가더라도.. 더 많이 생각하게 하고 이해하게 한다면, 훗날 더 깊게 생각하고 더 나은 결과를 얻게 되지 않을까 합니다.

이에 대해 학부모들은

ᅣ모님 선생님~ 우리2반 친구들 모두 사랑 많이 해주셔서 고맙습니다~♡ 선생님 제자들이 바르게 잘 자랄수 있도록 저희도 아이들과 함께 노력하는 부모가 되겠습니다~ 많이 부족하지만 우리2반 친구들 모두모두 계속~많이 사랑해 주세요♡ 항상 감사드려요~ 선생님~~♡

부모님 진지한 모습들이 너무 귀여워요^^

2016년 3월 9일 · 답글 · 빛내기

마 부모님 팀원들과 이야기하고 서로의 생각들을 모아서 수업하는 모습들이 자랑스럽네요...

2016년 3월 9일 · 답글 · 빛내기

부모님 서로서로 도와가며 수업에 참여하는 모습이 너무 이쁘네요^^

2016년 3월 11일 · 답글 · 빛내기

6장

학생들의 배움이란?

흔히들 아이들은 학교에 공부하러 간다라고 말을 한다.

공부를 하러 가는 학교는 과연 어떠할까?

"공부를 한다"라는 말을 듣는다면, 어느 누구나 재미없고 지루하고 하기 싫어질 것이다. 하지만 우리 어른들은 아이들에게 흔히 말한다.

"공부해라"

그리고 교사들도 말한다.

"이제 공부 시간입니다. 책을 펴세요."

이 얼마나 멋이 없는 말인가?

누구나 들으면 지루해하고 듣기 싫어하는 "공부하세요"라는 말을 우리는 오늘도 사용하고 있다.

이 글을 읽고 있는 독자에게 질문하고 싶다

> 공부하는 것이 재미있나요?

아마도 이 질문에 예라고 답을 할 수 있는 사람은 10%도 되지 않을 것이다. 교사인 나도 공부가 재미없는 데 공부를 해야 하는 학생들은 어떻게 생각할까?

이러한 생각이 자연스럽게 나는 아이들에게 어떠한 존재가 되어야 할까? 교사는 어떠해야 하는가? 그저 쉽게 암기하고 기억할 수 있도록 교과서의 내용을 잘 가르치기만 하면 될까? 그러면 유명 학원 강사와 학교 선생님의 차이점은 무엇일까? 라는 스스로의 질문을 생각해보았다. 이에 대한 필자의 생각은 뒤에서 계속하도록 하겠다.

어쨌든, 우리들은 학교에서 아이를 가르치는 사람을 스승, 교사, 선생 등 여러 가지 단어로 표현한다. 이 단어들은 비슷하면서도 약간의 차이가 있다는 것을 알고 있을 것이다. 그 차이점은 무엇일까? 흔히들 요즘 하는 말이 있다.

"요즘 학교에는 교사는 많은데 스승은 적어."

이 말 속에는 스승은 교사, 선생이라는 단어보다 훨씬 더 높은 존재의 의미를 지닌다. 교사나 선생은 직업적인 측면의 의미가 강한 반면에 스승은 학생들에게 소중하고 절대적인 의미를 많이 지닌다.

교사와 선생은 학교라는 제도가 생겨나면서 전문가들에 의해 선택되고 제공 되어지는 교과서의 지식을 전달하는 직업적인 역할을 수행하는 존재로서의 의미가 강하였다. 반면에 스승은 학생들의 평가와 존경이 수반되어야만 인정을 받게 되는 의미가 강하다. 즉, 스승은 학생들이 먼저 찾아나서야 하고, 그들이 스스로 스승으로서의 역할을 인정해주어야 한다. 학생들은 이러한 스승의 품성과 몸, 행동과 언어로부터 스스로 깨닫고 배우게 된다.

정범모(2007) 교수님은 교사를 교육의 장인이라고 정의내리며 이와 같은 말을 하였다.

> 교육은 철학이고, 과학이고 동시에 예술이다. 그러나 그 보다 중요한 것은 교육자에게는 꿈과 슬기와 정열이 있어야 한다. 꿈은 교사에게 교육의 목적과 신념을 간직하게 하고, 슬기는 교사에게 자기 일에 남달리 높은 표준과 엄한 윤리를 적용하며, 열정은 교육의 가능성에 대한 깊은 애착을 갖게 한다. 교육의 장인도 똑같다. 교육의 긴요성과 가능성에 대한 깊은 애착과 사명감, 교육과정 구석구석의 원리, 이치에 관한 식견과 기량, 자기 교육행위에 대한 높은 표준과 엄한 윤리의 적용이 교육력 있는 장인적인 교사의 자질일 것이다.
>
> 어떤 아이가 공부를 못 한다면, 그 아이를 어떻게든지 공부에 성공하게 하려는 표준과 윤리의식, 학업 지진과 학업 성취 과정의 구석구석에 관한 식견과 기량, 그 아이의 학업 성취의 가능성과 중요성에 대한 애착과 사명감이 교육력의 원천일 것이다.

이러한 교육 장인이 나오기 위해서는 긴 세월의 수련이 필요하다. 그리고 교사의 장류성이 보장받아야 하며, 탐구와 실험을 위한 자유가 보장받아야 한다. 하지만 그동안 교육은 중고등학교가 열광하고 있는 듯한 골든벨 타종자와 같은 잡식의 박식자를 양상하는 데 초점을 두고 있었던 것은 아니었는지 모른다. 그동안은 교육의 질에는 관심이 없고 교육의 양적인 측면만을 강조한 것은 아니었는지 스스로 생각을 해보곤 한다.

정범모(2007)는 사회가 교육, 지식, 학문을 소중히 여기는 이유는 지식을 출제의 수단으로 여기는 지식 간판관, 지식을 실용적인 쓸모가 있어 찾는 지식 유용관, 지식이 재미있고 희한해서 찾는 지식 희열관 때문이라고 하였다. 지식 간판관은 기억을 강조하고, 지식 유용관은 사고력을 강조하고, 지식 희열관은 창의력을 강조한다고 한다. 우리의 교육 주안점이 기억에서 사고력으로 옮겨가고, 사고력에서 창의력으로 옮겨가는 정도에 따라 교육의 질은 더욱 높아진다고 하였다.

과연 우리는 얼마나 교육의 질은 높이기 위해 많은 노력을 하고 있을까?

서문에서 언급을 한 것처럼 얼마 전 세상을 떠들썩하게 한 사건이 있었다. 바로 인공 지능 알파고와 바둑 기사의 대전이다. 결과는 알파고의 승리로 끝이 났지만. 이 사건 이후 나는 많은 생각을 하게 되었다. 그리고 또 다시 얼마 전 인공지능 로봇 변호사가 미국 대형 로펌에 취업을 했다는 기사를 접하게 되었다. 어쩌면 교과서를 중심으로 표준화된 단순 지식을 암기시키는 교사나 선생이 많은 현재의 학교, 몇몇의 인터넷 사이트에 의존하여 클릭하며 수업을 하는 교사가 즐비한 현재의 학교가 지속될 경우, 우리의 자리를 로봇 교사가 대체하게 될지도 모른다. 가르침의 방법이 점차 표준화되어 갈수록 인간보다는 로봇이 더욱 잘 가르치는 세상이 등장하게 될 것이다. 혹시 모르지 않을까? 스승에서 선생, 교사로 변화를 했듯이, 이제는 선생, 교사에서 로봇으로 대체가 될지도..

그렇다면 교사인 우리들은 아이들에게 어떠한 존재가 되어야 할까?

본 저자는 이러한 이유로 학교, 교실에서는 공부가 아니라 배움 이라는 말을 해야 한다고 주장한다. 적어도 교사는 아이들의 공부를 위해서가 아니라 배움을 위해 도움을 줄 수 있는 존재가 되어야 한다.

배움과 공부, 같은 것이 아닌가?

아니다. 공부와 배움은 전혀 다른 의미이다.

흔히 어른들이 공부해라라고 말을 할 때의 공부라는 것은 혼자서 책을 통해 끙끙거리며 열심히 외우고 기억하며, 어떠한 평가나 시험을 치르기 위해서 무엇인가를 하는 것이라는 의미가 강하다.

반면에 배움은 스스로의 자기 주도적 학습 능력을 강조하며, 함께하는 학습을 강조한다. 배움에 대해 이야기를 하기 전에 먼저 묻고 싶다.

배움이라고 하면 어떠한 이미지가 떠오르나?

배움이라는 것은 혼자가 아니라 함께 하는 것이고, 책을 통해서 외우고 암기하는 것이 아니라 친구들 혹은 동료와 함께 문제를 해결하는 과정에서 스스로 깨닫고 몸소 체험하면서 알게 되는 것이다. 그리고 시험을 치르기 위한 것이 아니라 아이들에게 주어진 문제(이러한 문제들 역시 아이들의 실생활, 삶과 연관된 것이라면 더 좋을 것 같다)를 해결하는 것이다.

그리고 교사는 아이들에게 이처럼 함께 배우는 활동이 매우 가치 있고, 앞으로 삶을 살아감에 있어서 누구나 추구해야 하는 방향이라는 것을 알게 해주어야 할 것이다. 이러기 위해서는 교사 스스로도 배움을 즐길 줄 알아야 한다고 생각한다. 나는 배우기를 싫어하는데 아이들에게 배우기를 좋아하라고 강요를 한다면 아이들이 나의 말을 들어줄까 한번 쯤 고민을 해봐야 할 것이다.

그동안 우리 사회는 배움이 아니라 공부를 중시했다. 지금도 그렇다. 아직도 어른들은 공부하러 가야지. 공부 열심히 하고 있니? 라고 말을 한다. 이제는 이러한 생각과 사고에 전환이 필요한 시점이라고 생각한다.

방과 후 집에 들어오는 아이에게 "오늘은 어떠한 배움이 있었니?, 오늘은 무엇을 배우고 왔니?"라고 물어보면 어떨까?

공부와 배움에 대한 생각을 정리하면서, 다시 하나 더 묻고 싶어졌다.

선생님은 가르침과 배움 중에 무엇을 더 중요시 여기시나요?

아마 이 글을 계속해서 읽고 있는 독자라면 후자를 선택하고자 할 것이다. 하지만 불편하게도 실제 교실의 상황에서는 아직도 가르침을 더욱 중요시 여기는 교사들이 거의 대부분이다. 그렇다고 해서 가르침이 잘못되었다는 것은 아니다. 가르침도 분명히 교실에서 존재해야 하는 요소임에는 틀림없다.

그동안 전통적인 수업 장학이나 수업 평가는 교사의 가르침을 중요시 여기고, 이에 초점을 두고서 수업을 이해하고 분석하였다. 수업 참관자들은 교실의 뒤편에 서서 교사의 언행, 발문, 그리고 다양한 교수 학습 방법 등을 살펴보고 평가를 하거나 배워가려고 한다. 수업 도입 단계에서 학습 목표를 어떠한 방법으로 제시하는지, 동기 유발은 학습 목표를 이끌어내는데 아이들의 흥미를 자극하고 있는지, 교사는 교과서 지식을 명료하게 잘 전달하고 있는지 등을 살펴보았다. 이때의 교사들은 아이들의 배움보다는 교사의 가르침 혹은 가르치는 기술과 방법을 더욱 중요시 여기고 있었다고 할 수 있다.

실제 본 필자의 사례를 예로 들어보고자 한다.

학교에 발령이 나고, 3년 정도 이러한 생각들이 나의 머릿속을 가득 채웠던 적이 있다.
'왜 아이들은 이것도 모르지?'
'누구를 닮아서 이해를 하나도 못하지?'
'아.. 이거 정말 어떻게 해야 되나.. 이 아이는 포기를 해야 하나?'
'이렇게 쉽게 설명하고 몇 번씩이나 되풀이하는데도 왜 모르지..?'

특히 수학 수업 시간에 더욱 이러한 생각들이 들었다. 정말 쉽게 하나부터 열까지 꼼꼼하게 설명을 하는데도 도저히 이해를 못하고 풀이를 못하는 아이들을 보면서 정말 답답한 마음에 이런저런 생각들을 하게 되었다.

이때의 나는 내가 아이들의 배움보다는 교사의 가르침에 더욱 치중하고 있다는 사실을 알지 못했다. 그래서 왜 이 학생이 배우지 못하는지가 아니라 이렇게 열심히 가르치고 있는데도 왜 이해 못하고, 문제를 풀지 못하는지에 대해서만 고민하고 생각했던 것 같다.

이러한 일은 비단 필자뿐만이 아닐 것이라고 생각한다. 특히 고학년 담임을 맡고 있는 교사라면 더 그럴 것이다. 이러한 교사들이 잘못 된 것일까? 나는 정말 그 당시 잘못 하고 있던 것일까? 아니다. 교과서의 지식, 아이들이 알아야 하는 지식을 어떻게든 더 자세히, 그리고 모든 학생이 이해를 할 수 있도록 지속적으로 지도하고 가르친 행위 자체가 잘못된 것은 아니다. 다만 그 방법적인 측면이나 순서의 측면에서 변화가 필요하다는 사실을 후에 깨닫게 되었을 뿐이다.

최근에는 가르침 보다는 배움을 중심으로 수업을 바라봐야 한다는 주장이 새롭게 등장하였으며, 배움의 공동체나 아이의 눈으로 수업 바라보기 등이 여기에 속한다고 할 수 있다. 배움이 중심이 되는 수업에서는 학생들이 자기 주도적으로 학습을 하게 되고, 스스로 몰입하여 참여하게 된다.

필자에게 가르침과 배움, 둘 중에 무엇이 더 중요하냐고 묻는다면 대답을 선뜻 하기 어렵다. 둘 다 중요하기 때문이다. 하지만 이것만은 분명하다. 가르침과 배움에 대한 순서에 있어서 배움이 우선시 되어야 한다는 것이다. 교실에서 이루어지는 수업은 아이들의 배움을 위한 것이다. 그러한 아이들의 배움에 있어서 교사가 도움을 주면서 가르쳐주어야 하는 부분이 생긴다면 그 때 가르침을 주어도 늦지 않다.

교사가 미리 짐작하여 이러한 내용은 스스로 알기 어려우니까 내가 먼저 가르쳐야 되는 거야라는 생각을 바꿔야 한다는 것이다. 교사는 수업을 관찰하면서 아이들이 나의 의도에 따라 배움이 잘 일어나고 있는지 확인하고, 배움이 잘 일어나지 않고 있다면 그때 필요한 가르침을 주면 된다. 그런데도 아이들의 배움이 일어나지 않는다면, 그때는 나의 가르침에 문제가 있다고 판단을 하고 어디가 문제인지 스스로 확인을 해보는 성찰활동을 시작해야 한다. 교사의 역할에 대한 이 부분은 다음 장에서 이야기를 이어가도록 하겠다.

필자는 아이들의 배움을 위해서는 아이들에게 책임감을 심어주고, 책임에 대한 결과에 대한 비교와 반성의 기회를 제공하고자 하였다. 교사로서 아이들에게 다양한 경험을 제공할 수 있도록 여건을 조성하고, 환경을 제공하고, 필요한 것들을 준비해 주었다. 그리고 활동을 함에 있어서 필요한 기초 지식 혹은 아이들이 궁금해하는 질문에 대해 답을 해주면서 함께 실천하였다. 여기까지가 교사로서의 나의 역할이었다. 활동이 끝난 후 실제 실천을 하고 안하고는 그 아이의 몫으로 남겨두었다. 그리고 시간이 흐른 후 실천에 대해 서로 이야기를 나눠보는 시간을 가졌다. 열심히 실천한 아이들과 그렇지 않은 아이들의 이야기를 서로 비교하며 들어보면서 열심히 실천한 아이들은 그 결과 자체가 내적 보상이 되어서 더욱 열심히 하게 될 것이며, 실천하지 않은 아이들도 그러한 실패의 경험이 하나의 배움이 되어서 앞으로 그와 비슷한 활동이 있을 때에는 지금의 반성을 통해 적극 실천하게 될 것이다.

우리 반은 개인 화분이 있다. 일회용 컵을 이용하여 만든 화분이다. 나는 화분을 만들어 주기 위해 필요한 흙, 퇴비, 도구 들, 그리고 화분을 만드는 방법에 대해 설명도 하고 시범도 보이면서 함께 만들었다. 물론 씨앗은 아이들이 기르고 싶은 걸로 골라서 사오도록 하였다. 이렇게 만들고 나서 나는 햇빛이 제일 잘 드는 창가에 놓아두도록 하고, 어떻게 관리를 해야 하는지 함께 알아보고 알려주었다. 나는 여기까지만 함께 하였다. 그 뒤로 화분에 새싹이 자라나든지, 새싹이 자라지 않는지 그 결과에 대해서는 아무런 언급도 하지 않았다. 그리고 3주일이 지났다. 27개의 화분중에 반정도가 잘 자라고 있었다. 그리고 아이들과 이야기 나누었다. 우선 화분에 식물이 잘 자라는 아이들은 어떻게 관리를 했고, 어떻게 실천을 했는지 이야기를 나누었다. 이야기를 나누면서 잘 자란 것에 대한 칭찬은 하지 않았다. 이러한 칭찬이 다른 어떤 아이들에게는 꾸지람으로 들리고 비교 대상이 될 수 있다고 느낄지도 모르기 때문이다. 그리고 나서 화분에 식물이 자라지 않은 친구들에게도 똑같은 질문을 하고, 옆에서 잘 자라고 있는 식물을 보면서 어떠한 생각이 들었는지도 함께 물어보았다. 아이들의 대답은 대부분 열심히 물도 주고 관리도 해주었던 화분은 식물이 잘 자라고, 그러지 않은 친구들의 화분은 식물이 자라지 않았다. 잘 자라지 않은 화분을 가지고 있는 친구들은 스스로 반성을 하면서 다음에 화분을 기를 때는 정말 열심히 관리하고 싶다고 말을 한다.

만약 화분을 만들고, 다른 선생님들처럼 매일 매일 확인하고, 관리하게 지도하였다면 이 화분들은 어떻게 되었을까? 모르긴 몰라도 더 많은 화분에서 식물이 자랐을 것이다. 그러나 우리 아이들은 어떻게 생각하게 될까? 매일 매일 확인하고 지도하는 교사로 인해 이것도 하나의 과제나 숙제로 여길 수 있었을 것이며, 화분이 잘 자라는 것은 내가 잘 해서가 아니라 선생님이 시켜서 이렇게 되었을거라고 생각할 수도 있을 것 같았다.

화분을 어떻게 기르고 어떻게 관리해야 하는지를 아는 것이 가르침이라면, 화분을 사랑하고 화분에 더욱 관심을 가지고 더 잘 길러야 겠다는 마음가짐을 가지는 것이 배움이라고 생각한다. 필자는 우선 교실에서 선생님의 가르침이 아니라 학생 스스로 배우는 것이 가득했으면 한다.

배움 편 1 ● 학부모와 교육에 대해 소통하려는 용기

오늘은 어제의 옷만들기 활동에 이어서 옷 만들기를 완성하고 입어보는 시간을 가졌습니다.

이전 활동에서는 뼘이라는 임의단위를 이용하여 옷을 만들면서 원하던 길이의 옷을 만들지 못함을 알게 되었으며 이번 활동을 통해서는 cm라는 표준단위를 이용하여 직접 신체의 길이를 재서 옷으로 만들어서 표준 단위의 중요성과 필요성에 대해 직접 옷을 만들면서 알게 되었습니다.

문제집의 문제, 교과서에서 제시하는 문제를 통해 그리고 교과서 지식을 통해 cm, 표준단위의 필요성을 설명으로 배우는 것보다 직접 각각의 방법으로 옷을 만들어서 비교해보고 임의단위와 표준단위의 차이점을 스스로 깨닫게 됨으로써 앞으로 살아가면서 앞으로 학습과 배움을 함에 있어서 임의 단위보다는 표준단위가 더욱 중요함을 알게 되었으리라 생각합니다.

그리고 수학이라는 교과가가 삶, 생활과 동떨어진 문제 풀이를 위한 교과가 아니라 우리 삶에 필요한 교과라는 사실을 깨닫기를 희망합니다.

=====

우리 교실에서 이루어지는 모든 학습과 배움은 아이들의 삶과 생활을 가꾸어주기 위한 것이 되어야 합니다.

왜 우리 아이들이 학교를 다녀야 하고 교실에서 공부를 해야 하는지.. 한번 생각해봅니다.

교과 지식을 외우고 암기하기 위해서가 아니라 그저 아무런 이유없이 다니라고 해서 다니는 것이 아니라 선생님이 외우라고 하고 설명하는 거라서 배우는 것이 아니라 스스로의 삶과 생활에 필요하기때 문에 다녀야함을 스스로 깨달아야 하는 것 같습니다.

아직은 어린 아이들이라서 스스로 판단하여 배워야 할 것을 선택하기 어렵기 때문에 학교라는 공간, 교실이라는 장소가 필요한 것이며 그 속에서 이루어지는 수업은 아이들의 삶을 위해서 교사가 아름답게 만들어 주어야 하는 것 같습니다.

=============

공부를 하러 가는 곳이 학교가 아니라 아이들이 서로 모여서 이야기를 나누고 그러한 이야기들의 결과가 그들의 삶과 생활에 연관성을 가질 때 학습과 배움은 의미있는 것으로 아이들에게 다가가게 될 것이라고 생각합니다.

벌써 한주가 끝이 났습니다. 아이들과 함께 호흡하고 이야기하고 생활하다보면 어느새 금요일이 되어 있네요^^

다음 주는 수업 촬영과 우리 지역 선생님 대상 공개수업이 예정되어 있습니다.

최대한 수업에 지장을 주지 않도록 기존의 공개수업처럼 여러 번의 연습 후 보여주시기 수업이 아니라 실제 우이들의 모습을 그대로 보여주고 담으려고 합니다.

우리 아이들을 믿고자 합니다.

우리 아이들은 스스로 성장하고 발전하고 있으며 지금도 충분히 잘 하고 있습니다. 너무 감사합니다.

이번 주말도 우리 아이들에게 감사한 마음을 가지며 행복한 시간으로 충분한 충전을 하려고 합니다.

다음 주에도 우리 아이들과 함께 하게 될 교실 속 이야기를 기대합니다.

이에 대해 학부모들은

부모님 선생님,
원피스 입으신 모습^^
상상이 가네요 ㅎㅎ
오늘도 수고하셨어요~~~
2016년 6월 15일 · 답글 · 빛내기

부모님 선생님 기대됩니다~~^^
2016년 6월 15일 · 답글 · 빛내기

님 선생님 멋있어요~~^^ 현이가 이번에는 옷을 딱 맞게 만들었다고 하더니 정말 처음보다 옷이 제대로 만들어졌네요 늘 애써시는 모습 감사합니다^^

배움 편 2 ● 학부모와 교육에 대해 소통하려는 용기

오늘은 어제 옷만들기에 이어서 옷을 완성하고 입어보면서 표준단위의 필요성에 대해 함께 배우기 시작하였습니다.

아이들이 보는 앞에서 직접 손으로 신체 부위의 길이를 재서 안내하고 아이들은 각자의 손을 이용하여 옷을 만들어보았습니다.

그리고 직접 옷을 입어보거나 대어보면서 선생님의 신체사이즈에 옷이 맞지 않음을 스스로 깨닫게 되었습니다.

이를 통해 과거의 사람들이 이렇게 옷을 만들면 어떨까 상상해보았습니다.

그랬더니 아이들이 너무 힘들것 같아요 다시 만들어야 해요 그리고 반품이 가능할까요?

등등 어려움이 많음을 알게 되었습니다.

그러면 어떻게 해야 할까?라고 했더니 같은 물건으로 재야 되요~~ 라고 말을 하네요

그래서 같은 물건으로 재기 위해서 표준 단위라는 것이 만들어졌고 표준 단위의 한 종류가 cm임을 함께 배웠습니다.

각 팀별로 선생님의 가족이 되어보았고, 선생님을 위해 가족이 옷을 만들어보는 미션활동을 해보았습니다.

이를 통해 가족에 대한 생각의 범위를 넓혀보았고 미션활동을 통해 표준단위의 필요성에 대해 스스로 깨닫고 배웠습니다.

==================================

그러는 동안.. 신문지를 이용하여 다른 물건을 만들고 수업시간에 장난을 치던 학생이 나왔습니다.

총을 만들고 장난을 치며 겨누길래.. 어떻게 해야 되나 하고 고민을 하던 중..

아이들이 학급회의 해요라는 말을 하네요~~^^

수업도 중요하지만.. 아이들 스스로 회의가 필요함을 알게 되고 요구하는 것 자체도 하나의 배움이라는 생각을 해보았습니다.

앞으로 수업 시간에.. 장난을 치던 아이들을 어떻게 해야 되나 라는 주제로 학급회의 바로 열어보았습니다.

말도 안했는데 스스로 손 신호등을 꺼내고 계속해서 서로 서로 발표를 하며 서로의 의견에 동의하거나 반대를 하며 이런 저런 이야기를 하는 모습이 어찌나 이뻐보이던지^^

제가 원하던 모습의 교실이었습니다^^

우리는 가족이니까요^^ 실제 가족들도 서로의 필요에 의해 문제가 생기면 이렇게 함께 모여서 회의하고 의견을 나누며 결정하게 되지 않을까 합니다.

화를 내거나 혼을 내거나 꾸짖거나 지도하거나 꾸지람하기 보다는 함께 이야기를 나누게 하고 소통하게 하며 의견을 결정하게 하는 것도 하나의 중요한 배움이 될 것으로 생각됩니다.

논리적이거나 설명이 매우 설득력 있지는 않지만 아이들 나름대로의 의견을 논리적으로 펼치는 모습이 너무 예뻐보입니다.

=======

어느 순간엔가 토론이 대회로 바뀌게 되면서 이기기 위한 토론을 사회에서 강요하는 것 같습니다.

어느 토론 프로그램이나 상대방의 의견을 듣거나 인정하기 보다는 무시하려 하고 무조건적으로 반대만 하며, 자신의 의견을 내세우며 이기려고만 하는 것 같습니다.

하지만 토론이라는 것은 서로의 의견이 다름을 인정하고 받아들이고 더 나은 결론을 얻는 과정이라고 생각합니다.

우리 아이들 서로의 의견을 잘 들어줍니다.

그리고 인정을 해주고 받아들이려고 하고 각자의 의견에 보태어서 설명을 하려 합니다.

티비에서 보는 여느 토론활동보다 훨씬 더 저는 보기 좋습니다.

서로를 존중하고 배려하며 다름을 인정할 수 있는 토론 문화가 정착되기를 바래봅니다.

학기초와 달리 적극적으로 참여하는 아이들을 보면서 오늘도 너무 행복한 시간을 함께 보냈습니다. 감사합니다.

이에 대해 학부모들은

부모님 아~~선생님 ~ㅎㅎㅎㅎ
2016년 6월 1일 · 답글 · 빛내기

부모님 선생님과 아이들 완전 최고네요~ 행복한 교실 아름답습니다
2016년 6월 1일 · 답글 · 빛내기

ㅕ모님 선생님~짱!
빵터졌네요~ㅎ ㅎ
2016년 6월 1일 · 답글 · 빛내기

마 부모님 선생님과 친구들 패션쇼^^
2016년 6월 1일 · 답글 · 빛내기

7장

활동 중심 수업이란?

그동안 대부분의 교실 수업을 머릿속에 떠올리면 교사가 앞에서 설명을 하고 아이들은 열심히 필기하고, 외우고 암기하고, 얼마나 잘 외우고 암기했는지 시험으로 평가하는 교실 수업 모습을 떠올리게 된다. 필자만 그런가? 아닐 것이다. 이 글을 읽고 있는 많은 독자들이 그러한 수업을 떠오르게 될 것이다. 왜냐고? 우리가 그러한 방식으로 수업을 받아왔고, 우리가 수업을 받은 방식대로 수업을 하고 있으니 말이다.

물론 설명식 수업이 잘못되었다는 것이 아니다.

인류가 생겨나고, 공부와 학습이라는 단어가 생겨나면서부터 설명식 수업은 우리 인류 발전에 큰 영향력을 행사하게 되었다. 우리나라도 예외가 아니다. 설명식 수업, 교사 중심의 수업 덕분에 매년 실시되는 PISA라는 국제 성취 평가에서 우수한 성적을 거두고 있으며, 한강의 기적이라고 불리는 눈부신 발전 역시 학교에서의 교사 중심 수업이 큰 영향을 미쳤다고 볼 수 있다.

그렇다면 내가 말하고자 하는 것은 무엇인가? 그것은 바로 설명식 수업을 제대로 해야 한다는 것이다. 아이들의 배움, 학습을 이끌어낼 수 있는 설명식 수업이 되어야 한다는 것이다. 참고로 나는 그러한 방법을 알지 못해 다른 방법으로 수업을 개선하고자 노력을 하였다. 그 결과는 2부에서 자세히 안내하겠다.

앞으로 미래사회를 살아가게 될 우리아이들에게 필요한 역량을 길러주어야 한다. 미래 사회를 살아가는 데 있어서 우리 아이들에게 필요한 역량을 묶어서 21세기 핵심역량이라고 하고 있다. 21세기 핵심역량에는 함께 창조하며 배우기 위해 필요한 학습 및 혁신 능력, 정보, 미디어, 정보통신 기술을 활용할 수 있는 디지털 리터러시 능력, 일과 생활을 위해 준비하는 직업 및 생활 능력이 있다. 학습 및 혁신 능력에는 비판적 사고력, 문제해결력, 의사소통력 협동력, 창의성과 혁신이 포함된다. 디지털 리터러시 능력에는 정보 리터러시, 미디어 리터러시, 정보통신기술 리터러시가 포함된다. 마지막으로 직업 및 생활 능력에는 유연성과 적응력, 진취성과 자기주도성, 사회적 및 다문화적 상호작용, 생상선과 책무성, 리더십과 책임감이 포함된다.

여기서 잠깐! 핵심역량에 대한 나의 생각을 정리해보았다.

삶을 위한 학습, 더 나은 세상을 위해 필요한 핵심역량

우리는 모든 종류의 국경과 경계선이 무의미한 시대에 진입하였고, 이에 번믹스터 폴러는 "우리 모두는 하나의 거대한 우주선을 탄 승객들"이라고 표현을 하였다. 전 세계 곳곳의 사건을 실시간으로 확인할 수 있고, 돈은 국제 전자 금융 네트워크를 통해 움직이고, 기업은 하루 24시간 일주일 내내 전 시간대에 퍼져 있는 여러 팀과 업무를 진행한다. 소비자들이 소비하는 제품은 전 세계 공급 망을 통해 이동하고, 국가경제는 하나의 국제적 집합체로 통합이 되고 있으며, 학생들 또한 전 세계 각국에 있는 다른 학생들과 서로 연결이 되고 있다.

그동안 교육은 급변하는 사회의 변화에 잘 따르지 못하고 뒤늦게 합류를 하였지만, 빠른 속도록 따라잡고 있다. 교육이 더 밝은 미래 경제로 향하는 황금 티켓으로 여겨지고 있으며, 세계경제 속에서 자신의 역할을 이해·감당하면서 성공하는 데 필요한 핵심 역량을 익힐 수 있느냐 없느냐 하는 문제는 미래 모든 사람의 건강과 부, 복지를 결정하게 되었다.

핵심역량이라는 용어가 교육에 들어오게 되면서 이에 대해 반대하는 세력들이 생겨나게 되었다. 이들은 교육의 본질에 대해 이야기를 하면서 미래의 직업을 위해 직장에서 필요로 하는 기술 및 역량을 길러주는 것이 학교교육이 되어서는 안 된다고 말을 한다. 하지만 교육은 지식을 많이 아는 유식한 자를 만들어낸 것이 본질이 아니라, 아는 지식을 현실에 적용하여 생산적인 상황을 만들 줄 아는 지혜로운 자를 만드는 것이 교육의 본질이다. 이제는 교육에 대해 가지고 있던 그동안의 패러다임에 대해 다시 한 번 고민하고 그동안 교육에 대해 가지고 있던 선입견을 버려야 할 때이다.

현재 세계적으로 일어나고 있는 경기침체로 인해 과거의 방식대로 교육을 지속하게 될 경우 우리 삶이 어떻게 될지 엿볼 수 있다. 물론 세계적 경기침체의 원인이 교육과 직접적인 연관은 없지만, 그 결과는 우리에게 귀중한 교훈을 준다. 세계에는 경기침체가 오랫동안 계속되어 마치 일상처럼 되어버린 나라가 여럿 있으며, 하루 1달러 미만으로 생활하는 빈곤 국가들도 있다. 이러한 나라들은 21세기 세상에서 20세기 교육을 받은 시민으로 이루어진 나라들로, 앞으로 교육이 나아가야 할 방향이 무엇인지, 지금의 위기를 어떻게 교육으로 해결해 나가야할지 경각심을 일깨워준다.

그렇다면 앞으로 교육이 나아가야 할 방향은 무엇일까? 핵심역량 중심의 교육과정을 이미 실천하고 있는 해외 교육 선진국의 사례를 예로 들면 쉽게 알 수 있다. 네덜란드의 한 초등학교 프로젝트 팀은 학교 전방 풍경을 설계하였다. 설계 내용은 조경 전문가에게 평가를 받았고, 최고 평점을 받은 설계안에 따라 시 재정을 받아 학교 앞을 꾸몄다. 런던의 한 중학교에서는 교문에서 자동차와 자전거 사고가 날 뻔한 일이 발생하였다. 이에 중학생들은 교문 앞의 교통상황을 시간대별로 측정·촬영하여, 교차로에 신호등을 설치해야 한다는 제안서를 만들어서 시 의회에 제출하였다. 이에 시 의회는 새 신호등을 설치하였다. 미국 캘리포니아에 있는 고등학생들은 전신마비 환자에게 필요한 것이 무엇인지 조사하여, 머리에 설치한 레이저로 전자 기기를 켤 수 있는 레이저 손가락을 고안하였다. 그리고 첨단기술 제품 생산 회사와 장애인 단체와 협의하여 필요한 사람에게 무료로 제작하여 배포하게 되었다.

이와 같은 해외 사례를 통해 학생들은 세상에서 변화를 만들어 낼 수 있는 존재이며, 문제를 찾아내고 해결하는 능력을 가지고 있음을 알 수 있다. 이처럼 능력이 무궁무진한 학생들에게 클릭 몇 번이면 더 자세히 알 수 있는 단편적인 지식을 암기시키는 20세기형 교육은 어울리지 않는다. 21세기의 핵심역량 기반의 미래형 교육은 학생들이 함께 협력하여 문제를 발견하고, 그 문제를 해결해나가는 프로젝트를 통해 창의적인 결과물을 만들어내는 교육이 되어야 한다. 이러한 과정 속에서 학생들은 미래의 직업이 요구하는 혹은 미래의 사회가 요구하는 핵심역량이 함양될 것이다.

이처럼 핵심역량은 여러 가지 직업에서 요구되는 기술이 아니라, 우리 아이들이 앞으로 더 나은 삶을 살아가는데 기본이 될 수 있는 필수적인 역량이다. 이러한 핵심역량을 기를 수 있다면 직장에서 더욱 잘 적응하게 될 것이며, 학생들에게 더 나은 세상을 만들 수 있는 힘이 될 수 있다.

지금까지 21세기 교육, 앞으로 우리 사회가 추구해야 할 교육의 방향, 교육의 목적이 무엇인지 알게 되었다. 우선 문제 기반 및 디자인 기반 프로젝트를 통해 학생들 스스로가 필요하거나 해결해 나가고자 하는 문제를 발견하게 함으로써, 그 문제를 해결해나가야겠다는 열정과 동기를 심어주어야 한다. 그리고 학교는 학생들의 이러한 열정을 이용하여 실용적인 학습에 참여시킴으로써 의미 있고 기억할 수 있는 지식을 심어 주고, 자신이 배운 내용을 유용하게 적극적으로 적용할 수 있는 기회를 제공해 주어야 한다. 이러한 과정을 통해 미래사회가 요구하는 핵심역량을 함양시켜 주어야 한다.

이 시대의 도전에 직면하여 우리 학생들은 더 나은 문제 해결자와 혁신자가 되기 위해 21세기 사회가 요구하는 핵심역량을 가지고 있어야 하며, 이러한 핵심역량은 앞으로 우리 학생들이 더 나은 세상, 더 나은 삶을 살아가는데 기본이 될 수 있을 것이다. 핵심역량을 길러주기 위한 21세기 형 교육은 우리 아이들을 위해 반드시 이루어져야 한다.

이를 바탕으로 2015 개정교육과정에서는 6대 핵심역량을 제시하고 있다. 6대 핵심역량은 '자기관리 역량', '지식정보처리 역량', '창의적 사고 역량', '심미적 감성 역량', '의사소통 역량', '공동체 역량'이다.

21세기 핵심역량과 2015개정교육과정에서 제시하는 핵심역량을 살펴보면, 공통적으로 모두가 협동과 문제해결력을 강조하고 있음을 알 수 있다. 의사소통역량, 공동체역량 등은 협동에 필요한 역량이며, 정보처리 역량, 창의적 사고 역량, 심미적 감성 역량, 자기관리 역량은 함께 창의적으로 문제를 해결함에 필요한 역량이라고 할 수 있다.

이와 함께 PISA에서도 2015학년도부터 협동적 문제해결력이라는 영역을 새롭게 개설하여 성취도 평가를 실시하고 있다. 즉, 앞으로의 교육은 혼자서 외우고 암기하는 것이 아니라 함께 문제를 해결하는 과정, 그리고 그러한 과정 속에서 스스로의 깨달음과 배움을 중요시 여기고 있음을 알 수 있다.

이러한 시대적 흐름 변화와 교육적 요구 변화에 따라 수업도 변화해야 한다고 생각한다.

재러드 다이아몬드가 이런 말을 하지 않았는가...

> 성공과 실패를 가르는 핵심은 시대의 변화에 따라 붙들어야 할 중심 가치와 시대의 변화에 따라 버리고 교체해야 할 가치가 무엇인지를 아는 것이다

시대의 변화에 따라 교사로서 우리가 붙들어야 할 가치와 버리고 교체해야 할 가치가 무엇인지 바르게 알아야 한다고 생각한다. 물론 이 모든 것은 필자의 개인적인 의견으로, 이러한 생각을 하는 교사도 있구나하고 한번 쯤 생각해보면 좋을 것 같다.

시대 변화에 따라 변화하는 교사가 되기 위해서 우선적으로 수업이 변해야 한다. 교사 중심의 암기식 수업은 지금껏 이야기 한 것처럼 필요에 의해서 변화되어야 한다고 생각한다. 더 잘 가르치고, 더 잘 암기시키고, 더 잘 시험을 치르게 해주는 로봇 교사가 등장하게 될 세상을 조금이라고 걱정을 한다면, 이제 교사가 어떠한 역할을 해야 할지 고민을 하게 될 것이다. 세상은 변할 것이고, 이미 많은 부분 변화를 이루었다.

이러한 의미에서 수업은 교사의 질문이 핵심이 되어야 한다고 생각한다. 교사의 질문이 중심이 되어 프로젝트 학습의 주제가 되기도 하고, 혹은 아이들이 새로운 질문을 만들어내는 기반이 되어야 한다. 질문을 해결하기 위해 함께 이리저리 궁리하고 생각

하고 사고하고, 더 많은 자료를 찾고, 더 다양한 생각과 사고로 창의적인 해결책을 찾을 수 있는 기회를 제공해주는 것이 앞으로 우리가 나아가야할 수업이 아닐까 한다.

여기서 우리들의 모습을 다시 한 번 더 살펴보자. 필자의 실제 이야기이다.

현재 나의 동 학년은 전 교과 교육과정을 재구성하여, 하나의 큰 주제 아래 중, 중주제와 소주제를 만들어서 주제 중심 프로젝트 학습을 진행하고 있다. 우여곡절도 많았고, 시련과 어려움이 많았으며, 처음에는 8명으로 시작을 한 이 모임이 지금은 4명으로 줄어서 운영 중에 있다. 4명으로 줄기 전 어느 모임 시간에 있었던 일이다.

프로젝트 학습에 대해 함께 논의를 하면서 서로의 생각과 의견이 맞지 않아서 조금은 기분이 상해있었다. 그러면서 어느 한 교사가 이렇게 말했다.

"왜 프로젝트 학습을 해야 하는지 모르겠어요. 솔직히 저는 교과서를 가지고 수업을 하는 게 더 편해요."

나는 반박할 수 없었다. 그 교사의 생각이고 교육 철학이라 내가 뭐라고 그것이 잘못 된 거에요 라고 말을 할 수 있겠는가? 말을 할 수 없었다. 그저 나는 이렇게 말을 할 수 밖에 없었다.

"네 프로젝트 학습이 무조건 좋다는 것은 아닙니다. 프로젝트 학습은 하나의 학습 방법이 아니라 선생님이 사용하시고자 하는 학습방법을 사용해도 되는 학습법입니다. 아이들의 삶과 생활을 만들어갈 수 있는 주제를 함께 정하고, 주제를 해결하기 위해 함께 모여서 이야기를 나누는 기회를 제공하면 됩니다. 그러는 과정에서 교사 중심의 설명식 수업이 필요하면 사용하셔도 되고, 교과서를 사용하셔도 됩니다. 앞으로도 계속 함께 해주신다면 무엇인가 느끼시는 바가 있을 거예요."

"저는 싫어요. 솔직히 이전 학교에서 프로젝트 학습을 해왔는데 저는 반대를 했었어요. 그래도 학교에서 결정한 일이라 어쩔 수 없이 지금까지 따라 해왔습니다. 하지만 이제는 하는 것이 부담스럽고 싫어지네요."

나는 더 이상 말을 이어갈 수 없었다. 워낙 주장이 확고하여 말을 더 이상 할 수 없었고, 그저 그 선생님의 의견을 받아들이게 되었고, 우리 학년은 이렇게 이렇게 프로젝트 학습을 모두 수행하지 못했다.

이 예를 보면서 어떠한 생각이 들었나요?

이 교사의 모습이 우리들의 일반적인 모습이라고 생각한다. 교육과정을 살펴보기보다는 그저 교과서에서 제시하는 학습 내용을 표준화된 방식으로 가르치는 것을 좋아하는 것이 보통 교사들의 생각이다. 지금껏 그렇게 해왔고, 앞으로도 그렇게 할지도 모르겠다.

물론 필자는 이러한 교사들이 잘못되었다고 비판을 하는 것은 아니며, 오해는 하지 말았으면 한다. 필자가 잘못되었고 비판을 하는 것이었다면 위와 같은 상황에서 더 많은 말을 하고 서로 언성이 높아지게 되었을지도 모른다. 하지만 그러지 않았고, 우리들의 이야기는 이렇게 끝이 났었다. 단지 필자는 이러한 교사들에게 이렇게 말을 해 주고 싶을 뿐이다.

"선생님들의 생각하시는 대로 수업을 하셔도 됩니다. 그렇게 수업하셔도 좋습니다. 하지만 이것 하나만은 가지고 가야 할 것 같습니다. 왜 그렇게 수업을 하는지에 대한 나만의 교육철학은 있어야 할 것 같습니다."

물론 그 교사에게 직접 말을 하지 못했다. 더 언성이 높아질까 봐..

그렇다. 어떠한 수업 방법을 사용하든지 자신만의 교육철학을 가지고 그렇게 하는 거라면 괜찮다고 본다. 단지 필자는 나의 교육철학에 의해서 프로젝트 학습이 우리 사회에서 아이들에게 길러주어야 할 역량을 충분히 길러줄 수 있다고 생각을 하기 때문에 적극 활용하고 있는 중이다. 흔히들 교사들이 오해를 한다. 프로젝트 학습이 어떠한 수업 모형의 하나인 것처럼 생각을 한다. 아니다. 프로젝트 학습에 대해 공부를 하게 된다면 그렇지 않음을 알게 된다.

프로젝트 학습은 어느 하나의 정형화된 틀이 정해져 있는 것이 아니다. 교사의 질문이나 문제가 하나의 주제가 될 수 있으며, 그 주제나 문제를 아이들이 함께 해결해나가는 그 과정을 중시하는 것이 프로젝트 학습이다. 또한 프로젝트 학습은 결과를 중시 여기는 것이 아니며, 프로젝트 과정에서 아이들이 스스로 깨닫고 배움이 일어나는 것을 중시 여기는 것이다. 그러니 프로젝트 학습은 그 어떠한 수업방법을 적용하더라도 괜찮다. 아이들이 문제를 해결함에 있어서 도움이 될 수 있는 학습법이라면 그 어떤 것이라도 사용해도 좋다. 그리고 그러한 과정을 거치면서 우리 사회가 요구하는 역량, 미래사회를 살아가게 될 아이들에게 필요한 역량, 기계와 경쟁하며 인간만의 경쟁력을 갖추어 나가야할 아이들에게 필요한 역량이 길러질 수 있게 될 것이다. 인간만의 경쟁력은 혼자서 책을 통해 배울 수 있는 것이 아니라, 함께 문제를 해결하는 과정 중에서 얻게 될 테니 말이다.

개정 교육과정에서 강조하는 핵심역량을 과연 교과서 지식을 통해 아이들이 배울 수 있을까? 교사의 설명을 통해 스스로 터득하고 체득할 수 있을까? 필자는 그렇게 될 수 없다고 말하고 싶다. 적어도 지금의 설명식 수업에서는 말이다. 우리들이 최고의 교사로 뽑는 사람 중에 하나인 소크라테스 역시 설명식 수업을 자주 사용하였다고 한다. 하지만 그때의 설명식 수업은 지금의 교실에서 이루어지는 이러한 수업이 아니라 질문을 통한 문답법이었다고 한다. 이에 대해서는 잠시 뒤에 계속 말을 이어가겠다.

어쨌든 나는 우리 아이들이 미래 사회에서 필요한 역량을 함양시켜 주기 위해서는 프로젝트 학습이 가장 적합하다고 생각을 하는 주의이다.

왜 그럴까? 프로젝트 학습에 대해서 잠시 알아보자

프로젝트 학습을 알기 위해서는 주제 중심 통합 교육과정에 대한 개념을 먼저 가지고 있어야 한다. 흔히 말하는 교육과정 재구성은 대체로 교과서 구성이나 순서를 조정하는 의미로 이해되고 있다. 그러나 통합 교육과정이라 함은 교과들을 상호 연관 지어서 계획하고 가르치며 평가하는 활동을 의미한다(김대현, 2011). 이러한 통합 교육과정은 교과별 상호 관련된 내용을 묶어서 제시함으로써 아이들이 배워야 할 필수적인 교육 내용을 중복됨 없이 배우게 됨으로써 학습에 대한 시간을 충분히 확보할 수 있게 된다. 그리고 학습과 생활과의 연관성을 높여서 교과 학습의 의미를 학생들 개인의 삶과 연계하여 그들의 삶이 영글어 가는 데 도움이 된다. 아이들의 흥미와 관심을 반영할 수 있는 주제나 문제를 중심으로 조직이 될 경우 학습 선택권이 학생으로 확대되며, 적극적으로 참여하고 높은 학습 동기로 학습에 대한 책임감도 높이게 된다. 여기에서 프로젝트 학습이란 교육과정을 통합 교육과정을 재구성을 함에 있어서 학생들이 관심있어 하고 흥미를 가질 수 있는 그들의 삶과 연계된 주제를 선정하고, 그 주제를 중심으로 하여 통합 교육과정을 만들어서 아이들이 직접 문제나 주제를 친구들과 함께 풀어나가는 학습을 의미한다. 하지만 중요한 것이 있다. 함께 문제나 주제를 풀게 된 그 결과가 중요한 것이 아니다. 그러한 과정 속에서 아이들이 스스로 배우고 깨닫게 되며 체득하게 되는 고등사고력과 다양한 인성적 측면을 중요시 여겨야 한다. 아이들은 함께 문제나 주제를 해결하면서 스스로 할 수 있는 힘, 협력하면서 해결할 수 있는 힘, 함께 의견을 조정하야 함께 해 나가는 힘을 기를 수 있게 된다. 이러한 힘이 바로 자기관리 역량(스스로 할 수 있는 힘), 공동체 역량과 지식정보처리 역량(협력하면서 해결하는 힘), 의사소통 역량과 창의적 사고 역량(함께 의견 조정하는 힘), 심미적 감성 역량(문제와 주제를 예술적인 측면을 가미하여 해결해나가는 힘) 등 2015개정 교육과정에서 중요시 여기는 핵심역량과도 맞물려 있음을 알 수 있다. 즉, 교육과정이 바라는 인간상을 기르기 위해 현 시대에 가장 적합한 학습 방법이 바로 프로젝트 학습이라고 할 수 있다.

하지만 한 가지 오해를 가지면 안 된다. 프로젝트 학습은 어느 하나의 학습방법이 아니다. 아이들의 삶, 생활과 연계되어 흥미와 관심을 높이며 배움과 맞물며 있는 주제를 정하고 그 주제나 문제를 해결해나가는 과정을 중시여기는 것이 바로 프로젝트 학습이다. 이러한 과정에 대한 정답은 정해져 있지 않으며, 어느 방법이 옳은 방법이라는 것도 없다. 그러한 과정에서 협동학습이 필요하면 협동학습을, 액션러닝 학습이 필요하면 액션러닝을, 거꾸로 교실이 필요하면 거꾸로 교실을, 문제기반 학습이 필요하면 문제기반 학습을 각각 활용하면 된다. 교사는 이러한 과정에 있어서 아이들이 함께 모여서 스스로 문제나 주제를 해결해 나감에 있어서 도움을 줄 수 있는 조력자 역할을 하고, 조금 더 효율적인 방향으로 문제를 해결해 나갈 수 있도록 도움을 주면 된다.

이처럼 프로젝트 학습은 거창한 것이 아니다. 아이들이 함께 모여서 하나의 주제 혹은 문제를 가지고 협력하여 해결해나가는 과정을 중시여기는 것이다. 물론 주제 혹은 문제가 아이들의 삶과 연계될 수 있고, 그들의 생활을 녹여낼 수 있는 주제나 문제가 선정된다면 정말 좋은 프로젝트 학습이 될 수 있을 것이다. 하지만 학교 상황과 여건을 고려하였을 때, 그리고 교사라는 직업이 아이들의 배움과 학습을 이끌어내야 하는 책무성을 가지고 있기 때문에 무조건 아이들의 삶과 생활이 녹아든 주제나 문제를 정할 수는 없다. 그때는 어쩔 수 없지만, 그래도 최대한 그러한 노력은 기울여야 할 것으로 생각된다. 꼭 주제가 삶과 관련이 없으면 어떠한가? 앞으로의 삶을 살아가는 데 필요한 경험을 학교에서 제공해주는 것만으로도 유의미하지 않을까 생각한다. 그리고 아이들의 학습과 배움이 일어나기 위한 과정에 있어서 어떠한 방법이 정해져 있는 것이 아니며, 아이들의 학습과 배움에 적합한 방법을 알도록 교사가 도와주면 된다.

이때 가장 중요한 것이 질문이라고 할 수 있다. 프로젝트 학습을 위해서는 스스로의 깨달음과 배움이 일어날 수 있는 교사의 혹은 친구들의 상호 질문이 중요하다. 교사는 어떤 말을 할 때나 수업을 할 때 두 가지 방식 중에 하나를 선택하게 된다. 하나는 서술을 하면서 설명을 하는 것이며, 나머지 하나는 질문을 통해 아이들의 깨달음과 배움을 이끌어내는 것이다. 질문을 하면 어떤 문제나 주제에 대해 좀 더 깊이 탐구하게 되고, 보다 더 나은 방향을 제시하게 되기 때문이다. Reeds(2014)는 질문의 7가지 힘이라는 책에서 질문의 강력한 힘에 대하여 아래와 같이 제시하고 있었다.

① 질문을 하면 답이 나온다. 질문을 받으면 대답을 하지 않을 수 없으며, 이러한 의무감을 저자는 응답반사라고 불렀다.
② 질문은 생각을 자극한다. 질문은 질문을 하는 사람과 질문을 받는 사람의 사고를 자극한다.
③ 질문을 하면 정보를 얻는다. 적절한 질문을 하면 원하고 필요로 하는 정보를 얻을 수 있다.
④ 질문을 하면 통제가 된다. 모든 사람은 스스로 상황을 통제하고 있을 때 편안하고 안전하게 느낀다. 질문은 대답을 요구하므로 질문을 하는 사람이 유리한 입장에 서게 된다.
⑤ 질문은 마음을 열게 한다. 사람들은 자신의 사연, 의견, 관점에 대한 질문을 받으면 우쭐해진다. 질문을 하는 것은 상대방과 그의 이야기에 관심을 보여주는 것이므로 과묵한 사람들이라도 자신의 생각과 감정을 드러낸다.
⑥ 질문은 귀를 기울이게 한다. 적절하게 질문을 하는 능력을 향상시키면 보다 적절하고 분명한 대답을 듣게 되고, 중요한 일에 집중하기 쉬워진다.
⑦ 질문에 답하면 스스로 설득이 된다. 사람들은 누가 해주는 말보다 자기가 하는 말을 믿는다. 사람들은 자신이 생각 낸 것을 좀 더 쉽게 믿으며, 질문을 요령 있게 하면 사람들의 마음을 특정한 방향으로 움직일 수 있다.

– 도로시 리즈, 질문의 7가지 힘 (25쪽 내용 요약 발췌)

소크라테스 역시 대화편 '변론'에서 이와 같은 말을 하였다.

"가르치는 일은 자신의 일이 아니라 소피스트의 일이라고 말하면서
자신이 한일은 가르치는 일이 아니라 질문하는 일 이었다" (Plato, 1961).

여기서 잠깐!

소피스트란 가르치는 일을 전문적으로 수행한 대표적인 사례로 학생이 자신의 의도나 관심사에 따라 가지고 있는 질문에 대해 교사 대답을 직접 해주면서 교육을 실천하였다. 이러한 의미에서의 질문은 교육내용에 따라 정해지는 것으로 가르치는 것에 초점을 두는 수업이라고 할 수 있다.

소크라테스는 역사상 가장 위대한 교사로 인정을 받고 있으며, 이러한 그가 가르치는 일보다는 질문에 더욱 초점을 두고 있었다는 것에서 우리는 커다란 생각의 변화를 가져와야 한다고 할 수 있다. 질문을 통해 자신의 무지를 자각한 학생들은 자신이 모르는 것에 대해 알고자 하는 열망에 사로잡히게 되며, 이러한 배움에 대한 열정을 지속적인 질문을 통해 학생들의 대답을 이끌어내는 것이 중요하다고 할 수 있다.

그러나 우리들의 교실은 어떠한가?

몇 해 전 필자의 공개수업을 예로 들어본다.

내가 2010년 6학년 담임을 맡고서, 수학 백분율 단원을 이용하여 공개수업을 하기로 하였다. 물론 이때도 다양한 활동을 중시해야 한다는 압박감에 백분율을 가르치기 위하여 다양한 학습 도구를 여기저기서 다운 받아서 사용하였다. 이러한 활동을 제공하였다는 것에 나 스스로 자부심을 가지고 있었던 것 같다. 그리고 이렇게 수업을 정리하였다.

"여러분, 오늘은 분수를 백분율로 표현하는 방법에 대해 공부를 했습니다. 백분율을 어떻게 구하면 된다고 했지요?"

"분수의 분모를 100으로 만들면 된다고 했어요."

"그리고 분자의 값에 %를 붙여서 표현하면 된다고 했어요."

"100을 만들지 못하면 분수에 100을 곱하면 된다고 했어요"

"그래요. 그러면 이러한 백분율을 그래프로 어떻게 표현한다고 했나요?"

"띠그래프와 원그래프로 표현할 수 있다고 했어요."

"띠그래프와 원그래프의 전체를 100으로 보고, 백분율을 계산하여 나온 값을 바탕으로 해서 색을 칠하면 된다고 했어요."

"그리고 모든 색을 칠했을 때 가득 채워야 하고, 각각 구분을 짓기 위해서 다양한 색으로 칠을 하면 좋다고 했어요."

"우아~! 다들 정말 오늘 공부를 잘했네요. 다음 시간도 기대할게요."

필자는 몇 해 전까지도 이러한 질문이 질문을 통한 수업이라고 생각을 하고 있었다. 하지만 나의 수업을 되돌아보기 위해 수업을 촬영하고, 나의 수업을 전사해 보았다. 그리고 느끼게 되었다. 나의 질문은 아이들의 사고를 확장하고 개방하기 위한 것이 아니라 이미 정해진 답을 찾아가기 위해 확인하는 것에 그치고 있다는 것을 알게 되었다. 그리고 이 모든 질문은 교사가 중심이 되어 교사의 의도에 따라서 이루어지고 있었다. 즉, 단순히 아이들이 알게 된 사실을 얻기 위해 질문을 던지고 있었고, 나의 수업 진행을 위해 기술적으로 던지는 질문에 불과하였다.

교실에서의 질문은 학생들이 당연하다고 받아들이는 것이 사실은 당연한 것이 아니라는 사실을 일깨워주는 방향으로 이루어져야 한다. 그리고 그들의 사고를 확장시키고 개방시켜 주는 질문이 되어야 한다. 학생들로 하여금 당연하다고 받아들일 수 있는 내용에 대해 새로운 질문을 제기할 수 있는 질문을 제공해야 한다고 생각한다.

아래의 실제 수업 사례는 이러한 배움을 통해 질문에 신경을 쓰면서 이끌어간 국어 시간 수업 장면이다.

2학년 국어 수업시간이었다.

(국어 2-나, 10단원 이야기 세상 속으로 중 오소리네 집 꽃밭을 일고 장소의 변화에 따라 일이 일어난 차례를 생각하며 이야기를 읽어보기라는 주제의 수업이었다)

교과서에서 제시하는 활동은 간단하였다. 주어진 지문을 읽고 주인공이 경험하는 장소의 변화에 따라 어떠한 경험을 하였는지 찾아보면서 장소의 변화에 따라 글의 내용을 요약하는 활동이었다.

글의 내용인 대략 이러하다. 오소리네 아줌마는 회오리 바람에 의해 읍내 장터로 가고, 다시 집으로 돌아가는 길에 학교 울타리의 꽃밭을 보고서는 자기의 집에도 꽃밭을 만들고 싶어 한다. 그래서 집으로 돌아가서 남편과 꽃밭을 만들려고 하였는데, 이미 집 주변이 꽃밭이었음을 알게 된다는 내용의 글이다.

아이들이 장소의 변화에 따라 내용을 정리하는 것에 그치고, 이렇게 장소를 찾고 정리하면 되겠구나라고 그대로 받아들이려는 도중에, 나는 질문을 던져보았다.

"애들아! 오소리 아줌마는 왜 자기 집 주변에 꽃밭이 이미 있다는 사실을 알지 못했을까?"

아이들은 하나같이 멍한 표정만을 지었다. 그래서 다시 질문 하였다.

"오소리 아줌마는 학교 울타리를 보면서 꽃밭이 너무 아름답다고 생각을 했어. 그리고 집에 가서 꽃밭을 만들려고 했어. 그런데 살펴보니 이미 꽃밭이었어. 왜 아줌마는 그걸 알지 못했을까?"

칠판에 오소리 아줌마의 집을 상상하여 그림을 그리면서 질문을 하였다.

그러자 아이들은..
"게을러서요. 귀찮아서 집에만 있어서요."
"집 현관 쪽에서는 안보이고 뒤쪽에 꽃밭이 있어서요."
"큰 나무에 가려져서 꽃을 보지 못해서요."
"꽃을 심었는데 치매로 인해 잊어버려서요."
"학교 울타리의 꽃밭이 크고 너무 예뻐서 비교되어서요."
"갑자기 꽃이 좋아지고, 꽃에 관심이 생겨서요."

아이들의 대답을 하나도 거르지 않고 그대로 담아보았다.

나는 이러한 아이들의 대답을 듣고 아이들의 대답 중에서 하나를 골라보았다. 그리고 칠판에 아래의 글자를 크게 적었다.

국어 수업 시간이 갑자기 관계에 대한 이야기로 전환이 되었다. 이때의 프로젝트 학습 주제가 나와 가족이었고, 우리 반 친구들도 가족이 될 수 있어요 라는 소주제로 서로 배려하고 공감하며 관계를 형성하기 위해 다양한 활동을 하는 도중이었기에 나는 관심에 대해서 함께 이야기를 나누는 것도 도움이 될 거라는 판단을 하였던 것 같다.

평소에 관심을 가지지 않아서 무심코 지나쳐서 후회를 했던 경험에 대해 함께 이야기를 나누며, 누구나 그러한 경험을 하고 있다는 것에 대해 함께 이야기 나누었다. 마침 재활용품을 이용하여 개인 화분을 모두가 교실에 가지고 있어서 그것을 활용하여 이야기도 나누었던 것 같다. 재활용품을 활용한 물건을 만들기 위해 화분을 처음 만들

때는 열심히 모든 친구들이 만들었다. 하지만 정작 화분을 모두 만들고 난 뒤, 화분을 관리하고 화분에 관심을 가지는 친구들의 모습에는 큰 차이가 있었다. 매일 매일 관심있게 살펴보면서 물을 주는 아이들도 있는가 하면, 그냥 무작정 그대로 내버려두는 아이들도 있었다. 열심히 관심을 가지고 관리하던 친구들의 화분에서 새싹이 돋는 것을 보고는 새싹이 자리지 않아 화분을 버려야 하는 입장에 놓인 친구들은 부러워하면서 후회를 하고 있음을 알게 되었다. 하지만 지나고 나서 후회하면 이미 늦게 된다.

이러한 우리 반 수업 모습을 말을 하면 누군가 이렇게 물어올 것 같다. 실제로 우리 반 텃밭이 관리가 잘 안 되는 모습을 보고는 우리 학교 교감선생님도 이렇게 물었다.

"힘들게 없는 공간 억지로 만들어서 아이들과 함께 텃밭을 만들었는데 왜 가꾸지 않는거지?"

필자는 이렇게 생각을 한다. 그리고 우리 반 아이들에게 이와 같이 말을 한 것 같다.

"선생님은 여러분에게 다양한 경험을 주기 위해 여건을 조성하고 기회를 제공해줍니다. 그리고 필요하면 설명도 해주고, 준비물도 준비해줍니다. 그러나 그러한 여건이 조성되고 나서는 여러분의 책임입니다. 여러분이 관심을 가지고 가꾸어야 하고 만들어가야 합니다. 단 선생님은 그 결과가 좋던 좋지 못하던 그것 가지고는 평가를 하거나 혼을 내거나 칭찬을 하지는 않습니다. 그러한 과정 중에 열심히 관심을 가지고 책임감을 느끼며 활동한 아이들에게는 그 때 그 때마다 칭찬의 말을 하기는 하지만 결과에 대해서는 아무런 말도 하지 않습니다. 왜냐고요? 그 결과를 보면서 스스로 반성도 하고 칭찬도 할 것이기 때문입니다. 죽어있는 식물을 보면서 반성하고 다음에는 더욱 관심을 가져야겠다고 스스로 다짐을 하게 될 것이며, 열매를 맺은 식물을 보고 그 열매를 따서 먹어본 아이들은 성취감과 책임감, 그리고 행복감을 느끼기 때문에 앞으로도 더욱 많이 관심을 가지게 될 것이기 때문입니다. 선생님은 그저 그러한 경험을 할 수 있게 다양한 이야기 거리와 활동 거리를 제공해주고 충분히 모두가 참여할 수 있게 환경을 조성해줍니다. 그 결과에 대한 책임은 여러분이 가지는 겁니다."

그리고 나서 다시 오소리 아줌마의 이야기로 돌아가서, 이렇게 관심을 가지지 않는다면 주위에 있는 것조차 보이지 않게 됩니다. 여러분도 시간이 지나고 아 그 친구와 더 친해질 걸 하는 후회를 한 적이 있을 겁니다. 모두 관심이 부족해서입니다. 후회를 했던 친구들도, 스스로 열심히 책임감을 가지고 관심을 가져서 행복한 추억을 가지고 있는 친구들도 모두 관심이 중요하다는 것을 게 되었을 겁니다. 그러니 우리 친구들의 관계도 관심에서 시작을 해야 한다고 이야기를 하면서 수업을 정리하였다.

이외에도 수학 시간에 아이들의 인지적 충돌과 갈등을 일으키는 질문을 했던 것 같다. 대부분이 아이들이 알고 있는 사실에 반대로, 혹은 아이들이 학원이나 학습지를 통해 암기하고 있는 내용에 대해 다시 한 번 더 생각해볼 수 있도록 반대쪽의 입장에서 질문을 하였다.

이러한 수학 시간마다 교실은 정말 아수라장이 된다. 선생님인 나에게

"선생님 어떻게 선생님이 되었어요?"

"저에게 배워야겠어요."

라고 하면서 나의 질문을 그대로 받아들이는 아이들의 모습을 보면서 너무 예뻐보였으며, 나의 질문이 아이들의 인지적 충돌을 가져올 수 있다는 확신을 가졌다.

덧셈과 뺄셈 단원에서 자릿값을 신경 쓰지 않고 덧셈하고 뺄셈을 하면서 아이들에게 질문을 한 것 같다. 자릿값에 맞게 않게 계산을 하고선..

"이렇게 하면 되는데.. 왜 안 된다는 거지?"

그랬더니 몇몇은

"어. 그러네요. 그렇게 해도 되네요."

다른 아이들은

"아니에요. 그렇게 하면 값이 달라져서 안되요"

여러 가지 반응을 살펴볼 수 있었다. 이러한 갈등 속에서 아이들은 자릿값이라는 개념을 스스로 끄집어내고, 수 막대를 통해 숫자를 만들던 경험을 살려서 수 막대와 수 모형이 다르기 때문에 그렇게 계산하면 안 된다는 결론을 아이들 스스로 얻게 되었다.

여기서 제시하는 질문 역시 아직은 부족한 것이 많고 모자란 것이 많다. 하지만 이전의 나의 수업 속 질문과는 확연히 다른 질문을 하고 있음을 알 수 있었다. 질문이라는 것이 아이들이 당연히 받아들이려고 하는 것에 대한 인지적 충돌을 일으키고 다른 방향으로 생각하고 사고할 수 있도록 도움을 주어야 한다고 생각한다.

학원과 학습지를 통해 암기식으로 외우고 기억하고 있는 지식이 왜 그러한지 원초적인 것에서 시작해야 함을 알려주어 한다. 바로 질문을 통해서 말이다.

지금까지 수업에 대한 다양한 이야기를 나누어보았다. 아직 어떠한 수업이 올바른 수업이고 최선의 방법인지 그 누구도 선뜻 답을 주지 못하고 있다. 하지만 한 가지 분명한 것은 있다.

분명히 시대가 요구하는 방향은 존재하며, 그러한 방향과 흐름 속에서 기존의 교사 중심의 설명식 수업은 쇠퇴하고 있다는 것이다.

물론 설명식 수업이 완전히 사라져서는 안 된다. 필요에 의해서 설명식 수업이 최선의 방법이 될 수는 있다. 하지만 그러한 필요가 아이들의 학습과 배움, 그리고 공부에 대한 열정에 의한 것이어야 한다. 교사의 편리에 의해서 교사의 안일한 생각에 의한 것이 되어서는 안 된다는 말을 하고자 한다.

아이들의 삶과 생활을 학습과 배움으로 연계 짓고, 가정과 학교를 연계 지을 수 있는 주제와 문제를 통해 아이들 스스로 배움의 필요성을 깨닫게 해야 한다. 그리고 그러한 과정 중에 필요한 수업 방법을 다양하게 사용할 줄 아는 수업이 되어야 할 것이다. 이때 설명식 수업이 필요하다면 그러한 방식을 사용해야 한다는 것이다.

이전 본 저자의 책에서 언급한 거꾸로 배움은 이러한 전반적인 수업 흐름을 통칭하는 언어라고 할 수 있다. 아이들이 중심이 되는 질문이나 문제를 통해 아이들이 스스로 배우고 학습할 수 있도록 조력자로서의 교사 역할을 앞으로 기대해본다.

마지막으로 김현섭(2013)은 수업을 바꾸다라는 저서를 통해 다음과 같이 수업을 디자인할 것을 제안하였다.

수업을 계획하기 위해 가장 먼저 염두에 두어야 할 것은 교사가 가르치는 내용이나 지식을 자기 언어로 온전히 소화하고, 그에 맞는 핵심 질문을 만들어야 한다. 교사가 준비한 만큼 학생들에게 의미 있는 배움이 일어나기 때문이다.

특정 수업 모형을 기계적으로 적용하기보다는 주제 중심으로 단순하게 접근하는 것이 더 효과적일 수 있다. 복잡하고 정교하게 짜여 진 수업보다 주제에 대해 진지한 고민을 기반으로 한 단순한 수업이 더욱 의미 있는 수업으로 학생들에게 다가갈 수 있기 때문이다.

하지만 교사는 다양한 교수 전략 및 교수·학습 활동을 알고 있어야 한다. 한 가지 방식만을 알고 하나를 가르치는 것이 아니라, 여러 가지 방식을 알고 있는 상태에서 주제 및 문제에 가장 적절한 방식을 하나 선택하여 가르쳐야하기 때문이다.

정답을 먼저 제시하기 보다는 학생들이 스스로 고민하여 해답을 찾아가도록 이끌어가야 한다. 주제에 대해 학생들이 문제의식을 가지고 해결해나가는 수업이 더욱 의미 있는 배움을 이끌어낼 수 있기 때문이다.

교사는 끊임없이 배우고 실천하면서 수업 지평을 넓혀가야 한다. 교사가 창의적이어야 학생들도 창의적으로 성장시킬 수 있으며, 이를 위해 교사는 항상 학생의 입장에서 새로운 교과 지식과 교수·학습 이론을 배우고 실천해야 한다.

학생은 성장 가능한 가변적인 존재이며 개별적인 특성을 지니고 있는 존재로 바라봐야 한다. 매년 아이들은 변화한다. 기존 방식이 성공하였다고 하여 내년에도 그대로 사용한다면 실패할 가능성이 높다. 학생들은 집단적인 존재가 아니라 개별적인 존재로 바라보고, 인격적이 관계를 유지해야 한다.

유연하게 수업을 운영해야 한다. 수업은 교사와 학생의 상호작용으로 만들어지는 것으로 학생들의 수준과 특성, 학습 리듬 등 다양한 교소를 고려하여 유연하게 수업을 이끌어가야 한다.

교사는 주제를 통해 학생들과 소통을 해야 한다. 학생과 교사의 관계는 수업 이외의 시간에 장난을 치면서 이루어지지 않는다. 수업을 통해, 그리고 수업 속 학습과 배움의 주제를 통해 교사가 긍정하고 적극 피드백을 하는 과정을 통해 관계를 형성해야 한다.

– 김현섭, 수업을 바꾸다

이 책에서 제시하고 있는 창의적 수업 디자인의 방법이 내가 지금까지 수업에 대해 이야기하고 싶었던 내용을 그대로 담고 있다는 것을 알 수 있었다.

여러분은 어떻게 생각을 하는가? 일부분 동의를 하는가? 동의를 한다면 본 저서를 계속 읽어갈 것을 권하고 싶다.

수업 편 1 ● 학부모와 교육에 대해 소통하려는 용기

오늘은 아이들이 너무 행복하게 해주어서 글을 하나 더 남기게 되었습니다.

지난 주 아이들이 써온 일기를 보면서 행동과 생각에 변화를 가져오는 아이들이 많아서 너무 기분이 좋았습니다.

많은 학부모님들께서 abcde로 일기쓰기 활동에 대해 걱정이 많으셨던 걸로 알고 있습니다.

매번 안 좋은 경험과 기억, 추억과 생각들을 끄집어 내는 것이 힘들고 왜 좋은 기억과 추억도 많은데 안 좋은 생각을 해내라는 건지 의문점도 많이 들었을거라고 생각합니다.

아이들의 일기를 한번 살펴봐주세요

어떠한가.. 그동안 우리 아이들이 썼던 일기와 한번 비교해주세요

안 좋은 감정과 추억 기억과 생각들은 끄집어 내고 앞으로 어떻게 변화시키고 생각해야 하는지 알아가야 한다고 생각을 합니다.

안좋은 감정들도 모두 자신의 감정입니다. 나쁜 것이 아닙니다.

안 좋은 감정을 가질 수 밖에 없는 게 인간인 것 같습니다.

그런데 그러한 감정이 안좋다고 하여 무시해버리거나 속에 감추어 두게 된다면

쌓이고 쌓이고 쌓여서 행동으로 표출이 되면 그것이 나쁜 감정이 되게 되는 것 같습니다.

자신의 감정을 어떻게 다스리고 어떻게 긍정적으로 바꾸어야 하는지 아는 것이 더욱 소중한 것 같습니다.

그러한 변화를 일기를 통해 확인할수 있었습니다.

모든 친구들의 일기를 다 올릴 수 없어서 아쉬웠지만..^^

일기를 올리는 것을 반대하는 친구들이 몇몇 있어서요^^

짜증을 부렸던 내가 바보 같았다고 한 학생.. 앞으로는 조금씩 짜증을 줄여야겠다는 다짐의 일기를 보면서 앞으로 이 학생의 변화가 더욱 기대가 되어 지는 것은 저뿐만이 아니겠죠??^^

안 좋은 감정이 진정 나쁜 감정과 행동으로 이어지지 않도록 가정에서도 함께 이야기 나누고 감정을 다스리는 법을 스스로 깨달을 수 있도록 함께 지도한다면 더욱 효과적일 것 같습니다.

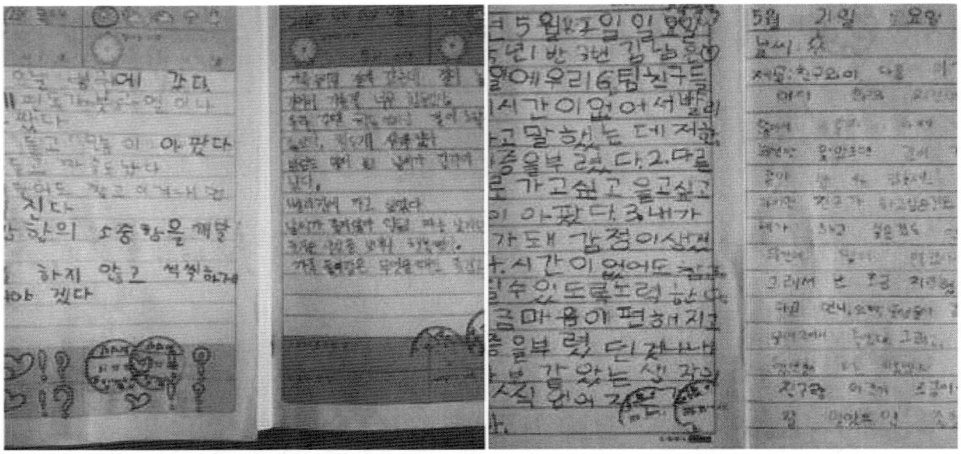

수업 편 2 학부모와 교육에 대해 소통하려는 용기

오늘은 봄 철 날씨에 대해 알게 된 내용을 발표하기 위해서 팀별로 역할극을 꾸며보는 시간을 가졌습니다.

함께 배운 봄철 날씨 종류 4가지를 그림으로 표현하여 날씨 그림판을 완성하고, 각각의 날씨에 대해 알맞은 옷차림이 무엇인지 일기예보에서 알려주고 몇몇은 그에 맞는 역할극을 하도록 하였습니다.

그렇게 시작된 활동이었습니다,. 그런데 활동을 하면서..

점차 산으로 갔습니다..

아이들은 소품을 만드는 데 집중하기 시작하고 순간 만들기 시간으로 변화하게 되었습니다.

그래도 뭐.. 어때요...

그것도 아이들의 배움인 것을.. 소품을 만들기 위해 재활용을 모아둔 곳에 가서 재활용품을 들고와서 카메라, 마이크로 만들고 카메라를 만들고서 아이들이 실제 카메라 처럼 필름이 나오는 곳을 만들고 사진을 찍는 시늉을 하고는 카메라 옆에서 필름을 꺼내는 모습을 보면서

우아!!! 아이들이 어떻게 이런 생각을 했을까 라는 생각을 하게 되었습니다.

창의적이라고 까지는 말을 하지 못하지만.. 그래도 이러한 만들기 활동을 통해 아이들은 재활용품을 이용하여 물건 만들기 활동(이건 다음 주에 하게 되는데..ㅠㅠ). 그리고 물건을 보다 새롭게 변화시켜서 만드는 활동 등 아이들 스스로 생각한 것은 아니겠지만..

그들 나름대로의 방식대로 학습과 배움을 이끌어가고 있음을 알게 되었습니다.

만들기에 치중하는 모습을 보면서 그만 두게 할까도 잠시 고민해보았습니다..

만약 그때 그만두게 했더라면 이렇게 즐겁게 수업에 참여하고 스스로 수업을 만들어가며 몰입하는 아이들의 모습을 보지 못했을 것이며 카메라를 만들면서 새로운 생각을 결합하여 재미있게 그 나름대로의 방식대로 변화시켜가는 아이들의 새로운 모습을 발견하지 못했을 것 같습니다.

진도가 조금 느리면 어떨까요.

수업 계획과 조금은 벗어나도 어떨까요.

아이들이 수업과 배움을 스스로 이끌어 간다면

그곳에서 더 큰 배움이 존재하지 않을까 생각합니다.

즐거워하는 아이들의 모습에 행복하고 새로운 것을 마들어내는 아이들의 모습에 놀라움을 느낀 하루였습니다.

앞으로 더욱 성장하고 발전하게 될 우리 아이들을 기대해봅니다^^ 그러기 위해서는 우선 기다려주어야 할 것 같네요^^

이에 대해 학부모들은

부모님 안좋은 감정도 학교에서는 존중받고 인정받으니 좋은감정으로 승화되고 집에서도 부정의 생각들을 더 공감해주고 보듬어주니 엄마와의 관계도 더 애정으로ㅋㅋ 저도 함께 변화되는 삶이 감사합니다 ~ 즐거운 주말 되세요~

2016년 5월 27일 · 답글 · 빛내기

부모님 저번 주말에 선생님 글을 읽고 현이와 같이 꼭 분리수거를 하고 싶었는데 주말에 일이 너무 많아 깜빡하고는 못 했었어요 그때도 아쉬웠는데 오늘 글을 읽고 나니 또 아쉬운 맘이 생기네요 우리 1반 친구들 맘도 이뿌고 글도 정말 잘 쓰네요 깜짝 놀랬습니다^^

2016년 5월 27일 · 답글 · 빛내기

부모님 애니메이션에서 본기억이 있는데 기쁨과 슬픔은 항상 공존하는 감정이라네요~~우리 아이들의 건강한 정서를 위해서는 꼭필요한연습인듯해요.^^

2016년 5월 29일 · 답글 · 빛내기

부모님 선생님 글이 너무 재밌습니다 천천히 진도나가면 어떤가요 아이들이 행복해하고 이해하면서 가는것이 옳다고 생각합니다 늘 아이들을 기다려주시는 선생님 감사합니다^^

2016년 5월 18일 · 답글 · 빛내기

8장

선생님이란?

그렇다면 앞에서 말한 수업을 위해 교사는 어떠한 역할을 맡아야 할까?

교사 역할이 어떻게 변화를 해야 하는지에 대하여 이야기를 나누기 전에 알아야 할 것이 있다. 바로 교사들의 직무 스트레스이다. 물론 어느 직업군이나 스트레스를 받는 것은 당연하다고는 하지만, 교사들의 스트레스가 날이 갈수록 증가하고 있다는 것은 그만큼 교사들이 겪는 어려움이 증가하고 있다는 것을 반증하는 것이다.

나의 주변 대부분의 교사들을 살펴보면 엄청난 스트레스를 받으며 살아가고 있다. 김현수(2014)는 행복한 교실을 만드는 희망의 심리학에서 수업 피로, 기관 피로, 공감 피로가 원인이라고 하였다. 열심히 수업을 하지만 수업에 잘 집중하지 않고 떠들거나 자고 있는 학생들로 인해 겪게 되는 수업 피로, 스스로 필요하다고 느끼지 못하고 억지로 떠밀려서 하게 되는 여러 학교 행정 업무로 인하여 겪게 되는 기관 피로로 교사들은 의욕이 소진된다고 하였다. 또한 교사는 고도의 대인관계능력이 필요한 직업이지만, 학생들의 행동에 세밀하게 공감하지 못하고 오히려 학생들을 만나는 것을 두려워하고 회피하게 된다고 한다.

이러한 상황으로 인해 과거보다 현재 교사들은 학생 지도의 어려움에서 오는 직무 스트레스 증가로 인해 감정 노동을 강하게 지각하고 있다. 한국교육신문이 2014년 3월에 실시한 '감정근로 인식조사'에서 96.5%가 감정 근로를 하고 있다고 반응했다. 또한,

분노, 우울, 자존감 상실 등 감정 근로 스트레스가 심각하다는 것이 78.1%에 달했다. 이러한 스트레스로 인해 91.6%는 수업 및 생활지도에 부정적인 영향을 미치며, 퇴직까지 심각하게 고려하고 있는 경우도 72.2%나 되었다(한국교육신문, 2014. 3. 17). 심지어 감정근로로 인한 직무스트레스로 인해 정신질환을 앓거나 자살까지 한 사례도 빈번하게 발생하고 있다. 최근 대법원 판례에 따르면 근로 스트레스로 인한 자살은 공무상 재해로서 인정하고 있다(서울신문, 2016. 2. 15). 또한 한국교육개발원(2015)의 TALIS 2013 보고서에 따르면 우리 교사들은 교직에 대한 만족도가 낮고 교사가 된 것을 후회하며 다시 직업을 선택한다면 교직 대신 다른 직업을 선택할 것이라는 반응을 보였다. 이러한 이유는 학생과 학부모의 교사에 대한 존중과 신뢰가 낮고(한국교육개발원, 2015), 학급당 학생 수나 교사 1인당 학생 수가 많거나 문제행동을 보이는 학생들이 많아서 학생지도에 있어 좌절감과 무기력을 느끼고(한국교육개발원, 2014), 교원의 능력을 깎아내리거나 경쟁과 평가 일변도 정책과 과중한 행정업무로 인한 스트레스를 느끼는(김이경, 정수현, 박호근, 박상봉, 2004) 것이 원인으로 판단된다. 즉, 교사들은 높은 스트레스와 교직에 대한 불만족으로 긍정심리자본이 부족하다고 판단할 수 있다.

이처럼 학교에서, 그리고 교실에서 교사들의 힘이 빠지고 스트레스를 심하게 받는 증상을 김현섭(2013)은 '수업을 바꾸다'에서 번 아웃이라고 하였다. 번 아웃 증상을 겪게 되는 교사들은 다음과 같은 공통된 모습을 보인다고 한다.

> 아이들을 만나도 별 느낌이 없고, 아이들을 만나는 것이 귀찮으며, 수업 시간이 부담스럽다. 교직원 회의가 부담스럽고, 새로운 일이 주어질까봐 두렵고, 항상 무표정하고 웃지 않으며, 그냥 쉬고 싶어 한다. 모든 일에 관심이 없으며 할 일이 있어서 언제나 정시에 퇴근을 한다.
>
> – 김현섭(2013), 수업을 바꾸다, pp. 39-40

그렇다면 이제 함께 교사에 대한 이야기를 시작하기 전에 한 가지 질문을 먼저 던져본다.

교사라고 하면 어떤 이미지가 떠오르나요?

아마도 대부분의 사람들은 이런 이미지가 떠올지도 모르겠다. 아니 거의 모두가 이런 이미지를 떠올릴 것이다. 우리 사회가 그렇게 만들어 왔고, 우리들 스스로도 그러한 모습의 교사를 보여 왔기 때문이다.

이러한 이미지를 떠올릴 것이다. 분필을 들고서 칠판 앞에 서서 판서와 필기로 수업을 하는 장면의 모습이 떠오르게 된다. 혹자는 교사의 삶을 분필에 은유하기도 한다. 그리고 교사의 맞은편에서는 열심히 필기하고 있는 학생들의 모습도 함께 떠오르게 될지도 모르겠다. 필자가 하고자 하는 말은 이러한 수업 방법을 비판하거나 비난하기 위한 것은 아니다.

이러한 수업이 주를 이루면서 학교 수업에 대한 변화의 물결이 일기 시작하였다. 판서와 필기를 넘어서 다양한 멀티미디어 기기 사용이 권장되고, 수업 속 테크놀러지를 중요시 여기게 되었다. 그러면서 교육공학은 교실의 또 다른 모습을 제시하게 되었다.

교단 선진화를 강조하면서 90년대 초반에는 OHP, 실물 화상기, 대형 TV가 보급이 되기 시작했다. 이들 대부분은 지금은 사라지고 더 발전된 기기인 빔 프로젝트, PC, 인터넷, 교사 1인당 컴퓨터 1대, 태블릿 pc 등이 보급되었고, ICT자료 사용을 권장하게 되었다.

이렇게 교단 선진화 기기 보급의 주된 목적은 주입식 교육에서 자기 주도적 학습으로의 교실 수업 패러다임의 전환을 위해서였다. 하지만 교실의 실상은 어떠한가? 이전 분필과 칠판을 사용할 때와 변화가 있는가? 사용하는 도구만 바뀌었을 뿐 여전히 학생 활동 중심이 아닌 교사중심의 암기식 수업이 주를 이루고 있으며, 상호 협동에 바탕을 둔 수업이 아니라 개별적이며 획일적인 수업이 주를 이루고 있다. 또한 분필을 이용해서 칠판에 글을 써야 하는 부담감이 줄어든 대신 컴퓨터를 이용한 ICT자료를 제작해야 한다는 부담감이 증가하였으며, 이로 인해 여러 교사들은 인터넷 공유 사이트를 이용하여 비슷한 자료를 공유하고 다운받아서 그대로 사용을 하고 있기도 하다.

실제 우리 학교에서의 부끄러운 진실을 먼저 이야기해보겠다. 하지만 이야기를 하기 전에 먼저 묻고 싶다.

"과연 우리 학교만의 이야기인가? 우리 학교만의 문제인가?"

그렇다. 이것은 일반적인 상황일 수도 있다. 그래서 필자가 경험한 사례를 제시해 보고자 한다.

교육과정 재구성과 수업 나눔을 위하여 동 학년이 함께 모였다. 함께 할 프로젝트에 대해 이야기를 나누고, 각자 어떻게 진행을 하면 좋을지 서로의 계획안을 가지고 와서 함께 이야기를 나누면서 서로의 아이디어를 공유하는 시간을 가지려고 하였다. 그 중 한 선생님의 자료를 보고서는 너무 놀랐다. 흔히 초등 교사들이 자료를 찾는 곳인 "인디스쿨(http://www.indischool.com)"에서 받은 자료를 그대로 가지고 온 것이었다. 그 선생님에게 발표가 모두 끝나고 물어보았다.

"선생님! 이렇게 인디 스쿨에서 자료를 다운 받는다면 교육과정을 재구성하고, 함께 이야기를 나누는 것이 의미가 있을까요?"

조금 많이 직설적이었다는 것에서 지금은 조금 후회 하고 있지만, 그래도 물어야 했기에 직접 물었다. 그러자 다른 한 선생님이

"저는 이렇게라도 준비해온 것에 감탄했습니다. 모든 자료를 우리가 만들 수 없는데, 이렇게라도 자료를 찾아와서 우리가 활동하기에 편해서 좋아요."

나는 말을 한다,

"이렇게 할 거면 의미가 없습니다. 그저 교과서 순서를 바꾸는 것에서 그치고, 순서에 따라 인디스쿨에서 자료를 다운 받아서 수업을 할 거면, 무엇 하러 이렇게 함께 모여서 이야기를 나눌까요?"

순간 정적이 흘렀고, 서로의 말이 사라졌다. 그리고는 모두가 조용히 협의회실에서 나가버렸다.

이 사건 이후로 우리 동 학년이 함께 모여서 이야기를 나누기 위해서는 몇 달의 시간이 흘렀다. 이 얼마나 어처구니없는 일인가.

필자는 인디스쿨의 자료가 잘못되었거나 부족하다는 것을 지적하고 싶지 않았다. 모든 자료를 혼자서 만들 수 없기에 우리가 함께 하는 것이다. 그러한 과정 중에 정말 어떠한 자료가 필요한데 우리들이 함께 모여도 만들기 힘들 경우에는 그 자료를 찾기 위해서 인디스쿨을 이용할 수도 있다. 하지만 그 반대가 되어서는 안 된다. 인디스쿨에서 열심히 자료를 찾고, 그 자료에 따라서 교육과정을 구성하고 수업을 계획해서는 안 된다는 것이다.

필자는 다음과 같이 우리 교사에게 묻고 싶다.

인디스쿨이 외에 다른 사이트가 유행하게 되면 그곳에서 다운을 받으실 건가요?
그리고 그러한 자료를 만드는 분만 교사인가요? 그러면 여러분은 누구인가요?
새로운 기술이 계속해서 발전하고 있습니다. 그러면 그때마다 또 다른 자료를 찾으시겠네요?

솔직히 말하면, 이러한 모습은 비단 우리 학교, 우리 동 학년만의 문제가 아니라 우니라 교육의 현주소일지도 모른다. 아마도 모르긴 몰라도 대부분의 교사들의 수업 계획 방법일지도 모른다. 교육 공학이 교실 수업에 지대한 영향을 미치게 됨으로써 교사들은 더 현란한 수업 기술과 자료를 만드는데 치중하게 되고, 그러한 자료를 만드는 교사가 우수한 교사라는 인식이 팽배하게 되었다. 그리고 기술이 발전하고 인터넷이 모든 학교에 보급이 되면서 이렇게 우수하다고 인정받은 각종 ICT 자료들이 학교에 다양한 경로를 통해 보급이 되게 되었다.

> 자료가 조금 부족하면 어떤가? 자료가 조금 엉성하면 어떤가? 아이들과 함께 이야기를 나누고, 함께 호흡하고, 함께 삶을 영글어 가는데 도움만 되면 되지.... 그러면 자료를 만들지 못하는 원로 교사들의 수업은 형편없는 것인가?

교육공학에 사로잡혀서 수업 방법에만 그리고 수업 자료에만 치중하게 될 경우 교사의 역할은 점차 축소될 것이다. 교사가 필요 없는 교육이 가능하게 될지도 모른다. 어쩌면 교사 알파고가 우리의 자리를 차지하게 될지도 모른다. 아니면 그러한 자료를 만드는 교사만 살아남아서 전국의 아이들을 대상으로 인터넷으로 수업을 하게 될지도 모르겠다.

그렇다고 하여 내가 교육공학을 비판하거나 무시하거나 배척하는 것이 아니다. 교육공학을 대하는 우리들의 자세가 중요한 것이다. 파워포인트, 컴퓨터, 인터넷 등은 모두 교육을 위해 만들어진 것들이다. 교육을 위해 존재하는 것이 교육공학이다. 인디스쿨에서 자료를 찾아서 그에 따라 수업을 계획하는 교사, 현란하고 조금 더 세련된 참신한 교수학습 방법을 위해 새로운 자료만을 고집하며 만들거나 찾아서 수업을 계획하는 교사가 되어서는 안 된다. 교사들 스스로 교육적 필요에 의해 교육 공학을 이용해야 하며, 인디스쿨 등 다양한 인터넷 사이트 안의 자료를 나의 것으로 재가공하여 이용해야 한다는 것이다.

이렇다고 하여 필자는 인디스쿨과 같은 사이트를 반대하는 것은 아니다. 후에도 계속 이야기를 하겠지만, 필자 역시 인디스쿨의 자료를 교과별, 단원별, 차시별로 묶어서 폴더에 담아서 가지고 있었다. 학교를 옮기기 위해 자료의 용량을 살펴보니 폴더의 용량이 5기가를 넘고 있었다. 어쩌면 우리는 그저 인터넷에서 자료를 제공해주는 선생님들의 생각과 자료를 우리 반 아이들에게 전달해주는 전달자의 역할을 지금도 하고 있지는 않은지 스스로에게 반문하는 시간을 가져보았으면 한다. 필자는 개인적으로 이제는 인디스쿨과 같은 사이트가 조금은 축소되어야 하지 않을까하는 생각을 조심스럽게 가져본다. 서로의 좋은 자료를 공유한다는 것은 매우 중요하고 귀중하지만, 그로 인해 교사 개개인의 사고와 생각이 사라지고 몰개성화된 수업이 계속 번지는 것에 대해서는 한번 쯤 모든 교사가 생각해보아야 할 문제라고 생각한다.

물론 그러한 사이트의 자료를 활용하는 교사들의 책임적인 문제이기는 하지만, 자료를 탑재하고 올려주는 교사들 역시 다운을 받아서 사용하는 선생님들이 한번쯤 더 생각하고 고민할 수 있게 자료를 올려주면 좋을 것 같다. 우리 반 교실은 그 반에서 수업을 하는 선생님의 것이 되어야 한다. 다른 선생님의 생각이나 자료를 전달하는 것이 아니라 나만의 이야기를 나의 아이들에게 들려줄 수 있는 수업이 되었으면 한다. 자료가 부족하고, 엉성하고, 기술적인 부분에서 부족하면 어떠한가? 우리 반 아이들과 이야기를 만들어가는 데 그보다 더 중요하고 소중한 자료가 어디 있을까? 한번쯤 나의 교실 속 자료와 수업 내용을 되돌아 봤으면 한다. 나의 이야기를 아이들과 함께 만들어가고 있는지, 아니면 어느 사이트에서 제공하는 것을 전달하고는 있지 않은지 스스로 성찰하는 시간을 가져보기를 바란다.

아래의 그림은 weekly biz에서 20년 안에 사라질 직업을 조사한 결과이다.

미래에 어떤 직업이 사라질 가능성 높을까

(※ 1에 가까울수록 사라질 위험이 높음)

직업	가능성
텔레마케터	0.99
화물, 창고 관련 업무 종사자	0.99
시계 수선공	0.99
스포츠 경기 심판	0.98
모델	0.98
캐시어(계산원)	0.97
전화 교환원	0.97
리셉셔니스트(호텔, 병원 등 접수 담당자)	0.96
자동차 엔지니어	0.96
카지노 딜러	0.96
레스토랑 요리사	0.96
회계, 감사	0.94
웨이터, 웨이터리스	0.94
정육업자	0.93
소매업자	0.92
보험 판매원	0.92
교통 감시요원	0.9
제빵사	0.89
버스기사	0.89
택시기사	0.89
도배업자	0.87
부동산 중개사	0.86
핵 기술자	0.85
경비 · 보안 요원	0.84
주차 요원	0.84
선원, 항해사	0.83
인쇄업 종사자	0.83
타이피스트	0.81
이발사	0.8
목수	0.72
건설업 관련 종사자	0.71
세탁, 드라이클리닝 업무	0.71
우편배달부	0.68
치위생사	0.68
기계 기술자	0.65
도서관 사서	0.65
시장조사 전문가	0.61
마사지 치료사	0.54
치과 조무사	0.51
법원 속기사	0.5
컴퓨터 프로그래머	0.48
역사학자	0.44
경제학자	0.43
법원 서기	0.41
판사	0.4
통 · 번역가	0.38
배우	0.37
지리학자	0.25
설문조사 전문가	0.23
금융 전문가	0.23
통계전문가	0.22
소방수	0.17
댄서	0.13
기자, 특파원	0.11
경찰	0.098
음악가, 가수	0.074
방송 뉴스 평론가	0.067
동물학자	0.061
사회학자	0.059
여행 가이드	0.057
수학자	0.047
농부, 목축업자	0.047
소프트웨어 개발자	0.042
조각가, 화가	0.042
우주비행사	0.041
정치학자	0.039
광고 분야 종사자	0.039
수의사	0.038
작가	0.038
법률가	0.035
산업 엔지니어	0.029
기계 엔지니어(컴퓨터 제외)	0.025
프로듀서, 감독	0.022
인테리어 디자이너	0.022
패션 디자이너	0.021
사진작가	0.021
재료과학자	0.021
환경 엔지니어	0.018
우주항공 엔지니어	0.017
최고 경영 임원	0.015
홍보 관련 업무 종사자	0.015
멀티미디어 아티스트, 애니메이터	0.015
음악감독, 작곡가	0.015
생명과학자	0.015
세일즈 매니저	0.013
미생물학자	0.012
간호사	0.009
성직자	0.0081
중등교사	0.0078
고고학자, 인류학자	0.0077
운동트레이너	0.0071
큐레이터	0.0068
컴퓨터 시스템분석가	0.0065
무대, 전시 디자이너	0.0055
치과 의사	0.0044
초등학교 교사	**0.0044**
심리학자	0.0043
외과, 내과 의사	0.0042
영양사	0.0039
구강, 악안면술 외과의사	0.0036
헬스케어 부문 사회복지사	0.0035
레크리에이션을 활용한 치료 전문가	0.0028

자료 : '고용의 미래' 보고서(옥스퍼드 대학교 칼 베네딕트 프레이 교수 외)

위의 그림에서 알 수 있듯이 초등학교 교사는 20년이 지나도 사라질 가능성이 거의 없다고 한다. 이는 초등교사의 역할이 그만큼 중요하다는 것을 반증하는 예일 것이다. 하지만 현재처럼 지속해서 인터넷 사이트에 의존하여 클릭하는 교사가 계속되거나, 남이 계획하고 만들어놓은 대로 수업을 하게 된다면 그러한 수업을 계획하고 자료를 만들 수 있는 몇 몇 교사만 20년이 지나도 살아남게 되는 생존의 경쟁에 놓이게 되지 않는다는 보장은 없다.

초등교사가 사라질 가능성이 거의 없다는 연구 결과를 보고 교사들이

"이렇게만 해도 되네. 우리의 직업은 역시 철 밥통이라니까"

라고 말을 한다면 큰 착각이다. 지금처럼 교육공학에 얽매이거나 다른 교사들의 수업 자료를 그대로 활용하는 수업이 계속될 경우 20년 내에 사라질 직업의 최상위에 초등교사가 자리할지도 모르는 일이다.

이러한 연구결과는 다른 의미를 내포하고 있다. 초등교사는 표준화된 지식을 표준화된 방법으로 표준화되게 전달하는 것이 아니라 학생 개개인의 인성을 포함하는 전반적인 부분에서의 전인적인 성장을 이끌어내야 하는 역할을 하는 존재이기 때문이라고 해석할 수 있다. 즉, 단순한 지식을 전달하는 사람이 아니라 학생들의 일상생활과 삶의 구조를 가르치고 학생들의 생활을 함께 조직해주는 조력자로서의 역할이 중요하다고 할 수 있다. 특히 초등교사는 어린 나이의 학생들에게 세상을 살아가는 데 필요한 기본 생활 지식과 습관을 함께 형성해주어야 한다. 이러한 의미에서의 초등교사 역할이 인정을 받고 강조가 되어서 20년 안에 사라져야 할 직업군에서 최하위에 속하게 되었을 것이다.

한겨레가 지난 5월 신나민 동국대 교육학과 교수님과 함께 서울시태 초중고 학생 749명을 대상으로 '인공지능과 미래교육'에 대한 설문조사를 실시하였다. 그 결과 40.2%(298명)이 인공지능 선생님이 인간 선생님을 대신할 수 있다고 응답하였다고 한다. 학교 현장 교사들 또한 인공지능 교사에 대한 기대감을 나타내기도 하였다고 한다. 인공지능 교사의 장점에 대한 서술형 문항의 답변을 살펴보면, 저보의 정확성과 방대함, 탁월한 기억력, 체계적인 수업 공정한 평가, 차별이 없을 것이다. 공과 사 구분이 정확할 것, 모두를 평등하게 대우할 것이다는 응답이 있었다(한겨레, 2016. 05. 31).

어쩌면 인공 지능 교사의 장점에 대한 아이들의 답변이 우리 교사들의 현재 모습을

대변하고 있는 것은 아닌지 생각해보았다.

불편한 진실을 하나 더 말을 해보겠다.

초등교사들 사이에서는 이런 말이 있다. 초등 뿐 아니라 중고등도 같을 거라고 생각한다.
"3월 한 달 간 아이들을 잘 잡아야 1년이 편안해진다."

필자도 교직 생활에 첫발을 들일 때 선배 교사에게 들었던 말이다. 3월 달, 한 달 동안은 웃음을 보여서도 안 되며, 항상 아이들에게 엄한 모습을 보여야 한다. 그래야 앞으로 1년 동안 아이들이 나의 말을 잘 들으며, 말썽을 부리지 않고, 사고를 치지 않는다고 하였다.

이러한 말만 믿고 2년 동안 3월 달은 아이들에게 정말 엄한 교사가 되었던 것 같다. 그리고는 어느 정도 나의 손에 들어온 것 같다고 느꼈을 때 아이들에게 온정을 베풀기 시작하였다. 물론 선배들의 조언처럼 이런 교사의 역할로 인해 말썽을 부리거나 사고를 치는 아이들이 없었다. 과거 우리 반 아이들을 가르쳤던 선생님이 어떻게 그렇게 아이가 바뀌었냐고 나에게 물었다. 정말 대단하다고 말을 하였다.

그리고는 수업을 통해서가 아니라 함께 체육활동, 피구, 축구를 하면서 관계를 형성하려고 하였다. 그저 친구처럼 지내면 우리들의 관계가 좋아지고, 아이들도 나를 잘 따를 것이라고 생각하였다.

필자는 선배 교사의 대단하다는 말에 내가 정말 대단한 교사가 된 것처럼 착각을 하기도 하였다. 하지만 2년이 지나고 난 뒤 아이들의 솔직한 감정을 적은 편지를 읽고서 나도 모르게 멍~ 한, 그리고 미안한 마음, 죄송스러운 마음, 아이들에게 정말 몹쓸 행동을 하지 않았나하는 후회스러운 마음을 가지게 되었다.

어느 한 학생이 이러한 글을 나에게 남겼다.

"우리 선생님은 정말 이상한 사람이다. 매일 매일 무섭게 대하면서, 함께 체육을 할 때는 웃으면서 같이 공을 차주신다. 그럴 때는 정말 친한 것 같은데.. 다시 교실에 들어오면 웃지도 않고 싸늘하다. 그리고 수업시간에는 정말 열심히 설명을 해주신다. 어떨 때는 정말 땀을 흘려가면서 설명을 해주신다. 그런데 왜 저렇게 열심히 설명을 하시는지 모르겠다. 우리 반 아이들 대부분이 설명을 듣지 않는다. 학원에서 미리 배워온 내용이라서 재미가 없다. 학원 선생님과 우리 반 선생님과 차이가 무엇이지? 우리 선생님은 그냥 무서운 사람이다"

이 학생의 글을 개인적으로 가지고 있지 않아서 지금 많은 아쉬움이 남는다. 하지만 아직도 어떠한 내용인 또렷하게 머릿속에 남아있다. 잘 쓰지 않는 글씨로 솔직하게 써 내려간 이글이 나에게는 커다란 전환점이 되었으니 말이다. 우리 아이들은 이러한 교사를 원하는 게 아니구나. 우리 아이들은 함께 이야기를 들어주고, 함께 속마음을 터놓을 수도 있고, 누구나 공평하게 대하고, 지식을 전달하는 것이 아니라 왜 우리가 공부를 해야 하고 배워야 하는지 그 이유를 알려줄 수 있는, 그로 인해 아이들의 삶의 기본 틀을 함께 만들어 줄 수 있는 선생님을 원하는 구나라는 것을 알게 되었다.

그리고 열심히 혼자서만 설명을 하는 교사를 원하는 것이 아니라는 것도 알게 되었고, 체육활동을 통해 관계를 형성하는 것에는 한계가 있으며 함께 호흡하며 만들어가는 수업을 통해 관계를 형성해야 함을 알게 되었다. 그저 친한 친구 같은 교사가 아니라 옆에서 삶의 방향을 함께 이야기 나눌 수 있고, 함께 삶을 만들어갈 수 있는 스승과 같은 교사를 원한다는 것을 깨닫게 되었다.

이제는 그동안 가지고 있던 우리들의 어리석은 생각을 버려야 한다.

어느 연수에서 강사가 이런 말을 했다.

"부드러운 아이로 기르기 위해서는 부드러움으로 대해야 합니다."

부드럽고 온순한 아이로 기르기 위해서 윽박지르고 화를 내는 것은 어리석은 행동이라는 말이었다. 화는 화를 가져오게 되며, 부드러움은 부드러움을 가져오게 된다. 아이들의 행동을 바꾸려고 하지 말고 단호함과 온순함으로 아이들의 행동을 이끌어내는 교사가 되어야 한다는 것을 깨닫게 되었다.

아래의 내용은 김선희(2012)의 긍정의 훈육에 나오는 내용을 요약한 내용이다. 긍정의 훈육에 나오는 내용 중 교사에게 해당하는 부분만 요약해 보았다. 앞으로 아이들을 대하는 교사는 이렇게 아이들을 대해야 하지 않을까 한다.

우선, 낡은 훈육습관과 이별해야 한다. 더 이상 순종하는 학생들은 존재하지 않는다. 흔히 아이를 훈육하는 방법은 엄격함, 자유방임, 그리고 긍정의 훈육으로 구분된다. 엄격함이나 자유방임으로 대할 경우 아이들은 분노, 보복, 반항, 후퇴의 감정을 경험하게 된다. 긍정의 훈육은 부드러우면서도 단호하게 대하는 것을 의미한다. 아이의 감점을 있는 그대로 인정해주는 것이 배려하는 태도이다. 그 과정에서 아이들의 자신감을 키울 수 있다는 믿음을 가져야 한다. 교사는 아이들을 휘어잡기 위해 힘을 쓰는 대신에 아이들 스스로 올바른 선택을 할 수 있도록 도와주어야 한다.

– 제인 넬슨, 2012, 긍정의 훈육 중에서

이 책에서 중요하게 여기는 하나의 문장은 이러했다.

"아이의 기분을 망쳐놓아야 바르게 가르칠 수 있다는 어리석은 생각을 버려야 한다. 부드러움과 단호함으로 아이들을 지도해야 한다."

필자 역시 여전히 긍정의 훈육에 미치지 못한 교사 생활을 하고 있다. 처벌과 자유방임의 사이에서 어떠한 것을 취해야 할지 매 순간 순간 고민하고 그때 그때마다 나의 감정과 기분에 따라 다르게 처신하고 있는 것 같다. 하지만 조금씩 부드러움과 단호함으로 아이들을 대하고, 훈육을 하려고 노력을 하는 중에 있다. 그리고 이것만은 기억하고 있다. 처벌이 아니면 자유방임, 자유방임이 아니면 처벌이라는 이분법적인 생각을 바꿔보려고 한다. 그 중간에 긍정의 훈육이 존재함을 알아야 한다. 긍정의 훈육은 부드러우면서도 단호한 태도로 아이들이 살아가는 데 꼭 필요한 삶의 자세를 가르칠 수 있기 때문이다.

작년까지만 하더라도 필자는 아이들을 꾸짖고 혼을 내고 화를 자주 내던 교사였던 것 같다. 수업 개선을 위하여 다양한 학습방법을 개발하고, 프로젝트 학습을 적용하면서도 정작 아이들과의 관계 형성에는 관심이 적었고, 매우 서툴렀다는 스스로의 반성을 하게 되었다. 어쩌면 수업 개선이라는 이름하에 화, 부끄러움, 창피함, 좌절감, 부족함, 보복감 으로 표현되는 아이들의 모습을 내가 만들어내고 있었던 것은 아니었는지 스스로를 반성하면서, 내가 그동안 잘못을 저질렀던 많은 아이에게 미안한 마음을 가지게 되었다.

교사는 수업 방법을 개발하고 적용하고 개선하는 것에 초점을 두기 보다는 아이들과의 관계 형성에 더욱 신경을 써야 함을 조금씩 느껴가는 중이다. 아무리 많은 수업 방법을 익히고, 다양한 수업을 방법을 통해 아이들의 배움을 이끌어냈다고 하더라도, 아이들과의 관계가 형성이 되지 않으면 모든 노력이 물거품이 되게 된다.

필자가 이렇게나 열심히 공부해서 재미있는 수업을 만들었는데 왜 열심히 참여하지 않는지, 참여 하는 것을 어려워하는 아이와 한 시간이 넘게 실랑이를 벌이기도 했고, 큰 소리를 치며 윽박을 지르기도 했던 내 자신이 부끄러워지기 시작하였다. 그 때의 나는 교사로서의 권위를 잃을 것 같은 두려움, 나의 수업에 재미없어 하는 아이들로 인한 수업에 대한 불안감에 빠져서 아이들의 모습과 기분, 감정을 제대로 보지 못한 채 감정적으로 대응했던 것 같다. 이 모든 것이 아이들과의 관계가 바르게 형성되지 않은 상태에서 수업이 시작되고 진행이 되었기 때문이라는 것을 후에 알게 되었다.

긍정 훈육을 실천하기 위하여 나는 인디스쿨에 있는 자료를 활용하였다. 긍정 훈육 저서에서 제시하는 단계를 우리 반 아이들에게 적합하게 수정하여 내가 직접 만들어보려고 하였다. 그 전에 혹시나 하는 마음에 들어가 본 인디스쿨에서 내가 원하던 자료를 찾았고, 나는 곧장 교실 앞에 이를 프린트하고 코팅하여 전시하였다. 그리고 그 장소를 화해와 화합의 장소로 지정하였다. 아래 그림처럼 활용하였다.

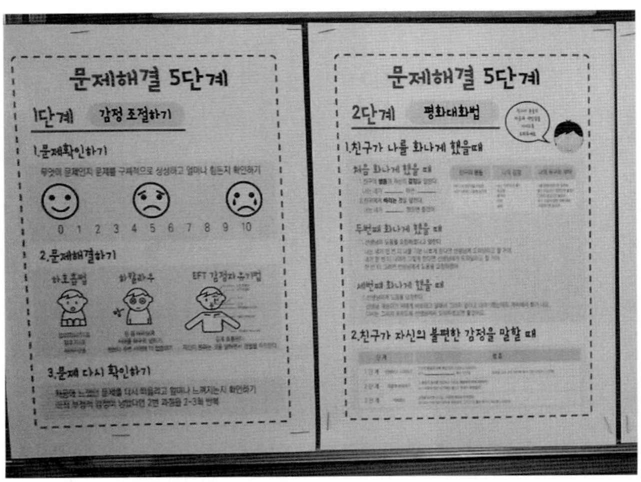

앞에서도 언급하였듯이 인디스쿨의 자료를 부정하는 것은 아니다. 내가 필요에 의해서 만들거나 찾고자 하는 자료가 있을 경우에는 이렇게 활용하는 것에 대해서는 동의를 하고 있으며, 나 또한 그렇게 하고 있다. 전 교과를 가르쳐야 하는 초등학교 교사들이 전 교과 수업을 위한 모든 자료를 혼자서 제작한다는 것은 매우 어려운 일이다. 그래서 학습 공동체가 중요하며, 이러한 인터넷 자료 역시 하나의 공동체로서의 역할을 한다고 할 수 있다. 사용하는 사람이 어떻게 사용을 하느냐에 따라 자료는 충분히 훌륭한 우리 반 수업 자료가 될 수도 있고, 누군가의 의견에 따라 그저 자료를 전달하는 역할의 수업 자료가 될 수도 있다고 생각한다. 판단은 이 글을 읽고 있는 많은 독자에게 남겨두려고 한다.

이와 함께 필자는 타임아웃 장소를 따로 마련하였다. 흔히 타임아웃이라고 하면 부정적으로 비춰지는 용어라고 할 수 있다. 그래서 나는 사랑타임이라는 말로 바꾸어서 표현하였다. 교실 뒤편에 자리를 마련하고 화가 난 친구, 수업에 집중하지 못하는 친구, 자기의 감정을 다스리지 못하는 친구들에게 스스로 사랑할 수 있는 시간을 가지도록 하였다. 흔히 타임아웃이라고 하면 따로 떨어져서 벌을 서게 하거나, 반성을 하게 한다. 이러한 부정적 타임아웃은 아이들에게 오히려 해가 된다고 한다. 타임아웃을 통해 스스로 반성하도록 한다고 하지만, 정작 아이들은 이러한 어른들 특히 교사들의 처벌에 부당하다고 생각하고 앞으로 어떻게 복수를 할 수 있을지를 생각하고 분노와 적개심을 불태우는 아이들이 존재한다고 한다.

이에 나는 사랑타임을 주고서, 책상에 앉아서 하고 싶은 것을 하도록 하였다. 책을 읽어도 되고, 혼자서 노래를 불러도 된다. 자신의 마음을 다스릴 수 있도록 하였다. 그리고 자신의 마음을 다스리고 나면 자리에 스스로 들어오도록 하였다. 이러한 말을 하니 어떤 선생님이 물어본다.

"아이가 자리에 앉기를 싫어하면 어떡해요?"

나는 속으로 선생님들은 이러한 걱정을 할 수도 있구나? 라고 생각을 하였다. 우리 반에서는 아직 이러한 친구를 보지 못했기 때문이다. 자리에 앉는 친구에게 가서 물어본 적이 있다.

"왜 들어왔어? 뒤에 있으면 아무거나 해도 되는데 편하지 않아?"

그러자 아이가 답을 하였다.

"뒤에서 혼자 앉아서 보니까 앞에서 함께 모여서 이야기를 하며 활동하는 모습이 너무 보기 좋았어요. 나도 그 안에서 함께 하고 싶다는 생각이 더 많이 들었어요. 내가 왜 친구들에게 감정을 다스리지 못하고 성질을 내었는지 뉘우치게 되었어요. 함께 하고 있다는 것이 더 즐겁다는 것을 알게 되었어요."

물론 아이들의 말을 각색하여 내가 표현한 것이지만, 대부분의 아이들이 이와 같은 반응을 보이게 되었다. 그리고 그 아이들에게 앞으로는 어떻게 자신의 감정을 다스리면 좋을지 설명을 하고, ABCDE[1]로 자신의 부정적인 감정을 긍정적으로 다스리는 법에 대해 스스로 생각해서 글로 표현하는 시간을 주기도 하였다.

그리고 필자는 긍정의 훈육을 직접 실천하기 위해 학급 회의를 자주 사용하였다. 학급회의 역시 내가 원해서 시작하지 않고 아이들 스스로 필요하다고 생각을 하다고 의견을 말할 때 실시하였다. 정기적으로 실시하는 것이 좋기는 하지만, 아이들의 학습과 배움을 위해 정기적으로 실시하기에는 큰 어려움이 있는 것이 사실이었다. 그래서 아이들이 스스로 학급 회의가 필요하다고 말을 하는 상황이 발견되었을 때마다 실시하였다.

3월 달 첫 학급 회의는 어떻게 학급 회의를 하면 좋을지 함께 이야기를 나누며, 우리 반 규칙을 만들어보는 활동으로 진행하였다. 물론 이 때 학급회의 방법을 아이들에게 안내를 하고 앞으로 어떠한 순간에 학급회의를 하게 될지 이야기를 나눠야 했기 때

---

1) 역경(Adveristy), 생각(Beliefs), 결과(Consequences), 반박(Disputation), 활력(Energization)의 약자를 따서 만든 것이다. 역경을 적고, 그 역경에 대한 자신의 생각을 적은 뒤 드는 감정이나 느낌을 결과에 적게 된다. 그리고 나서 기존의 생각에 반박하는 글을 적고, 그것에 따라 어떠한 활력적인 기분이나 감정이 드는지, 그에 대한 결과는 어떠할지 상상을 하여 적는 글쓰기 방법을 의미한다.

문에 나의 의도에 따라 실시하게 되었다.

> 이렇게 시간이 흘러서 한 달 정도 지난 어느 날이었다.
> 매 수업 시간마다 장난을 치고, 딴 짓을 하는 친구들이 발견되었다. 그리고 나는 그 둘을 앞으로 불렀다. 몇 번씩 주의를 주어도 안 되어서 어떻게 해야 되나 혼잣말을 하고 있었다. 앞에서 이 말을 들은 몇몇의 친구가 그럼 학급회의를 열어요 라고 말을 한다. 이 말에 그 수업시간에 갑자기 학급회의 시간이 되어버린 적이 있다.
> 그리고는 아이들이 책상을 돌려서 교실을 돌아가며 네모 모양으로 책상을 배열하였다. 그리고 내가 말을 하지도 않았는데 아이들은 손 신호등[2]을 들고 와서 자리에 앉았다.
> 아이들이 어떠한 의견을 내든지 우선은 지켜보았다. 그리고 너무 폭력적인 내용이 나오거나 비교육적인 내용이 나올 경우에는 잠시 멈추고 함께 생각하고 이야기하는 시간을 가져보면서 학급회의가 수업의 일환이라는 사실을 인지시켜주었다. 이 외에는 따로 통제를 하지 않았으며, 그 결과에 대해서는 나도 반드시 지키겠다는 약속을 같이 하였다. 물론 결과가 아이들이 행동으로 옮기기에 어려움이 있는 경우에는 조금 수정을 해주기는 하였다.

아이들 스스로 만들어가는 학급 규칙, 그리고 그러한 규칙을 교사가 지켜가는 모습을 보여주면서 나 스스로도 아이들에게 하나의 역할 모델을 보여주기도 하였다. 교실은 교사가 만들어간다고 생각하면 안 되며, 규칙 또한 교사가 지정해서 일방적으로 지켜가도록 강요해서도 안 된다고 생각한다. 교사는 학생들이 만들어가는 모습을 지켜보면서 모두가 공평하게 의견을 내고, 그러한 의견에 따라 결과가 누구에게나 공평하게 주어질 수 있도록 옆에서 지켜보고 믿어주는 역할을 하면 된다.

이제 교사는 스스로 자신의 수업을 돌아볼 줄 알아야 하고, 자신의 언행과 학습 지도, 생활 지도의 모습에 대해 성찰함으로써 성장하고 발전해나갈 줄 알아야 한다. 그리고 긍정의 힘을 믿어야 한다. 아이들을 일단 믿어주어야 한다. 아이들이 거짓말을 하는 것을 알고 있더라도 우선은 믿고 사랑을 주어야 한다. 그 믿음과 사랑이 훗날 아이가 스스로 반성하고 뉘우치는 계기가 되고, 비슷한 잘못에 대해서 스스로 저항하려는 힘으로 발전될 수 있을 것이다. 아이들이 책임감을 느끼고 기를 수 있도록, 모범을 보여주

2) 빨강, 파랑, 노랑 등 3개의 손 모양으로 이루어진 학습 도구로 빨강은 상대의 의견에 반대할 때, 노랑은 질문이 있을 때, 파랑은 동의할 때 사용하는 것으로 토의토론 활동에 아이들이 사용하는 학습도구이다.

어야 한다. 스스로 배우고 익혀야 한다. 과거의 습관과 관습에 따라 수업하고 아이들을 대해서는 안 된다. 사회가 변화하듯이 아이들도 끊임없이 변화한다. 이러한 변화의 흐름 속에서 아이들이 원하는 것이 무엇인지 스스로의 성찰을 통해 배우려고 하고 익히려는 자세가 필요하다.

이제는 기다려주는 교사가 되자. 믿지 못하고 불신하여 무엇인가를 주입시키고 무조건 주려고 하기 보다는 기다려주고 부족한 것이 무엇인지 오랜 시간에 걸쳐서 살펴보면서 필요한 것을 제공해주기도 하는 역할을 교사가 해주면 좋겠다.

끝으로 아이들은 교사의 언행을 통해 많은 것을 저절로 배우게 된다. 잠재적 교육과정, 영 교육과정이라는 말이 있지 않은가? 아이들은 교사들의 말 한마디 한마디에 귀를 기울이고, 그대로 따라하려고 하기도 하며, 말 한마디에 자존감을 가지기도 하지만, 말 하나에 자신감을 상실하게 하기도 한다. 절망에 빠질 수 있는 아이들도 교사의 언어 표현에 의해 자신감을 얻게 될지도 모른다. 그러니 교사들은 자신의 언어 습관을 점검하고 새로운 시도를 해보야 할 것이다. 나 역시 언어 사용에 많은 관심을 기울이고 있으며, 매일 매일 아이들에게 했던 말을 떠올리며 반성하고 성찰의 기회로 삼기도 한다. 어떠한 말을 아이들에게 해주어야 할지 무지한 나에게 어떻게 말을 하면 되는지 알게 해준 책이 하나 있어서 소개를 하고자 한다. 그 저서는 바로 칙 무어만과 낸시 웨버(2013)가 지은 '지혜로운 교사는 어떻게 말 하는가' 이다. 이 책에서 제시하는 교사가 해야 하는 말과 해서는 안 되는 말을 간략하게 제시하고자 한다. 왜 이러한 말을 해야 하고, 이러한 말은 왜 해서는 안 되는지 글을 읽고 있는 여러분 스스로의 교실 속 상황을 상상하며 살펴보기를 희망한다.

선생님, 이러한 말을 아이들에게 많이 해 주세요

- 줄을 반듯하게 맞춰서 글씨를 썼구나 (아이가 스스로 자기를 판단하게 하는 칭찬의 말)
- 열심히 노력해줘서 고맙다(아이 스스로 자기를 인정하게 하는 칭찬의 말)
- 다른 답은 또 뭐가 있을까?(창의성과 유연성을 길러주고 자존감을 향상시키는 말)
- 내면의 소리에 귀를 기울여봐 (아이에게 스스로의 판단을 믿게 하는 말)
- 먼저 마음속으로 답해보렴 (아이가 스스로 답을 궁리할 수 있도록 돕는 말)
- 용기를 내줘서 고마워 (아이의 도전을 격려하는 말)
- 너는 참 끈기가 있구나 (자기를 긍정하는 믿음을 심어주는 말)
- 넌 어떻게 할 거니? (긍정적인 생각을 행동으로 옮기게 도와주는 말)
- 마치 ~인 것처럼 행동해봐 (못 하겠다고 버티는 학생을 다시 도전하게 하는 말)
- 제일 마음에 드는 두 가지에 동그라미를 쳐봐(학생 스스로 자기를 평가해서 학습의 주도권을 갖게 도와주는 말)
- 한 걸음 한 걸음씩 (배움의 과정을 즐길 수 있게 돕는 말)
- 방금 그 말은 마음에 안 드는구나. 네가 화가 났다면 다른 식으로 말해줄래? (■아이들의 막말에 효과적으로 대처하는 말)
- 네가 진짜 말하고 싶은게 뭐였니? (아이가 속마음을 솔직하게 표현할 수 있게 돕는 말)
- ~하기로 선택했구나 (학생이 스스로 결정하고 책임질 수 있도록 도와주는 말)
- 네가 결정해 (아에게 스스로 결정할 능력이 충분하는 것을 일깨우는 말)
- 이제 결정을 해줄래? (스스로 결정하고 책임져야 한다는 것을 가르치는 말)
- 다른 선택을 해주겠니? (자시하거나 명령하지 않고 스스로 선택하게 하는 말)
- 네 생각을 말해줘서 고맙구나. 그런데 그건 선택할 수 없어 (아이의 의견을 존중하면서 허용 한계를 명확하게 해주는 말)
- 찬찬히 살펴보렴 (아이의 자율성을 길러주는 말)
- 다음에는 ~하면 좋겠구나 (아이의 머릿속에 긍정적인 그림을 그리게 하는 말)
- 좀 더 얘기해 볼래? (아이가 자신의 생각을 구체화할 수 있게 돕는 말)
- 그래, 문제가 생긴 것 같구나 (자기 문제는 스스로 해결해야 한다는 책임감을 부여하는 말)
- 네가 잘 해결할 거라고 믿어 (아이 스스로 자기 문제를 해결하도록 자신감 키워주는 말)
- 모든 문제에는 해결책이 있단다. (문제를 회피하지 않고 해결하는 능력을 길러주는 말)
- 선생님이 도와줄까 아니면 시간을 더 줄까? (아이 스스로 충분히 생각하고 답할 수 있게 도와주는 말)
- 이 문제를 다르게 볼 수 없을까? (아이의 시야를 넓혀주는 말)
- 사람마다 필요한 게 각각 다르단다 (차이를 존중하고 포용하도록 가르치는 말)
- 머릿속에 그림을 그려보자 (긍정적으로 상상을 통해 목표를 이룰 수 있게 돕는 말)

- 선생님이 문제를 해결할 수 있게 네가 도와주면 좋겠구나 (학생을 존중하고 배려하면서 함께 문제를 풀어가는 말)
- 어떻게 하면 너희 둘 다 원하는 걸 얻을 수 있을까? (서로 협력해서 해결책을 돕는 말)
- 우리 반에는…… (교사와 학생 사이에 유대감을 느끼게 하는 말)
- 선생님한테 묻기 전에 세 명에게 물어볼래? (학생의 자립심, 협동심, 유대감을 키워주는 말)
- 너희 조에서 누군가는 알거야 (조별 활동을 할 때 학생들의 상호작용을 돕는 말)
- 조를 대표하는 질문이니? (조별 활동을 할 때 학생들의 상호작용을 돕는 말)
- 친구를 다정하게 만져야지 (적절한 스킴십으로 아이를 건강하고 행복하게 만드는 말)

선생님, 이러한 말을 아이들에게 하지 말아 주세요

- OO가 그린 그림 좀 봐 (아이의 창의성을 해치는 공개적인 칭찬의 말)
- 선생님은 OO의 앉은 자세가 참 마음에 드는구나 (아이와의 솔질한 의사소통을 방해하는 말)
- 넌 항상 ~하는 구나! 너는 절대 ~하지 않는 구나 (한 번의 실수를 싸잡아 비난하는 말)
- 선생님은 제가 자랑스러워 (칭찬처럼 보이나 학생의 성과를 평가하는 말)
- 참 잘했어요 (교사의 인정이나 칭찬에 의존하게 만드는 말)
- 아주 형편없구나 (평가하는 비판으로 실수를 만회할 기회를 빼앗는 말)
- 운이 좋네 (아이의 자의식을 약하게 하는 말)
- 남자 한 줄, 여자 한 줄로 서보자 (성별에 대한 고정관념을 키우는 말)
- 너의 그런 행동은 정말 지겨워 (아이의 진정한 가치를 보지 못해서 하는 말)
- 인내심이 바닥났어 (아이의 발달 단계를 이해하지 못해서 하는 말)
- 미안하다고 사과해 (감정을 억누르게 강요하는 말)
- 네 기분이 어떤지 알아 (공감은커녕 화를 돋을 수도 있는 말)
- 지각했구나 (학생들의 부정적인 생각을 자극하는 말)
- 내가 설명할 때는 대체 뭘 하고 있었니 (교사의 불쾌감을 드러내기 위해 학생을 조롱하는 말)
- 그만 떠들고 자리에 앉아 (아이들의 반사적인 반항을 불러일으키는 말)
- 고자질은 이제 그만 (고자질이 아이의 발달 과정임을 이해하지 못한 말)
- 내가 너라면 ~할 텐데 (아이 스스로 고민하고 생각해서 결정할 기회를 빼앗는 말)
- 왜 그랬어? (학생의 잘못을 추궁하고 비난하는 말)
- 이겼니? (일등에 대한 강박을 부추겨 경쟁하는 즐거움을 빼앗는 말)
- 너희들은 쉬는 시간 없어 (학생들의 자율성과 유대감 발달을 막는 말)
- 누가 선생님한테 그렇게 말하고 했어? (학생과 힘겨루기를 시작하는 말)
- 야구 카드 치워! 지금은 수학 시간이야 (학생의 고나심사와 교육과정을 분리시키는 말)

- 그건 좋은 변명이 아니야 (적당한 핑계를 찾아 책임을 회피하게 하는 말)
- 서둘러! (학생의 이해와 탐구심을 가로막는 말)
- 이건 힘들 거야 (앞으로의 일에 두려움을 느끼게 하는 말)
- 또 그러네 (학생에게 부정적인 꼬리표를 달아주는 말)
- 누가 그랬니? (해결책을 찾기보다 처벌에 집중시키는 말)
- 이건 쉬운 거야 (자신의 능력을 의심하고 자신감을 잃게 하는 말)
- 제발 나잇값 좀 해라 (구체적인 행동 제안 없이 아이의 자존감만 손상시키는 말)
- 쓸데없는 생각 좀 그만해 (아이의 창의적인 생각을 중단시키는 말)
- 항상 최선을 다해야지 (아이의 의욕을 떨어뜨리는 상투적인 말)
- 넌 누구 편인지 말해봐 (거리감과 적대감을 만들어 학생들의 유대감을 망가뜨리는 말)

– 칙 무어만, 낸시 웨버(2013). 지혜로운 교사는 어떻게 말하는가. (pp. 264-270).

필자는 이 책의 다양한 교사 언어사용과 그에 대한 아이들의 반응과 결과에 대한 이야기를 읽으면서 참으로 많은 것을 깨닫고 느꼈던 것 같다. 지금도 항상 말을 하거나, 아이들을 대할 때 신경을 쓰고 아이들의 자존감을 높여줄 수 있는 대화를 하려고 하지만 가끔씩 그러지 못한 나의 모습을 보면서 스스로를 채찍질하면서 반성과 성찰을 하는 중이다.

지금 이글을 읽고 있는 독자(독자가 교사가 아니어도 된다. 부모들에게도 해당이 되는 것 같다)들도 한번쯤 나의 언어사용, 나의 학생들, 제자들, 혹은 자녀들에게 어떠한 언어로 아이들을 대하고 있는 스스로를 반성하는 시간을 잠시 가져보기를 바란다. 혹시 모른다. 지금 나의 아이들, 자녀들의 반항과 적대감, 화와 짜증은 나의 언어로 인한 것은 아니었을지도 모른다. 혹시 그러하다면 내가 바뀌어야 하고, 나의 언어 사용에 변화를 주는 것이 가장 빠른 해결책이며, 유일한 해결방안일 것이다.

이러한 의미에서 이제부터 아쉬움과 기다림은 교사가 가져야 할 덕목이 아닐까 한다. 설명으로 가르치고 외우게 하고 확인하고 평가하는 것이 교사의 역할이 아니라 나의 기대에 조금은 못 미쳐서 아쉬운 마음이 들더라도 그러한 아쉬움을 받아들일 줄 알아야 하며, 아이들이 나의 생각보다 느리게 성장하고 기대만큼 발전하지 못해도 그러한 못 미침을 조금 더 기다려줄 수 있는 기다림을 받아들이는 것이 교사의 역할이 되어야 할 것 같다. 그러한 아쉬움과 기다림을 가지지 못한다면, 그동안의 교실 속 교사처럼 자신의 기대만큼 아이들을 기르기 위하여 아이들을 닦달하고 혼을 내고 다그치는 행동을 다시 반복하게 될지도 모른다.

아이들의 자존감을 헤치는 말들, 아이들의 창의성을 방해하는 모든 언행들이 바로 이러한 아쉬움과 기다림을 견디지 못하는 교사들이기 때문은 아니었는지 나 스스로도 반성을 해 본다. 기다림을 견디고, 못 미침과 아쉬움을 스스로 달랠 줄 알게 되면 아이들이 다르게 보이기 시작한다. 못하고 어리석은 것이 아니라 아직은 모르는 것이며, 알기 위한 기회가 부족했다는 사실을 알게 된다. 그러한 교사의 변화가 아이들의 자존감과 책임감, 자신감을 높여줄 수 있는 방법인 것 같다.

끝으로 심리학자 아들러[3]는 아이들에게 혼을 내서도 칭찬을 해서도 안 되며, 아이들은 무엇이든 할 수 있다는 믿음을 가져야 한다고 하였다. 상이나 칭찬에 이끌려 행동하는 사람은 자신의 의지로 하는 것이 아니라 상이나 칭찬이 멈추면 행동 또한 멈추게 된다고 한다. 그리고 벌을 주거나 혼을 내면 바람직하지 않은 행동을 멈추게 할 수는 있지만 자신의 의지가 아니기 때문에 통제가 사라지는 상황에서는 그러한 행동을 계속하게 된다고 한다. 칭찬과 벌은 어쩌면 교사가 아이를 조종하는 도구일지도 모른다. 우리는 교사라고 하여 그 어느 학생을 조종해서는 안 된다. 이것은 교육이 될 수도 없으며, 오히려 아이들에게 역효과를 불러오게 된다. 교사는 학생을 조종하는 것이 아니라 바른 행동을 이끌어내어야 한다. 이에 대해 아들러는 명확하게 답을 해주었다.

> 혼내거나 벌을 주거나 위협하지 않아야 한다. 학생에게 간단한 설명과 친밀한 대화를 하는 것만으로도 충분하다. 서로 신뢰하는 사이라면 그것을 받아들일 것이다.
>
> – 알프레드 아들러(2014), 인생에 지지 않을 용기 중에서

아들러가 제시하는 해답을 읽고서 나는 누군가 나의 머리를 때린 것 같은 느낌을 받았다. 나는 그동안 올바른 행동을 이끌어내기 위해 수없이 많은 칭찬을 해왔고, 바람직하지 못한 행동을 억제하기 위해 그보다 더 많은 화와 벌을 주었던 것 같다. 돌이켜 생각해보면 이때의 칭찬도 진정한 의미에서의 칭찬은 아니었던 것 같다. 서로를 비교하게 하고, 잘하는 아이를 칭찬한다는 명목하에 못하는 아이들에게 화를 내거나 벌을 주

3) 심리학의 3개 거장 중의 한 사람으로, 미움 받을 용기로 인해 관심이 높아지게 된 심리학자

는 것과 같은 효과를 가져 오게 한 것 같다. 아이들을 비교하고 평가하고, 그를 통해 혼을 내고 칭찬을 했던 것 같다. 나는 그동안 아이들과의 관계형성은 무시한 채 아이들을 조종하기 위해서 칭찬과 벌을 수도 없이 반복하며 사용해 왔던 것이다. 하지만 묻고 싶다.

우리 교실만 그런가?....
나만 그런가?.....

가장 중요한 것은 아이들과 신뢰를 쌓는 것임을 알게 되었다. 교사 스스로 아이들이 신뢰할 수 있는 존재가 되었을 때 단호함과 부드러움으로 아이들의 바른 행동을 이끌어낼 수 있음을 알게 되었다. 교사는 아이들을 조종하는 말을 사용해서는 안 되며, 친밀한 관계를 형성하고 아이들의 행동에 대해 나의 감정이 어떠한지 아이들에게 명확하게 전달해야 한다. 그리고 문제 행동에 대해 혼을 내지 않고 우선은 신경을 쓰지 않아야 한다. 그리고 문제 행동이 멈추고 바람직한 행동을 하게 될 경우에 그것에 주목하고 인정하는 말을 해주어야 한다. 그것이 아무리 사소한 것이라도 적절한 행동을 하게 될 경우에는 그것에 주목해야 할 것이다. 교사의 말과 행동을 통해 아이들은 스스로 배우게 되고, 앞으로 삶을 살아감에 있어서 어떠한 태도와 행동을 길러야 할지 스스로 깨닫고 배우게 될 것이기 때문이다.

교사 편 ● 학부모와 교육에 대해 소통하려는 용기

오늘은 봄관련 프로젝트 학습이 모두 끝이났습니다.

봄이 왔어요 소 책자를 서로 평가해보는 둘 가고 둘 남아 상호평가 활동을 했습니다.

친구들이 직접 소개하는 책을 보고서 각자의 생각을 담아 평가를 내리는 활동은 교사가 일방적으로 내리는 평가보다 아이들에게 즐거운 활동인 동시에 더욱 도임이 될 평가 활동이라고 생각합니다.

교사라는 역할은 아이들의 배움과 학습을 위한 조력자라고 생각합니다.

아이들을 평가하고 판단하고 그러한 평가를 바탕으로 하나의 잣대를 아이들에게 제시해서는 안된다고 생각합니다.

아이들도 하나의 인격체로서 존중하고 인정을 해주어야 합니다.

그래서 평가를 최대한 자제하고, 어떠한 평가 잣대도 아이들에게 대지 않으려고 합니다.

평가도 하나의 학습과 배움이 될 수 있도록 스스로 평가하고 서로 평가해주는 활동을 통해 친구의 작품을 보며 나의 작품에 대한 성찰과 피드백을 받고 나의 작품과 비교하여 잘된 점과 부족한점을 찾아보도록 하였습니다.

조금씩 성장하고 발전하는 모습을 보면서 이러한 평가활동이 헛된것이 아님을 조금씩 느낍니다.

학기초 로봇, 레고만으로 그림을 표현하던 아이가 조금씩 사람을 그리고 배경을 표현하는 모습을 보면서 알게 됩니다.

저의 노력과 기대에 부응하며 성장하고 발전해주는 아이들을 보면서 고마움과 감사의 마음을 오늘도 가지게 됩니다.

그리고 나서 오늘 부터 나와 가족이라는 주제로 프로젝트 학습이 약 1달 정도 계속될 예정입니다.

오늘은 그 첫 시간으로 가족에 대한 서로의 생각을 나눠보았습니다.

가족이란 무엇이라고 생각하나요?

부모님들도 한번 생각해보시면 좋을 것 같네요^^

아이들은 나를 돌봐주는 사람, 행복하게 해주는 사람, 사랑해주는 사람, 웃게 해주는 사람, 같이 웃고 우는 사람 등 여러가지 답변이 나오네요

그 중에서 2명이 나를 낳아주고 길러주시는 부모님이라고 답을 하네요.

그리고 나서 다시 이야기를 나눴습니다.

그렇다면 낳아주고 길러주는 것 이외에 다른 걸 살펴보면서 이러한 사람들은 꼭 나의 부모, 조부모, 혹은 친척이 아니어도 가능하다고..그렇다면 우리 주변의 사람들, 우리 반은 하나의 가족이 될 수 있을까?

반정도는 예라고 답을 하고 반 정도는 안돼요 라고 답을 합니다.

그리고 말을 했습니다.

모두의 생각이 맞다. 하지만 지금부터 한달동안 이뤄지는 활동을 통해 우리 들의 생각을 조금 바꿔보고자 한다고..

우리 반 친구들도 가족이 될 수 있음을 모두가 알았으면 합니다.

가족이란 나의 혈연관계가 아니라 나와 행복하게 함께 살아가는 사람들임을 알게 하고 싶었습니다.

점차 나만 아는 세상, 나와 부모만 알아가는 세상, 척박해지고 인정이 사라지고 거칠어지는 세상에서 주변 사람들이 함께 살아가는 가족임을 개닫고 직접 실천을 해간다면 점 점 인정이 자라나고 함께 하는 세상이 조금씩 만들어지지 않을까 합니다..

아이들의 답변 속에서..

가족에 대한 정의 속에서.. 지금은 혈연관계를 떠올리며 내린 정의이지만..
그 정의 속에서 우리 주변 사람들 모두 가족이라고 여길 수 있는 희망을 보았습니다.
우리 교실이 가족이 될 수 있도록.. 가족이라고 느낄 수 있도록 한달동안 열심히 활동을 하고자 합니다.
가족이라고 여긴다면 서로 보호해주고 위로해주고 위해주면서 학교폭력도 조금씩 사라질 수 있지 않을 까 합니다.
몇 번의 행사 중심의 학교폭력 교육보다 우리들의 생각과 사고를 조금씩 타인을 위하는 쪽으로 변화된다면 자연스럽게 사라지지 않을까 합니다.
그러한 생각과 사고가 모여서 세상을 변화시킬 수 있을 거라고 생각합니다.
가정에서도 함께 한번 이야기 나눠보세요^^
아이들의 생각과 사고가 참으로 맑고 자유롭다는 것을 알게 될 것 같습니다.

이에 대해 학부모들은

부모님 선생님 말씀에 항상 공감합니다 모든 선생님들이 우리아이들을 가족처럼 보듬어주고 사랑해주신다면 자라나는 우리아이들도 학교에서 더욱 특별한 가족애를 느끼고 사람이 주는 행복감이 얼마나 소중하다는 것을 깨우치며 발전할 것입니다~ 학교에서 상처받고 상처주고 좌절받고 시련을 못견디고 가슴아픈 예들이 모두 사라지면 좋겠습니다 선생님의 마음처럼 모든 선생님도 그런 생각을 가져주고 실천해주길 부탁드려봅니다~♡

2016년 5월 26일 · 답글 · 빛내기 ···

검마 부모님 선생님의 멋찐 수업방식을 응원 합니다

2016년 5월 26일 · 답글 · 빛내기 ···

부모님 선생님의 수업내용을 읽어내려오면서 반성,또 반성하게 됩니다.아이들을 하나의 인격체로 대해주지 않고 어른들의 잣대로 평가하고 강요하는 제 자신의 모습이 떠올라 애들에게 너무 미안합니다.
그리고 선생님도 너무 감사합니다^^♡

9장

학습 중심 수업이란?

학습 중심의 교육을 만들어가기 위해 교육학에서는 '학생들은 학습할 의지가 있다'는 전제를 내세운다. 그리고 최근 학교 교육에 가장 큰 영향을 미치고 있는 구성주의 또한 이러한 전제를 기반으로 하고 있다.

하지만 정작 교실에서 아이들을 가르치는 선생님들은 흔히들 이런 말을 한다.

> "왜 아이들은 학습할 의지가 없지?"

왜 교육학에서 바라보는 아이들과 실제 학교 현장에서 바라보는 아이들이 다른 것일까?

학교 현장에 있다 보면, 수업 시간에 잘 집중하지 못하는 아이들, 친구들과 장난을 치며 떠드는 아이들을 자주 보게 된다. 사실 공부하는 것을, 학습하는 것을 즐기는 아이들은 거의 없다. 성적이 우수한 아이들조차 공부가 재미있어서 한다고 대답을 하는 아이들이 거의 없으니 말이다. 그래서 우리는 이제 이러한 아이들의 모습을 그대로 바라봐주고 인정을 해주어야 한다. 그것이 학습 중심의 교육을 만들어가는 첫 번째 열쇠가 되는 것이다.

아이들은 스스로 학습하거나 공부를 할 의지가 부족하다. 그래서 우리는 학습과 배움이 왜 필요한지, 그리고 그러한 과정이 매우 즐겁고 재미있으며 유익할 수 있다는 사실을 수업과 활동을 통해 학생들에게 알려주어야 한다. 이를 위해서 교사들은 자신을 지식의 전달자이자 지식의 권위자이며, 학생들은 그러한 나의 가르침을 받아야 하는 존재라는 생각에 변화를 주어야 한다. 표준화된 지식을 표준화된 방법으로 전달해야하는 것이 교육이 아니라, 아이들의 바람직한 행동의 변화를 이끌어내는 것이 교육이라는 인식을 가지고 있어야 한다.

그렇다고 하여 나는 배움이 가르침에 비해서 더 중요하다고 말을 하는 것은 아니다. 학습이란 것은 배움과 가르침이 공존할 때 제대로 이루어질 수 있다고 생각한다. 배움이 수업의 전부가 되어서는 안 되며, 교실 속 수업 안에는 다양한 형태의 배움과 가르침이 함께 존재해야 한다. 교사는 아이들의 배움에 대한 어떠한 의도를 가지고 있어야 하며, 그러한 의도대로 아이들의 배움이 일어났는지에 초점을 두고서 수업을 진행해야 한다. 교사의 가르침만을 강조하던 전통적인 수업에서 이제는 아이들의 배움을 조금 더 많이 강조함으로써 가르침과 배움이 함께 공존할 수 있는 교실 수업을 만들어가야 할 것이다.

필자는 아이들의 배움을 위해 많은 활동, 복잡하고 정교하며 최신의 수업 모형에 매달려서 수업을 개선하려하기 보다는 학생들의 삶과 생활을 가꾸어갈 수 있는 더 많은 대화를 나눠보려고 한다. 물론 이전까지 필자는 최신의 수업 모형을 어떻게 하면 우리 교실에 적용하여 아이들로 하여금 즐겁고 재미있게 활동을 하게 할지에 초점을 두고 있었다. 「거꾸로 배움, 첫 번째 이야기인 교실에서 찾은 아이들의 행복열쇠」가 바로 그러한 증거이다. 물론 무조건 재미있는 활동만을 개발하여 적용하려 하지 않았고, 그 속에서 아이들의 배움이 스스로 일어나도록 돕고자 많은 활동을 개발하여 왔다. 이러한 과정이 있었기에 지금의 필자가 있을 수 있었으며, 본 저서에서 말을 하고자 하는 다양한 생각들과 이야기들이 나올 수 있었다. 하지만 돌이켜 보면 아이들과 함께 대화를 나누려는 노력보다는 수업 모형 개발에 더 많은 관심을 기울였으며, 학습보다는 활발한 활동 중심의 수업에 더 많이 치중되어 있다는 점에서는 필자 역시 스스로 반성을 하고 있다.

아직 교직 경력이 얼마 되지 않은 교사들에게는 그러한 과정이 필요하다고 생각된다. 아이들을 생각하며 다양한 수업 방법을 적용하고, 그러한 과정 중에서 우리 반 아이들에게 적합한 새로운 교수 학습 방법을 개발하고 다시 적용해보는 과정을 거치면서 우리 반 교실 속 아이들의 학습을 바라보는 시각을 넓혔으면 한다. 이러한 경험이 바탕이 될 때 필자의 수업에 대한 성찰이 시작이 될 수 있으며, 아이들의 학습과 배움을 보다 정확히 자세히 살펴보고자 하는 또 하나의 성장이 나를 기다리고 있게 될 것이다. 나의 경험에 비추어보았을 때는 적어도 그러하였다.

이러한 이유에서인지 교육청이나 단위 학교에서 연수 및 컨설팅을 부탁할 때 대부분의 장학사나 선생님들은 수업 방법에 초점을 두고서 해달라는 말을 많이 한다. 이러한 부탁을 받을 때 필자는 항상 물어보는 것 같다. 선생님들의 연령층이 어떻게 되는지, 경력은 어떻게 되는지를 먼저 확인을 한다. 지금까지 필자가 경험한 연수는 대부분이 젊은 선생님들로 구성된 집단이 많아서 수업 방법에 조금 더 초점을 두고서 안내를 해왔다.

그리고 덧붙여서 설명한다. 이렇게 저처럼 다양한 학습 방법을 개발하여 적용하는 것도 좋습니다. 하지만 이렇게 적용을 한 후에 반드시 아이들의 학습이 어떻게 일어나고 있는지 꾸준히 관찰하고, 그러한 관찰을 통해 내 수업에 대해 스스로 되돌아보고 성찰을 해야 한다고 말을 한다. 그러한 성찰이 기반이 되어 나만의 교육철학을 만들어가고, 그러한 교육 철학이 바탕이 되어 다시 필자의 수업을 돌아보면서 아이들의 학습과 배움을 중심으로 한 수업을 만들어가라고 말을 전한다.

물론 처음부터 아이들의 배움과 학습에 초점을 두고서 나만의 수업을 만들어 가면 더 좋을 것이다. 하지만 본 필자의 경험에 의하면 아직 아이들을 바라보는 시각이 부족하고, 관점이 부족한 신규 혹은 저 경력 교사에게 그렇게 컨설팅, 연수를 하게 된다면 과연 어떻게 받아들게 될까? 손에 잡히지 않은 뜬 구름을 잡고 있다고 느낄 것이다. 그래서 우선은 아이들이 즐겁게 배우고 학습할 수 있는 다양한 활동 거리를 제공해주는 것에서부터 시작을 하면 좋을 것 같다고 말을 한다. 활동을 통해 교실이 즐겁고, 수업이 재미있다는 것을 알게 되면 자연스럽게 집중하게 되고 몰입하게 될 것이다. 그 안에서 아이들은 학습하게 되고 배우게 될 것이다.

경력이 많은 교사들에게는 외람된 말씀을 드려서 죄송하다는 말을 먼저 전한다. 필자보다 경력도 훨씬 많고, 아이들을 지도하는 능력이 훨씬 뛰어나신 분들에게 감히 말을 하는 것에 대한 죄송한 마음을 가지고 시작을 한다. 그리고 본 저서에서 지금까지 써내려간 나의 교육 철학을 하나씩 하나씩 조심스럽게 말을 한다. 그리고 이렇게 말을 한다.

필자는 학습 준비물, 과제물을 최대한 줄이고자 하였다. 준비물을 챙겨오기 위해 학생들도 스트레스를 받고, 가져오지 않은 아이들을 보면서 교사도 스트레스를 받게 된다. 그리고 과제, 숙제 또한 그렇다. 과제를 하기 위해 스트레스를 받게 되고, 과제를 해오지 않은 아이들을 보면서 교사도 스트레스를 받게 된다. 서로에게 스트레스를 주고받는 대신에, 아이들의 생각과 삶의 이야기를 담아오게 하고자 하였다. 다양한 교실 속 이야기를 만들어내기 위해 필요한 아이들의 생각과 사고를 그들의 생활에서 찾을 수 있도록 다양한 이야기 거리를 집에서 생각해오는 것으로 모든 과제와 준비물을 대신하고자 하였다. 자신의 삶의 이야기가 들어있는 교실 속 수업으로 학습 의지와 몰입을 높이게 되었으며, 그들의 삶과 생활을 가꾸어줄 수 있는 교실 속 수업 이야기를 조금씩 만들어갈 수 있게 되었다.

이러한 설명을 들으면서 한 선생님이 물어왔다.

> "거꾸로 교실을 하게 되면 아이들은 집에서 많은 시간을 영상을 통해 학습하게 됩니다. 그리고 과제를 해결해야 합니다. 과연 과제를 줄인다는 것이 가능한 건가요?"

아마도 많은 선생님들이 이렇게 생각을 할지도 모르겠다. 물론 내가 추구하고자 하는 거꾸로 배움이 흔히 들 알고 있는 거꾸로 교실과 비슷하다는 것에는 나도 동의한다. 하지만 내가 추구하는 거꾸로 교실은 흔히 알고 있는 거꾸로 교실과는 다른 것이며, 거꾸로 교실 역시 많은 선생님들이 동영상을 통해 가정에서 미리 공부하고, 학교에서는 다양한 활동을 통해 함께 문제를 해결하는 것이 거꾸로 교실의 전부는 아니라고 말을 하고자 한다. 플립 러닝이 우리나라에 들어오면서 많은 교사들은 플립 러닝의 취지와 목적에 대해서는 관심이 사라지고, 오로지 동영상을 제작하는 방법과 같은 기술적인 측면에서 더욱 초점을 두게 되었으며, 각종 이와 관련된 연수에서도 이와 관련된 내용이 주를 이루었다.

플립 러닝, 거꾸로 교실은 동영상이 전부가 아니다. 아이들이 가정에서 학교에서 함께 활동하게 될 주제나 문제에 대해 미리 생각해오게 하는 모든 자료들이 거꾸로 교실에서 사용될 수 있으며, 이것이 곧 거꾸로 배움의 시작이 되는 것이다.

아이들 역시 미리 집에서 알아오라고 하면, 과제나 숙제로 여기게 되고 부담을 가지게 된다. 필자는 그렇게 되어서는 안 된다고 말하고 싶다. 그저 학교에서 친구들과 함께 학습하고 활동함에 있어서 나의 생각을 미리 알아오게만 하더라도 거꾸로 배움은 시작될 수 있다. 아이들이 수업에 몰입하고 집중하기 위해서는 자기의 이야기가 들어가야 하고, 자신의 생각이 포함되어 있어야 한다. 그동안 우리들의 교실은 모두의 생각이 포함되어 운영된 것이 아니라, 몇몇의 생각을 모두가 공유하거나 교사의 생각을 모두가 공유하는 것으로 진행이 되었으며, 이로 인해 무임승차하는 학생들, 집중하지 못하는 아이들, 장난을 치는 아이들로 교사들이 많은 어려움을 겪어 왔다고 할 수 있다. 이러한 아이들도 자기의 생각이나 이야기가 들어가게 되면 집중하게 되고 몰입하게 된다.

거꾸로 배움은 바로 이러한 것을 활용하기 위한 학습 방법이다. 그러므로 하나의 프로젝트를 진행함에 있어서 아이들이 미리 생각해보아야 할 것에 대해 안내를 하고, 스스로 집에서 자기의 생각을 정리하여 온다면 그것만으로도 거꾸로 배움이 시작될 수 있는 충분한 준비가 된 것이다. 이러한 의미에서 우리 반은 과제나 숙제가 없다고 아이들은 말한다. 나는 아이들이 알아 와야 할 것을 충분히 제공하고, 과제로 제시함에도 불구하고 아이들은 숙제나 과제로 생각하지 않는다. 프로젝트를 진행함에 있어서 필요한 것을 매번 생각하여 적어오고 기록해오라고 하고 있는데도, 학부모들을 만나면 아이들이 숙제가 없어서 좋다고 말을 한다고 한다. 이상하지 않은가? 교사인 필자는 과제나 숙제를 충분히 내고 있음에도 아이들은 숙제로 여기지 않으니 말이다.

왜 그런지 곰곰이 생각해본 결과, 아이들이 숙제나 과제로 생각하지 않고 그것 또한 학습과 배움의 연장이라고 여기고 있는 것이 아닐까 한다. 자신의 생각과 사고, 아이디어가 바탕이 되어서 활동이 이루어지고, 그러한 활동이 모여서 하나의 프로젝트가 되는 과정을 경험하면서 아이들은 집에서 스스로 적어오는 나만의 생각과 아이디어 또한 큰 프로젝트와 활동의 흐름 속에 있다고 스스로 깨닫는 것 같다는 생각을 한다.

꼭 무언가를 기록해야 하고, 기억해야 하고, 풀어 와야만 하는 것이 숙제나 과제가 아닐 것이다. 숙제나 과제는 복습을 하기 위해서, 혹은 예습을 하기 위해서가 아니라 아이들의 학습을 위한 것이어야 한다. 이처럼 학습을 강조하게 되면 숙제나 과제도 아이들은 숙제로 인식하지 않게 된다. 그저 배움의 일부분으로 생각하게 될지도 모른다. 현대의 학교교육에서는 가르친다는 개념보다는 배운다는 개념이 우선시 되고 있으며, 교수보다는 학습이 중심이 되는 수업을 강조하고 있다.

그렇다면 학습이란 무엇인가?

학습은 성취력과 미래 학습의 잠재력을 향상시키기 위해 변화를 이끌어내는 과정과 경험이라고 하다. 학습은 결과가 아니라 과정이다. 그리고 학생들은 기술, 지식, 능력 뿐 아니라 스스로 가치 있다고 여기는 것, 친구들과 함께 살아가는 방법, 학습과 배움을 위해 스스로 참여하는 방법 등에 영향을 미치는 사회적, 정서적 경험으로 가지고 교실상황에 참여하게 된다. Susan, Michael, Michele, Marsha와 Marie(2012)는 '학습은 어떻게 이루어지나'라는 저서를 통해 다음과 같이 학습 원리를 제시하였다.

❶ 학습자의 사전지식은 학습을 도울 수도 있지만 방해할 수도 있다.

학생들은 그동안의 수업이나 스스로의 삶을 통해 다양한 수준의 지식과 태도를 가지고서 수업에 임하게 된다. 이러한 사전지식은 지금의 학습과 배움을 위해 적절한 순간에 작용한다면 새로운 지식이나 태도를 형성하는데 튼튼한 기초를 제공하지만, 작용을 하지 않거나 부적절하게 작용을 하게 될 경우 새로운 학습을 오히려 간섭하고 방해하게 된다.

❷ 학습자들이 지식을 구성하는 방식은 학습자들의 학습에 영향을 미치게 된다.

학생들은 단편적인 지식을 자연스럽게 연결하며, 이러한 연결이 정확하고 의미 있게 구성이 될 경우 효과적이고 효율적으로 자신의 지식을 적용하게 된다. 하지만 그렇지 못할 경우 자신의 지식을 학습과 배움에 적용하지 못한다.

❸ 학습자의 동기는 학습을 위해 무엇을 할지 결정, 감독, 유지시켜준다.

학생들은 학습목표나 학습활동이 자신의 삶 혹은 생활을 가꾸어가는데 필요한 것임을 인식하게 될 경우 바람직한 결과를 성공적으로 달성할 것을 기대하게 되고 더욱 많이 배우고 학습하려는 강한 동기를 가지게 된다

❹ 숙달을 위해서 학습자들은 지식과 태도를 획득하고, 이를 통합하는 방법, 적용하는 방법을 알아야 한다.

학생들은 보다 복잡한 과제를 수행하기 위해서는 스스로 지식, 기술, 태도를 발달시켜야 할 뿐 아니라, 그러한 기술, 지식, 태도를 결합하고 통합하는 방법을 익혀야 보다 나은 유창성과 자발성을 기를 수 있게 된다.

❺ 적절한 피드백과 결합된 목표지향적 배움은 학습의 질을 향상시킨다.

배움은 특정한 목표와 준거에 초점을 두고 적절한 수준의 도전을 목표로하여 기준에 맞는 충분한 양과 빈도의 배움이 제공될 때 가장 촉진된다. 또한 그러한 준거에 도달하도록 학생들의 향상을 도와주기 위한 정보를 제공하고, 도움이 될 수 있는 시간과 빈도로 주어지는 피드백과 결함되어 제공되어야 한다.

❻ 학습자의 현재 발달수준은 수업의 사회적, 정서적, 인지적 환경과 상호작용하며 학습에 영향을 미친다.

학생은 지적, 사회적, 정서적 존재이며, 이 모든 범위에서 계속해서 발달하고 있다. 교사가 발달과정을 통제할 수 없지만, 발달에 적합한 지적, 사회적, 정서적, 신체적 환경을 제공할 수 있다. 부정적 환경은 학습과 배움을 방해하지만, 긍정적 환경은 학습과 배움에 활력을 불어넣게 된다.

❼ 학습자는 학습에 대한 자신의 방식을 점검하고 조정하는 법을 배울 때 비로고 자기주도적 학습자가 될 수 있다.

학생들은 학습에 대해 스스로 점검하고 통제하는 메타인지적 과정을 거쳐야 자기주도적 학습자가 될 수 있다. 학생들은 스스로 과제를 평가하고, 자신의 장단점을 평가하고, 접근방식을 계획하고, 다양한 전략을 적용하고 관리하고, 현재 접근방식이 작동하는 정도에 대해 반성적으로 사고하는 메타인지적 사고를 자연스럽게 성취하기는 어렵다. 학생들이 이러한 과정을 수행할 수 있도록 교사가 환경을 제공해주어야 한다.

물론 여기서 제시하는 모든 원리를 아이들에게 적용하는 학습은 매우 어려운 일이다. 때로는 수업 시작 전 교사가 전해주는 몇 마디의 이야기와 훈화, 혹은 교사와 학생이 개인적으로 함께 나누는 담소가 아이들의 마음속에 평생 잊지 못할 기억이 되어서 한 아이의 삶을 좌우할 수 있는 중요한 학습이 될 수도 있다. 교사의 격려 한마디에 좌절을 경험하고 있던 아이가 그러한 좌절감에서 벗어날 수 있으며, 친구와 나누는 경험 이야기, 대화가 더욱 훌륭한 배움과 학습꺼리가 되기도 한다.

학습과 배움은 언제 어디서나 일어날 수 있다. 이러한 모든 이야기 속에서 찾을 수 있는 아이들의 학습 의지를 높이는 방법은 바로 교사의 역할 변화이다. 교사는 스스로 수업과 학습에 대한 열정을 가져야 한다. 그리고 학생들이 수업에 스스로 참여하도록 만들기 위해 교사 스스로도 자신의 수업에 더욱 몰입하여야 한다. 학습과 배움은 학생과 교사의 관계 형성에 기초하게 된다. 교사는 학생들과 개인적인 관계를 형성하고 그들에게 학습과 배움을 위한 무대를 마련해주어야 한다. 이러한 무대 위에서 창의적이고 바른 질문을 통해 학습을 시작해야 하며, 지속적인 피드백과 분석을 통해 배움을 이끌어내어야 한다. 이를 위해서 교사는 자신이 가지고 있던 가르침을 강조하던 그동안의 수업에 대한 선입견을 버리고 스스로 변신해야 한다. 또한 교사들은 열정을 가지고 수업에 몰입하여 시작을 하고, 아이들과 교사 모두 열광하며 수업과 배움을 마칠 수 있도록 해야 한다. 열광은 교실에서 가장 강력한 힘을 발휘하는 도구라고 한다. 위와 같이 학습과 배움을 위해 학생들이 몰입하게 하는 단계를 가리켜서 데이브 버제스(2013)는 "해적(PIRATE[4])처럼 가르쳐라"라고 말을 하였다.

끝으로 학습이란 것, 교육이라는 것은 아이들이 과제를 해결할 수 있도록 만드는 것이다. 우리는 흔히들 아이들에게 이런 말을 한다.

> "너희들은 아직 잘 모르니 내가 다시 설명해줄게"
> "경민이는 잘 모르니 규태가 설명을 해주고 함께 도와주렴"

하지만 교사는 아이들의 과제나 문제를 대신 해결 해주어서는 안 되며, 잘하는 친구들이 못하는 친구들을 계속해서 도와주도록 나두어서도 안 된다. 계속적으로 대신 해주는 버릇을 하게 되면 아이들은 스스로 문제를 해결하려는 의욕을 읽어버리게 된다. 어쩌면 우리는 그동안 교과서에서 제시하는 표준화된 지식을 표준화된 방법으로 아이들의 과제를 우리들이 대신 해주고 있었던 것은 아니었는지 고민을 해봐야 할 것이다. 우리들은 아이들에게 스스로 문제와 과제를 해결할 다양한 기회를 제공해주어야 한다. 교사로서 우리들의 역할은 아이들의 공부와 학습을 위해 직접적으로 설명하고 암기시키고, 이렇게 기억하도록 한 것을 얼마나 잘 기억하고 있는지 확인하고 평가하는 과정을 통해 아이들이 해결해야 할 문제와 과제를 위해 직접적으로 도와주어서는 안 된다. 물론 많은 교사들은 이러한 과정이 아이들의 과제를 대신 해주는 것이라는 사실조차 인지하지 못하고 있을 거라고 생각한다.

가르침이라는 이름하에 우리는 아이들이 스스로 알거나 함께 해결해야 하는 것조차

4) P(Passion 열정), I(Immersion, 몰입), R(Rapport, 관계), A(Ask and Analyze, 질문과 분석), T(Transformation, 변신), E(Enthusiasm, 열광)의 줄임말

도 설명해주고, 기억하게 하고, 암기시키고 있었던 것은 아니었는지 스스로에게 반문해 보아야 할 것이다. 아이들에게는 그들만의 방식으로 친구들과 함께 혹은 아이 스스로 과제와 문제를 해결 할 수 있도록 다양한 기회를 제공함으로써 과제와 문제에 대한 자신감과 해결능력을 길러주어야 한다. 지금의 학습과 배움의 경험을 통해 아이들이 무엇을 배울 수 있을지 교사들 스스로 자문하고 행동한다면 앞으로 아이들의 배움과 학습을 위해 교사가 어떠한 자세를 가져야 할지 해답을 찾을 수 있을 것이다.

학습 편 ● 학부모와 교육에 대해 소통하려는 용기

오늘은 어제 예고를 한 대로 가족별 대항 경기 시간을 가졌습니다.

함께 단체 줄넘기도 넘어보고 줄다리기도 해보고 손바닥 씨름도 하고서 선생님 옷만들기 미션활동도 함께 했습니다.

어제부터 갑작스럽게 운동장 전면 사용이 금지 되어서 닭싸움과 피구경기를 하지 못하여 아쉽지만 다음을 위해 남겨두고자 합니다.

손바닥 씨름을 하기 전에 잠시 서로의 손을 마주 대고 눈을 감고서 생각을 하는 시간을 가졌습니다.

우리들이 왜 이렇게 줄넘기 줄다리기 손바닥 씨름을 하는지 그리고 서로의 손을 마주 잡고서 어떠한 기분이 드는지.. 이렇게 묻고 말했습니다.

"서로의 손의 크기도 다르고 따뜻함 정도도 다르고 모양도 조금씩 다르지만.. 모두가 같은 손을 가지고 있으며 마주잡고 있으면 점점 따뜻해지는 것이 느껴지는지.. 그리고 지금 우리가 왜 이렇게 손을 마주대고 있는지.. 이제 우리가 가족이 될 수 있다는 것을 조금씩 느끼는지.."

아이들이 가족이 될 수 있다고 하네요.

그러면 말을 해주었습니다.

우리도 조금은 다른 가족에 속해있고, 조금은 혹은 그보다 많은 부분에서 서로 다르기도 하지만 모두가 따뜻한 손을 가지고 있으며 손을 마주대고 있으면 서로의 따뜻한 기운이 느껴집니다. 학교 폭력 왕따 등의 문제는 이러한 따뜻함을 알지 못하고 서로가 같은 동등한 사람이라는 것을 알지 못해서 그렇다고 말을 했습니다.

지금처럼 친구들의 손을 마주 잡고 서로의 따뜻한 온기를 느끼며 함께 나아갈 수 있는 친구가 되기를 희망한다고 말을 해주었습니다.

처음에는 장난처럼 눈을 감고 손을 마주잡고 있던 아이들이 조금씩 집중하면서 친구들과 마주잡은 손을 느끼는 아이들의 모습을 보면서 앞으로 우리 아이들이 이렇게 친구들과 손을 마주 잡고서 서로를 배려하며 함께 행복한 추억을 만드는 청소년으로 자라기를 바래봅니다.

서로의 다름을 인정하고 그 다름이 서로에게 도움이 될 수 있다는 사실을 깨닫고 서로 함께 할 때 더욱 높고 멀리 나아갈 수 있음을 깨닫기를 바랍니다.

앞으로 어떠한 교실 속에서 어떠한 방식으로 수업을 받게 될지 모르지만 그 속에서도 서로를 배려하고 함께 할 수 있다는 사실을 잊지 않았으면 합니다.

오늘 오후 시간은 모두가 다자이너가 되어보는 시간을 가졌습니다.

지난 시간 맞지 않은 옷을 만들었지만 오늘은 선생님의 신체 치수를 줄자로 직접 재어보고 여러가지 옷으로 만들어보는 시간을 가져보았습니다.

아이들이 직접 만들어주는 옷이 기대가 됩니다.

생각보다 활동 시간이 길어져서 완성된 옷을 내일 입어봐야 해서 아쉽지만 이러한 아쉬움과 기다림은 교사가 가져야 할 덕목이 아닐 까 합니다.

가르치고 외우게 하고 확인하고 평가하는 것이 아니라 조금은 아쉬워도 아쉬움을 받아들이고 생각보다 느리게 성장하고 기대만큼 발전하지 못해도 기다려주는 그러한 기다림을 받아들어야 할 것같습니다.

그러한 아쉬움과 기다림이 없다면 그동안의 교실처럼 닥달하고 혼을 내고 다그치는 행동을 다시 반복하게 될지도 모르겠습니다.

오늘도 아쉬움과 기다림이라는 저만의 덕목을 다시 생각해보려 합니다.

이에 대해 학부모들은

부모님 현이가 어제 아침에 등교하면서 체육활동도 9시부터 2시간 해야되고 선생님 옷도 만들어야되고 시험도 쳐야 한다며 오늘은 할일이 아주 많다고 하면서도 그걸 힘들다거나 하기싫은게 아니고 기대감을 가지고 등교하는걸 보며 감사함을 느꼈습니다 아이들이 재밌게 수업에 참여할수 있게 늘 노력해주셔서 고맙습니다^^

2부

학생 바보 교사의 실천 용기

10장

학교 교육과정을 바꾸어 보려는 용기

1. 이지에듀가 필요한가요?

1966년 콜만 보고서가 발표가 되면서 학교 뿐 아니라 전 사회적으로 큰 충격에 휩싸였다. 학교는 아이들의 학습에 영향을 미치지 못하며, 아이들의 가정 배경이나 또래 집단이 학업 성취에 더 큰 영향을 미친다는 것이었다. 교육자들을 매우 곤혹스럽게 만든 이 연구 결과로 인해 공교육은 많은 어려움을 겪게 되었다.

콜만 보고서에 의해 충격을 받은 학자들은 이 연구의 문제점을 발견하기 위해 추가적인 연구를 실시하였다. 그 결과, 콜만 보고서는 교실의 물리적 시설이나 도서관과 같은 투입요소만을 고려했다는 문제점을 발견하고, 교사의 수업에 대해서는 전혀 언급이 없었음을 발견하게 되었다. 이로 인해 많은 학자들은 교사의 수업 행위에 초점을 두고서 학생들에게 미치는 영향력을 분석하기 시작하였다.

그 결과 수업의 명료성, 다양성, 전념 정도, 참여 정도, 학습 성공 정도에 의해 학습에 영향을 줄 수 있다는 사실이 추가로 발견 되었다. 이로 인해 교사 수업 행위에 따라 학생들의 학업 성취에 유의미한 영향을 줄 수 있음을 알게 되었고, 교수·학습 활동을 강조하게 되었다.

하지만 이 또한 많은 문제점을 가져오게 되었다. 바로 교사 수업 방법을 통해 과학적인 법칙이나 원리를 발견하는데 치중하게 되었다는 점이다. 교사들은 유행하는 수업 방법 혹은 효과성이 검증된 보편적인 수업 방법을 자신의 수업 스타일에 맞게 훈련시키게 되었다. 스스로 고민을 하기 보다는 더 다양한 수업 방법을 찾고 연구하고 훈련하는데 집중하게 된 것이다. 그로 인해 몇 몇 인터넷 사이트에 제공하는 다양한 학습 자료를 사용하면서 클릭하는 교사가 되어 버렸다.

필자 역시, 2016학년도를 시작하면서 근무하는 학교 선생님들에게 학년별 교육과정 운영의 자율성을 제공하면서 이지에듀[5] 프로그램 사용을 못하게 하였다. 그러자 한 선생님께서 "학년별 교육과정 운영을 자유롭게 하는데 집중하기 위해서 교육과정 작성에 시간을 덜 소비하기 위해서 이지에듀 프로그램을 구입해 주세요" 이런 말에 다른 학년 부장님들도 모두 동의하였다. 여러 선생님들의 의견에 따라 나는 울며 겨자 먹기 식으로 다시 프로그램을 급하게 구매하게 되었다.

그런데 이 얼마나 앞뒤가 맞지 않는 말인가? 학년별 교육과정 운영에 자율성을 주게 되면 학년별로 교육과정 협의회를 통해 교육과정을 재구성을 하게 되고, 그에 따라 교육과정을 작성하게 되는데 굳이 이지에듀 프로그램을 구입해야 하는 걸까.

이지에듀 프로그램이 무엇인지 모르는 독자들을 위해 잠깐 설명을 하겠다. 이지에듀 프로그램은 학년 및 학급 교육과정 작성에 도움을 주기 위해 제작된 프로그램으로 학급 수에 따라 다르지만 우리 학교의 경우 1년 사용료가 35만원 안팎이다. 물론 가격이 문제가 아니다. 이러한 프로그램에 이미 익숙해져 버려서, 교사의 수업 자율성, 교육과정 운영의 자율성을 포기하고서 몇 몇 프로그램에 의존하게 된 교사들을 어떻게 변화시킬 수 있느냐 하는 것이 문제인 것이다. 수업의 자율성과 전문성을 주장하면서 그 속에서는 몇몇 프로그램에 의존하며 수업을 하고 있는 것이 우리 교사들의 현 주소인 것이다.

이처럼 내가 선생님들이 의존하려는 프로그램을 줄이고 학년별로 교육과정에 대해

---

5) 이지에듀 프로그램이란 간단하게 학급별로 기본 시간표와 학교 일정을 입력하면 학급별 교육과정을 바로 양식에 따라 작성을 해주며, 교과별 진도표 또한 일괄적으로 제작해서 제공해준다. 교사의 교육과정 작성의 어려움을 해소하기 위한 프로그램이지만, 이로 인해 교실에서는 교육과정 작성은 프로그램을 통해 이루어지고, 실제 교실 속 수업은 학급 내 교육과정과는 별개로 이루어지는 경우가 대부분이다. 실제 필자 또한 이지에듀를 사용할 경우에는 이지에듀에서 만들어주는 교육과정에 시수만 바꿔가며 숫자 놀이를 했으며, 이렇게 맞춰진 교육과정은 학기 초 결재를 받고서는 학년말 제출할 때 까지 캐비넷에 들어있었던 경험이 있다. 이로 인해 학년별로 교육과정이 비슷하게 작성이 되었으며, 학년별로 학년 초에 학년 연구라고 하여 이지에듀만을 전담으로 업무를 주고서, 각 학급별 교육과정 시수 놀이를 하도록 요구하기도 한다.

심도 깊게 의논하고, 충분한 논의를 통해 학년 교육과정을 꾸릴 수 있도록 학년별 자율성을 최대한 부여하고자 계획을 하면서, 주변 사람들에게 이러한 질문을 정말 많이 받았다. 주변 사람들은 내가 평소에 친하게 허물없이 이런 저런 이야기를 나누는 동료교사들이다. 필자와 여러 이야기를 나누고, 서로의 생각에 어느 정도 동의를 하는 교사들조차 이러한 질문을 하고 있었다.

> 학교 행사도 많은데, 어떻게 학년별로 교육과정을 짜라는 말인가?
> 과연 우리 학교처럼 대규모 학교에서 가능할까?

나도 안다. 정말 힘든 일이다. 특히 연세가 있으신 선배교사들이 즐비한 저학년의 경우에는 이러한 자율성 부여는 학교의 상황을 매우 어렵게 만드는 원인을 제공하게 될 것 이라는 것은 매우 자명한 일임을 안다. 알고 있다. 그래도 나는 바꾸고 싶다는 생각이 많았다.

교사를 위해서도 아니고, 학교의 혁신을 위해서도 아니다. 그저 우리 학교에서 아이들이 행복을 꿈꾸고, 행복을 경험하고, 행복한 추억을 많이 만들어서, 자신의 삶을 예쁘게 영글어가기를 바라기 때문이다.

그리고 내가 만들고자 하는 학교 역시 교육부나 교육청에서 지정해주는 시범학교도 아니며, 경기도에서 유행하고 있는 혁신학교도 아니다. 그저 조용히 아이들을 위한 학교를 만들고 싶었다. 그리고 학교가 그렇게 변해야 한다고 생각한다. 시끌벅적하게 세간의 주목을 받고 싶어 했다면 교장, 교감선생님께 말씀을 드려서 시범학교를 신청했을 것이다. 하지만 나는 그러고 싶지 않았다. 그저 평범한 학교, 주위에서 흔히 볼 수 있는 그러한 학교에서도 이렇게 변화를 추구할 수 있으며, 이러한 변화를 통해 학생과 학부모가 만족하고 행복해하는 학교를 만들어 갈 수 있음을 보여주고 싶었다.

그러기 위해서는 함께 하는 공동체 문화가 필요했으며, 모두의 동의가 필요하였다. 그래서 어떻게든 많은 교사들과 이야기를 나누려고 했고, 교육과정을 함께 협의할 수 있는 시간을 충분히 제공하고자 하였다. 하지만 이지에듀를 버리지 못한 것은 아직도 아쉬움이 남는다. 과연 이지에듀를 정말 버리지 못하는 것일까? 아니면 버리지 싫은 것일까? 이 글을 읽는 여러분도 한 번 생각해보면 좋겠다.

2. 이제는 버려야 할 때

필자는 학교를 학생 중심으로 변화시키기 위하여 많은 용기를 내었으며, 가장 먼저 한 것이 학교교육과정을 다시 살펴보는 일이었다. 정말 불필요한 것들이 대부분이었다. 150쪽에 달하는 교육계획에서 아이들의 이야기가 들어간 부분은 10쪽도 찾을 수 없었으며, 140쪽에 달하는 거의 모든 내용이 업무 및 교육 법에 대한 내용이었다. 나는 학교교육과정에서 덜어내어야 할 것들이 너무 많다는 것을 알게 되었다. 무엇을 어떻게 덜어내어야 할지, 국가교육법을 따라야하는 공무원으로써, 법에 반하지 않으면서도, 교사들의 책무성과 자율성을 살리면서도, 우리 학교만의 교육을 실천할 수 있도록 학교교육과정을 어떻게 만들면 될지 고민을 하게 되었다. 이러한 고민을 하던 도중, 나와 같은 고민을 이미 하고 있던 교사가 있음을 알게 되었다. 필자는 그 교사를 2015년 2월, 연수원에서 실시한 수업 전문가들의 연수에서 만날 수 있었다, 지금 생각해보아도 그 연수는 나에게 한 줄기 빛을 보여준 그리고 앞으로 학교 교육이 나아가야할 방향을 제시해준 매우 뜻깊은 연수였다. 지금껏 매년 120시간 이상의 연수를 계속 받고 있지만 이처럼 나에게 큰 감명을 준 연수는 없었던 것 같다.

정성식 선생님은 이러한 학교 상황에 대해 "교육과정에 돌직구를 던져라"라는 저서를 통해 학교에서 일어나면서 함께 부딪치는 문제를 여과 없이 들추어내고 있었다. 정성식 선생님이 들춘 문제를 요약하면 아래와 같다.

> 학교는 교육과정을 운영해야 하지만(초·중등교육법 제23조), 우리는 이 조항을 학교교육계획이라는 두툼한 책을 만들어서 운영을 해야 한다고 잘못 이해하고 있는지도 모른다. 게다가 150쪽이 넘는 학교교육계획을 단위 학교 내 연구부장 혹은 교육과정 부장이 작년 자료를 토대로 하여 만들게 되고, 힘들게 2달여의 시간을 공들여 만든 학교 교육계획서는 각 교실 교사 케비넷을 들어가서 일 년 동안 빛을 보지 못하다가, 케비넷을 정리하는 시점에서 바로 쓰레기통으로 버려지게 된다.
>
> – 정성식, 2014, 교육과정에 돌직구를 던져라

우리 학교도 이와 같은 상황이었다. 필자가 제일 처음 연구부장을 맡은 2012년, 전임 연구부장은 필자에게 2011년 학교교육계획서 파일을 주면서 날짜, 선생님들 성함 등을 고쳐서 그대로 사용하면 된다고 하였다. 이때 받은 교육계획서 쪽수가 표지를 포함하여 163쪽이었다. 47학급이나 되는 대규모 학교 연구부장을 처음으로 맡으면서 그래도 조금은 이전과는 다른 교육을 계획하고 싶어서 학교교육계획서를 처음부터 천천히 읽어보기로 하였다.

> 1학기 시작과 함께 교육과정을 만드느라 몸살을 앓은 교사들은, 찬바람이 불면서 반갑지 않은 손님이 다시 찾아온다. 바로 100대 교육과정 우수학교 공모전이다. 자의든 타의든 대부분의 학교 입장에서는 공모전에 참여를 하게 되고, 그 대부분의 책임을 연구부장 혹은 교육과정 부장이 떠맡게 된다. 교사는 이를 위해 더 오랜 시간 컴퓨터 앞에 앉아, 교육 내용이 아니라 대부분의 학교에서 유사하게 실시한 교육내용을 얼마나 예쁘게 포장하여 더 멋진 미사여구로 학교교육과정을 꾸며야 하는지를 고민하게 된다. 이로 인해 1년의 교육활동 계획서가 되어야 할 교육과정임에도 불구하고, 많은 학교에서는 하지도 않은 교육 활동 사진이 빼곡하게 보고서에 들어가게 된다. 이렇게 멋지게 꾸며진 100대 교육과정 보고서를 보면서 우리 학교는 적용하기 쉽지 않다는 것을 알게 되고, 보고서는 책꽂이에 꽂혀서 한 번도 벗어나지 못하는 신세가 되었다.
>
> – 정성식, 2014, 교육과정에 돌직구를 던져라

이러한 시점에서 알게 된 것이 또한 100대 교육과정이었다. 학교교육계획서를 작성할 때 고려해야 하는 것이 100대교육과정이라고 어느 선배의 말을 듣게 되었다. 교육계획서를 작성할 때 제목부터 내용까지 보고서 작성에 도움이 될 수 있도록 작성하면 도움이 될 거라는 조언에 우리 학교 교육과정에서 덜어내어야 할 것을 찾아보기 보다는, 어떻게 하면 조금 더 세련된 제목을 붙이고, 내용들을 보고서 작성에 편하도록 3개 정도의 소주제를 묶을 수 있는지를 고민하였다. 어떠한 내용들을 범주화하고 분류하여 어떠한 주제를 정하면 좋을지를 고민하였고, 업무를 중심으로 모든 고민을 하게 되었다. 이 얼마나 어리석은 짓이었는지를 필자는 그로부터 2년이라는 시간이 흘러서 알게 되었다. 무려 2년 동안이나 100대 교육과정 보고서 작성에 유리한 학교교육만을 생각하고 있었던 것이다. 물론 다른 학교보다 우수한 것도 없고, 내세울 것도 없지만 그래도 전근을 가시는 선생님들에게 조금이나마 위로가 될 수 있도록 집단점수를 주기 위한 목적으로 열심히 노력하였다. 그 결과 크게 내세울 것이 없는 교육 내용이었지만 경북지역에서 우수상을 수상할 수 있었다. 이러한 기쁨도 잠시, 나는 정성식 선생님의 연수를 직접 듣게 되었고, 많은 반성과 생각을 하게 되었다. 과연 나는 무엇을 위해 그토록 열심히 보고서를 작성하였는가?

그동안 학교를 학생이 중심이 되게 바라보지 못하고, 그저 업무 중심으로 바라본 내 자신을 발견하게 되었다. 학교는 학생을 위해 존재해야 하며, 학생들의 학습과 배움에 도움을 주기 위한 업무들이 계획되고 진행되어야 함을 깨닫게 되었다.

물론 이러한 과정을 통해 얻은 것이 전혀 없는 것은 아니었다. 몇몇의 선생님들과 함께 작업을 하면서 이렇게 함께 한다면 더 큰 일도 할 수 있겠다 라는 생각을 하게 되었고, 용기를 얻게 되었다. 매년, 매번 나 혼자서 노력하고 반성하는 것에 지쳐 있던 나에게 함께 한다면 더 나아갈 수 있겠구나 라는 것을 알게 되었다. 이것이 동 학년 학습 공동체의 시작이었던 것 같다. 이때 함께 했던 선생님들이 모두 현재 나의 동 학년이 되었고, 학습 공동체를 형성하여 함께 수업을 나누고, 교육과정을 재구성하고, 주제 중심 프로젝트 학습을 운영하고 있다. 이에 대해서는 다음 장에서 계속 이야기 하겠다.

이러한 용기를 얻은 필자는 고민을 시작하였다.

> 나 혼자의 노력으로 나 혼자만의 교실만을 바꾸어서는 안 되는 구나.
> 학교가 바뀌어야 하는 구나. 학교가 어떻게 바뀌어야 되지?

> 학교교육과정에서 덜어내어야 할 것과 묶어낼 것을 찾기 위해서는 교육인 것, 교육이 아닌 것, 교육은 아니지만 해야 할 것, 교육을 위해 해서는 안 될 것으로 구분 지으면 된다. 교육인 것은 보장하고, 교육은 아니지만 해야 할 것은 인정해주면서 묶어주고, 교육이 아닌 것과 해서는 안 될 것은 제거하면 된다. 우리나라의 새로운 교육 패러다임을 제시한다고 하는 혁신학교 역시 새로운 것을 들이는 것이 아니라, 무엇을 빼내느냐가 핵심이다.
>
> – 정성식, 2014, 교육과정에 돌직구를 던져라

교사는 교육과정을 만들어가야 한다고 한다. 하지만 업무 중심의 교육과정을 만들어가는 것은 아니라는 생각을 하게 되었다. 아이들을 위한 교육과정이 아니라 학교 기관 평가에서 우수한 등급을 받기 위해 교육과정을 계획하고, 1년 내내 이것을 목적으로 하여 하나씩 더 많은 것을 보여주기 위해 만들어가는 교육계획과 교육과정이 되어서는 안 된다. 만들어가는 교육과정이란 이러한 의미가 아닐 것이다. 이를 위해 우선은 학교 교육과정에서 덜어내어야 하는 것이 무엇인지, 그리고 묶어낼 것은 무엇인지를 찾아보는 작업이 필요하였다.

2015년 2월, 연수를 들은 후 바로 서점에 가서 정성식 선생님의 책을 바로 구입하여 읽어보았다. 글을 읽으면서 우리 학교 교육계획서도 하나씩 다시 들쳐보기 시작하였다. 정말 우리 학교교육계획서에 버려야 할 것들이 너무 많다는 것을 알게 되었다. 우리 학교 선생님들 모두와 함께 모여서 이야기를 나누며 덜어내어야 할 것과 묶어야 할 것을 찾아보는 것이 맞지만, 시기 상 우선은 나는 주변 친한 동료교사들과 함께 작업을 해보기로 하였다. 이러한 작업 결과가 당장 2015학년도부터 적용이 되지 못하더라도, 이것이 하나의 시작점이 되어서 2016학년도에 적용되면 되니까 말이다. 학교교육의 변화는 단시간에 이루어지지 않으며, 조금 씩 조금 씩 바꾸어가는 노력이 필요했기 때문이다.

3. 왜 해야 하는 건가?

> 학교에 근무를 하면서 교육이라는 말도 많이 사용하지만, 사업이라는 말도 매우 많이 사용을 하고 있다. 어느 사인엔가 교육이라는 말은 사라지고 특색사업을 중심으로 학교가 운영이 되고 있고, 교육이라는 이름하에 다양한 사업이 학교 교육의 중심이 되고 있다. 특색 사업 뿐 아니라 학교에는 역점사업, 노력중점사업 등 사업이라는 용어가 뒤따른다. 대체 이 많은 사업을 하면서 언제 교육을 할 수 있을까? 그리고 학년별로 다양한 사업을 진행하기 위하여 교육과정을 구성하게 되고, 교육과정 작성 프로그램의 도움을 받아 교과별 시수를 맞추기 위하여 시수 놀이를 하게 된다.
>
> – 정성식, 2014, 교육과정에 돌직구를 던져라

변화를 위한 끊임없는 노력으로 2016년 교육계획을 작성하기 위해, 2015년 12월 말부터 전 교사가 함께 모여서 동 학년별로 지난 일 년 간의 교육에 대해 스스로 반성하고 앞으로의 일 년을 계획할 수 있는 협의회 시간을 1주일간 가졌다. 함께 여행을 떠나서 밤새도록 교육과정과 교육에 대해 이야기를 나누고 싶었지만, 학교 사정으로 인해, 그리고 교사 구성 상 어려운 점이 많아서 그렇게 하지는 못하고 수업 후 3개로 나뉘어져 있는 학교 과학실에 학년 군 별로 함께 모여서 협의회를 오후 내내, 1주일 동안 함께 가졌다. 다행히 이 일주일간은 모든 학년이 단축수업을 실시하는 주간이어서 꽤 많은 시간을 함께 모여서 이야기를 나눌 수 있었다. 하지만 옛말도 있지 않은가.. 첫술에 배부를 수 없다.

이러한 과정을 처음 경험하는 대부분의 선생님들은 "연구부장, 이거 대체 왜 하는 거야?", "우리들의 교육은 그동안 잘못된 것이네요. 어떻게 해야 하나요?"라며 질문을 하는 것 같지만 필자를 비판하고 지적하려는 말을 많이 들었다. 그리고 모르긴 몰라도 평생 들어야 할 욕을 이때 모두 들었을지도 모르겠다. 지금도 혹시나 필자를 욕하는 선생님이 계실지도 모르지만 말이다.

어쨌든 선배 교사들의 이러한 질문에 필자는 선뜻 답하지 못하였다. 필자보다 선배 선생님들이고 자신들의 교육철학을 가지고 열심히 학생들과 호흡하며 삶을 만들어가고 있는 분들이기 때문이었다. 이 분들에게 지금까지의 학교교육에서 이제는 바뀌어야 할 부분이 있는 것 같아서 이렇게 합니다 라는 말을 하지 못하였다. 또한 돌이켜 생각해보면 필자 역시 그러한 말을 선뜻 던질 만큼의 자신감과 확신감을 가지고 있었던 것은 아니었던 것 같다.

하지만 이것 하나만은 말을 할 수 있었다. 왜 하는 건지 가장 의문스러워 하던 1학년 선생님들과 함께 모여서 필자는 이렇게 말을 하였다.

"저는 모든 것을 부정하거나 모든 교육이 잘못되었기 때문에 이러는 것이 아닙니다. 1년 동안의 다양한 교육활동을 되돌아보시면서 아이들의 학습이나 배움과 관련이 없는데 학교에서 시켜서 했던 활동들, 혹은 학교에서 시켜서 하기는 하였지만 교육적인 활동으로 계속하고 싶은 활동들을 찾아보시면 됩니다. 그리고 이러한 이야기 속에서 내년에는 하지 말아야 할 것들과 해야 하는 것들을 골라보세요. 그리고 이러한 활동을 하시면서 가장 중요한 것은, 그동안 알고는 있었지만, 말을 하지 않았던, 느끼고는 있었지만 생각을 진지하게 해보지 못했던 나의 수업에 대한 이야기를 함께 나누시면 좋을 것 같아요. 저는 교사중심 수업이 잘못되었다는 것이 아닙니다. 선생님들께서 함께 이야기를 나누시면서 결정된 것이 교사중심 수업이고, 작년과 동일한 활동이라면 그렇게 해주시면 됩니다. 함께 모여서 이야기를 나누고, 나눔을 실천하고, 서로의 생각을 알아가면서 폐쇄적인 동 학년에서 개방적이고 협력하는 동 학년으로 나아가는 것이 학년 중심 교육과정 운영의 첫 시작점이며 우리가 추구하는 목적이라고 생각을 합니다."

학년에 대한 이야기는 다음 장에서 이야기를 계속하기로 하고, 여기에서는 학교 교육과정에 대한 이야기로 이어가도록 하겠다. 이러한 학년별로 이야기를 통해 필자는 2015년 한 해 동안 학교 행사로 인해 여러 선생님들이 수업에 방해가 되었다는 것을 알게 되었다. 그리고 이러한 학교 행사가 일회성 대회 위주가 대부분이었고, 교사들은 대회 위주의 학교 행사에 매우 익숙해졌음을 알게 되었다. 필자는 선생님들에게 물었다.

"이러한 학교 행사가 정말 필요한가요?"

"필요하지, 계기교육을 하려면 그림 그리기 대회, 글 쓰기 대회 등 행사 말고는 뭐가 또 있을까?"

"뭐가 또 없지요. 하지만 학교 행사 위주로 계기 교육이 이루어진다는 것은 주객이 전도된 상황이 아닐까요? 교육을 함에 있어서 필요할 때 하는 것이 행사이지, 행사를 위해 교육이 이루어지면 안 된다고 생각합니다."

그리고 필자는 한 마디를 덧 붙였다. 이 말은 우리 교실 학부모들, 학교 운영위원회에서도 같이 했던 말이다.

"학교 행사를 하면서 교사들보다 먼저 아는 곳이 바로 학원입니다. 그리고 학교에서 어떠한 상을 누가 받았는지를 가장 궁금해 하는 곳도 바로 학원이며, 이러한 학교 행사 결과를 학원 홍보용으로 이용하고 있습니다. 정작 학교에서는 많은 아이들에게 상을 주기 위하여 돌려가며 상장을 주고 있습니다. 매번 잘 그리는 아이, 글을 잘 쓰는 아이만 받으면 다른 아이들의 자신감이 걱정이 돼서요. 하지만 정작 이러한 결과를 학원은 자신의 홍보용 수단으로 이용하고 있습니다. 우리는 어쩌면 이러한 행사위주의 교육으로 인해 학교가 아닌 학원 중심의 교육 환경을 만들어가는 것은 아닌지 궁금합니다. 특히 미술 대회의 경우 학원에서 미리 연습하고 그려본 학생과 그렇지 않은 학생들 간에 차이가 분명합니다. 물론 교사의 재량으로 그러한 학생이외에 연습하지 않은 학생에게 상을 줄 수도 있지만, 그렇게 될 경우 연습한 학생들에게는 뭐라고 말을 하실 건 지 궁금합니다. 이러할 경우 형평성의 문제가 많을 것으로 생각됩니다."

이러한 대화를 통해 우리는 학교 행사를 최대한 줄이자는 의견에 동의하였다. 필자는 이것 하나만으로도 매우 기뻤다. 선생님들이 필자의 의견에 조금씩 동의를 해주고 있다는 것에 기뻤다. 그래서 우리는 모든 행사를 폐지하고, 계기교육은 실제 수업 시간 속에서 교육과정 재구성을 통해 교과 수업시간에 이루어질 수 있게 하였다.

그렇다면, 이렇게 사라진 행사는 어떻게 했을까?

여러 행사를 묶어서, 한 학기에 2주일씩 주간 집중 교육과정을 운영하기로 하였다. 1학기와 2학기에 각각 이루어지는 체육대회와 전시회를 중심으로 하여 1학기에는 체육중심 주간 집중 교육과정, 2학기에는 예술중심 주간 집중 교육과정을 운영하기로 하였다. 물론 실제 주간 집중 교육과정을 운영함에 있어서 큰 어려움도 있었고, 예상치 못한 문제점도 발견하게 되었지만 실제로 운영을 하게 되었다. 계획을 하기에 앞서 많은 선생님들은, 이러한 것은 작은 학교에서나 할 수 있지, 우리 같이 큰 학교에서는 할 수 없는 것이라며 걱정하며 쓴 소리를 하는 분들이 많았다. 결과가 어떠한지 사실 잘 모른다. 그 결과가 어떠했는지 자세히 알 수는 없었지만, 아이들의 표정 속에서 그리고 학부모들의 설문지를 통해서 우리 아이들은 정말 행복한 학교를 경험하게 되었다는 확신을 가질 수 있었다.

아래의 사진을 보면서 어떠한 생각이 들었는가?

이러한 표정을 짓는 아이들로 가득한 학교를 꿈꿔 본 적이 있는가?

나도 이런 아이들로 가득한 학교를 꿈꿔보지도 생각도 하지 못했었다. 하지만 이제는 꿈을 꾸게 되었다. 실제로 이러한 표정을 짓는 아이들이 늘어나는 것을 보면서 나는 이러한 학교를 꿈꾸게 되었다. 아이들이 먼저 웃는 학교, 아이들의 웃음소리로 활기 찬 학교를 꿈꾸게 되었다. 왜 학교가 이래야 하나라고 묻는 선생님들에게 이제는 자신 있게 말을 할 수 있을 것 같다. 웃음이 넘치는 아이들로 가득한 학교, 그러한 웃음소리가 활기를 불어넣을 수 있는 학교를 만들 수 있으니까 그래야 한다고 말을 하고 싶다.

그리고 아래의 글을 보면서 어떠한 생각이 들었는가?

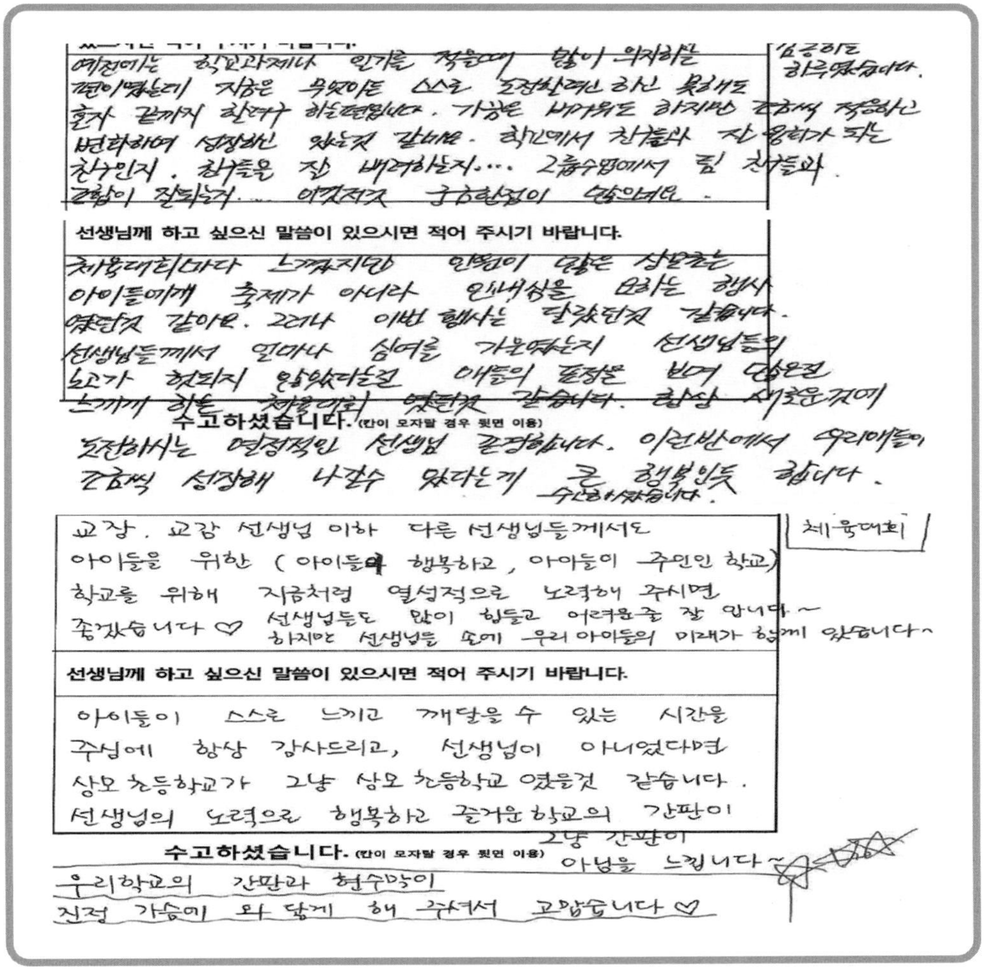

예전에는 학교과제나 일기를 적을때 많이 의지하는 편이였는데 지금은 무엇이든 스스로 도전할려고 하고 못해도 혼자 끝까지 할려고 하는편입니다. 가끔은 버거워도 하지만 조금씩 적응하고 변화하여 성장하고 있는것 같네요. 학교에서 친구들과 잘 융화가 되는 친구인지. 친구들을 잘 배려하는지… 그룹수업에서 친구들과 조합이 잘되는지… 이것저것 궁금한점이 많으네요. 성공하는 하루였습니다.

선생님께 하고 싶으신 말씀이 있으시면 적어 주시기 바랍니다.

체육대회마다 느꼈지만 일등이 되는 상을 받는 아이들에게 축제가 아니라 인내심을 요하는 행사였던것 같아요. 그러나 이번 행사는 달랐던것 같습니다. 선생님들께서 얼마나 심여를 기울였는지 선생님들의 노고가 헛되지 않았다는걸 애들의 표정을 보며 많은걸 느끼게 하는 체육대회 였던것 같습니다. 항상 새로운것에 도전하시는 열정적인 선생님 존경합니다. 이런반에서 우리애들이 조금씩 성장해 나갈수 있다는게 큰 행복인듯 합니다. 수고하셨습니다.

수고하셨습니다. (칸이 모자랄 경우 뒷면 이용)

교장, 교감 선생님 이하 다른 선생님들께서도 아이들을 위한 (아이들이 행복하고, 아이들이 주인인 학교) 학교를 위해 지금처럼 열성적으로 노력해 주시면 좋겠습니다 ♡ 선생님들도 많이 힘들고 어려운줄 잘 압니다~ 하지만 선생님들 손에 우리 아이들의 미래가 함께 있습니다^

체육대회

선생님께 하고 싶으신 말씀이 있으시면 적어 주시기 바랍니다.

아이들이 스스로 느끼고 깨달을 수 있는 시간을 주심에 항상 감사드리고, 선생님이 아니었다면 상모 초등학교가 그냥 상모 초등학교 였을것 같습니다. 선생님의 노력으로 행복하고 즐거운 학교의 간판이 그냥 간판이 아님을 느낍니다~

수고하셨습니다. (칸이 모자랄 경우 뒷면 이용)

우리학교의 간판과 현수막이 진정 가슴에 와 닿게 해 주셔서 고맙습니다 ♡

이러한 학부모로 가득한 학교를 꿈꿔 본 적이 있는가?

나도 없었지만, 이제는 꿈을 꾸게 되었다. 우리 학부모들은 많은 변화를 원하고 있다. 물론 이렇게 생각하지 않는 학부모도 있겠지만, 그동안 학교에 대해 많은 불만을 가지고서 학교가 변했으면 하는 생각을 가지고 있는 학부모가 많았음을 알게 되었다. 그러한 학부모가 이제는 학교를 다시 바라보고 학교를 믿고, 학교가 행복한 공간이 될 수 있으며, 아이를 위한 곳이라는 믿음을 가지기 시작하였다.

학부모가 어떻게 이러한 생각을 가지게 되었을까?

우리 학교 교육계획서를 잠시 살펴보도록 하겠다. 목차를 중심으로 하여 알아보도록 하겠다.

4. 우리 학교 교육 과정은 이러했습니다

Ⅱ. 함께 묻고 답하다

01 상모 교육 가족이 함께 모여서 묻고 답하면서 얻은 우리 상모만의 교육은..

상모 교육 의미를 묻는 것이며, 삶을 가꾸어 주는 것이다!

교육이란 학교에서 일어나는 모든 행위와 사건의 의미를 함께 물어보고, 배움과 나눔을 통해 학생들 스스로 자신의 삶을 가꾸어가는 과정이다. 우리 교실에서의 교육은 교육이라고 할 수 있는가? 우리들 모두의 만남 및 관계는 모두 교육적인가? 지금 여기서 우리의 삶은 교육이라고 할 수 있나? 상모초등학교 교육의 핵심은 학생들의 '삶을 가꾸는 것'이라고 본다. 교육이 제대로 되었다면 학생들이 살아가는 것에 영향을 미쳐야 한다. 우리가 말하는 '삶을 가꾼다'는 말은 '사람'이 '사람' 되게 하는 과정이라고 할 수 있다.

학생들은 몸으로 겪고 드러내면서 스스로 배우고 함께 나누면서 행복을 느끼는 존재가 되어야 한다. 어린이들은 제대로 배울 때 몸으로 움직이게 된다. 아이들은 체육과 국어 연극을 제일 좋아한다. 체육과 연극은 스스로 움직이게 하는 시간이 많기 때문이다. 교사의 지시와 통제보다 스스로 몸을 움직일 시간이 많이 필요하다. 몸과 마음에 남은 것들이 많을 때 꺼낼 것도 많고 추억할 것도 많아 행복한 존재이다. 학교 수업이 행복한 추억이 될 수 있도록 많은 활동을 통해 스스로 배우고, 배움을 함께 나눔으로써 기쁨을 느끼는 학생이 되기를 희망한다.

교사들은 교육의 질은 교사의 질을 넘을 수 없다는 말이 있다. 이에 우리 상모초 교사들은 체험중심, 활동중심, 학생중심 교육과정을 만들어가 학생들이 몸소 겪고 배울 수 있도록 노력하고자 한다. 학생들이 왜 배우지 않았는지 고민하기 보다는 왜 스스로 배우려고 하지 않는지 고민하고 함께 연구해가는 교사가 되고자 한다. 그리고 학생들이 함께 배우고, 서로 나누면서 행복감을 느낄 수 있는 다양한 교실수업과 체험활동을 제공하고자 한다. 이제는 교사가 아닌 학생이 주인이 되는 수업을 원한다.

상모 학교 배움을 즐기고, 나누면서 행복을 느끼며, 함께 체험하고 실천하는 교육의 장이되어야 한다. 학생들의 꿈과 끼를 키워주고, 그들 스스로 자신의 삶을 창의적이고 아름답게 디자인할 수 있도록 교사, 학생, 학부모가 함께 경진해나가는 공간이 되어야 한다. 교사는 사랑으로, 학생은 존경으로, 학부모는 믿음으로 서로 다가가며 깨우고, 자라고, 나누는 공간이 되어야 한다.

배움 교육 독서와 체험활동으로 새로움을 스스로 탐구하도록 하는 교육이다. 교육은 경쟁이 아니다. 함께 배우는 것이며 나누는 것이다. 교사가 중심이 되는 교육, 일회성의 경쟁을 야기하는 각종 행사는 교육이 아니다. 교육으로 학생들 스스로 깨우쳐야 한다. 이를 위한 구체적인 교육 방법으로 학생요구 조사에 의한 동아리 전일제 운영, 교내 대회 폐지 및 행복학교와 연계한 다양한 활동 운영 등이 나오게 되었다.

자람 교육 학생활동중심의 교실수업 개선을 통해 생각과 사고가 자라나고, 바른 인성을 겸비할 수 있도록 하는 교육이다. 깨움 교육을 통해 배우게 되고, 인성과 함께 배움이 더욱 자라날 수 있게 하는 교육이 필요하다. 교육은 학생들 스스로의 자람을 지향해야 한다. 이를 위한 구체적인 교육 방법으로 오늘은 통합 데이, 체험과 활동 중심의 교과 활동, 인성중심 교육 실천, 다양한 생태교육 수업 등이 나오게 되었다.

나눔 교육 함께 배우는 활동과 나눔을 실천하면서 스스로의 삶을 가꾸어가면서 함께 동반성장할 수 있도록 하는 교육이다. 삶은 혼자서 살아가지 못한다. 함께 살아가야 하며 서로 나누어야 한다. 독단적인 지식은 편견이 되고, 이러한 편견은 세상을 어둡게 만든다. 교육은 배운 내용을 서로 나눔으로 모두가 행복한 삶을 만들게 해야 한다. 이를 위해 상모 스페셜 데이, 상모 행복 학교 등이 나오게 되었다.

이러한 우리들의 이야기를 바탕으로 하여 아래와 같이 덜어내었다.

필요 없는 것을 빼내고, 났더니 150쪽이었던 교육계획서가 60쪽으로 줄었네요.

우선은 아이들의 교육과 관련이 없던 50쪽에 달하던 업무 관련 내용을 부서별로 1쪽으로 줄였습니다.

학교장의 경영관도 없애고자 하였다. 하지만 학교장의 반대로 인해 이 부분은 없애지 못하였다. 우리 학교 선생님들의 이야기로 가득 채우고자 했지만 이 부분은 아쉬움으로 남는다.

그리고 학년별 교육과정에 자율성을 최대한 보장하기 위하여 교육부 및 교육청에서 제시하는 창·체 시수를 모두 교과 시간으로 옮기고, 학년에 자율성을 제공하면서 이와 관련된 부분이 모두 제거되었다.

오늘은 통합 데이는 학년별로 매월 한 번씩 프로제트 학습을 위해 계획한 날이었다.

필자가 2012년 연구부장을 처음 맡으면서 가장 먼저 한 것이 학년별로 스팀데이를 학기별로 2회씩 운영도록 한 것이었다. 물론 앞에서 언급한 것처럼 이 역시 100대 교육과정을 위해 처음 도입을 하였지만, 그동안 학년별로 쌓아온 많은 자료와 교육 내용을 그대로 버릴 수는 없었다. 그래서 이를 바탕으로 하여 매월 한번씩 하루종일 프로젝트 학습을 하는 날을 지정하였다.

선생님의 불편함과 어려움을 최소화하기 위하여 3월, 5월, 10월은 제외하였다. 3월 학년 초라서 많은 업무 정리로 바쁘시고, 교육과정을 계획하는 달로 지정하여 제외하엿다. 5월과 10월은 다음에 설명을 하게 될 행복학교를 운영하는 달이라서 제외하였다.

처음 시작하는 것이고, 많은 선생님들의 저항이 예상되어서 최대한 기존 자료를 참고하고 이용할 수 있도록 열어주었으며, 함께 모여서 교과서를 보면서, 그리고 교육과정을 보면서 나눔을 실천하는 그 과정에 초점을 두고자 하였다.

처음에는 굉장히 반대가 심했다. 이렇게 큰 학교에서 불가능하다고 말을 하였다. 하지만 3월이 거의 지나가던 어느 시점에 한 교사가 이런 말을 하였다.

> "교육과정을 작성하면서 이렇게 하는 것이 옳다는 것을 알게 되었어요. 그리고 이렇게 해보니까 함께 이야기 하는 시간도 많아지고, 수업에 대해 한번 더 고민하게 되었어요. 고마워요."

02 “Sangmo Special Day”(상모 스페셜 데이)

왜?	창의적 체험활동은 학생들이 흥미와 책임감을 가지고 자발적으로 몰입하게 하는 것이 중요하며, 일회성 행사 위주의 창의적 체험활동에서 벗어나 학년별 특색을 살린 연계성을 고려한 창의적 체험활동이 중요함.
무엇을?	동학년 협의회를 통해 학년별 특색을 살릴 수 있는 창의적 체험활동 주제를 선정하고, 전일제로 운영되는 '상모 스페셜 데이'를 계획함.
어떻게?	매월 4째 주 수요일, 창의적 체험활동 집중 운영 기간을 정하여 전일제로 활동하게 되며, 학생 중심의 동아리 활동도 함께 실시.

그래서

학년 / 날짜	1학기			2학기				시수
	5.25	6.22	7.20	9.21	11.23	12.28	2월	
학년별 시수	5	5	5	5	5	5	(5일)	30
운영 방안 (자세한 내용은 학년교육과정 참고)	1학년	동아리 전일제 운영						
	2학년	교육과정 재구성 연계 운영, 동아리 활동 운영						
	3학년	동아리활동 전일제 운영						
	4학년	동아리활동 전일제 운영						
	5학년	나도 발명가, 장애이해, 동아리활동, 녹색식물가꾸기, 요리활동 등						
	6학년	어울림학교(5.25, 6.22), 동아리활동(4.27, 7.20, 11.30, 12.28)						

상모 스페셜 데이는 아이들의 꿈과 끼를 키워주기 위한 날로써, 창의적 체험활동을 전일제로 운영하기로 한 날이다. 물론 여러 학교에서 이미 시행하고 있는 것이지만, 계속적으로 말을 하지만 47학급이나 되는 대규모 학교에서 이러한 일을 진행하는 것은 정말 큰 어려움이 있었다. 학년별 교육과정 운영에 최대한 자율성을 부여하고, 행사활

동과 꼭 실천을 해야 하는 창의적 체험활동 시수를 제외한 모든 시수를 학년 특색 교육으로 남겨두었다. 그리고 이러한 자율성에 더해서 운영의 효과성을 높이기 위하여 매월 마지막 주 수요일을 전일제로 창의적 체험활동을 운영하는 날로 지정하였다.

본 의도와 달리 학년별 교육과정을 받았을 때 대부분이 학년에서는 이 날을 동아리 활동을 지정하여 운영을 하려고 함을 알 수 있었다. 그래도 이렇게 시도를 한다는 것에 만족하고, 함께 더욱 발전하고 성장해가면 된다고 위안을 삼았다.

03 봄 · 가을 행복 상모 학교

왜? 일회성의 각종 학교 행사, 경쟁을 유도하는 각종 교내 대회를 통 · 폐합 하고, 아이들의 꿈과 끼를 키워줄 수 있는 주제를 정하여 학년별로 다양한 체험 및 활동 중심 수업이 이루어지는 주간 집중 교육과정이 필요함.

무엇을? 생활중심 체험 활동, 소집단 공동 활동, 학습하는 방법의 학습, 통합적인 범교과 학습 등의 학습 요소를 중심으로 다양한 체험 활동 프로그램을 통하여 학생들의 자기 주도적 학습력을 향상시키기 위하여 행복 상모 학교를 계획함. 경쟁을 유도하는 일회성의 각종 학교 행사 및 대회를 지양함으로써 아이들의 꿈과 끼를 키워주고, 나눔과 배려를 실천할 수 있는 경험을 제공하고자 행복 상모 학교를 운영하게 됨.

어떻게?

봄행복학교 (4월 25일~5월 4일, 7일간, 작은 운동회 지향): 아이들의 다양한 체육활동을 주 지향점으로 결정하고, 학년별 작은 체육대회를 중심으로 하여 활동 중심 수업을 실시하고, 그 결과로 학년별 작은 체육대회를 실시. 체육대회관련 지도안을 작성하고, 학부모와 함께 참여하는 수업을 만듦으로서 학부모 공개수업을 대체. 이를 통해 일회성의 학부모 공개수업의 단점을 보완하고, 학부모와 함께 만들어가는 교실 수업 개선을 실천.

가을행복학교 (10월 6일~10월 19일, 총 10일, 작은 전시회 지향): 아이들의 다양한 예술체험활동을 주 지향점으로 결정하고, 학년별 작은 전시회를 중심으로 활동 중심 수업을 실시하며, 그 결과로 학년별 작은 전시회를 개최. 기존의 보여주기식 전시회, 학부모가 힘들어하는 전시회에서 벗어나서, 아이들의 활동 결과물, 아이들이 직접 꾸미는 전시회를 개최함으로써 학교에 대한 주인의식과 학습에 대한 몰입도를 높임.

그래서

봄 행복 학교 교육과정

날짜 \ 학년	1학년	2학년	3학년	4학년	5학년	6학년
4월25일(월)	소중한 나 인권교육	고운말 프로젝트 (고운말을 통해 건강한 관계를 맺어요)	·	장애인식	·	스팀데이
4월25일(화)	과학 마술 학교		과학마술체험	과학축제	과학마술체험	스팀데이
4월26일(수)	친구사랑 장애이해교육		감성코칭/체육대회 사전조사	다문화이해	전통놀이 종목선정	스파셜데이
4월27일(목)	환경사랑	과학마술체험	감성코칭/장기자랑	녹색환경	전통놀이 만들기	가정의 달
4월28일(금)	소중한 가족	신나는 나의 봄 프로젝트	감성코칭	과학마술체험		과학마술체험
5월 2일(월)	체육대회	체육대회	문화예술체험	문화예술체험	전통놀이 체험	역사데이
5월 3일(화)	문화예술체험	문화예술체험	현장체험학습	현장체험학습	체육대회	체육대회
5월 4일(수)	현장체험학습	현장체험학습	체육대회	체육대회	문화예술체험	문화예술체험

봄 행복학교는 체육 중심 교육과정 재구성 기간으로 아이들이 만들어가는 작은 체육대회가 중심이 됨

가을 행복 학교 교육과정

날짜 \ 학년	1학년	2학년	3학년	4학년	5학년	6학년
10월6일(목)	나라 사랑	주변의 다양한 사람과 건강한 관계를 맺어요 프로젝트 실천	다문화교육	독도사랑	통일안보교육	스팀데이
10월7일(금)	독도는 우리 땅		협동화그리기	정보통신윤리		스팀데이
10월10일(월)	우리 한글		독서캠프	전통놀이	언어개선(한글사랑) 굿네이버스	시화전 꾸미기
10월11일(화)	공예활동		작품전시회준비	음식만들기		북아트 만들기
10월12일(수)	공예활동		반대항체육대회	전시회준비	독도사랑, 나 사랑	자서전 쓰기
10월13일(목)	전통놀이 한마당	전시회 준비	전시회 준비	전시회준비		독도데이
10월14일(금)	내가 꾸미는 전시회	전시회열기	문화예술체험/장애이해교육	문화예술체험/전시회열기	현장체험학습	민주주의데이
10월17일(월)	현장체험학습	전시회 참관	진로교육	현장체험학습	문화예술체험	문화예술체험
10월18일(화)	문화예술체험	문화예술체험	전시회 참관	전시회참관	현장체험학습	현장체험학습
10월19일(수)	전시회 참관	현장체험학습	현장체험학습	전시회감상표현	전시회감상표현	전시회 참관

가을 행복학교는 예술 중심 교육과정 재구성 기간으로 학생들이 스스로 만들고 꾸미는 전시회가 중심이 됨

앞의 행복학교는 2016년이 시작되면서 우리 학교에서 제일 많이 변화된 부분을 보여주는 교육이었다. 우리들은 함께 협의하면서 행사위주의 경쟁을 유도하는 교육을 최대한 배제하고, 아이들이 모두 참여하고 체험할 수 있도록 학교를 만들어가고자 하였다. 그리고 학교의 모든 교육활동을 교사가 혹은 학부모가 만들어가는 것이 아니라 아이들이 직접 만들어가는 학교가 되기를 바라는 마음에서 시작한 우리 학교 교육의 핵심이었다.

5. 나비효과를 믿으며…

이러한 내용을 보면서 이미 이러한 활동을 더욱 발전 형태로 운영하는 학교, 특히 유명한 겨기도 혁신학교에 근무하는 선생님들의 경우에는 이렇게 생각할 수도 있다.

> 이거 뭐 별거 없잖아. 이게 뭐 대단한 거란 말이지?
> 이제 뭐 길래 학생과 학부모가 좋아한다는 거지?

이 말이 맞을 지도 모른다. 왜냐하면 내가 하고자 하는 부분은 혁신학교의 일부분일 수도 있으며, 여느 학교에서 이미 실천하고 있는 것일지도 모른다. 하지만 혁신학교가 되지 못하고 있거나, 반대하는 많은 교사들로 인해 이러한 생각들을 가지고서도 실천하지 못하고 있는 우리나라 대부분의 일선학교에서도 함께 실천할 수 있는 학교 변화 방법을 이야기하고 싶을 뿐이었다.

우리 학교의 상황을 말을 하자면, 얼마 전까지 한 해에 4명의 퇴임자가 있었고, 2명의 명예 퇴직자가 있었던 학교였으며, 퇴직을 앞둔 교사들이 퇴직을 위해 쉬기 위해 오는 학교가 바로 우리 학교였다. 그리고 내가 9년 전, 구미에 첫 발령을 받을 때 까지만 해도 현재 47학급이어도 방과 후 교실로 사용할 수 있는 교실이 있는 큰 학교임에도 불구하고, 그 당시에는 학급 수가 부족하여 운동장에 가건물을 세워서 수업을 하던 대규모 학교였다. 어느 교사는 강남이남에서 제일 큰 학교라는 말을 하기도 했던 학교였다. 이런 상황이다 보니 우리 학교에 전입해오는 교사들은 열심히 공부를 하거나 무엇인가를 준비하면서 적극적으로 업무를 하기 위해서가 아니라 혼자서 조용히 아이들의 수업을 하고서, 오후에는 쉬는 시간을 즐기기 위한 교사들이 모이는 학교가 바로 우리 학교였다. 이러한 상황에서 변화를 이끌어내는 것이 어떠했을까?

우리나라 대부분의 학교, 특히 내가 소속되어 있는 지역 대다수의 학교는 변화를 두려워하고, 현실에 안주하려는 경향이 매우 강하다. 그래서 변화를 하려고 하면 우선적으로 반발을 하게 되고, 왜 그렇게 해야 하는지를 이해하려고 하지 않는다. 이러한 분위기에서 작은 변화를 시도했다는 것 자체가 큰 의미를 가진다고 할 수 있다.

시작이 없으면 끝도 없으며, 작은 변화 없이는 큰 변화도 없다. 아직 시작도 하지 않고, 작은 변화도 하지 않은 대다수의 학교에 우리 학교의 사례가 한줄기 희망이 되었으면 한다.

필자도 처음에는 뭐 그까지 것, 나만 잘 계획하고 안내하면 연구부장이 하는 말이니까 다들 잘 따라 줄거야 라고 생각을 하였다. 이전까지 내가 하고자 했던 모든 일에 전 선생님들이 동의하고, 따라 주었으니 말이다. 물론 이때는 선생님들의 편의를 최대한 제공해주었던 것 같다. 그런데 선생님들의 교육 철학을 뒤흔들고, 학교를 뒤흔들고, 많은 변화를 주려고 하는 순간 모든 선생님들이 나의 적이 된 것 같았다.

학교의 반대 세력은 생각보다 정말 거셌다. 이러한 상황에서 올해와 같은 변화는 우리 학교에서는 상상도 하지 못한 것이었다. 아마 많은 학교들이 이러한 상황일거라고 예상한다. 무엇인가 교육을 변화시키기 위해 노력하는 학교도 많지만, 그렇지 않고 그저 현실에 안주하고 작년과 같은 올해를 이어나가는 학교도 많은 게 사실이다. 나는 이러한 학교에게 말을 하고자 하는 것이다, 변화를 추진하는 과정은 매우 어렵지만, 그 방법은 그다지 어려운 것이 아니다. 쉽게 쉽게 시작하고, 쉽게 쉽게 조금씩만 변화시켜 보자. 변화를 하지 않던 학교의 작은 변화는 아이들과 학부모들의 마음을 움직이게 된다.

그리고 그러한 노력으로 조금씩 바뀌는 아이들과 학부모를 보면서 다른 선생님들의 마음도 조금씩 변하게 되는 것 같다.

나비효과라는 말도 있지 않은가.

지금 당장, 우리 학교 교육계획서를 살펴보고, 주변 동료교사들과 함께 이야기를 나누기 시작해보자. 그리고 그러한 이야기를 바탕으로 조금씩 학교 교육을 바꾸어보자. 누가 알까?

우리 학교처럼 아이들이 변하고, 학부모들이 변하는 모습을 보게 될지도 모르니 말이다. 그리고 우리 학교 선생님들도 변화하는 모습을 보게 될지도 모르니 말이다.

11장

동학년을 바꾸어보려는 용기

1 겨우 함께하게 된 동학년

폐쇄적인 동 학년에서 함께하는 동 학년으로 변화를 꾀하기 위하여 우리 2학년 선생님은 교과 통합을 활용한 주제 중심 프로젝트 학습을 계획하기로 하였다. 함께 모여서 교육에 대한 이야기도 나누고, 교육 철학적인 이야기도 함께 나누면서 서로의 이야기에 함께 느끼고 공감하며 이야기를 모아보았다. 이렇게 모은 우리들의 이야기가 바탕이 되어서 아이들과 함께 수업으로 대화를 나누고자 하였다. 그러기 위해서는 우리들의 이야기와 아이들의 이야기가 함께 만날 수 있는 기회가 필요하며, 이러한 과정을 위하여 주제 중심 통합 교육과정과 이를 바탕으로 한 프로젝트 학습을 함께 계획하고 실천하기로 하였다.

이렇게 함께 모여서 이야기를 나누기 위해, 그리고 주제 중심 통합교육과정을 통한 프로젝트 학습을 전 차시 전 교과에 걸쳐서 동 학년이 함께 운영하기 위해 교장, 교감 선생님께 동 학년 구성에 대한 권한을 달라고 하였다. 물론 이를 위하여 2016년에도 연구부장 업무를 계속한다는 조건을 걸었다. 교장, 교감 선생님께 말씀을 드리기 전 과연 선뜻 허락해 주실 거라고 생각하지 않았으며, 통과가 되더라도 매우 어렵게 될 거라고 생각하고 걱정하였다. 하지만 이거 웬일인지.. 교장, 교감선생님께서 두말도 없이 필자의 의견을 받아주셨다. 그리고 교감선생님께서는 한명 씩 한명 씩 따져보면서 필자와 함께 이야기를 나누며 동 학년을 꾸려주시려고 하였으며, 학년도 필자가 원하는 학년으로 배정해주시기로 하였다. 물론 지금 돌이켜 생각해보면 이때 조금 더 신중하게 동 학년 선생님을 섭외하고, 그러한 과정에서 더 많은 이야기를 나누며 동의를 이끌어내는 것이 더 필요했어야 하는데 그러지 못하고, 급하게 동 학년을 어떻게든 꾸리려고만 했던 것에 대해서 후회가 되기도 한다. 돌이켜 생각해보면서 필자가 선택한 일에 대한 후회가 되기는 하지만, 후회를 하기 보다는 지금의 선택과 결과에 만족해하며 동 학년을 계속 꾸려가고 있다.

교과 통합은 매우 어려운 일이다. Dranke는 교과 통합을 영웅이 미지의 세계에서 겪는 모험에 비유를 할 정도로 매우 힘든 작업임을 강조하였다. 하지만 조금만 틀어서 생각을 한다면, 교과 통합을 성공적으로 실천하였을 때는 보람이 배가 될 수도 있다는 생각을 우리들은 함께 하게 되었다. 그리고 함께 원칙도 정하였다. 지금의 우리들의 이야기는 단위 학교의 변화를 위한 것이며, 어떠한 연구학교나 시범학교를 위한 것이 아님에 동의하였다. 그리고 아이들에게 의미 있고 효과적인 배움이 중심이 되어야 하며, 아이들의 삶이나 생활과 연계되어 그들의 삶의 모습을 더욱 아름답게 가꾸어줄 수 있어야 한다는 것에도 동의하였다. 그리고 항상 주제를 정하기 전에 우리가 중요하게 생각하는 내용과 아이들에게 필요한 배움을 함께 고려해야 한다는 것에도 동의하였다. 그리고 마지막으로. 아무리 힘들어도 함께 끝까지 가기로 약속하였다. 물론 이 약속은 1주일 뒤부터 서서히 깨지기 시작하였지만. 어쨌든 시작은 매우 좋았다.

통합 교육과정은 현재 경기도지역을 중심으로 하여 활발하게 연구되고 실제 교실에서도 다양하게 적용되고 있는 것으로 알고 있다. 우리들은 함께 모여서 의논하였다. 그러한 학교들의 자료를 찾아서 우리의 것으로 바꾸면서 할 것인지, 그러한 자료 없이 우리들만의 노력으로 시작을 할 것인지를 제일 처음으로 함께 고민하였다.

1부에서 잠깐 잠깐 언급을 하기는 하였다. 이러한 대화가 우리들 시련의 시작점이었던 것 같다. 이미 초등 교사들의 수업을 위해 다양한 자료들이 즐비한 인디스쿨이라는 사이트에 익숙해져 있는 몇몇 선생님들은 우리들만의 노력으로는 힘이 들기 때문에, 다른 학교의 자료를 기반으로 하여 시작하자고 하였다. 물론 나는 그러한 의견에 전적으로 동의하지는 못하였지만, 첫 시작의 어려움을 알기 때문에 어느 정도 인정을 해 주기로 하였다.

하지만 이틀 정도 함께 이야기를 하루 종일 나누면서. 그리고 인터넷에서 찾을 수 있는 자료 혹은 이전 학교의 자료들을 이용하여 함께 이야기를 나누는 그러한 시간이 흐르면 흐를수록, 필자는 점차 우리들의 이야기가 아니라 경기도 지역의 혁신 학교 혹은 시범학교의 이야기를 우리가 하나씩 평가하고 있으며, 그 중에서 잘된 점은 받아들려고 하고 잘못 된 점은 받아들이지 않으면서 우리 동 학년 통합 교육과정을 다른 학교의 이야기로 꾸려가고 있다는 생각을 하게 되었다. 이건 무언가 조금씩 잘못되어 가고 있다는 생각을 하게 되었다.

그래서 필자는 용기를 내어서 말을 하였다.

"선생님. 이렇게 다른 학교 자료를 가지고 와서 우리들끼리 평가를 내리고, 그것을 바탕으로 이리저리 내용을 바꿔가는 것이 바람직한 건가요? 우리 그냥 이러한 자료 없이 부족할지라도 우리들의 이야기로 시작해서 우리들의 이야기로 계속 만들어 가면 어떨까요?"

필자의 첫 발언이어서 그런지, 몇 몇 선생님은 그다지 달갑게 여기지 않았지만 어쨌든 이번에는 모두 함께 나의 의견에 따르기로 결정하였다. 그리고 나 역시 통합 교육과정을 위해서는 나 혼자만의 노력으로는 어림도 없음을 알고 있었으며, 함께 노력해야 계속 해 나갈 수 있는 것임을 알고 있었기 때문에 어쨌든 함께 하고자 하였다.

그래서 이야기를 다시 시작하였다. 그동안 가지고 있던 여러 학교들의 자료를 버렸다. 학교 교육계획서에서도 버리는 것부터 시작하였듯이, 우리 동학년도 통합 교육과정과 프로젝트 학습을 위해 버리는 것부터 시작하였다. 우리들 모두 통합의 필요성을 느끼고 있었지만, 어떻게 해야 할지 서로가 막막한 상황이었다. 거기에다 기존 학교의 자료들도 모두 없애고 제로에서 다시 시작한다니 이 얼마나 더욱 막막한 상황이었겠는가..

이때가 2월 22일이었다. 3월 첫 수업을 시작하기까지 남은 시간은 약 1주일 정도.. 우리는 큰 고민에 빠지게 되었다.

우리는 모두 쉽게 시작하자는데 동의하였다. 물론 시간적 여유가 없었던 것도 이유가 되겠지만, 처음으로 모여서 이제 바꾸기 시작하는 시점에서 어렵게 시작을 한다면 모두가 포기하고 될 것이라는 모두의 동의가 있었기 때문이다. 그래서 교과서와 교육과정을 다시 살펴보기 시작하였다. 그리고 관련된 것들끼리 묶어보는 단순한 작업부터 시작하게 되었다. 국어, 수학, 바 · 생, 슬 · 생, 즐 · 생(물론 바생, 슬생, 즐생은 통합이라는 교과 내에 모두 들었지만, 우리는 교육과정이 중심이 되어야 하므로 통합이라는 교과보다는 바 · 생, 슬 · 생, 즐 · 생이라는 교육과정이 중심이 되도록 구분하였다) 교과서를 하나씩 살펴보면서 우선은 아무런 관련 없이 무작정 무식하게 관련된 것들끼리 묶어보았다. 그리고 묶은 것들에 해당하는 성취기준을 찾아서 연계 지어보았다.

물론 이렇게 묶는 과정은 8명의 교사가 모두 함께 한 것이 아니라 2명씩 짝을 지어서 실시하였다. 모든 차시를 구성하기 보다는 관련된 것들을 보이는 대로 묶어보기로 하였다. 그리고 교과서와 교육과정을 살펴보면서 이렇게 묶어서 아이들과 함께하면 재미있을 것 같은 것들도 묶어보기로 하였다. 이러한 과정을 통해 우리 교사들의 다양한 생각들을 함께 알아볼 수 있었으며, 주제를 선정함에 있어서 더욱 다양성을 추구할 수 있었던 것 같다.

그리고 나서 짝을 지어서 서로 묶은 내용을 함께 모아서 이야기를 나누기 시작하였다. 흥미 위주로만 묶인 것들은 관련된 교과 지식을 찾아서 넣어주고, 관련된 교과 지식이 없을 경우에는 과감하게 버리거나 창의적 체험활동으로 엮어가기로 하였다. 통합 교육과정의 프로젝트 학습은 궁극적으로 아이들의 배움과 학습을 위한 것이기 때문이다. 그리고 함께 만들어감에 있어서 최대한 쉽게 그리고 모두 함께 동의를 하면서 만들어 갔다.

우리가 함께 구성하고자 하는 것은 통합 교육과정이었다. 왜 그러한 통합 교육과정을 구성하고 프로젝트 학습 주제를 선정하였는지에 대한 이유를 함께 이야기 나누는 것이며, 이를 바탕으로 교육과정을 구성하고 수업과 학습의 큰 흐름을 함께 하는 것이었다. 통합 교육과정의 대 주제 및 중 주제를 함께 구성하고서, 그 안의 세세한 활동 및 수업 내용들은 여덟명 선생님의 각자의 몫으로 돌리기로 하였다. 반별로 아이들의 수준이 다르고, 처한 상황이 다르기 때문에 세세한 수업은 각자의 몫으로 돌리고, 가장 간편한 방법으로 그리고 가장 쉬운 방법으로 함께 이야기를 나누고 만들어 가기로 하였다.

이러한 과정을 거쳐서 우리가 함께 하고자 하는 주제를 선정하고, 이에 따라 대 주제를 선정해보았다. 그리고 대 주제에 따라 중 주제를 엮어내고, 중 주제 속 소 주제를 정하여 통합 교육과정을 바탕으로 한 프로젝트 학습을 만들어가게 되었다. 우리들의 이야기는 이제 시작이다.

하지만 우리들의 이야기를 시작하기 앞서, 한 가지 알아야 할 상황이었다. 이러한 우리들의 이야기를 나누며 함께 교육과정을 만들어가던 3월 중순 어느 날, 인디스쿨 자료로 인해 우리들의 감정은 격하게 변하게 되었다. 인디스쿨 자료를 이용하자던 선생님들과 그러지 말자는 선생님들로 나뉘게 되었다. 그러한 다툼으로 인해 2월 달, 다른 학교 자료도 사용하지 말자고 했을 때도 너무 불만이 있었다는 이야기도 듣게 되었다. 필자는 고민에 빠졌다. 그리고 상황이 그다지 쉽게 해결되지 않음을 알게 되었다.

한 분의 선생님에게는 그 선생님의 업무도 제가 해드릴 수 있으니 함께 하자고까지 말을 하였다. 물론 결과적으로 우리 동 학년은 이분화가 되었고, 지금까지도 그러한 상황이 지속되고 있다. 누구의 의견이 옳고 누구의 의견이 잘못된 것인지 모른다. 다만, 내가 말하고자 하는 것은 이렇게 학교에서 구성을 해주고, 함께 할 수 있도록 배려를 해주었다는 것을 알았다면 어느 정도 함께 끝까지 나가는 것이 옳은 일이 아니었을까 하는 것이다. 이로 인해 우리 학년은 다른 학년의 미움을 크게 받게 되었다. 안 그래도 2학년에 젊은 사람들을 모아서 교육과정 재구성이네, 프로젝트 학습이네 하면서 끼리끼리 모아두었다고 안 좋게 보던 선생님들이 많았었는데, 이렇게 이분화 되었다는 소식을 들었을 때 우리가 받았을 그 따가운 눈총은 상상 그 이상이었다.

그래도 그때부터 지금까지 네 명의 선생님은 꾸준하게 나를 지지해주고 함께 해주고 있다. 이 선생님들이 없었다면 지금의 이러한 이야기도 없을 것 같다. 이 글을 빌려서 다시 한 번 감사하다는 말을 다시 전하는 바이다.

2. 함께 나눈 우리들의 이야기

우리들이 함께 만나서 이야기를 나누고 그동안 함께 학생들의 배움을 위해 만들어간 수업 이야기는 다음과 같다.

동(同)학년 학습공동체 선생님들과 모여서 제일 처음 우리들에게 던진 질문은 이것이었다.

교육이란 무엇인가요?

이 질문을 동 학년 선생님들에게 던지고서는 그 자리에 있던 모든 교사가 조용히 생각에 잠겼던 것이 떠오른다. 그동안 한번도 고민을 해보지 않았던 것이다. 아마도 이 글을 읽고 있는 여러분도 진지하게 생각을 해본 사람은 그리 많지 않을 것 같다. 우리들은 이 질문에서 시작을 하였다. 함께 이야기를 나누면서 우리는 국가에서 정해준 교육과정이 교육의 전부가 되어서는 안 된다는 결정을 지었다. 그리고 교육과정을 기반으로 하여 제공되는 교과서의 표준화된 지식을 단순 암기시키는 것이 교육이 되어서도 안 된다고 동의하였다. 학교와 교실에서 교사가 직접 실천하는 모든 행위로서 교육과정을 재구성하고, 아이들의 삶을 가꾸어주고, 그들만의 이야기를 만들어줄 수 있는 과정이 바로 교육이 되어야 한다고 입을 모았다.

그리고 교육이 아이들의 실제적인 삶의 과정과 밀접한 관련을 가지도록 만들기 위해서, 우리들은 교과 통합, 통합 교육과정, 주제 중심 프로젝트 학습 등에 관심을 가지게 되었다.

> 우리들은 통합 교육과정은 다양한 과목의 상이한 학습내용들을 상호 의미 있게 관련지어 통합된 지식으로 학습하도록 하고, 바람직한 인성도 함께 형성할 수 있도록 도와주는 과정 혹은 결과라고 정의 내렸다.

우리들은 두 번째 질문을 던졌다.

> 아이들의 삶, 경험과 연계된 교육, 어떻게 하면 좋은데?!

함께 이야기를 나누면서, 모두가 교육이 바뀌어야 하고, 아이들의 입장에서 아이들의 눈으로, 아이들의 수준에 맞게 교육이 바뀌어야 한다고 동의하였다. 그동안 교실의 수업은 교사가 편한 수업, 교사를 위한 공간, 교사를 위한 교육과정 운영이 주를 이루었다고 함께 서로 반성하였다. 이제는 아이들의 삶을 위한 교육을 위해서 우리들은 주제 중심 통합 교육과정이라는 우리들만의 해답을 찾고서, 일 년 동안 주제에 따른 프로젝트 학습을 함께 꾸리고 실천하기로 약속하였다.

아이들의 삶을 위한 교육은 결과로서의 교육이 아니라 과정으로서의 교육을 강조해야 한다. 그리고 학습의 결과가 아니라 학습이 일어나는 과정 중에 아이들이 스스로 깨닫고 체득하게 될 다양한 학습 능력을 강조해야 한다. 이러한 과정 중에 깨닫게 되는 다양한 학습 능력들이 앞으로 우리 아이들이 길러나가야 할 핵심역량이라고 우리들은 함께 이야기 나누었다. 이렇게 학습 과정을 중요시 여기고, 다양한 활동을 경험하게 해주는 방법이 바로 프로젝트 학습이라는 사실을 발견하게 되었고, 이를 위해 교육과정 재구성 및 통합 교육과정을 꾸려나가기로 함께 이야기하였다.

이에 따라 주제중심 통합교육과정의 중요성과 필요성에 대해 함께 동의하고, 일 년 동안 교육과정에서 제시하는 성취기준을 중심으로 교육과정을 재구성하기로 하였다. 하지만 첫 시작인 우리들이, 성취기준만을 가지고 모든 것을 시작하기에는 맨 땅에 헤딩하기 밖에 되지 않는다는 것을 알고 있었다. 그래서 교과서와 지도서도 기본으로 삼기로 하였다. 교과서를 기본으로 성취기준에 따라 주제중심의 교육과정을 재구성하기로 하였다. 여러 가지 방법을 이야기 나누고 실천을 하면서 이 방법이 가장 쉽게, 그리고 가장 빠르게 접근할 수 있는 방법임을 알게 되었다. 물론 교육과정이 중심이 되어야 하지만, 그렇게 하기에는 우리들의 역량이 많이 부족했고, 프로젝트 학습이라는 것을 처음으로 실천하는 교사들이 대부분이었던 관계로 어쩔 수 없는 선택이었다. 만약 이 글을 읽고 있는 많은 독자들 중에 프로젝트 학습, 통합 교육과정, 교육과정 재구성을 실천하고 싶지만 엄두가 나지 않는 분이 있다면 우리들처럼 우선적으로 시작해보라고 권하고 싶다. 해결방법은 그리 어렵지 않다. 시작을 하면 보이게 된다.

함께 모여서 일 년의 프로젝트 대 주제를 선정하기 위해 다양한 아이디어를 모았다. 공통된 우리들의 의견을 모은 결과 초등학교 2학년 아이들에게 가장 중요한 것은 바로 내가 누구인지 알고, 자존감을 가지도록 하는 것이며, 바른 인성 함양을 통해 친구들과의 관계를 바르게 형성하도록 도와주어야 한다는 것이었다. 또한 친구들과의 바른 관계를 형성하고 내가 누구인지 바른 자존감을 가지기 위해 우선적으로 바른 인성이 필요함에 함께 동의하였다. 이는 2015 개정 교육과정에서도 잘 드러나 있는 것으로 현시대를 살아가는 아이들에게 창의성과 함께 가장 중요하게 길러주어야 하는 것이 바른 인성이라는 것에는 우리 동 학년 모두가 동의하였고, 이 글을 읽고 있는 누구라도 동의할 것으로 예상한다.

대주제의 핵심 키워드는 인성! 그리고 나!
그래서 대주제는 바른 인성을 지닌, 건강한 나!

우리들이 함께 이야기 나눈 건강한 나란 흔히들 생각하는 신체적인 건강만을 의미하는 것이 아니라, 건강한 신체에 건전한 정신이 깃든다는 말이 있듯이 마음(정신)적인 면도 포함을 하는 것이었다. 그리고 건강한 언어 사용, 친구를 배려하고 공감하는 건강한 마음을 통한 바른 인간관계 형성도 포함하였다. 마지막으로 이러한 건강한 신체, 마음, 관계 형성을 통해 함께 행복한 추억을 만들어갈 수 있는 의미까지도 내포하는 개념으로 우리들은 함께 정의내렸다. 이러한 의미에서 대 주제 안의 중 주제는....

건강한 신체, 마음, 관계, 추억!

'바른 인성을 지닌 건강한 나'를 위해 우선은 건강한 신체와 마음을 알려주고 친구들, 가족들, 나아가서는 이웃과 건강한 관계를 형성할 수 있는 방법을 배우도록 하였다. 여기에는 바른 언어 사용, 자신의 가족과 친척 뿐 아니라 주변의 다양한 가족과 건강한 관계를 형성할 수 있는 방법을 스스로 터득하고 배울 수 있게 하였다. 그리고 이러한 모든 활동들이 건강한 추억으로 남도록 다양한 체험활동을 통해 추억을 남겨줌으로써 학교라는 장소가 행복한 곳이고, 수업이라는 시간이 즐거운 시간이며, 친구들과 함께 할 수 있다는 것이 커다란 행운이라는 것을 알려주고자 하였다.

우리가 주제를 선정하면서 나눈 이야기를 정리하면 다음과 같다.

행복은 스스로 노력해 만들어갈 수 있다. 행복을 머리로 정확히 이해하고, 가슴으로 무엇인지 느끼고, 행동한다면 누구나 행복을 만들어 갈 수 있다. 우리 학생들도 같다. 하지만 어느 순간부터 아이들의 꿈은 공무원이 1위를 차지하고 있다. 이런 아이들에게 자신의 강점을 찾아서, 잠재력을 끌어내어 스스로의 만족감과 책임감을 경험하게 해야 한다. 이에 나의 강점을 찾고, 행복한 꿈을 꾸게 도와주는 것이 가장 필요했으며 가장 중요하였다.

두 번째, 건강한 신체에 건전한 정신이 깃든다는 말에서 알 수 있듯이, 과거 현자들은 신체와 정신의 완전한 발전과 조화로운 결합을 강조하였다. 행복한 꿈을 꾸고, 그 꿈을 실현하기 위해서는 스스로에 대한 책임감, 친구에 대한 배려와 함께하는 협력심이 필요하며, 삶의 다양한 문제를 정보를 통해 서로 소통하며 해결해가는 능력이 필요하지만, 이와 함께 신체의 건강함도 중요하게 여겨야 함을 알 수 있다. 이를 위해 나의 몸을 소중히 여기는 마음을 가지고, 직접 실천할 줄 아는 건강한 아이로 길러주고자 하였다.

세 번째, 학교에서의 도덕교육을 위한 노력이 무색할 정도로 여전히 도덕적 냉담함과 잔인함을 보여주는 학교 폭력과 따돌림 현상이 지속되고 있으며 사회적으로 큰 문제를 일으키고 있다. 이는 타인의 고통에 관심을 기울이고 공감하는 능력을 소홀히 한 결과라고 할 수 있다. 친구들의 감정을 무시하고 공감하지 못한다면 그들이 원하는 행복한 꿈도 사라지게 될 것이다. 그리고 공감의 시작은 바르고 고운 언어 사용이다. 이에 고운 언어와 함께하는 친구 감정 공감프로젝트를 통해 서로 바른 관계를 형성해가고자 하였다.

네 번째, 행복한 꿈을 꾸면서 건강한 나로 자라나려는 책임감을 기르고, 함께 공감하는 법을 알면서 배려하는 방법을 배우게 되었다. 이러한 책임감과 배려를 통해 함께 협동할 수 있는 바른 관계를 형성하는 단계가 필요하였다. 바른 관계를 형성하고, 우리가 함께 하나가 되어서 현재 학교나 사회적으로 가장 큰 문제가 되는 학교폭력을 예방하는 방법은 서로가 가족이라는 인식을 가져야 한다. 우리가 함께 가족이 될 수 있다는 생각의 변화를 가져오기 위하여 '바른 관계형성으로 우리도 가족이 되어요' 주제를 정하였다.

다섯 번째, 사람들의 기억은 잊어버리게 된다. 하지만 기억이 추억이 되면, 행복한 기억으로 남아서 행복한 삶을 만들어줄 수 있는 힘을 가지게 된다. 건강한 신체, 건강한 마음, 그리고 이를 통해 건강한 관계를 형성해보았다. 우리들의 행복하고 건강한 기억들이 아이들의 추억이 되어서 앞으로 그들이 스스로 삶의 이야기를 만들어갈 수 있는 힘이 되게 하고 싶었다. 미래를 결정하는 것은 과거의 경험이 아니라, 과거의 경험을 어떻게 해석하고 기억하고 추억하는가에 미래가 달려있다고 하였다.

이렇게 큰 5개의 꼭지를 두고서 8개의 중 프로젝트를 선정하게 되었다. 그리고 이 모든 프로젝트 계획의 실천은 나 혼자서 하는 것이 불가능하고 매우 힘든 것이다. 우리 동 학년 선생님들은 아이들에게 행복한 기억, 건강한 추억, 그리고 수업이 즐거운 시간이며 행복한 공간이 학교와 교실이 될 수 있도록 함께 노력하고 만들어 갈 것을 다짐하고 약속하였다.

학생의 올바른 성장과 바른 인성을 도모하는 교육!
우리 함께 노력하여 만들어 가보자!
그래!! 우리 함께 시작 하고 노력 하자!

수업을 개선하고, 학교를 변화시키고, 아이들이 학교가 행복한 곳이라고 인식을 하고 수업이 즐거운 시간이 되며, 교실이 추억을 만들어 주는 곳이 될 수 있다는 사실을 알게 하기 위해서는 함께 시작해야 한다. 학습 공동체, 수업 공동체라는 이름 아래 우리는 함께 시작하기로 다짐 하였다.

이러한 다짐을 통해 다음과 같은 과정을 함께 거치게 되었다.

단계	단계별 우리들의 이야기
자료 수집	**교육과정 / 성취기준 / 교과서 /지도서 수집** ❖ 2월 22일, 처음으로 함께 모여서 교육과정, 지도서, 지도서를 함께 살펴보면서 일 년 동안 아이들과 함께 어떠한 이야기를 만들어갈지에 대한 대략적인 계획을 세웠다. ❖ 첫날, 일 년 동안 아이들과 함께 지내기 위해 꼭 한번쯤은 해보고 싶은 프로젝트를 하나씩 선정 · 계획해 오기로 하였다.
오픈 코딩 (open coding)	**대주제 / 중주제/ 소주제 / 활동흐름 추출** ❖ 둘째 날부터 일주일 동안 함께 모여서 주제를 선정하였다. ❖ 함께 이야기를 나누면서 나온 공통적인 부분은 건강, 인성, 나 등 3개의 큰 주제였다. 이를 통해 대 주제를 바른 인성을 지닌, 건강한 나로 선정하게 되었다. ❖ 우리가 함께 이야기를 나누면서 건강이라는 것은 신체적인 건강뿐 아니라, 마음과 정신적인 면, 친구와 주변 사람들과의 건강한 관계를 모두 포함하는 내용으로 정의 내렸다. ❖ 이에 중주제는 건강한 마음과 정신, 건강한 신체, 건강한 관계, 그리고 이러한 것을 바탕으로 한 건강한 추억이었다.
축 코딩 (axial coding)	**교수-학습자료 & 개발 원리 도출** ❖ 수업이나 지도가 아니라 아이들의 배움에 초점을 맞춘 자료를 개발하는 것을 중시하였다. ❖ 그리고 각자의 자료를 함께 공유하고, 이야기를 나누면서 아이들의 배움에 더욱 적한 자료로 수정하고 공동의 과정 안을 만들어 어느 반이가 같은 활동이 될 수 있도록 하였다.
자료 수집	**학습실천 / 학습결과 / 과정중심의 다양한 평가** ❖ 매주 월요일과 금요일, 오후 시간을 이용하여 함께 모여서 일주일간 하게 될 활동 및 결과를 가지고 함께 이야기를 나누는 시간을 가졌다. ❖ 함께 모여서 배움 과정안을 가지고 함께 이야기를 나누고, 어떻게 활동을 하고, 활동자료는 어떠한 것을 제작하거나 활용하면 좋을지 이야기 나누고, 공동 과정안을 작성하여 수업하였다.

이러한 과정을 통해 우리들만의 교육과정, 아이들의 삶을 가꾸어주고 그들의 이야기가 기본이 되어 생활과 밀접한 관련이 있는 배움 중심의 교육을 위해 다음과 같은 교육과정 재구성의 큰 흐름을 완성하게 되었다.

동 학년 4명의 교사와 함께 하고 싶어 하던 다른 학년의 2명의 교사, 총 6명의 교사가 함께 하게 되었으며, 함께 모여서 협의를 한 결과는 아래의 사진과 같았다.

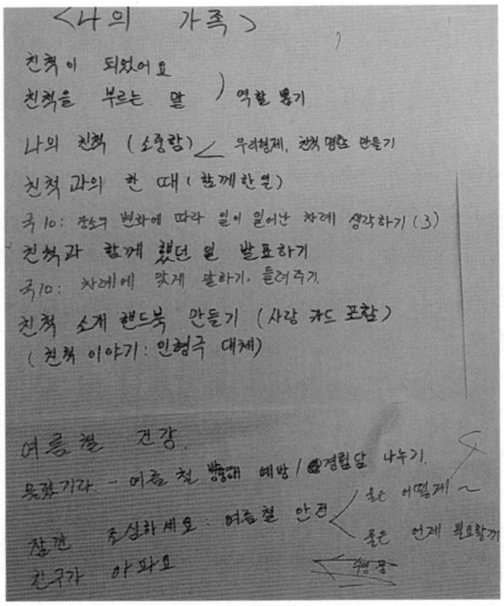

❶ 프로젝트 별 활동을 묶어서,

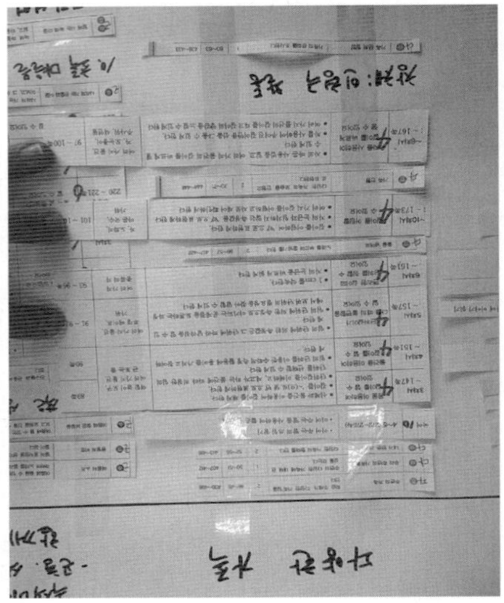

❷ 활동별 관련 교육과정 및 차시를 찾고,

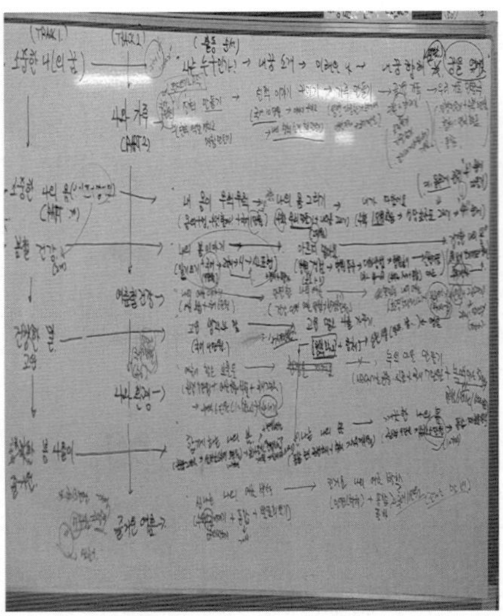

❸ 모든 프로젝트를 대 주제에 엮은 뒤,

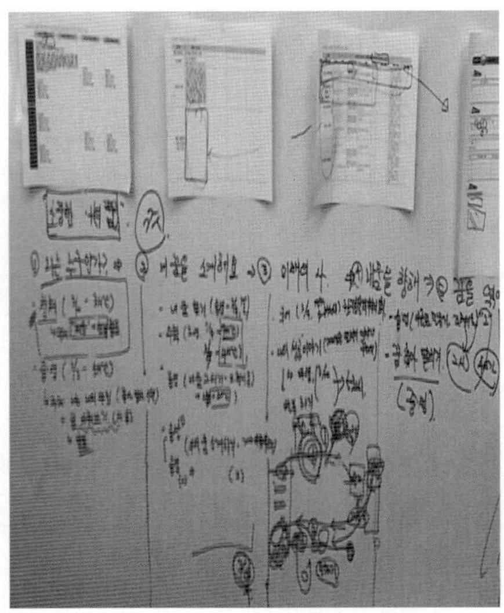

❹ 프로젝트별 교육과정을 재구성 했어요

2016학년도 2학년 1학기 주제 중심 프로젝트 수업을 위한 교육과정 재구성 큰 흐름

	건강한 마음을 가져요 & 건강한 신체를 길러요	➡	건강한 관계를 맺어요	➡	건강한 추억을 쌓아요
TRACK 1 (3월1주 ~ 5월2주)	프로젝트1: 소중한 나의 꿈 ❶관련 인성요소: 자존감, 자신감, 책임감, 자기 존중 ❷재구성 이유: 나에 대하여 알아보고, 나를 소중히 여기는 마음을 가지는 것이 가장 기본이 되기 때문이다. ❸프로젝트 흐름도 나는 누구인가? ➡ 내 꿈을 소개해요 ➡ 미래의 나 ➡ 내 꿈을 향해 프로젝트2: 소중한 나의 몸 (봄철 건강 포함) ❶관련 인성요소: 자존감, 자신감, 책임감, 자기 존중 ❷재구성 이유: 바른 인성은 건강한 신체에서 시작해야 한다. 나의 몸을 소중히 여기고 건강한 신체의 소중함을 알 필요가 있다. ❸프로젝트 흐름도 내 몸이 무럭무럭 ➡ 나의 몸 그리기 ➡ 내가 자랐어요 나의 봄 이야기 ➡ 아프지 말아요 ➡ 건강한 나의 봄	➡	프로젝트3: 고운 나의 말 ❶관련 인성요소: 협동, 책임, 자기와 타인 존중 ❷재구성 이유: 친구들과의 건강한 관계 형성은 고운말이 첫 시작이라고 할 수 있다. 교내 행복학교와 연계한 고운말 프로젝트를 실시한다. ❸프로젝트 흐름도 Go! 고운말 ➡ 고운말 연습 ➡고운말 실천	➡	프로젝트4: 즐거운 봄 나들이 ❶관련 인성요소: 협동, 자기효능감, 배려, 책임, 자기조절 ❷재구성 이유: 건강한 마음, 신체, 관계를 통해 건강한 추억을 쌓게 하기 위함이다. ❸프로젝트 흐름도 함께하는 나의 봄 ➡ 신나는 나의 봄 ➡ 깨끗한 나의 봄
TRACK 1 (5월3주 ~ 7월4주)	프로젝트5: 나와 가족 ❶관련 인성요소: 자기와 타인 존중, 협동, 자존감, 자기 효능, 자신감 ❷재구성 이유: 가족과 함께하는 건강한 나, 가족의 범위를 확대하여 배려하는 건강한 마음을 가진 나로 만들기 위함이다. ❸프로젝트 흐름도 친척 만들기 ➡ 친척 이야기 꾸미기 ➡ 가족 만들기 ➡ 즐거운 가족 프로젝트6: 여름철 건강 ❶관련 인성요소: 협동, 자존감, 효능감, 배려, 책임감 ❷재구성 이유: 안전사고가 빈번하게 일어나는 여름철, 건강하고 안전하게 보내기 위한 여름철 건강 학습은 필수적이다. ❸프로젝트 흐름도 나의 여름 이야기 ➡ 안전한 나의 여름 ➡ 맛있는 나의 여름	➡	프로젝트7: 나와 환경 ❶관련 인성요소: 존중, 협동, 배려, 책임감 ❷재구성 이유: 사라져가는 곤충과 식물의 소중함을 알고서, 환경에 대한 책임감을 느끼고 건강한 관계를 형성하기 위함이다. ❸프로젝트 흐름도 여름에 찾은 보물들 ➡ 녹색마을 만들기	➡	프로젝트8: 즐거운 여름 ❶관련 인성요소: 협동, 자존, 배려, 책임, 조절 ❷재구성 이유: 건강한 마음, 신체, 관계를 통해 건강한 추억을 쌓게 하기 위함이다. ❸프로젝트 흐름도 신나는 나의 여름 방학 ➡ 즐거운 나의 여름 방학

3. 우리들에게 인디, 이지에듀, 아이스크림이란?

우리들이 함께 한 다짐으로 우리들만은 인디스쿨, 이지에듀, 그리고 아이스크림을 최대한 버릴 수 있었다. 인디스쿨, 이지에듀, 아이스크림과 같이 교사들의 교육 활동에 도움을 주는 다양한 사이트에 대하여 우리들은 이야기를 나누었다. 앞서 말한 것처럼 이지에듀 자료 사용으로 인해 우리 동 학년이 금이 가기 시작하고, 서로 언성이 높아지기는 하였지만, 끝까지 함께 하기로 약속한 우리들은 우리 아이들에게 적합한 자료를 최대한 우리가 만들어서 사용하기로 하였다. 그 자료가 기존의 자료보다 수준이 떨어지고, 부족한 점이 많더라도 우리 아이들만을 생각하며 함께 고민하여 만든 우리들의 자료가 훨씬 더 소중한 자료가 될 수 있으며, 우리 아이들의 배움과 학습에 더욱 적합한 자료가 될 것이라고 우리들은 스스로 다짐하였다.

필자 역시 인디스쿨의 자료를 매우 소중히 여기던 시절이 있었다. 교과별, 단원별, 차시별로 폴더를 만들고 인디스쿨의 자료를 폴더별로 모아서 소중히 다루었다. 그리고 마음속으로 정말 소중한 자료라고 생각을 하고 교과서와 동일하게 여겼던 기억이 든다. 인디스쿨에서 제공하는 자료는 파워포인트, 활동지, 동영상, 수업 지도안 등 수업에 필요한 모든 자료가 들어있었고, 나는 그러한 자료를 종류별로 최대한 다양하게 모으는 취미를 가지게 되었던 것 같다. 어쩌면 그 당시에는 교과서보다 인디스쿨에서 제공하는 자료를 더 소중히 여기고, 그 자료에 따라 나의 수업을 계획했던 것 같다. 교사로 부임하고 몇 해 동안 6학년 담임교사만 계속 맡은 관계로 이러한 것이 가능했던 것 같다. 그리고 매년 그 다음 해 희망 학년 역시 이러한 자료를 버리기 아까워서 6학년을 계속 희망했던 것 같다.

이렇게 인디스쿨의 자료를 가지고 수업을 하던 어느 해, 갑자기 이러한 생각이 들었다.

> 인디스쿨이 없다면 나는 어떻게 수업을 하지?
> 우리 교실 속 수업은 누구의 수업이지?

필자가 이러한 이야기를 동 학년 선생님에게 하였을 때, 많은 선생님들은 그러한 생각을 하지 않았다고 한다. 아마 이 글을 읽고 있는 많은 선생님도 그러하지 않을까 예상한다. 필자 역시 아무런 비판이나 고민 없이 몇 년 동안이나 인디스쿨을 맹신하며 그 속에서 찾은 자료들로 아이들을 가르쳐왔으니 말이다.

그 당시 우리 교실은 이미 주객이 전도 된 수업이 계속되고 있었던 것이다. 나의 이야기, 우리 아이들의 이야기가 아니라 인디스쿨의 자료를 올려준 몇 몇의 선생님들이 하고자 하는 이야기를 우리는 그저 우리 아이들에게 전달을 하는 전달자로서의 역할만을 해 왔던 것은 아니었는지 모른다. 이러한 고민에 빠지고 난 후, 필자는 앞 뒤 생각하지 않고 그 폴더를 완전 삭제 하였던 것 같다. 그리고 필자의 수업을 다시 되돌아보게 되었다. 버리고 나니 필자의 수업이 보이기 시작하였다. 3년 전부터는 아이스크림도 이와 같은 이유로 버리게 되었다. 60여명의 교사가 있는 우리 학교에서 아이스크림 계정을 만들지 않은 교사는 필자 혼자다. 그 만큼 우리는 아직도 버리는 것에 익숙하지 않은지도 모른다. 기존의 방식을 그대로 답습하는 것에 익숙해져있는지도 모른다. 하지만 이제는 버려야 할 때 인 것 같다. 버리고 나야 보이는 것들이 많다. 필자처럼 한 순간에 모든 것을 버리지는 못할지라도, 주객전도는 되지 않았으면 한다. 우리 교실 속 수업은 오롯이 그 교실에서 수업을 하고 있는 교사의 것이 되어야 한다. 그러한 수업을 위해 필요한 자료를 인터넷에서 찾을 수는 있다. 수업에 필요한 모든 자료를 혼자서 만들 수 없기 때문에, 도움을 받을 수는 있지만 그 자료를 가지고 필자의 수업을 만들어가서는 안 된다. 이 때문에 우리 동 학년이 이분화가 되었지만 그래도 우리 교사가 바뀌어야 하고, 버려야 할 것은 버릴 줄 아는 용기도 가져야 한다. 그리고 버리기 위해, 필자의 이야기로 우리 반 수업을 만들어가기 위해 함께 공동체를 형성할 것을 강요하고 싶다. 혼자서는 버리는 것을 할 만한 용기를 내기 정말 어렵다. 그 많은 자료를 필자가 다시 만들어야 한다는 부담감, 당장 자료가 사라지고 나면 어떻게 수업을 하지 라는 불안감으로 인해 더욱 자료를 버리지 못하고 사이트 접속을 끊기 못하는 것 같다. 하지만 함께 한다면, 옆의 교실 선생님, 함께 같은 학년 수업을 하고 있는 동 학년 선생님들이 함께 한다면 조금은 수월하게 버릴 수 있을지도 모른다. 그래서 어떻게든 함께 했으면 한다. 공동체를 형성하고, 함께 이야기 나누고, 나눔을 실천하면서 자료를 함께 만들고 공유하는 것에서 시작을 한다면, 교육과정 재구성도 그리 먼 이야기가 아닐 것 같다.

어쨌든 우리 동 학년은 어려운 시기도 겪고, 힘든 시간도 경험하면서 뜻하지 않게 둘로 나뉘어졌지만, 끝까지 함께 하고자 하는 선생님들의 덕으로 아래와 같이 대 주제에 따른 8개의 중 주제 프로젝트 교육과정을 완성할 수 있었다.

우리는 마음, 신체, 관계, 추억이라는 키워드를 가지고, 학기별로 2개씩의 트랙을 정하였다. 트랙별 교육과정 재구성 흐름은 다음과 같이 함께 정하였다.

TRACK1 교육과정 재구성 흐름도

소주제	소중한 나의 꿈	소중한 나의 꿈	건강한 언어로 말해요	건강한 추억을 쌓아요
관련 인성 요소	자기이해, 타인이해, 자신감	배려, 협동, 책임감	존중, 공감, 배려	소통, 협동, 존중, 배려
주요내용	나는 누구인지 알아보기 내 꿈을 알고 소개하기 미래 나의 모습 상상하기 내 꿈을 향해 꿈을 엮어 보기	내 몸의 여러 부분에 대해 살펴보기 나와 친구들의 몸 협동그림 그리기 내가 자란 성장 흐름표 완성하기 나의 봄 이야기 건강한 봄을 위해 아프지 말기	고운 말을 알아요 고운 말을 연습해요 고운 말을 직접 실천해요	함께하는 우리의 봄을 계획해요 신나는 우리의 봄을 만들어요 깨끗한 우리의 봄을 실천해요
재구성 이유	나에 대해 알고, 친구들에 대해 관심을 가지는 것이 건강한 마음의 첫 출발점이기 때문이다.	바른 인성과 함께 건강한 나로 성장하기 위해 가장 기본적인 것이 나의 몸에 대해 알고, 건강하게 지내는 법을 알아야 하기 때문이다.	고운 말 사용하기라는 인지적 배움을 통해 존중, 공감의 인성역량을 함양하는데 주안점을 둠	건강한 마음, 신체, 언어의 배움을 친구들과 함께 소통, 협동하며 건강한 마로 다지기 위함
주요 활동 흐름 및 내용	☑ 나에 대해 알아보고, 자기를 다양한 방법으로 소개함. 그리고 나에 대한 이야기를 재미있는 표현을 활용하여 시로 표현해보기 ☑ 내가 잘하는 것, 좋아하는 것을 알아보고, 다양한 도형을 이용하여 나의 꿈을 그려보고, 나의 꿈과 관련지어 노랫말을 바꾸어 발표하기 ☑ 나의 꿈을 이루기 위한 다짐을 하고, 재미있는 말을 넣어 나의 꿈에 대한 이야기를 만들기 ☑ 나의 꿈 이름표를 도형을 이용하여 만들고, 함께 달리고 찾아라 활동하기	☑ 내 몸의 여러 부분에 대해 살펴보고, 리듬을 치며 몸으로 표현하며 술래잡기 하기 ☑ 여러 가지 도형을 활용하여 친구의 몸을 협동하여 그리고 몸 안의 다양한 신체 부우ㅓ의 명칭과 하는 일을 설명하기 ☑ 세 자리수를 배워서 나의 신체 변화를 세 자리수로 알아보고, 나의 성장흐름 이야기를 책으로 만들기	☑ 좋은 하루 만들기와 말의 힘 실험으로 고운 말 소중함 이해하기 ☑ 고운 말의 소중함에 대해 생각을 모으고 함께 공유하기 ☑ 자주 쓰는 말에 대한 놀이 활동을 통해 나의 말에 대해 스스로 반성해보기 ☑ 그림 돌려 그리기 활동으로 공감의 필요성에 대해 깨닫기 ☑ 감정 이름 짓기, 감정 카드놀이 및 감정 책 만들기 활동으로 친구 감정에 스스로 공감하는 법 알기	☑ 여행에 대한 추억을 나누며 봄나들이 장소를 정하고 봄나들이에서 지킬 약속을 정하는 등 봄나들이 계획을 세움 ☑ 자연과 더불어 하는 봄나들이로써 환경에 대한 고마움을 느낄 수 있도록 함 ☑ 봄나들이 경험을 다양한 방법으로 표현하도록 함 ☑물건을 아껴 써야 하는 이유와 재활용에 대해 알아보고 재활용품으로 쓸모 있는 물건을 만듦 ☑ 분류기준을 세워 재활용하는 분리수거에 대해 이해하도록 함
활동 시기	~3월 22일 1교시	~4월 11일 3교시(PART1) ~4월 27일 4교시(PART2)	~5월 12일 5교시	~5월 24일 2교시 (신나는 나의 봄은 현장체험 학습 연계로 5.3~5.10 3교시에 실시

TRACK2 **교육과정 재구성 흐름도**

소주제	나의 가족	건강한 여름	나와 환경	즐거움 여름
관련 인성요소	배려, 사랑, 보살핌	책임감, 협력, 배려	자기 조절, 효능감, 보살핌	자존감, 흥미, 자신감, 효능감
주요내용	이야기 만들기 핸드북 완성하기	재철과일 음식 만들기	녹색 마을 꾸미기	음악 발표회 하기
재구성 이유	반 친구들과 가상의 친척관계를 만들고 놀이, 만들기를 하며 친척의 의미를 되새기고 다양한 가족 형태를 이해할 수 있다.	여름철 건강과 안전의 위험 요소를 알고 이를 예방하여 건강한 생활을 영위하도록 한다. 또 제철과일을 이용한 음식 만들기를 통해 건강한 식습관을 형성한다.	통합교과와 창의적 체험활동을 연계하여 환경보호라는 넓은 영역을 다룬다. 이를 통해 생명의 소중함을 알고 공동체 환경 보존에 대한 관심을 일깨운다.	계절에 따른 주변 환경의 변화를 느끼고 여름을 주제로 한 학기를 마무리함과 동시에 여름 방학을 맞을 준비를 한다.
활동 흐름 관련 및 단원(차시 시수)	☑ 팀별로 친척이 되어서, 우리들만의 친척 만들기 ☑ 친척과의 다양한 이야기를 나누고, 우리들만의 즐거운 친척 이야기 만들기 ☑ 다양한 종류의 가족 중 하나를 선정하여 팀별로 우리들만의 가족 만들기 ☑ 우리 팀 가족만이 재미있고 행복한 이야기 만들기 ☑ 팀별 가족이 되어서, 다양한 가족 대항 경기 놀이 참여하기(선생님 옷 만들기, 긴 줄넘기 대회, 인현 만들어서 인형극 꾸미고 발표하기)	☑ 옛날과 오늘날의 여름 풍경을 비교하고 나만의 여름 이야기를 함께 이야기 나누기 ☑ 여름철 해충 피해 예방, 질병 예방, 물 아껴 쓰는 방법에 대하여 함께 알아보기 ☑ 분류하는 방법을 알고, 여름철 과일과 채소를 기준에 맞게 분류하여 보기 ☑ 맛있는 여름을 만들기 위해 여름철 다양한 음식을 직접 만들고 시식회 열기 ☑ 우리들의 여름 이야기를 시간을 나타내는 말을 사용하여 만들어서 발표하기	☑ 숲 속, 물 속의 다양한 곤충과 생물을 조사하여 수수께끼 문제로 만들고 함께 풀어보는 시간 가지기 ☑ 곤충과 식물을 이용하여 곱셈 문제를 만들고 함께 풀어보기 ☑ 사라져가는 곤충과 식물을 알고 보호하는 방법 알기 ☑ 사라져가는 곤충과 식물과 아름다운 여름 풍경을 이용하여 여름철 모습으로 우리 교실의 각 팀별 창문 꾸미기	☑ 우리 마을의 여름 모습을 소개하고, 우리들의 여름 추억을 함께 나누어서 팀별로 그림 그리기 ☑ 팀별로 주제를 정하여 여름 모자 만들기 ☑ 길이재기 방법을 이용하여 유리병 실로폰 만들고, 함께 연주하여 노래 부르며 발표하기 ☑ 안전한 여름방학을 보내는 방법에 대해 함께 알아보기 ☑ 안전한 여름방학을 위한 우리들. 나만의 다짐글 만들고 발표하기
활동 시기	~6월 7일 2교시(PART1) ~6월 17일 2교시(PART2)	~6월 28일 3교시	~7월 14일 2교시	~7월 22일 3교시

각각의 트랙별로 우리가 함께 완성한 중주제별 프로젝트 교육과정은 아래의 그림과 같았다.

소주제	소중한 나의 꿈(관련인성: 자기이해, 타인존중, 자신감)								
활동 흐름	교과	단원	성취기준	주제	차시	활동 내용	배움 목표	평가 계획	창체
나는 누구인가?	창체	적응활동		자기 소개하기	3	다양한 방법으로 자기소개 글쓰기	나에 대하여 알고, 다양한 방법으로 소개하여 나를 존중하고 자신감을 가진다.	'나는 나의 주인이다' 책자를 통해 상호평가를 한다.	
	즐·생	2. 나의 꿈	통즐2141	나에 대해 생각해보기 나는 나의 주인 글 바꿔 쓰고 발표하기	8	내가 잘하는 것과 못하는 것, 좋아하는 것과 싫어하는 것을 생각해서 발표하기 이야기 글을 시로 바꾸어 쓰기			성(2) 성·예(1)
내 꿈을 소개해요	슬·생	2. 나의 꿈	통슬2141	내가 좋아하고 잘하는 것 찾고 꿈 정하기	2	내가 잘하는 것과 좋아하는 것을 생각해보고 둘 다에 해당하는 것을 찾기	나의 취미, 특기, 성격을 알고 그에 맞는 꿈을 꾸어보면서 자기에 대한 이해력을 높인다.	노랫말을 바꾸어 실로폰으로 연주하는 모습을 통해 상호평가를 한다.	약(1)
	수학	2. 도형	수학22021-3	도형단원	6	삼각형, 사각형, 원을 알고 그리기			
	즐·생	2. 나의 꿈	통즐2141	나의 꿈을 그리고 소개하기	4	내 꿈을 그리고 도형을 이용하여 나의 꿈을 소개하기			약(1)
	즐·생	2. 나의 꿈	통즐2141	나의 꿈과 관련된 노래 부르기	3	내 꿈과 관련지어 노랫말을 바꾸어 부르기 실로폰으로 가락 연주하기			자(1)
미래의 나	국어	1. 아! 재미있구나	1252-3	재미있는 말 찾으며 이야기 읽기	10	느낌 살려 이야기 읽는 방법 알기 재미있는 말 찾으며 이야기 읽기	나의 꿈을 알고, 이루기 위한 다짐을 스스로 하면서 자신감을 가진다.	재미있는 말을 넣어 꾸민 나의 성공 이야기를 발표하는 모습을 보면서 평가한다.	한(1)
	바·생	2. 나의 꿈 (82~85)	통바2141	나의 꿈을 지키려는 마음을 갖기 재미있는 말 넣어 나의 성공 이야기를 꾸미기	6	나의 꿈을 지키려는 마음을 가지고 이루기 위해 노력하기 재미있는 말을 넣어 이야기 꾸미고 발표			
내 꿈을 향해/꿈을 엮어요	슬·생	2. 나의 꿈	통슬2141	나의 꿈을 소개하기	2	내 꿈과 관련해서 꿈 이름표를 만들고 친구들에게 소개하기	꿈 이름표를 만들고 함께 꿈을 찾아 달리고 찾아라 활동을 하면서 타인을 존중하는 마음을 가진다.	나의 성장책을 활용하여 책을 꾸미는 과정을 통해 교사가 평가하고, 책을 통해 상호평가한다.	아(1)
	즐·생	2. 나의 꿈	통즐2141	친구의 꿈을 찾아 달리기	2	친구의 꿈을 찾아 함께 달리기			아(1)
	바·생	2. 나의 꿈	통바2141	꿈을 이루기 위해 할 일을 정하고 실천하기	4	나의 꿈을 이루기 위해 실천해야 할일을 정하고 실천하기(꿈 책)			아(1)
	바·생 슬·생 즐·생	2. 나의 꿈	통바2141 통슬2141 통즐2141	공부한 것을 되돌아보며 꿈 책 만들기	2 2 3	지금까지 공부한 내용을 되돌아보며 꿈 책을 만들기			아(1)

소주제	소중한 나의 몸 PART1(나의 신체)(관련인성: 자기효능감, 자존감, 자기이해, 협동, 책임감)								
활동 흐름	교과	단원	성취기준	주제	차시	활동 내용	배움 목표	평가 계획	창체
내 몸이 무럭무럭	슬·생	1. 나의 몸	통슬2131	내 몸의 여러 부분에 대해 살펴보고 특징을 말해보기	4	내 몸의 생김새 살펴보고 이름과 특징을 알아보기	나의 신체 부위에 대하여 알고, 재미있는 표현을 넣어 시로 표현해 보면서 자기효능감, 자존감, 자기이해력을 높인다.	재미있고 반복되는 말을 넣어 나의 신체를 표현한 시를 활용하여 상호평가를 실시한다.	가(1)
	즐·생	1. 나의 몸	통즐2131	리듬 치며 노래 부르며 악기소리를 몸으로 표현하고 술래잡기 놀이하기	3	리듬 치며 노래 부르며 악기소리를 몸으로 표현해 본다. 술래잡기 놀이해 보기			성(2)
	국어	1. 아! 재미있구나	문학1251	몸과 관련된 시를 느낌을 살려 읽는 방법 알아보기	10	재미있고 반복되는 말을 살려 시를 읽어보기			
나의 몸 그리기	수학	2. 여러 가지 도형	수22021-1,2	여러 가지 도형을 활용하여 나의 몸 그리기	6	여러 가지 도형을 이용하여 친구의 몸을 그려보기	친구의 몸을 그리면서 도형을 알고, 함께 그리면서 협동의 중요성을 알아간다.	친구의 몸을 그리는 활동을 통해 협동하는 정도에 따라 과정평가를 실시한다.	
	즐·생	1. 나의 몸	통즐2131	협동하여 친구의 몸 그리기	2	친구의 몸의 명칭을 알아보며 몸 그리기			성(2)
내가 자랐어요 (재미있는 표현 넣어서 나의 장 이야기 만들기)	수학	1. 세 자리 수	수2101-3	성장 흐름표를 만들기 위한 세 자리 수 알기	10	세 자리 수를 이용하여 성장 흐름표 만들어 보기	나의 성장흐름을 보면서 나를 이해하고, 나에 대한 자존감과 책임감을 높인다.	나의 성장 이야기 책자를 활용하여 동료평가를 실시한다.	
	즐·생 슬·생	1. 나의 몸	통즐2131 통슬2131	나의 성장 흐름표 만들기	3 1	자신의 사진을 이용하여 성장 흐름표를 만들어 보기			성(2) 성·예(1)

소주제	소중한 나의 몸 PART2(봄철 건강 지키기)(관련인성: 배려, 협동, 책임감)								
활동 흐름	교과	단원	성취기준	주제	차시	활동 내용	배움 목표	평가 계획	창체
나의 봄 이야기	국어	2. 경험을 나누어요	1225-1	봄에 관한 자신의 경험과 글의 내용 비교하고, 대화에 어울리는 몸짓과 대화방법 알고 대화 나누기	14	친구들과 봄철 경험(아팠던 일)에 대하여 대화 나누기	나의 봄철 경험에 대해 이야기 나누며 배려하는 마음을 가진다.	일기와 시로 상호평가한다.	
아프지 말아요	국어	9. 느낌을 나타내어요	1234-3 1235-1	봄에 관한 글감을 찾아 겪은 일을 일기쓰기	6	봄의 경험 살려서 일기 쓰고 바꾸어 써보기	서로의 경험을 이야기하면서 배려하게 되고, 협동하여 병원놀이를 함으로써 자기 몸에 대한 책임감을 높인다.	병원놀이를 준비하는 과정을 살펴보면서 교사평가를 하고, 병원놀이를 통해 알게 된 점을 서로 발표하면서 상호평가한다.	
	슬·생	1. 나의 몸	통슬2131	병원의 종류와 하는 일 알아보기	3	자주 가는 병원과 하는 일에 대해 알아보기			
	통·바	1. 나의 몸	통바2131	몸이 아플 때 어떻게 해야 하는지 알기	1	몸이 아플 때 어떻게 해야 하는지 알아보기			
	국어		1234-3 1235-1	봄에 관한 글감을 찾아 겪은 일을 시 쓰기		봄의 경험 살려서 시 쓰고 바꾸어 써보기			
	즐·생	1. 나의 몸	통즐2131	병원놀이하기	4	병원놀이해 보기			실(1)
	바·생	1. 나의 몸	통바2131	몸을 깨끗이 해야 하는 이유 알기	2	몸을 깨끗이 해야 하는 지 이유 알기			실(1)
건강한 나의 봄	통·슬	1. 봄이 왔어요	통슬2231	봄의 생활모습 알고 봄 날씨의 특징 이야기해 보기	6	봄 날씨의 특징 이야기하기	다양한 봄 날씨와 그에 맞는 옷차림을 알아보면서 자기조절력과 책임감을 높이고, 함께 일기예보를 꾸미고 발표함으로써 협동심과 자존감을 높인다.	일기예보를 준비하는 과정을 살펴보면서 교사평가를 하고, 일기예보를 통해 알게 된 점을 서로 발표하면서 상호평가한다.	실(1)
	즐·바	1. 봄이 왔어요	통바2231	때와 장소에 알맞은 옷차림 알아보기	4	봄철 알맞은 옷차림 알아보고 봄철 건강 지키기			실(1)
	즐·생	1. 봄이 왔어요	통즐2231	봄 날씨를 나타내는 그림 그리고 봄의 노래 부르기	5	봄 날씨 나타내는 그림 그리고 봄의 노래 부르기			실(1)
	즐·생	1. 봄이 왔어요	통즐2231	봄 몸 표현 놀이하기	3	봄을 몸으로 표현하기			교(1)
	수학	3. 덧셈과 뺄셈	수21022-1~7 수21023 수21024-1, 2 수21025 수21026	덧셈, 뺄셈과 관련된 생활문제를 해결해 보기	13	일기예보와 같은 실생활에서 덧셈과 뺄셈을 이용하기			
	즐·생	1. 봄이 왔어요	통즐2231	일기예보 놀이에 필요한 것들을 만들어 놀이한다.	3	예보 놀이하기			

소주제	건강한 언어로 공감해요(관련인성: 존중, 공감, 배려)								
활동 흐름	교과	단원	성취기준	주제	차시	활동 내용	배움 목표	평가 계획	창체
Go! 고운 말	창체 국어	적응활동 4. 생각을 전해요	1218-1,2	말의 힘을 통해 고운 말의 소중함 깨닫기	2	• '말의 힘' 동영상을 보고 느낀점 나누기 • 식물과 밥을 준비해 언어에 따른 변화 실험하기	고운 말의 중요성을 깨닫고 상대방을 배려하며 말을 하려는 마음을 가진다.	고운 말 관련 실험을 준비하는 과정을 살펴보면서 함께 노력하는 모습으로 평가한다.	
	국어	4. 생각을 전해요	1213-1 1213-1~3	고운 말을 해야 하는 까닭 알기	1	• 고운 말을 해야 하는 까닭 알아보기			한(1)
고운 말도 함께 공감해요	국어	4. 생각을 전해요	1252-1,2	상황에 알맞은 고운 말 사용하기	2	• 내가 자주 사용하는 말 표현하기	놀이활동을 통해 덧셈과 뺄셈 문제를 만들고 함께 해결한다. 그림 돌려 그리기와 쇼미 게임을 통해 친구의 생각과 감정의 소중함, 그리고 공감의 중요성을 깨닫는다.	덧셈과 뺄셈 문제 해결 결과에 따라 운이 작용하도록 평가를 실시한다. 그림을 그리는 모습을 통해 친구의 감정에 공감하는 정도, 쇼미 게임 참여 정도를 통해 솔직한 감정 표현 정도를 편가 한다.	정(1)
	수학	3. 덧셈과 뺄셈	수21022-1~7	덧셈과 뺄셈 문제 만들고 해결하기	4	• 나의 말 표현 놀이 활동과 연계하여 덧셈과 뺄셈 문제 만들고 함께 해결하기			
	국어	4. 생각을 전해요	1134-1 1232-1~3 1256-1~1	그림으로 서로의 생각에 공감하기	2	• 그림 돌려 그리기 활동으로 서로의 감정에 공감하기			정(1)
	창체	학교촉력 예방교육		감정카드 이용 게임하기	2	• 감정카드를 만들고, 팀별로 쇼미 게임놀이 하기			한(1)
나의 감정! 너의 감정! 함께 느껴요~!	국어	4. 생각을 전해요	1213-1 1232-1~3 1256-1~1	감정에 이름 짓기 역할극 꾸며서 발표하기	3	• 표정카드에 이름 짓기 • 표정에 따른 역할극 꾸미기 • 역할극을 발표하고, 서로 감정 맞추기	프로젝트를 통해 알게 된 것을 바탕으로 생각을 글로 표현하고 고쳐 쓰면서 생각을 글로 표현하는 방법을 안다. 서로 쪽지를 주고 받으면서 앞으로 고운 말을 써야겠다는 스스로의 다짐을 굳게 한다.	생각을 글로 표현한 것과 함께 배우고 고쳐 쓴 글을 서로 비교하면서 아이의 성장과 발달 정도에 따라 학생 개별 평가를 실시한다.	
	창체	학교촉력 예방교육		감정 책을 만들어서		• 우리 반 감정 책 만들기			
	국어	4. 생각을 전해요	1213-1 1232-1~3 1256-1~1	생각을 문장으로 표현하기	9	• 생각을 문장으로 표현하는 방법 알아보기			
	국어	4. 생각을 전해요		고운 말로 생각 전하기		• 고마운 경험 떠올리기 • 고운 말로 칭찬 쪽지에 쓰고 고치기 • 칭찬 쪽지 돌려보기			

소주제	즐거운 봄나들이(관련인성: 소통, 협동, 존중, 배려, 책임감)								
활동 흐름	교과	단원	성취기준	주제	차시	활동 내용	배움 목표	평가 계획	창체
함께하는 나의 봄	즐생	2. 봄나들이	통즐2241	봄나들이 가요	2	• 여행 경험 이야기하기	봄나들이 경험을 나누면서 자연의 소중함을 깨닫고 자연을 지키기 위해 서로 존중하고 배려하는 마음을 가진다.	자연을 위해 우리가 할 수 있는, 자연을 지켜야 하는 이유에 대한 실천다짐 카드를 보면서 상호평가를 실시한다.	
	슬생	2. 봄나들이	통슬2241	봄나들이 장소 이야기하기	2	• 봄나들이 경험 나누기 • 봄나들이 장소 발표하기			
	즐생	2. 봄나들이	통즐2241	봄나들이 노래 부르기	2	• 봄노래 부르기			
	바생	2. 봄나들이	통바2241	약속해요	2	• 봄나들이에서 자연보호 위해 지킬 일 알아보기 • 실천다짐카드 만들기			
	창체 환경	6. 자연과 더불어 살아요		자연과 더불어 사는 모습	1	• 우리가 자연에게 줄 수 있는 도움 알아보기			
신나는 나의 봄 (5월 3일~10일)	슬생	2. 봄나들이	통슬2241	봄나들이 준비해요	2	• 계획서 만들기	봄나들이 계획서를 함께 작성하면서 소통하고 배려하며, 함께 현장체험학습을 다녀오면서 서로 협동하는 태도를 기른다.	봄나들이 계획서와 봄나들이 경험에 대해 쓴 글을 통해 상호평가하고, 현장체험학습에서 함께 모습을 통해 교사평가를 실시한다.	교(1)
	즐생	2. 봄나들이	통즐2241	누구를 만날까요	1	• 그림으로 봄나들이 만나기			교(1)
	즐생	2. 봄나들이	통즐2241	즐거운 봄나들이	2	• 친구들과 봄나들이 가기			교(1)
	즐생	현장체험학습(5월 4일)			5	현장체험학습			
	통합 (슬생)	2. 봄나들이	통슬2241	봄나들이 다녀왔어요	2	• 봄나들이 경험을 다양한 방법으로 표현하기			
	국어	5. 무엇이 중요할까	1226	글의 중요한 내용 찾기	4	• 중요한 내용 찾는 방법 • 글의 중요한 내용 찾기			
	국어	5. 무엇이 중요할까	1233	설명하는 글쓰기	3	• 설명하는 글 쓰는 방법 • 특징 드러나게 설명 글쓰기			
	국어	5. 무엇이 중요할까	1233		4	• 중요한 내용이 잘 드러나게 설명하는 글쓰기 • 놀이 설명 글 쓰고 놀이하기			
깨끗한 나의 봄	창체 환경	9. 자연을 생각하는 생활을 해요		물건을 아껴 써요	1	• 물건 아껴 써야 하는 이유 알아보기(아나바다)	자연의 소중함을 알고, 스스로 분리수거를 통해 자연을 지키려는 책임감과 자연에 대한 배려심을 가진다.	분리수거를 활용한 놀이 활동에 참여하는 모습과 만든 생활용품을 통해 상호평가를 실시한다.	봉(1)
	통합 (바생)	2. 봄나들이	통바2241	아끼고 나누고 모아서	2	• 재활용품 알아보기 • 종류별로 모아보기			교(1)
	수학	5. 분류하기	25011-1	기준에 따라 분류	4	• 기준에 따라 분류하기			
	즐생	2. 봄나들이	통바2241	재활용품이 되어	5	• 재활용품 분류놀이하기			
	창체 환경	9. 자연을 생각하는 생활을 해요		물건을 재활용해요	3	• 재활용품을 이용하여 생활용품이나 장식품 만들기			

소주제	나와 가족 PART1 – 나와 우리의 가족(관련인성: 배려, 책임감, 자존감) *우리 반도 가족이 될 수 있어요!								
활동 흐름	교과	단원	성취기준	주제	차시	활동 내용	배움 목표	평가 계획	창체
우리들만의 친척 만들기	슬생	가족 1. 친척	통슬2331	친척이 되는 과정 알기 친척 부르는 말 알기	4	모둠별 역할 정해서, 서로 친척이 된 후 친척 부르는 말 알기	친척에게 편지를 쓰면서 고마운 마음을 가지고, 팀원이 서로 친척이 되어 보면서 친척을 배려하는 마음을 가진다.	팀별로 만든 친척과 서로 이야기를 활동을 통해 교사평가를 실시한다.	정(2)
	바생 슬생	가족 1. 친척	통바2331 통슬2331	친척의 소중함 알기 친척 소개하는 명함 만들기	2 2	친척의 소중함 이야기 나누며, 가상의 친척 명함 만들기			
	국어	8. 보고 또 보고	1244-1~2	알맞은 문장부호, 정확한 낱말을 사용하여 고마운 마음을 담아 친척에게 편지글 쓰기	8	알맞은 문장부호, 정확한 낱말 사용에 대해 알기 고마운 마음을 담아 친척에게 편지글 쓰기			나(1) 나(1)
우리들만의 친척 이야기 꾸미기	국어	10. 이야기 세상 속으로	1211-2 1214-1	모둠별 친척 이야기를 장소의 변화에 따라 차례에 맞게 꾸미기	3	장소의 변화에 따라 친척 이야기를 가상으로 꾸며보기	팀별로 가상의 친척 이야기를 꾸미고, 발표하면서 책임감과 자존감을 높이고, 나만의 친척 사랑 책을 만드는 과정을 통해 친척에 대한 고마움과 사랑의 마음을 가진다.	가상의 친척 이야기를 표현하고 발표하는 모습을 통해 교사가 평가를 하고, 나만의 친척 이야기 책을 활용하여 상호평가를 실시한다.	
	통합 (즐생)	가족 1. 친척	통즐2321 통즐2331	친척 이야기 표현하기	8	친척 이야기를 잡지책을 이용하여 표현하고, 팀별로 서로 이야기를 꾸며주기			장(1) 양(1)
	국어	10. 이야기 세상 속으로	1234-1 1214-2	장소의 변화에 따라 차례를 생각하며 이야기하기	7	표현한 친척 이야기를 장소에 맞게 발표하기			
	수학	4. 길이 재기	수23041-1 수23041-2	신체 혹은 물건을 이용하여 길이 재기를 통해 임의 단위 불편함 알기	3	신체와 물건을 각각 활용한 길이를 알려준 후, 그에 따라 선생님 윗옷 신문지로 만들기			
				표준 단위의 중요함을 알고, cm(자)를 이용하여 길이 재기	4	자를 이용하여 길이를 재어서 선생님 윗옷 신문지로 다시 만들기			
	통합 (바생 슬생 즐생)	가족 1. 친척	통바2331 통슬2331 통즐2331	나의 실제 친척을 소개하는 나만의 책 만들기	2 1 4	나의 친척 이야기, 친척 사랑 다짐 카드 만들기가 포함된 나만의 책 만들기			양(1)

소주제	나와 가족 PART2 - 우리 주변의 다양한 가족(관련인성: 배려, 책임, 협동) *우리 반도 가족이 될 수 있어요!								
활동 흐름	교과	단원	성취기준	주제	차시	활동 내용	배움 목표	평가 계획	창체
가족 만들기	통합 (슬생)	가족 2. 다양한 가족	통슬2341	우리 주변의 다양한 가족 형태 조사하고, 팀별로 다양한 가족 책 만들기	4	우리 주변의 다양한 가족 형태를 조사해오고, 팀별로 책 만들기	팀별로 다양한 가상의 가족을 만들어 봄으로써 이웃을 배려하고 이웃에 대한 자신의 책임감을 느낀다.	팀별로 만든 다양한 가족 이야기와 서로 함께 주고받으며 만들어가는 가족 이야기 활동을 통해 상호평가한다.	국(2)
	통합 (바생 슬생)	가족 2. 다양한 가족	통바2341 통슬2341	팀별로 하나의 가족 형태를 선정하고, 가상의 가족 만들기 다양한 가족을 위해 내가 할 수 있는 일 알아보기	2 1	다양한 가족 형태 중 하나씩을 팀별로 선정하고, 가상의 가족을 만들어 보기			다(2)
	국어	10. 이야기 세상 속으로	1214-2 1256-2	이어주는 말을 이용해서 가족 이야기 만들기	3	이어주는 말을 넣어서, 가상의 우리 팀 가족 이야기 만들기			
즐거운 가족	통합 (즐생)	2. 다양한 가족	통즐2341	별별 가족 대항 경기 1. 긴 줄넘기 놀이하기 2. 다양한 방법의 줄다리기	4	가족별 긴 줄넘기 놀이로 경기하기	팀별로 만든 가상의 가족이 함께 모여서 치러지는 즐거운 가족대항 놀이 활동을 통해 협동심과 책임감, 그리고 배려심이 높아진다.	옷 만들기 사족 경기를 통해 팀별로 평가를 하고, 가족 인형을 만드는 활동을 통해 팀별 평가를 받게 되며, 인형극 발표 내용을 보면서 동료평가를 실시한다.	
	수학	4. 길이 재기	수23043 수23044	길이 어림하여 놀이하기 ("약"으로 표현하기)	2	길이 어림 후 종이 자르고 길이 재는 놀이하기			통(1)
	통합 (즐생)	2. 다양한 가족	통즐2341	우리 팀 가족을 인형으로 표현하여 만들기	7	가족별 역할에 따라 정해진 크기(길이)에 맞게 자로 길이 재어서 인형 만들기			
	수학	학교폭력예방(연극활동)	수23043 수23044	자를 이용하여 길이 재기	3				통(1)
	창제			우리 가족 이야기와 학교폭력예방을 인형극으로 표현하여 발표하기	1	가족이야기를 인형극으로 발표하고, 다양한 가족 문화의 비슷한 점, 다른 점 찾아보기			학(1)
	통합 (슬생)	2. 다양한 가족	통슬2341	인형극을 관람하면서 다양한 가족 문화 탐방하기	2				학(1) 통(1)

소주제	나와 환경(관련인성: 책임감, 자기조절, 배려, 협동)								
활동 흐름	교과	단원	성취기준	주제	차시	활동 내용	배움 목표	평가 계획	창체
여름에 찾은 보물들	창체 (환경)	7. 숲속의 작은 생물을 만나요		숲속의 작은 생물 알아보기	4	숲속의 작은 생물을 만나기, 동물 아끼고 자연보호하기, 숲을 깨끗하게 해 주는 동물 알기, 말판놀이하기	여름철 곤충과 식물을 알아보고, 곤충관련 수수께끼 활동으로 함께 협동하여 참여한다. 곤충과 식물을 활용한 곱셈 문제 만들기를 통해 수학에 대한 재미와 흥미를 높이고, 수학이 실생활과 밀접한 관련이 있다는 사실을 스스로 깨닫는다.	수수께끼 활동 결과에 따라 팀별로 평가를 하고, 팀별로 만든 곱셈문제를 활용하여 교사평가를 실시하며, 곱셈문제 풀이 놀이 활동을 통해 상호평가를 실시한다.	
	즐생 슬생	1. 곤충과 식물	통즐2421 통슬2421	매롱이 소리(즐) 왕벌의 비행(슬) 여름에 찾은 보물들(슬) 힘겨루기 한 판(즐)	4 2	매롱이소리 부르기 왕벌의 비행 감상하기 곤충모형 만들기 곤충씨름하기			
	국어	3. 이렇게 해 보아요	국1216-2	곤충 수수께끼	10	수수께끼 만드는 방법 알기, 글을 읽고 뜻이 반대인 낱말알기, 말의 재미를 느끼며 다섯고개 놀이하기			
	수학	6. 곱셈	수21031 수21031-2	곤충으로 곱셈하기	8	여러 가지 방법으로 세기, 묶어세기, 동수누가로 구하기, 곱셈식 구하기			
녹색 마을	통합 (슬)	1. 곤충과 식물	통슬2421	사라져가는 곤충과 식물	2	사라져가는 곤충과 식물 알기, 오염원인과 보호방법 알기	사라져가는 곤충과 식물을 알아보면서 환경에 대한 자신의 책임과 자기와 타인을 존중하는 마음이 자라난다. 환경을 보호해야하는 까닭과 초록마을을 만들기 위해 스스로 노력하려는 자기조절성, 배려심이 길러지며, 마을 꾸미면서 협동심이 길러진다.	팀별로 꾸민 녹색마을을 활용하여 상호평가를 실시하고, 녹색마을 꾸미기 계획과 꾸미는 활동을 통해 교사평가를 실시한다.	
	국어	7. 이렇게 생각해요	국1234-3	환경을 보호해야 하는 까닭을 들어 글쓰기	10	글쓴이의 생각 찾는 방법 알기, 글을 읽고 글쓴이의 생각 알기, 알맞은 까닭을 들어 글을 쓰는 방법 알기, 생각에 알맞은 까닭을 들어 글쓰기			
	창체 (환경)	10. 초록마을을 구해주세요		살기 좋은 초록마을 가꾸기	4	초록마을 변화 알기 초록마을 가꾸기			
	바생 즐생	1. 곤충과 식물	통바2431 통즐2421	함께 사는 녹색마을	2 5	환경을 보호하는 방법을 알고, 녹색마을 꾸미기			
	수학	6. 곱셈	수21031-2	놀이마당	1	곱셈을 이용한 놀이하기			

소주제	즐거운 여름(관련인성: 자존감, 흥미, 자신감, 효능감)								
활동 흐름	교과	단원	성취기준	주제	차시	활동 내용	배움 목표	평가 계획	창체
신나는 나의 여름방학	슬생	2. 여름풍경	통슬2411	여름의 생활 풍경	2	마을 주변의 여름 풍경 조사하기 우리 마을의 여름 모습 소개하기	우리 마을의 여름 풍경 모습을 살펴보고, 추억을 함께 나누면서 학습에 대한 흥미와 자신감이 높아진다. 유리병 실로폰을 만들고 함께 연주하는 활동을 통해 자존감, 자신감, 자기효능감이 높아진다.	팀별로 유리병 실로폰을 만들고 노래를 선정하여 연습하는 모습을 통해 교사평가를 실시하고, 발표 모습을 통해 동료평가를 실시한다.	
	즐생	2. 여름풍경	통즐2411	즐거운 경험을 떠올려 여름 풍경 꾸미기	2	친구와 여름의 추억 나누기 여름의 경험을 주제로 그리기			교 (2)
	국어	11. 재미가 새록새록	1252-3	재미있는 말을 넣어 글로 쓰기	7	재미있는 말을 넣어 여름에 겪은 일 쓰기			
	즐생	2. 여름풍경	통즐2411	여름을 주제로 모자 만들기	2	여름에 관련된 것 주제로 모자 만들기			
	수학	4. 길이 재기	수23041-2	유리병 실로폰 만들고 연주하기	4	길이를 재는 방법 익히기 유리병과 물감을 이용해 유리병 실로폰 만들기			
	즐생	2. 여름풍경	통즐2411	'여름은 즐거워' 노래하기	3	유리병 실로폰을 이용해 여름에 관한 노래 부르기			
즐거운 나의 여름방학	즐생	2. 여름풍경	통즐2441	친구들과 콩을 이용해 다양한 놀이하기	1	물놀이 안전수칙 익히기 콩 던지고 받기	즐거운 여름을 보내는 방법을 알고 스스로 계획을 지키기 위해 다짐하면서 자존감과 자기효능감이 높아진다.	다양한 말놀이와 여름 계획서를 통해 동료평가를 실시한다.	
	바생 창체	2. 여름풍경	통즐2441	즐거운 여름을 위한 계획 세우기	1 1	여름방학을 주제로 마인드맵 만들기 여름방학 계획표 쓰기			
	국어	11. 재미가 새록새록	1216-1/ 1216-2	여름을 주제로 말놀이하기	2	말 덧붙이기, 말 전하기 놀이 익히기/놀이하기			

우리들은 대 주제 아래 중 주제를 만들고, 중 주제별로 이와 같은 학년 교육과정을 만들었다. 그림을 보면서 한 가지 묻고 싶은 것이 있다.

이지에듀에서 제공하는 것과 다른 점이 있나요?

교사의 업무 부담을 줄여준다는 명목 하에, 기본 시간표만 넣으면 한 학기 교육과정을 대신 짜주는 이지에듀라는 프로그램에서 제공하는 양식과 우리들이 만든 교육과정과 차이가 있는지 살펴봐주면 좋겠다. 양식의 모양과 내용에는 차이가 있지만, 프로그램에서 제공하는 것과 별반 다른 점은 없다. 오히려 우리가 수업하는 모습을 그대로 담았다는 의미에서 이러한 교육과정 표가 더 적합하지 않을까 생각한다.

프로젝트 내 활동 순서대로 교과와 단원을 제시하였고, 차시도 함께 제시하였다. 그리고 각 활동 및 교과별 관련 창의적 체험활동 주제와 시수도 함께 제시하였다. 활동 내용과, 배움 목표, 그리고 평가 계획도 포함함으로써 과정 중심의 수행 평가 내용도 함께 제시하였다. 이처럼 큰 흐름은 학년 초에 만들고, 그 속의 자세한 내용들은 함께 이야기를 나누면서 만들어갔다. 1학기가 아직 완성되기 도 전인데 우리들의 교육과정은 150쪽이 넘어가고 있다. 그 속에는 아이들의 모든 활동지가 포함이 되고, 아이들의 활동모습도 함께 담겨져 있다. 우리들의 이야기를 하나도 빠짐없이 모두 담으려고 노력하고 있다. 이 모든 우리들의 노력과 그 결과물 자료는 필자의 개인 사이트인 "minissam.co.kr"에 모두 담겨져 있다.

마지막으로 말을 하고 싶은 것은 나의 수업, 나만의 수업, 우리 아이들의 배움을 위해서 나의 것이 아닌 것은 모두 버리면 좋을 것 같다. 하지만 버릴 수 있는 용기가 부족하다면, 주객전도만은 되지 않았으면 한다. 나의 이야기를 만들어 가고, 우리들의 이야기를 함께 만들어가는 과정 중에 필요한 자료가 있으면 인터넷을 통해 찾아서 사용을 하면 좋겠다. 그 자료가 중심이 되거나 핵심이 되지 말고, 내가 필요한 자료만을 찾아서 사용한다면 교사를 위한 사이트가 더욱 의미 있게 활성화되지 않을까라는 생각을 한다.

총, 균, 쇠의 작가 재러드 다이아몬드는 이러한 말을 했다.

> 성공과 실패를 가르치는 핵심은
> 시대의 변화에 따라 붙들어야 하는 중심 가치와
> 시대의 변화에 따라 버리고 교체해야 할 가치가
> 무엇인지를 아는 것이다.

우리들의 성공과 실패를 가르는 핵심은 버리고 교체해야 할 가치가 무엇인지를 알고 실천하는 것이라고 할 수 있다. 우리 교실에서 아이들의 배움과 학습 중심의 수업을 위해서 교사로서 우리들이 버리고 교체해야 할 것이 무엇인지 알아야 한다. 그리고 우리는 어쩌면 이미 우리들이 버리고 교체해야 할 것이 무엇인지 알고 있을 지도 모른다. 알았다면 실천하자. 시작은 부족하고 미비할지 모르지만, 그 끝에는 아이들의 배움과 학습, 그리고 나만의 교실 수업 문화 만들기라는 맛있는 결실이 기다리고 있을지도 모르니 말이다.

4. 함께하기 위해 마련한 우리들의 방안

함께 하는 데 있어서 한 가지 제안을 드리고자 한다. 우리는 함께 모여서 다양한 교육과정 협의회를 실시한다. 협의회를 실시함에 있어서 도서가 필요할 때도 있고, 연수가 필요할 때도 있고, 컨설팅이 필요할 때도 있으며, 함께 관계를 형성함에 있어서 가장 중요한 요소라고 할 수 있는 회식이 필요할 때도 있다. 우리는 함께 모여서 회비를 거두는 대신에 동아리 및 학습 공동체 활동을 적극 활용하기로 하였다.

우선은 교내 교사를 대상으로 동아리를 구성하였다. 학생활동중심을 독서에서 찾은 쌤들의 모임이라는 뜻의 '학찾쌤'을 구성하여 교내 선생님들의 가입 희망을 받았다. 연구부에서 만들어낼 수 있는 예산을 최대한 모아서 교내 동아리 운영비로 책정하였고, 동아리 모임에 필요한 도서를 구입하였다. 다른 학년 선생님들과도 함께 모여서 이야기를 나눌 수 있어서 너무 좋았다. 우리 학년의 어려움에 대해 이야기도 나누고, 그동안의 우리 학년에 대한 오해나 편견도 조금은 바꿀 수 있었던 계기가 바로 교내 독서 동아리 모임이었던 것 같다.

그리고 도교육청에서 운영하는 교육 연구 동아리를 이용하였다. 동 학년 중심으로 신청을 하였다. 우리들의 이야기를 글로 남기고, 후에 학교 선생님들에게 제본하여 나누어줄 예정을 하고 있던 우리들이었기에, 그러한 계획을 토대로 계획서를 작성하고 우리들의 결과물을 그대로 하여 연구동아리 결과물로 제출하기로 하였다. 연구 동아리 선정으로 도서 구입, 협의회 비, 회식 비 등의 예산을 확보할 수 있었다.

마지막으로 학습 공동체를 이용하였다. 프로젝트를 계획함에 있어서 우리는 함께 동의하여 인성적인 측면을 중요시 여겼다. 계획을 하였던 것은 아니었지만, 함께 이야기를 나누면서 인성의 중요성에 대해 함께 동의를 하였으며, 특히 저학년 아이들에게 바른 인성 함양은 그 어떠한 학습적이 측면보다 중요하다는 것이 우리들의 공통된 의견이었다. 그래서 이를 바탕으로 하여 인성중심 교육과 우리들이 함께 개발하게 될 교수학습 방법을 엮어서 학습 공동체 계획서를 제출하게 되었다. 그리고 인성중심 교육과 연계지어 인성중심 수업 공모전에 팀으로 하여 제출할 예정에 있으므로, 이를 바탕으로 하여 결과 보고서를 제출하기로 함께 이야기를 나누었다. 또한 학습 공동체는 우리 뿐 아니라 교감선생님, 교무부장선생님, 다른 학년 부장 선생님들과 함께 함으로써 우리들의 이야기를 조금 더 많은 사람들과 함께 나눌 수 있는 기회로 삼을 수 있었다. 이를 통해 더 많은 선생님들과 이야기를 나누고 우리들의 이러한 수업 이야기가 더욱 많이 전파될 수 있도록 하였다. 학습 공동체 선정으로 우리는 컨설팅 비, 개별 연수 및 강습비, 회식 비 등의 예산을 확보할 수 있었다.

함께 모인다면 수업에 대한 성찰, 배움과 학습에 대한 변화를 가져올 뿐 아니라, 다양한 방법을 통해 함께 모여서 이야기도 나누고 자기 개발 및 전문성 신장을 위한 다양한 예산도 함께 확보할 수 있다.

교사가 성장하기 위해서는 전문적 학습 공동체[6]가 필요하다고 한다. 실제 내가 활용한 방법 이외에 수업 공동체의 다양한 유형에 대해 안내를 하도록 하겠다. 아래에서 안내하는 수업 공동체 유형은 김현섭(2013)의 수업을 바꾸다라는 저서에서 가져온 내용이다.

6) 수업, 생활지도, 행정 등 교사의 교육활동을 함께 연구하고 실천하도록 도와주는 모임을 의미함. 김현섭(2013).

❶ 수업 친구: 학교 안에서 동료 교사 중에 수시로 수업 고민을 나눌 수 있는 친구 교사를 정하며 함께 수업 친구를 만들기를 하면 된다. 실제 경북 교육청에서는 이를 근거로 하여 심층수업 컨설팅이라는 이름하에 멘토와 멘티형, 동료장학형 등의 수업 친구 만들기 활동을 실천하고 있다. 나 역시 우리 학교 선생님 한 분과 수업 친구를 만들었으며, 한 학기 1회씩 약 1달간의 기간을 두고서 함께 수업에 대한 진지한 나눔과 성찰을 실천하고 있다.

❷ 학년 협의회 및 교과 협의회: 초등학교의 경우에는 학년 협의회, 중·고등학교의 경우에는 교과 협의회를 활성화할 수 있다. 그동안의 협의회는 행사나 행정을 함께 협의회는 수준에서 그쳤지만, 이제는 행정 업무가 아니라 생활지도 및 수업의 영역으로 확대하여 활성화할 필요가 높아졌다. 나 역시 앞에서 설명을 한 것처럼 학년 공동체를 구성하여 학년 협의회를 활성화하고자 매주 금요일 오후 시간을 함께 모여서 수업 이야기를 나누는 시간으로 정하고 운영하고 있다. 함께 모여서 수업 이야기를 나누고, 공동 수업 지도안을 작성하여 함께 수업을 진행하기도 하였다.

❸ 수업 동아리: 학년이나 과목에 상관없이 수업에 대한 혁신 의지를 가지고 있는 교사들이 함께 모여서 고민을 나누고 연구를 하는 모임이다. 수업 공동체 중 가장 효과가 좋은 유형으로 형식적인 동회회와는 성격이 다르다. 나 역시 '학생활동 중심 수업을 독서에서 찾는 선생님들('학찾쌤')'이라고 이름을 짓고서, 수업에 대한 혁신 의지를 가지고 있는 교사들을 모아 동아리를 운영 중에 있다. 첫해에 시작했을 때는 5명으로 시작하였으나, 3년째 동아리를 이어오면서 올해는 16명으로 인원이 증가하여 운영 중에 있다. 꼭 수업에 대한 도서뿐 아니라 교사들의 생각과 사고에 도움을 줄 수 있는 다양한 종류의 도서를 선정하고 함께 책을 읽어보고 이야기를 나눔으로써 수업과 아이들을 대한 교사들의 자세에 대해 진지한 나눔을 실천하게 되었다.

이제부터라도 함께 시작해보자. 물론 우리는 반쪽이 되어서 계속되고 있지만. 그것만으로도 감사하다는 생각을 하게 되었다. 모두가 아니라서 아쉬운 것이 아니라, 이렇게 4명의 교사가 계속해서 함께 할 수 있음에 더욱 감사하였다.

하고자 하는 선생님! 지금 시작하세요, 모두가 아니어도 됩니다. 어느 책에서 말했듯이, 미움받을 용기를 가져야 합니다. 나를 미워하는 것은 그 사람의 선택이지 나의 선택이 아니랍니다. 다른 사람과 나를 분리해서 생각하세요. 내가 옳다고 생각하는 일은 계속해서 밀고 나가세요. 그리고 함께 하고자 하는 선생님과 함께 시작하세요. 조금씩 변화되는 나의 모습, 주위 선생님들의 모습, 그리고 아이들의 변화와 학부모들의 변화가 큰 힘이 됩니다. 이러한 과정을 통해 더욱 뿌듯한 내 자신을 발견하게 될지도 모릅니다.

하지만 이러한 공동체가 성공을 이루기 위해서는 몇 가지 원칙을 정해야 할 것이다. 우선은 동아리 활동은 교사들의 자발성을 중시 여겨야 한다. 자발성이 있어야 형식적으로 흐르지 않고 내실을 다질 수 있다. 그리고 교사들이 모여서 함께 성장할 수 있도록 동아리 모임의 목적을 분명히 정해야 한다. 스스로의 성장을 위해 함께 모여서 이야기를 나누고 식사도 하고 회식을 해야 한다. 단지 수다를 떨기 위해서, 함께 식사도 하고 술자리를 가지기 위함이 아니라 관계를 형성하고 래포를 형성함으로써 공동체성을 함께 다질 수 있는 하나의 기회로 삼아야 하며, 이를 바탕으로 모두가 함께 성장하기 위한 목적을 분명히 가져야 한다. 물론 관계를 형성하기 전에는 사소한 이야기를 나누며 가지는 회식자리도 필요하다는 것에는 필자 역시 매우 동의를 하고 있으며, 우리도 처음에는 그렇게 시작을 한 것 같다. 그리고 이를 위해서는 전문성을 갖춰야 한다. 수업 공동체가 다른 동아리와 차별성을 가질 수 있는 것은 바로 이 전문성이다. 전문성을 갖추기 위해서 함께 수업 노하우를 공유하고 상호 피드백 활동을 자유롭게 할 수 있는 공동체 문화를 형성해야 한다. 전문성 형성을 위해서는 함께 수업 고민을 나누고, 외부 전문가를 초빙할 수 있으며, 독서를 통해 전문성을 함께 형성할 수 있다.

5. 수업도 함께 계획하기로 약속하다

가르치는 행위는 예술에 비유한다. 여기에는 몇 가지 의미가 내포되어 있다. 하나는 전통과 관습에 얽매이지 않고 창의적인 수업을 실천하라는 것이다. 그리고 또 다른 하나는 목적과 수단이 분리되어서는 안 된다는 것이다. 그럼에도 불구하고 우리는 수업을 하기 전에 수업의 방향과 목적을 이미 설정하고 있다. 그 어떠한 예술 작품도 방향과 목적을 미리 설정하고 시작하지 않는다. 최종 작품을 완성하기까지 무엇을 만들려고 하는지 알지 못한다. 수업도 그래야 한다. 교사와 학생의 만남에서 시작을 하고 함께 구성해나가야 한다. 하지만 이러한 말이 무책임한 준비 없는 수업을 말하는 것이 아님을 모두 알고 있을 것이다.

수업을 하기도 전에 우리는 모두 수업 목표를 미리 정해놓고 있다. 그리고 학생들에게 동기유발을 통해 목표가 무엇인지 예상하게 한다. 과연 동기유발이 정말 잘 되었다고 하여 이번 시간 수업 목표를 아이들이 유추해내는 것이 가능할까? 아이들과 교사의 정해진 규칙에 의해 보여주기 식 수업으로 아이들이 미리 알고 있는 것을 발표하게 하는 것은 아니었는지 스스로에게 물어봤다.

필자 역시 그러하였다. 동기유발은 오늘 학습할 문제 혹은 목표를 아이들이 맞출 수 있도록 만들어져야 하며, 동기유발 후에는 아이들이 목표나 문제를 유추해야 한다고 생각하였다. 그래서 사용한 방법이 문장을 적어 놓고, 핵심 단어에 괄호를 넣는 것이 었다. 그러면서 행동적 언어로 목표를 기술해야 한다고 한다.

우리는 함께 모여서 배움 중심, 학습 중심 수업에서 그 결과를 가시적으로 아는 것이 가능한가? 행동적 언어로 표현될 수 있는가라는 질문을 던져보았다. 배움이라는 것은 눈으로 보이지 않기 때문에 수 많은 선생님들이 고민하고 걱정한다. 과연 우리 아이들이 배우고 있는지? 내가 원하는 배움이 일어나고 있는지?

그런데 이렇게 행동적 목표로 진술이 가능하다면 이러한 고민이 필요가 없는 것이다. 즉, 행동적 목표로 진술이 될 수 없어야 배움이라는 결론을 우리들은 내리게 되었다. 이혁규(2013)는 수업이라는 저서를 통해 행동적 목표 진술에 대해 다음과 같이 비판을 하고 있었다.

> 행동적 언어로 표현 가능한 것만을 수업 목표로 한정하게 되면 교육의 개념이 협소해진다. 가시적 행동의 변화로 확인하기 어려운 수많은 배움과 체험이 존재하기 때문이다.
>
> 둘째, 수업 행위 이전에 목표를 설정하는 것 자체가 바람직하지 않을 수 있다. 수업 활동은 매우 역동적이며 얼마든지 수업에서 교사와 학생의 만남을 통해 수업 목표가 변화될 수 있고, 발현될 수 있다.
>
> 셋째, 행동적 수업 목표는 일반 목표를 달성 가능한 단기적인 목표로 세분화하는데 여기에는 부분의 합은 전체와 같다는 환원주의 내지 구성의 오류가 도사리고 있다. 세분화된 행동적 목표를 하나하나 습득하였다고 해서 교육이 지향하는 종합적인 목표를 달성했다고 말할 수 없기 때문이다.
>
> 넷째, 행동적 수업 목표는 효율성을 추구하며, 학교를 공장으로 간주하는 사고와 관련이 깊다. 생상 목표를 정하고 노동자를 독려하여 정해진 기간에 생산품을 만들어내는 공장과 유사하게 학교에서도 목표를 달성하기 위해 효율적으로 움직여야 함을 강조하는 인식이 깔려있는 것이다.
>
> –이혁규, 2013, 수업, pp. 102–104 요약 발췌

이러한 글을 함께 읽으면서 우리는 행동적 목표 진술 대신에 배움을 강조하는 맥락 지향적 수업 목표를 설정하고자 하였다. 그러면서 우리는 프로젝트 별로 1개 혹은 2개

의 지도안은 공동 지도안을 작성하여 함께 수업을 해보기로 하였다. 물론 이러한 이야기가 계기가 되어 우리 학교에서의 교사 대상 공개수업 지도안은 공동 지도안을 작성하게 되었다.

그리고 우리는 수업 지도안에 대해서도 다시 한 번 꼼꼼하게 살펴보았다. 그동안 우리 학교에서는 지도안을 작성할 때 세세하게 작성할 것을 요구하였고, 계획을 치밀하게 세우도록 요구받았다. 지도안을 보고서 어느 선생님이라도 그러한 수업을 할 수 있도록 말이다. 그리고 이렇게 세세하게 계획을 세워야 수업이 성공한다는 인식이 깔려있었다. 수업의 성공을 어떻게 발견할 것인가? 행동적 목표도 사용하지 않기로 결정한 우리 동 학년인데, 수업의 성공을 어떻게 무엇으로 발견하겠는가? 그래서 우리는 수업 지도안을 버리고자 하였다.

단, 수업 지도안을 버리고 바꾸기 위해서 우리는 수업 아이디어를 서로 공유하고 서로에게 도움이 될 수 있는 방향으로 만들어가기로 하였다. 그리고 수업 지도안이라는 말에서 배움 과정안이라는 말로 바꾸었다.

흔히 수업 지도안에는 목표와 내용, 학습자 특성, 교수 환경과 맥락적 요소가 들어가게 된다. 우리는 과감하게 이 모든 것을 지워버리기로 하였다. 또한 프로젝트 학습을 통해 한 차시 수업이 아니라 연차시 수업의 계획이 많은 우리들에게 기존 수업 지도안은 매우 불편한 것이 많았다. 수업 지도안에 들어가 있는 모든 수업 요소를 매번 검토하는 것도 큰 어려움이 있었다.

그래서 우리는 다음의 그림과 같은 배움 과정안을 만들어 보았다. 살펴보면서 어떠한 생각이 들었는가? 아주 간단하게 만들었다. 우리가 계획하는 프로젝트 주제가 교육과정에서 제시하는 어떠한 성취기준에서 출발한 것인지 알아보고, 재구성을 한 이유도 적어보게 하였다. 그리고 어떠한 인성 요소를 길러주기 위함인지 알아보고, 주제 재구성에 대한 개요와 차시별 활동 내용과 관련 교과, 단원, 차시별 주제 및 활용한 교수·학습 방법으로 계획하도록 하였다. 기존 수업 지도안에서 제시해야 한다고 한 것에서 빠진 것이 있는가? 빠진 것이 있지만, 필요한 요소들은 모두 포함이 되었다. 그리고 실천해서의 차시별 내용 및 주제에서는 간략하게 아이들의 활동 내용과 모습을 함께 만들어가기로 하였다. 마지막으로 우리가 제일 고민한 부분은 성찰해요 부분이다. 우리들이 함께 배움 과정을 계획하고, 함께 실천함에 있어서 가장 중요하게 생각한 부분이 바로 우리들의 성찰이다. 계획과 실행을 통해 느꼈던 것, 그러한 과정 중에 반성하고, 다시 스스로 재구성한 활동에 대해 함께 모여서 반성하고 성찰하는 것이 배움 과정안을 함께 만들어가는 과정 중에서 가장 중요한 활동이라고 생각을 하였다.

배움과정안 마음 주제 입력하기 주제차시: 중 차시

1. 이런 의도로

관련 성취기준	재구성 이유

2. 계획하고

인성교육 전략	기본 인성 요소								주요 인성덕목	인성 교육 중점
	존중	협동	자존	효능	배려	자신	책임	조절		

주제 재구성 개요	

차시	차시별 활동 내용	관련 교과 및 단원	차시별 주제	교수·학습 방법

3. 실천해서

차시별 내용 및 주제 넣기

4 성찰해요

우리들의 이야기로

YES! 이렇게 발전시켜요!

그리고 수업 성찰 부분에서는 김현섭(2013)의 저서 '수업을 바꾸다'에서 착안하여 일부 보완하여 운영하였다. 우리들이 함께 수업을 성찰하고 나눔을 실천한 방법은 다음과 같다.

먼저 우리들 각자 자신의 수업에 대해 이야기를 나누고, 아이들의 배움에 어떠한 도움을 주었는지 잘된 점에 대해 서로 이야기를 나누었다. 이때는 서로 서로 이야기를 들어주고 칭찬의 말을 해주도록 하였다.

다음으로 함께 수업을 계획하는 과정 중에 말하지 못한 것에 대해 솔직하게 말을 하는 시간을 가졌다. 함께 계획을 하면서 누군가의 의견이 많이 포함이 될 수도 있었으며, 바쁘게 돌아가는 교육과정 재구성 시간으로 인해 미처 말하지 못한 부분에 대해 허심탄회하게 말하는 시간을 가졌다. 의외로 나는 이 시간이 정말 귀중하였다. 계획을 할 때는 몰랐던 여러 선생님들의 의견을 들어보면서 앞으로 배움 과정안을 계획함에 있어서 더욱 다양한 생각과 아이디어를 얻게 되었던 것 같다.

그리고 수업을 하면서, 혹은 수업 후에 아이들이 어떠한 행동적 변화를 보이고 있는지, 혹은 생각에 어떠한 변화가 있었는지를 통해 무엇을 배우게 되었는지 각자의 생각을 나누어보았다. 학생들의 입장에서 수업을 바라보는 것이 매우 어려운 일이었다. 처음에는 그저 교사의 입장에서 이렇게 배웠을 것 같다라는 이야기로 시작을 하였다. 시작이 흐르면서 조금씩 아이들의 입장에서 수업을 바라보게 되었고, 아이들이 무엇을 배우게 되었는지 조금 더 구체적으로 말을 하게 된 것 같았다.

그리고 프로젝트가 모두 끝난 후 가지게 된 고민이 무엇이었는지 이야기를 나누었다. 이 단계를 선생님이 가장 어려워했던 것 같다. 그저 프로젝트 학습이 좋을 것 같아서, 아이들에게 즐거운 수업을 주기 위해서, 새로운 방식의 수업이 필요하기 때문이라는 생각에 나와 함께 시작하고 실천하는 분들이 대부분이었기에, 고민을 잘 찾아볼 수 없었다. 그래도 어떻게든 하나 이상씩 말을 하게 하였다. 선생님들이 어떠한 고민을 가지고 있는지, 꼭 프로젝트에 관한 것이 아니어도 된다고 하였다. 평소에 어떠한 고민을 하는지에 대한 이야기로 시작했던 것 같다. 그런데 이야기를 나누다 보니 모두가 아이들에 대한 고민, 아이들의 배움에 대한 고민으로 이어지고 있음을 발견하게 되었다.

마지막으로 다음 과제에 대하여 함께 이야기를 나누었다. 이번 프로젝트 배움 과정안의 성찰을 통해 다음 프로젝트는 어떻게 구성하면 좋을지 기본적인 안에 대하여 함께 이야기를 나누었다. 이 이야기를 바탕으로 다음 프로젝트 배움 과정안의 기본 틀이 완성되게 되었다.

이처럼 우리는 동 학년 중심의 학습 공동체를 매우 중요하게 생각하고, 함께 많은 노력을 해왔으며 지금도 함께 진행하고 있다. 정말 학습 공동체가 중요한 것일까? 함께 한다고 하여 교육적 문제들이 많은 부분 해소가 될까? 라는 질문을 하게 될 것 같다. 나도 이러한 점이 궁금하였고, 이와 관련하여 박사 학위 논문을 쓰게 되었다. 나의 논문 결과는 이러하였다.

> 본 연구 결과를 통해 학교조직 효과성에 긍정적인 영향을 미치는 학교조직 문화 유형으로 관계지향 문화와 과업지향 문화가 유의하다는 것을 규명하였다. 또한 학교조직 효과성을 높이는 데 교사의 긍정심리자본과 임파워먼트가 중요한 매개 역할을 하고 있었으며, 관계지향 및 과업지향 학교조직 문화에서 긍정심리자본이 학교조직몰입과 다중 매개로 하여 학교조직 효과성에 정(+)적인 영향력을 미치고 있음을 규명하였다. 그리고 관계지향 학교조직 문화에서 초등교사의 임파워먼트가 긍정심리자본, 학교조직몰입과 다중 매개로 하여 학교조직 효과성에 정(+)적인 영향력을 미치고 있음을 규명하였다. 이러한 연구결과는 학교조직 효과성을 확보하기 위해서 교사들의 공감 없이 하향식의 통제와 지시적 방법으로 실천되는 다양한 교육 정책은 실효성을 거두기 어려우며, 교육정책을 추진하기에 앞서 교사들의 긍정적 심리를 고취하고, 그들의 의견을 존중하며, 함께 정책을 추진해나가는 동반자로 인식할 수 있는 학교조직 문화 형성이 필요하다는 점을 시사한다.
>
> 그동안 교사들은 교육부와 교육청이 시행하는 여러 교원평가, 성과급 차등 지급 등 전문성 신장 관련 평가 제도들을 의구심 없이 받아들이는 경향이 높았다(송경오, 2013). 하지만 본 연구결과를 통해 교사는 교육부와 교육청의 정책 결정에 따르는 수동적·피동적인 존재라기보다는 학교조직 문화를 변화시킴에 있어서 주체로서 인식되어야 한다는 점을 확인하였다. 즉, 교사를 진정한 리더로 인정하면서 그에 맞는 임무를 수행할 수 있는 학교문화가 형성되면, 교사 상호 간의 신뢰를 바탕으로 상호 소통하며 실천적 문제를 공동으로 해결해 나가는 전문적 학습공동체 형성이 조직 효과성 제고에 기여한다는 점을 확인하였다.
>
> 김규태, 이석열(2011)은 교사들이 적극적으로 학교경영에 참여하고 배움의 공동체를 구축하여 상호 간 지식 및 정보를 공유하고 확산할 때 학교조직 효과성은 증진될 수 있다고 지적했다. 그러나 우리 교사들은 교육정책에 대한 적극적 참여 주체라기보다는 교육개혁의 대상이 되어왔고, 정책 당국에 의해 사전에 결정된 정책들을 성실하게 수행할 것을 요청받아왔다(김규태, 2012). 그래서 교사들은 자신의 업무를 자율적·전문적으로 수행하지 못하여 낮은 수준의 사기와 만족도를 보이게 되었다(김규태, 이석열, 2011; 한국교육개발원, 2014, 2015). 이러한 이유로 혁신지향 학교조직 문화와 위계지향 학교조직 문화가 학교조직효과성에 유의한 영향을 주지 못한다는 본 연구결과가 나왔다고 사료된다.
>
> 초등학교 조직문화는 교직원 모두가 함께 노력하는 전문적 학습공동체를 형성하면서 교사들 개인의 긍정심리자본을 자극함으로서 학업 및 생활지도, 그리고 본질적인 과업에 보다 몰입할 수 있는 교육정책의 실현을 필요로 한다. 또한 학교조직 효과성을 높이기 위한 교육정책을 계획·추진함에 있어서 교사들의 적극적인 참여와 전문성 발휘를 할 수 있는 학교조직

문화로의 변화를 전제로 해야 할 것이다. 이를 위하여 교육정책 당국은 교사들에게 이에 관한 연수를 강화하고, 단위학교별로 학습 공동체가 활발하게 구성될 수 있도록 예산을 확보·편성하여 전략적으로 추진해야 할 필요가 있을 것이다. 이렇게 될 때 학교 조직의 모든 참여 주체 들 간의 상호 신뢰가 형성되며, 참된 의미의 교육 실현이 가능할 것이다(김규태, 이석열, 2011).

종합하면, 초등교육정책은 본 연구결과와 같이 관계지향적인 학교조직 문화 형성과 함께 학교조직에 대한 긍정적 믿음·신념·비전에 대한 공유와 참여적 의사결정 확대를 통하여 교사들이 본연의 과업에 충실하도록 하여 학교조직의 몰입을 유도함으로써 학교조직 효과성을 제고해야 할 것이다. 다시 말해, 초등 교사들이 수업 및 생활지도를 포함한 과업을 자율적이고 전문적으로 책임을 가지고 수행할 수 있는, 그리고 초등 교사 간 전문적 학습공동체를 구축하여 상호 정보 및 지식 공유와 확산을 통해 함께 성장해 나갈 수 있는 학교조직 문화를 형성할 필요가 있을 것이다.

학습 공동체는 어쩌면 지금 학교가 지니고 있는 문제점을 교사들이 함께 해결나가게 해주는 최선의 방법일지도 모르겠다. 물론 그 형태가 연구 동아리, 학년 중심 체제, 학습 공동체, 소모임 등 다양할 수는 있다. 그러나 한 가지 분명한 것은 이제 함께 해야 한다는 것이다.

사회적으로 학교가 붕괴되고 있다는 걱정을 많이 하고, 학교 교육을 신뢰하지 못하여 학교에 다니게 하는 대신 홈 스쿨링을 선택하는 학부모도 조금씩 증가하고 있는 추세라고 한다. 이러한 따가운 사회적 시선에서 우리가 벗어나고, 더욱 떳떳하게 우리들이 그러한 문제를 해결하는 방법은 교사들이 함께 서로의 수업을 나누고, 교육 철학을 공유하고, 더욱 다양한 시각에서 수업을 바라보면서 우리들이 스스로 해결책을 찾아가고 실천하는 것이다. 그러한 관계지향적인 공동체를 중심으로 한 학교 조직 문화가 형성되기를 희망해본다.

12장

프로젝트 학습으로 교실을 바꾸어 보려는 용기

1 고민에 빠지게 된 나…

사회 속 상황

알파고 등장! 기계와 경쟁하며 살아가게 될 우리 아이들… 어떡하지?

"우리 아이들이 살아갈 미래 사회는 기계와 경쟁하며 살아가게 될 것이다."

2016년 인공지능 알파고의 프로 바둑 기사와 맞대결 후, 한 대학 교수가 한 말이다. 미래 세상이 어떻게 될지 아무도 모르지만, 한 가지 확실한 것은 인간들의 지식보다 기계들의 지식이 훨씬 높아지는 세상이 될 것이다. 이러한 시대적 · 사회적 상황 속에서 우리 아이들은 어떠한 교육을 받으며 자라야 할까?

이에 대한 하나의 해결방안을 PISA 세계학력 평가 제도의 변화 속에서 찾을 수 있었다. 2015년도부터 PISA에서는 협동적 문제해결력이 새롭게 생겨나게 되었다. 즉, 혼자서 문제를 해결하는 것보다 함께 문제를 발견하고, 해결방법을 다양하게 찾아보고, 다양한 생각과 사고를 바탕으로 더욱 창의적인 문제해결방안을 찾아서 해결하는 과정이 앞으로의 우리 아이들에게 필요한 교육이 될 것이라고 생각하게 되었다.

앞으로 인공지능과의 경쟁이라는 큰 시대적 변화의 흐름 속에서 실제 기계와 경쟁하며 살아가야 할 우리 아이들에게 무엇이 필요할까? 이제는 우리아이들을 위해 아래와 같은 말을 직접 실천할 수 있는 교실이 되어야 하지 않을까 생각을 한다.

혼자 간다면 빨리 가지만, 함께 한다면 더 멀리 갈 수 있다

얼마 전, 미국의 대형 로펌 회사에 인공지능 변호사가 취직되었다고 한다. 이미 인간이 할 수 있는 많은 부분을 기계가 대신하여 그 자리를 차지하기 시작하였다. 이러한 시대에 우리 아이들이 학교에서 배우고 알아야 하는 것은 함께 문제를 해결할 줄 아는 능력이라는 것을 알게 되었다. 친구들과 협동하여 문제를 발견하고, 해결책을 다양하게 찾고, 해결하는 과정을 통해 창의적 경험을 제공해주어야겠다.

시대의 변화 속에서 필요한 협동적 문제해결능력!
배움, 학습, 그리고 수업은 어떡해야 하지??...

사회 속 상황

핵심역량 강조! 암기와 통제가 아닌배움과 학습 중요...
교실 수업은?

"공부하는 것이 재미있나요? 아이들은 공부하는 것이 재미있을까?"

인공지능의 등장으로 인해 나의 수업에 대해 되돌아보면서, 이러한 질문을 스스로에게 던져보았다. 나 역시 공부하는 것이 즐겁지 않았다. 교사인 나도 공부가 재미없는데, 우리 아이들은 얼마나 더 그럴까? 공부가 재미있으려면, 나는 우리 아이들에게 어떤 선생님이 되어야 할까? 고민이 생겼다.

'웃으며 공부할 수 없을까?'

흔히 우리 사회에는 이제 더 이상 참 스승을 찾아볼 수 없다고 한다. 교사와 스승에는 큰 차이가 있다고 느껴진다. 교사는 학교라는 제도가 생겨나면서 전문가에 의해 선택되고 제공되어지는 교과서의 지식을 전달하는 존재로서의 의미가 강하다. 반면 스승은 학생들의 평가와 존경이 수반되어야 한다고 생각된다. 우리는 과연 선생일까? 스승일까?

인공지능이 발달하게 되면 로봇 교사가 등장할지도 모른다. 가르침의 방법이 점차 표준화되어 갈수록 인간보다는 로봇이 더욱 잘 설명하고, 암기하게 하고, 더욱 잘 가르칠 지도 모른다. 이러한 고민 속에서 필자는 교과 지식을 전달하는 선생이 아니라 아이들의 삶을 가꾸어주고, 함께 삶을 이야기하고 만들어 갈 수 있는 스승이 되고 싶다는 성찰을 하게 되었다.

이러한 문제 제기로 인하여 요즘 학교 현장에서는 지도라는 말보다는 학습이라는 말을 중히 여기며, 이와 함께 가르침보다는 배움의 중요성이 강조되고 있다. 물론 가르침과 배움, 둘 중에 무엇이 더욱 중요하냐라고 스스로 자문해보았을 때, 이 둘 모두 중요하다는 결론을 얻었다. 하지만 분명한 것은 배움이 우선시 되어야 하며, 뒤에 가르침이 있어야 한다고 생각하게 되었다. 아이들의 배움에 있어서 교사가 도움을 주면서 가르쳐 줄 필요가 있는 부분에 대해 가르침을 주어도 늦지 않다는 것을 깨닫게 되었다.

교육 현장에 대한 반성, 스스로의 수업과 학습에 대한 나만의 성찰을 통해 나는 우리 아이들에게 스승이 되고 싶어졌고, 배움과 학습이 강조되는 수업을 하고 싶어졌다. 이에 나는 다시 고민하였다.

아이들은 무엇을 배워야 하지? 어떤 학습이 필요하지?

깊은 고민과 많은 학습과 독서를 통해 나는 미래 사회에 살아가야 할 우리 아이들이 배워야 할 것은 핵심역량이라는 것을 알게 되었다. 2015개정 교육과정이 핵심역량을 중심으로 개정되고 개편되었다는 것만 보더라도 핵심역량이 우리 아이들에게 필요한 배움이라는 것을 알 수 있다. 물론 미국에서 핵심역량의 등장배경으로 인하여 부정적인 시각을 가지고 있는 것도 사실이다. 하지만 시대적 흐름은 분명히 존재하며, 그 속에서의 어떤 방향성이 존재한다는 것을 알게 되었다.

이로 인해 나는 교육과정을 다시 살펴보게 되었고, 교육과정에 따라 교과서를 다시 살펴보게 되었다. 아이들이 스스로 공부가 재미있다 라고 느끼도록, 그리고 미래 사회를 살아감에 있어서 경쟁력을 갖추기 위해서 스스로 무엇인가를 배우도록 만들기 위해서, 그리고 그러한 배움의 과정과 결과로서 미래 사회에 필요한 핵심역량을 경험하고 길러주기 위하여, 나는 또 다른 고민과 성찰을 시작하게 되었다.

교실 속 수업이 재미있다 라고 느끼도록 거꾸로 배움을 적용한 다양한 수업 방법을 개발하고, 스스로 무엇인가를 배우게 하기 위하여 교육과정을 교과 통합 교육과정으로 전면 재구성하고, 핵심역량을 경험하고 길러주기 위하여 주제 중심의 프로젝트 학습을 실천하게 되었다.

몇 해 전 플립러닝이 한국에 소개되어지면서 몇 몇 교실과 교사들에게 큰 변화가 일기 시작하였다. 가정에서 학습을 하고 학교에서는 질문을 통해 함께 문제를 해결하는 과정으로 배움이 일어나게 하는 거꾸로 교실이었다. 물론 이로 인해 많은 교사들은 자신의 역할에 대한 회의감을 가지기 시작하였고, 교사가 해야 하는 것은 단지 동영상을 제작하고, 그것을 바탕으로 교실에서 과제 활동이 이루어질 수 있게 질문이나 활동지를

만드는 것이라는 오해를 가져오기도 하였다. 이러한 잘못된 오해로 인해 필자는 다시 고민하고 성찰하였다. 그 결과 거꾸로 교실은 그저 하나의 수업 방법이며, 플립 러닝이 추구하는 것은 바로 거꾸로 배움이라는 사실을 알게 되었다. 그 방법은 동영상이 아니라 활동지, 과제물이 되어도 상관이 없다. 학생들이 스스로 자신의 생각과 사고를 이끌어내고, 그것을 바탕으로 함께 모여서 배우고 학습하는 과정을 중시하는 것이 바로 거꾸로 배움이며, 거꾸로 교실이 실제 추구해야 하는 학습이라는 사실을 알게 되었다. 그리고 거꾸로 배움을 위해서는 그 어떤 교수학습 방법을 활용해도 괜찮다는 것을 알게 되었다. 그래서 필자는 거꾸로 배움을 위해 교실에서 적용할 수 있는 다양한 교수학습 방법을 개발하고 적용하였다. 이때 개발한 교수학습 방법은 본저서(226~243쪽)를 통해 간단히 소개하고자 한다. 아직 발전하고 성장하는 과정 중에 있으며, 수정하고 변화시켜야 하는 부분이 있지만 한 가지 분명한 것은, 이러한 교수학습방법을 적용하기 시작하면서 아이들이 교실에서 웃기 시작하고, 떠들기 시작하고, 자신의 이야기를 하기 시작하고, 공부하는 것을 즐기기 시작했다는 것이다. 또한 학생뿐 아니라 학부모의 만족도 함께 높아지게 되었다.

교수학습방법 개발과 함께 아이들의 배움, 핵심역량의 향상을 위해서는 교육과정 재구성과 주제중심 프로젝트 학습이 필요함을 알 수 있었다. 우선 국가수준 교육과정은 학생들이 기본적으로 알아야 하는 것들이지만, 그것을 어떻게 구성하고 배우게 해야 할지는 전적으로 담임교사의 재량이라고 할 수 있다. 이를 위해 도움을 주는 재료가 바로 교과서라고 생각한다. 그래서 필자는 교육과정과 그에 따른 교과서를 함께 살펴보면서 아이들의 발달상황과 계절 흐름, 월별 주요 행사 등을 고려하여 함께 프로젝트로 진행할 수 있는 핵심성취기준과 교과서 주제를 묶어보았다. 이와 함께 묶은 주제들을 하나의 대 주제로 엮고서, 큰 흐름을 만들어서 학기별 프로젝트 학습을 구성하고자 하였다.

이렇게 교육과정을 재구성하고, 이에 따라 주제중심 프로젝트 학습을 만들어가면서 또 다른 고민이 생겼다. 시대의 흐름과 학교 상황을 고려하면서 아이들에게 필요한 것이 협동적 문제해결력을 포함한 핵심역량이었으며, 이를 배울 수 있도록 수업을 재미있게 이끌어가면서 학습이 일어나도록 해야 한다는 것을 알게 되었다. 이를 위해 거꾸로 배움을 위한 교수학습 방법을 3년전부터 개발하게 되었고, 2016학년도에는 교육과정 전면 재구성을 통한 주제중심 프로젝트 학습을 진행하고자 하였다. 그런데...

거꾸로 배움, 교육과정 재구성과 프로젝트 학습
학습은 알겠는데... 우리 아이들에게 필요한 주제는?
그래서! 우리 아이들과의 수업 모습을 다시 살펴보았다.

교실 속 상황

우리 아이들, 뭐가 문제일까? 왜 그럴까?
그렇다면 어떻게 하면 될까?

3월 3일, 팀을 구성하고 팀이 함께 친해지고 서로를 알아가는 시간을 마련하기 위하여 다양한 방법과 활동으로 팀 빌딩 활동을 하고 있었다. 그런데...

창문이 그려져 있는 활동지를 책상에 중간에 그대로 두고서는...

"OO아! 이거 어떻게 하라고 한 거야 도대체?"

"나도 몰라! □□아! 너는 열심히 들었잖아 어떻게 하면 되는 거야?"

"좀 전에 설명을 해줬잖아. 말을 할 때는 왜 안 듣고 또 물어봐?"

"설명을 들을 때는 아는 것 같았는데, 하려고 하니까 뭐라고 했는지 기억도 안 나고 모르겠는데 어떡해?"

"너희들이 자꾸 모른다고만 하고, 계속 물어보기만 하니까 힘들어... 혼자 할 때는 편한데 팀별로 하라고만 하면 왜 이리 힘이 드는지 모르겠다. "

"나도 그래! 왜 선생님은 이렇게 팀으로 하라고 할까?"

2교시, 팀 이름을 정하기 위해 팀 별로 머리를 맞대고 있는데, 한 팀에서...

팀 규칙을 정하는 도중에 갑자기 활동하기를 멈추고서는...

"OO아! 그거 아니라고 했잖아!"

"아니야! 이거 해야 된다니까! 왜 내말은 다 무시하는데?"

"무시하는 게 아니라 아니라고 하는데도 자꾸 말을 하니까 그렇지"

"아... 너희들은 왜 자꾸 다투기만 하는데? 이제 나도 모르겠다. 그냥 너희들이 알아서 해"

"그러면 너희들은 그만 다투고, 그냥 내가 다 알아서 할 테니까 그냥 지켜보기만 해. 답답해서 같이 못하겠다."

"알았어. 그러면 네가 알아서 해. 대신 못하면 각오해!"

"그러면 나는 그냥 앉아있어야겠다. 그런데 우리는 이제 뭐하면 되지?"

4교시, 함께 지켜야 할 팀 별 규칙을 정하는 시간, 또 다른 팀에서...

아이들의 활동모습을 지켜보면서 필자는 이러한 생각을 하게 되었다.

'혼자서는 잘 하던데…
같이 해결하라고 하니 왜 이리 다투고 힘들어하지?'

3월 2일, 첫날에 팀을 구성하고 서로 이야기를 나누는 시간을 주었다. 그리고 3월 3일, 첫 팀 활동을 시작하였다. 그런데 팀 활동을 시작하면서 문제를 발견하게 되었다. 문제를 살펴보고, 왜 그럴까 고민과 필자의 수업에 있어서 무엇이 문제인지 성찰하게 되었다.

우선 아이들이 함께 하는 것에 대한 소중함과 중요성을 알지 못하고 있었다. 사회와 학교의 상황을 살펴보고, 고민과 성찰의 과정을 거치면서 우리 아이들에게 꼭 필요한 역량이 협동적 문제해결력이라는 사실을 알게 되었다. 우리 아이들의 실제 모습에서도 그것을 알 수 있었다. 혼자서 책을 읽고, 문제집을 풀면서 공부하는 것에 익숙한 아이들에게는 함께 문제를 해결하는 활동이 매우 낯설고 어려운 활동이었던 것이다.

어떻게 참여를 해야 하는지 모르는 아이들, 관심이 없는 아이들, 친구들에게 계속 질문만 하는 아이들, 친구들의 도움을 받기만 바라는 아이들, 서로 미루면서 다투는 아이들, 혼자서 해결하려는 아이들…

이러한 모습이 첫 팀 활동을 하면서 지켜본 우리 반 아이들의 실제 모습이었다. 이러한 아이들의 모습을 보면서 앞으로 어떻게 수업을 진행해 나가야할지 걱정이 생기기도 하였지만, 성찰을 통해 알게 된 협동적 문제해결력이 우리 아이들에게 꼭 길러주어야 할 역량이라는 사실을 발견한 것에 대한 희망을 가지기도 하였다.

나의 역할에 대한 책임감, 친구를 먼저 생각하는 배려심, 그리고 함께 하고자 하는 협동심을 길러주기 위하여, 이 모든 것을 포괄할 수 있도록 '바른 인성을 지닌 건강한 우리'라는 주제를 가지고 전 교과의 교육과정을 재구성한 주제 중심 프로젝트 학습을 시작하게 되었다. 거꾸로 배움을 적용한 주제 중심 프로젝트 학습으로 우리 아이들의 협동적 문제해결력을 높여주고자 하였다. 이를 위해 창의적 수업을 설계하게 되었다.

협동적 문제해결력이 필요한 우리 아이들!
아이들의 즐거운 학습을 위해 수업 개선이 필요한 나!
창의적 수업 설계와 실천으로 나와 우리 아이들을 새롭게 변화시켜보자!

2 프로젝트 학습을 위한 거꾸로 배움으로 수업을 설계하다.

프로젝트 학습은 학생들이 문제 해결과정에 적극 참여하여 모종의 학습결과물을 창출하는 과정에 지적 성찰 활동을 제공하며, 결과물을 생성하는 과정 전체를 중요하게 여긴다. 이를 통해 고등사고력, 의사소통력, 자기주도력, 협동심, 책임감, 배려심 등 사고력과 인성을 고르게 함양시킬 수 있는 학습방법이다. 또한 하나의 학습방법이 아니라 액션러닝, 협동학습, 문제기반학습, 토의토론학습, 설명식 수업 등 다양한 학습방법을 적절하게 사용할 수 있다(강문숙, 홍광표, 2014).

(1) 교육과정 재구성으로 프로젝트 학습을 이렇게 설계하다.

2016년 2월, 2016학년도 2학년 학생들의 학습과 배움을 위해 이러한 고민부터 시작을 해보았다.

'교육이란 무엇인가? 아이들의 삶과 생활이 녹아든 교육은 어떤 것일까?'

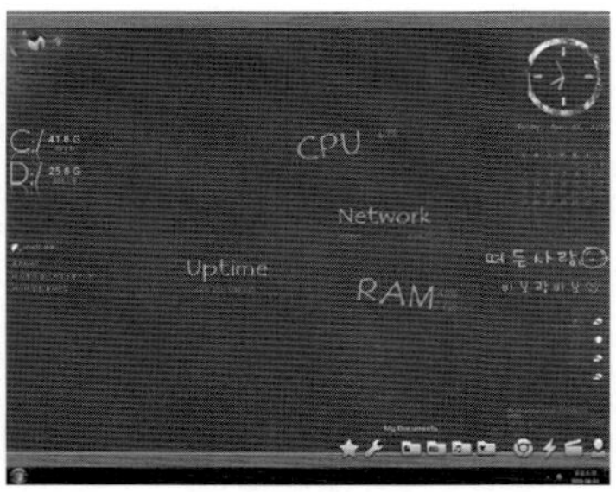

교육이란 아이들의 삶과 생활이 되어야 한다고 생각을 했다. 삶과 동떨어진 교육, 생활과 관련 없는 학습은 결국에는 아이들의 흥미와 관심을 떨어뜨리고 몰입하지 못하게 한다는 것을 알게 되었다. 교육과 경험, 삶과 생활이 서로 밀접한 관련을 가질 때 아이들에게 필요한 교육이 이루어질 수 있을 것이라고 생각하게 되었다.

이를 위해서 우리 아이들에게 필요한 주제를 선정하고, 모든 교과 교육과정을 재구성하여 주제 중심 프로젝트를 시작하기로 하였다.

'그렇다면 우리 아이들에게 필요한 주제는 무엇이지?'

2013학년도부터 2학년 아이들을 가르치면서 어떠한 주제가 필요한지 고민하고 찾아보기로 하였다. 학교 붕괴의 가장 큰 원인인 학교폭력을 고려해보면서, 초등학교 2학년 아이들에게 가장 중요한 것은 바로 내가 누구인지 알고, 자존감을 가지도록 하는 것이며, 친구들과의 바른 관계 형성임을 알게 되었다. 친구들과의 바른 관계를 형성하고 내가 누구인지 바른 자존감을 가지기 위해서 바른 인성이 필요함도 알게 되었다.

그리고 바른 인성과 함께 나의 소중함도 일깨워주고자 건강한 나라는 주제를 함께 선정하게 되었다. 여기서 의미하는 건강한 나란 신체적인 건강 뿐 아니라, 마음(정신)적인 면, 바른 인간관계 형성, 그리고 이러한 건강한 신체, 마음, 관계를 통한 행복한 추억을 가지는 인간까지를 포함하는 개념이라고 할 수 있다.

그래서 2016학년도 2학년 아이들과 함께 하게 될 주제는...

그건 바로, "바른 인성을 지닌, 건강한 나!"

'바른 인성을 지닌 건강한 나'를 위해 우선은 건강한 신체와 마음을 알려주고 친구들, 가족들, 나아가서는 이웃과 건강한 관계를 형성할 수 있는 방법을 배우도록 하였다. 여기에는 바른 언어 사용, 자신의 가족과 친척 뿐 아니라 주변의 다양한 가족과 건강한 관계를 형성할 수 있는 방법을 스스로 터득하고 배울 수 있게 하였다. 그리고 이러한 모든 활동들이 건강한 추억이 되도록 다양한 체험활동을 통해 추억을 남겨줌으로써 학교라는 장소가 재미있는 곳이고, 수업이라는 시간이 즐거운 시간이며, 친구들과 함께 할 수 있다는 것이 커다란 행복이라는 것을 알려주고자 하였다.

(2) 프로젝트 학습을 위한 거꾸로 배움 학습방법을 개발하다.

최근 우리 교육에 플립드 러닝(flipped learning)이 소개가 되면서 일선 교사들은 수업모형의 교육적 의미를 고찰하고 새로운 수업 방법에 대한 관심을 보이기 시작했다. 플립드 러닝은 기존 교육 방식을 '뒤집다(flip)'라는 의미로, 교실에서 수업을 하고 가

정에서 과제를 해결하던 기존의 전통적인 수업 방식을 뒤집는 수업이다. 즉, 강의 영상을 통해 학생들이 스스로 학습을 하고, 해결하지 못한 문제나 심화된 학습활동을 동료 학습자들과의 토론이나 도움을 얻어 해결하는 수업 방식을 의미한다. 이러한 수업 모형은 프로젝트 학습에 최적화된 모형이라고 할 수 있다. 학생들의 삶, 생활과 연계된 주제 및 문제를 제시하고 팀별로 함께 해결하는 다양한 학습 활동을 제공해준다. 학생들은 스스로 몰입하고, 함께 참여하여 문제를 해결하는 과정을 통해 미래사회를 살아감에 있어서 필요한 협동적 문제해결 능력을 스스로 기르게 될 것이다.

그런데 한 가지 알아야 할 것이 있다. 흔히들 알고 있는 거꾸로 교실이란 이러한 플립드 러닝이 우리나라에 들어오면서 재해석된 용어이다. 하지만, 그것은 하나의 수업 형태로써, 수업의 출발점이 되어야 하지, 그 자체가 목표가 되어서는 안 된다. 즉, 단지 학생들이 영상을 통해 가정에서 스스로 공부를 하고, 학교에서는 관련 과제를 친구들과 함께 해결하였다고 하여 학생들을 위한 수업을 했다, 교실 수업 개선이 이루어졌다고 여기지 않아야 한다. 아이들이 스스로 배우고자 하고, 그러한 배움이 학습으로 이어지도록 해야 한다.

"그렇다면 교사가 하는 역할은 뭐지? 단지 안내하는 역할, 조력자로써의 역할을 하는 것만으로 어떠한 의미가 있지? 그렇게 된다면 교사는 왜 필요한 거지? 단지 영상을 제작해주고 과제를 제시해주는 것이 교사인가?"

이러한 질문은 우리에게 거꾸로 교실에 대한 진정한 학습적 의미가 무엇인지 되새김질하게 하게 만든다. 그 의미가 무엇이든지 간에 분명한 것은 거꾸로 교실은 그 자체가 목표가 되어서는 안 된다는 것이다. 그것은 교사 중심이 아닌 학생들 중심의 거꾸로 배움이 일어나도록 도움을 주는 하나의 수업 방법에 불과하다는 것을 인지해야 한다.

그래서 거꾸로 교실이 진정으로 추구하고자 하는 거꾸로 배움임을 반드시 인지해야 한다. 또한 이러한 학습과정을 통해 학생들의 다양한 생각과 창의적인 사고를 이끌어 내고, 동료 친구들과 함께 문제를 해결하도록 하며, 스스로 학습이 일어나도록 도와주는 것이 바로 거꾸로 교실임을 강조하고자 한다.

그리고 이러한 거꾸로 배움은 과정이나 방법이 정해져 있는 것이 아니다. 학생들의 스스로 배움과 학습이 일어날 수 있도록, 그리고 문제와 과제를 해결하기 위해 스스로 몰입하고 함께 참여하여 배움이 일어날 수 있다면 그것이 바로 거꾸로 배움인 것이다. 이를 위해서는 학습이 즐거워야 하고, 배움이 재미있어야 한다. 그래서 필자는 문제 기반 학습, 프로젝트 기반 학습, 탐구 학습, 액션 러닝 학습, 팀 기반 학습, 협동 학습, 인재융합교육, 토의·토론학습 등 다양한 학생 활동 중심의 교육방법을 교실과 학생들의 상황에 맞게 수정 및 보완·적용·활용하여, 거꾸로 배움을 실천하기 위한 다양한 학습 방법을 개발하게 되었다.

토의·토론은 동료학습자간의 다양한 상호작용을 이끌어내는 데 있어서 필수적인 교수학습이다. 친구들과 다양한 상호작용과 의사소통을 이끌어내기 위하여 토의·토론 학습방법을 개발하였으며, 상호평가 활동에도 다양하게 적용하였다. 이를 통해 나의 생각과 아이디어를 기반으로 짝과 함께 이야기를 나누고, 팀과 반 전체의 상호작용을 경험하게 하였다. 팀 기반 학습에 따라 단원별 읽기자료(소책자)를 제작하여 활용하였다. 읽기자료(소책자)는 하나의 단원에서 학습해야 할 주요 개념과 수업 전 미리 생각을 해서 와야 하는 아이디어에 대한 간략한 소개와 학습지로 구성이 되어있다. 이를 통해 학생들은 보다 다양하고 독창적인 생각을 이끌어낼 수 있었으며, 적극적인 참여를 이끌어내고자 하였다. 액션러닝식 학습법을 적용하여 다양한 팀별 활동과 창의적인 과제 해결 활동이 주가 될 수 있도록 하였다. 함께 문제를 해결하는 활동을 통해 학생들은 창의적 문제해결력 뿐 아니라, 다른 팀원과의 협력심이 함께 길러지게 될 것이다. 그리고 문제 기반 학습, 프로젝트 기반 학습, 탐구 학습, 협동 학습, 인재융합교육을 기반으로 하여 의사소통으로 과제를 해결하는 과정을 경험할 수 있는 다양한 교수학습법을 개발하였다.

이러한 과정을 통해 개발한 학습 방법은…

생각교환 중심	토의토론 중심	움직임 중심	음악미술 중심	상호평가 중심
❶ 실타래 엮어요 ❷ 짝과 함께 해결 ❸ 눈덩이 키우기 ❹ 기차로 주고받기 ❺ 섞여서 생각 교환 ❻ 칠판 나누고 공유 ❼ 생선뼈로 정리 ❽ 섞여서 알아봐요 ❾ 함께 발표해요	❶ 최고 생각 찾기 ❷ 일급비밀 찾기 ❸ 가지 만들어 상상 ❹ 만다라트 완성 ❺ 팀 문제 만들기 ❻ 팀 문제 해결 하기	❶ 카드 만들기 ❷ 달리고 찾아라 ❸ 외치고 수행 해요 ❹ 달려서 짝 찾기 ❺ 미션 후 짝 찾기 ❻ 술래 잡아서 찾기 ❼ 게임과 함께 하기	❶ 시화로 표현해요 ❷ 팀 그림 완성 해요 ❸ 역할극으로 정리 ❹ 개사해서 외워요 ❺ 동영상 만들어요 ❻ 팀 책 만들어요 ❼ 함께하는 융합 ❽ 계절따라 꾸며요	❶ EDS로 상호평가 ❷ 신호등 상호평가 ❸ 이름걸고 평가 ❹ 둘가고 둘남기 ❺ PMI로 상호평가

즐겁고 재미있는, 그리고 스스로 몰입하여 함께 참여하는
거꾸로 배움 첫 번째 이야기 참고해주세요.

본 저서에서는 실제 수업 사례를 통해 간략하게 제시하고자 한다.

(3) 거꾸로 배움 학습 방법을 아이들의 배움을 위해 적용하다.

즐겁고 재미있는 수업, 스스로 몰입하여 함께 적극 참여하는 학습으로 거꾸로 배움이 일어날 수 있도록 개발한 학습 방법의 적용에 대해 간략하게 소개하면 다음과 같다.

분류	활동 명	주요 설명	활용하는 활동 주제
생각 교환 중심 활동	실타래로 엮어 봐요	실타래로 엮어가면서 팀별 이야기를 나누게 됨으로써 모두가 적극 참여하는 활동	돌아가며 서로의 생각을 이야기 나누거나 경험을 이야기 나눌 때 활용
	짝과 함께 해결해요	짝과 함께 서로 질문을 통해 함께 스스로 학습하는 활동	학습한 내용, 배운 내용에 대해 서로 사르쳐줄 때 사용

분류	활동 명	주요 설명	활용하는 활동 주제
	눈덩이를 크게 키워요	사고의 발산과 수렴을 통해 창의적 사고력을 키우는 활동	나의 생각을 기반으로 하여 다양한 생각을 모아야 할 때 사용
	기차로 주고 받아요	팀별 생각을 주고받으며 사고의 확장을 경험하는 활동	팀별로 모은 생각을 다른 팀과 교환해야 할 때 사용
	섞여서 생각을 교환해요	팀원 각자 다른 팀원과 만나서 생각을 주고받아 창의적인 사고력을 키우는 활동	다른 팀과 생각을 교환할 때 사용하며, 기차와 달리 생각이 많을 때 활용 가능
	칠판을 나누고 공유해요	빠른 시간에 칠판을 활용하여 팀별 상호작용이 가능한 활동	모든 학생이 한번에 자신의 지식과 생각을 공유할 필요가 있는 학습 주제에서 활용
	생선뼈로 함께 정리해요	생각을 체계화하여 요약하도록 도와주는 활동	다양한 아이디어 생성 후, 범주에 따라 분류할 때 활용
	섞여서 함께 알아보아요	다른 팀원과 서로 섞여서 서로의 생각을 다양하게 알아보는 활동	우리 반 친구의 모든 생각을 하나씩 교환하며 알아볼 때 활용하며, 주로 학기 초 서로를 알아가는 시간에 활용
	다 함께 발표해요	동시다발적인 발표를 통해 지루한 발표시간을 역동적으로 만들어주는 활동	모두 발표할 때 사용하며, 짝별로 순서를 정하여 한번에 발표하고 다른 짝이 들어주고 함께 이야기 나눈 뒤 역할 바꿔서 활동
토의 토론 중심 활동	최고의 생각을 찾아요	모두가 참여하여 우리 생각을 결정하는 활동	질문과 함께 하는 국어 시간에, 최고의 질문 선정할 때 사용
	일급비밀을 찾아요	차시별 내용 정리를 팀별로 작성하는 활동	우리 팀의 생각을 정리하고 문장으로 발표할 때 사용
	가지 만들어 상상해요	부정가지와 긍정가지를 만들어 바른 생활습관의 중요성을 스스로 알아가는 활동	바른생활 수업 시 바른 생활을 할 때와 그러지 않을 때 어떻게 삶이 변할지 상상할 때 사용
	우리 반 만다라트 완성하기	한 단원의 주요개념을 만다라트로 정리하는 활동	배움과 학습으로 알게 된 생각을 정리할 때 활용
	우리 팀만의 문제 만들기	이번 시간에 학습 할 내용을 우리 팀이 스스로 만들어가는 활동	질문이 살아있는 수업을 위해, 각자 만든 질문을 서로 교환해서 풀고, 하나의 문제를 선정할 때 활용

분류	활동 명	주요 설명	활용하는 활동 주제
	우리 팀 문제 해결하기	우리 팀의 문제를 다른 팀원과 함께 해결해보는 활동	우리가 정한 문제를 다른 팀과 교환하며 해결할 때 사용
움직임 중심 활동	문제와 정답은 우리가 만들어요	달리고 찾아라 활동을 위한 문제와 정답카드 만드는 활동	우리 반 체육활동의 대부분은 달리고 찾아라로 이루어짐 주제에 대해 팀별로 문제와 정답 카드를 정해진 수대로 만든 후, 문제를 뽑고 정답을 찾아오는 활동에 있어서 교과서에서 제시하는 다양한 활동을 미션활동으로 제시함. 다양한 활동 방법으로 짝을 찾아오는 것, 술래를 잡아서 받아오는 것, 게임 활동이 함께 하는 것, 멀리서 외쳐서 정답 카드를 찾아오는 것, 다양한 미션 수행하는 것 등 다양한 활동이 이루어짐.
	달리고 찾아요	문제카드를 찾고, 정답을 찾아서 달려오는 기본활동	
	외쳐서 찾고, 함께 수행해요	짝을 서로 찾고, 미션을 함께 수행하는 활동	
	달리고 짝을 찾아요	선택한 카드와 짝 카드를 들고 있는 친구를 찾는 활동	
	미션을 수행해서 찾아요	교과서에서 제시하는 다양한 활동을 수정·보완하여 미션으로 제시하는 활동	
	술래를 잡아 찾아와요	정답카드를 들고 있는 술래를 잡아서 달려오는 활동	
	게임 활동으로 즐거운 시간	다양한 게임 활동으로 즐겁게 즐기면서 학습하는 활동	
음악 미술 중심 활동	음악과 함께 시로 표현해요	주제 관련 음악을 듣고, 관련 시를 지어보고 평가하는 활동	자기 생각을 이끌어 낼 때, 서로 사고 교환 시 우리는 음악과 함께 함
	팀 그림을 완성해요	팀 별로 하나의 그림을 그리고 각자 따로 색을 칠하여 그림 완성하는 활동	하나의 그림을 같이 그리고, 팀원 수대로 나누어서 각기 다른 방법으로 그림 완성 후 하나로 만듬
	역할극으로 정리해요	역할극으로 공부한 내용을 정리하여 서로 가르쳐주고 배우는 활동	수업 내용에 대해 대본을 만들어서 역할극으로 발표하고 다른 친구는 알게 된 내용 정리하는 활동
	노래를 개사해서 외워요	공부한 내용으로 관련 노래를 개사하여 학습하고, 동시에 발표하는 활동	노래를 주제에 맞게 팀별로 개사하여 연습 후 발표하고 다른 친구는 알게 된 내용 정리하는 활동
	동영상으로 흥미를 높여요	학생들이 만든 노래 가사관련 그림을 영상책으로 만들어서 보여주는 활동	노래의 가사에 맞게 주제에 따라 그림으로 표현하고, 간단한 동영상으로 만들어주는 활동
	다양한 팀 책	다양한 방법으로 팀별 책을 만드	다양한 주제가 포함된 활동에서 책을

분류	활동 명	주요 설명	활용하는 활동 주제
	만들기	는 활동	만들어서 함께 학습하는 활동
	계절에 맞게 교실을 꾸며요	계절별로 교실의 환경을 팀별로 꾸며보는 활동	팀별로 창문을 하나씩 맡아서 계절별로 환경을 꾸며서 계절 학습 및 교실에 대한 애착심 높이는 활동
상호 평가 중심 활동	EDS로 서로 평가해요	EDS기법을 수정·보완하여 상호 평가하는 활동	우리 반의 평가는 교사 중심의 평가가 사라지고 동료 평가 중심의 과정 중심평가가 주를 이룸. EDS, 신호등, 내 이름 걸고, 둘가고 둘남아서, PMI등 다양한 방법을 통해 서로의 작품을 돌아가면서 주어진 루브릭에 따라 상호 평가를 하게 됨. 서로의 작품을 보면서 스스로 성찰하고, 반성하는 기회도 제공하게 됨.
	신호등으로 평가하기	자기 손 신호등을 활용하여 상호 평가하는 활동	
	내 이름을 걸고 평가하기	자기 이름이 적힌 견출지를 활용하여 상호평가하는 활동	
	둘가고 둘남아서 평가해요	짝을 지어서 우리 반 모두의 작품을 상호평가하는 활동	
	PMI로 평가해요	PMI기법을 수정·보완하여 상호 평가하는 활동	

거꾸로 배움 학습 방법을 활용한 실제 수업 사례 몇 가지 소개하고자 한다.

이렇게 계획했어요

매 단원별로 단원전체를 정리하는 차시에 활용했어요!

주제	역할극을 꾸며 학습한 내용 스스로 정리하기	주제차시: 종 2차시

활동 목표

통합교과 주제중심 교육 Check-Point
: 학생이 생각하고, 독립적인 학습자 격려하기

수업사례 1 — 협동적 문제해결 능력 Up!

- 팀별로 역할극을 꾸미면서 이번 단원에서 학습 한 내용을 스스로 정리하여 발표할 수 있다.
- 친구들의 발표를 보면서 새로 알게 된 내용을 스스로 정리할 수 있다

I. 실타래로 엮어요	A. 역할극 정리하기	I. 다 함께 발표하기
실타래로 엮는 배움 내용	역할극으로 서로 배워요	동시에, 다 함께 발표해요
☆이번 단원에서 배운 내용을 떠올려 돌아가며 말하기 ☆실타래로 팀별 하나 되기	☆실타래로 알게 된 내용으로 역할극 꾸미고 연습하기 ☆시연하여 서로 가르쳐주기	☆역할극을 통해 새로 알게 된 내용 스스로 정리하기 ☆동시에 일어나서 발표하기

1 실타래로 함께 알아보는 우리들의 배움 내용

1차시
생각교환활동

한 단원을 친구들과 함께 학습하면서 배운 내용이 무엇이 있었는지, **돌아가면서 서로에게 가르쳐주는 활동**을 하였지요. 하나의 배움 내용을 말할 때마다 **손가락에 실타래를 하나씩 엮어**갔어요. 팀별로 돌아가면서 말을 할 때 어떻게 해야 할지 몰랐는데, 실타래로 엮어감으로써 이제는 **나의 의견을 언제, 어떻게 표현하면 되는지 알게** 되었어요.

애들아! 오늘은 봄을 배우면서 기억에 남는 것을 이야기해
나는 봄철 날씨가 떠올라.
나는 봄철 옷차림이 기억나

활동 Tip

순서를 기다리며 배운 내용을 떠올리고, 떠오르지 않으면 그냥 건너뛰어요. 손가락 실타래 개수를 살펴보면서 참여도를 높이도록 격려해요.

◆◆이는 실타래가 적구나. 팀원은 조금만 기다리면서, ◆◆이가 소책자를 보고 발표 할 수 있게 해주는 건 어떨까?
실타래를 보니까 **모두가 함께 참여**할 수 있어 좋아요!
선생님! 우리 팀은 **이렇게 하나**가 되었어요!

열 띈 이야기모습

이렇게 하나 되요

2 역할극으로 정리하여, 서로 가르쳐주고 배워요

1~2차시
창의예술활동

한 단원을 통해 배운 내용을 활용하여 각 팀별로 역할극을 꾸미고, 시연함으로써 서로 가르쳐주고 배우는 활동을 했어요. 팀별로 역할극 대본을 만들고, 연습을 하면서 저절로 배움이 일어 날 수 있었어요. 그리고 서로의 역할극을 보면서 새롭게 알게 된 내용을 학습지에 적어봄으로써 배운 내용을 유의미화 하고, 자기화를 할 수 있었어요.

이러면 좋겠어요.
배운 내용을 **어떻게 정리**하는지, 친구가 가르쳐주는 내용을 **어떻게 정리**하는지 알고 싶어요.

①역할극 준비해서

②시연하며 가르쳐주기

3 스스로 학습한 내용, 동시에 다 함께 발표해요

2차시
생각교환활동

우리 반에서는 돌아가며 발표할 때, 다 함께 일어나서 동시에 발표했어요. 발표를 들으면서 느꼈던 지루함, 뒤로 갈수록 무엇을 발표해야 할지라는 막막함, 앞의 발표 들으면서 칭찬을 받기 위해 내용을 바꾸는 비겁함이 사라졌어요. 이제 발표가 재미있어요.

① 새로 알게 된 내용을 정리하며 보고,

② 동시에 발표해요

YES! 그래! 좋았어요!
친구들의 역할극을 보면서, 나만의 언어로 표현하고, 동시에 발표하면서 학습내용을 오래 기억해요. 동시에 발표를 하게 되면서, 부담 없이 즐겁게 발표하게 되었어요.

이렇게 계획했어요 — 계절별로 교실 분위기를 바꾸기 위해 활용하였어요!

주제 여름 철 곤충, 식물, 과일로 교실 분위기를 바꿔보자 — 주제차시: 총 4차시

활동 목표

통합교과 주제중심 교육 Check-Point
: 상호 협동하고 민감하게 반응할 기회 제공하기

- 칠판을 활용하여 주제에 대하여 다양한 의견을 함께 공유할 수 있다
- 주제에 맞게 팀별로 여름 분위기가 나도록 창문을 꾸밀 수 있다.
- 각 팀별 작품에 대해 주어진 기준에 따라 적절하게 상호평가할 수 있다.

수업사례 2 협동적 문제해결 능력 Up!

I. 칠판으로 공유하기	A. 계절따라 꾸미기	E. 이름 걸고 평가
칠판 공유하고 최고생각 찾기	여름 분위기에 맞게 꾸미기	내 이름 걸고 상호평가하기
☆어떤 주제로 교실을 꾸미면 좋을지 생각을 칠판에 공유하기	☆주제에 맞게 팀별로 어떻게 꾸밀 것인지 결정하기 ☆분위기맞게, 창의적 꾸미기	☆작품에 대한 설명과 함께 여름 분위기 창문 전시하기 ☆내 이름을 걸고 상호평가

1 칠판으로 공유하고, 최고의 생각을 찾아요

1차시
생각교환활동

여름 분위기가 나도록 교실을 꾸미기 위해 어떠한 주제로 할 것인지 칠판에 각자의 생각을 모두 모아서 공유했어요. 칠판에 붙어있는 다양한 생각들을 함께 살펴보고, 반 전체 토의를 거쳐서 "여름철 여행"이 최고의 생각으로 선정되었어요.

① 함께 이야기해서,

② 칠판으로 생각 공유하기

모든 친구의 생각을 다양하게 알 수 있었고, 창의적인 아이디어를 얻었어요.

③ 전체토의 후 최고생각 선정

2 여름 분위기가 나도록 창의적으로 창문을 꾸며요

1~4차시
창의예술활동

결정된 주제에 따라 팀별로 어떻게 창문을 꾸밀 것인지 이야기를 나누고, 계획을 세웠어요. 계획에 따라 우리 팀만의 독창적인 생각이 나타나도록 꾸며보았어요.

우리는 산과 곤충을 활용하여 산 여행을 표현하자

바다여행을 소주제로 해서 꾸미자
그래! 바다에서 볼 수 있는 걸로 하자!

활동 Tip
스스로 계획을 세워 창의적으로 꾸며봄으로써 교실은 학생들을 위한 공간이라는 생각을 가지게 하고 싶었어요. 그래서 주제에 조금 벗어나도, 너희들의 공간이니 괜찮다고 해요

팀별 작품을 이용해서, 각 팀별 창문에 붙여 보세요

창문에 붙여서 이렇게 완성!

교실은 우리 것!
우리들이 스스로 계획하여 교실을 꾸며보면서, **교실이 이제는 오롯이 우리 것**이라는 생각이 들어요!

3 내 이름을 걸고, 친구들의 작품을 상호평가해요

4차시
상호평가활동

팀별로 꾸민 창문을 보면서 스스로 팀 활동에 대한 성찰 결과와 작품 설명서를 함께 전시했어요. 그리고 서로의 작품을 감상하면서, 창의적으로 꾸민 작품에는 내 이름을 걸고 활동지에 나의 이름을 적어서 평가했어요.

우리 팀은 단결이 너무 잘 되었어

① 성찰하고,

② 설명도 적은

③ 내 이름 적어

YES! 그래! 좋아요!
이름을 적어서 평가를 하니까 더 집중이 되었어요! 내 이름을 적는다고 하니 책임감이 생겨요
이름 하나 적었을 뿐인데..

이렇게 계획했어요

그림으로 표현해야 하는 주제에서 자주 사용하였어요!

주제	봄철 경험을 살려 팀 그림을 완성해보자	주제차시: 총 3차시

활동 목표

통합교과 주제중심 교육 Check-Point
: 많은 양의 내용을 학습할 환경 제공하기

수업사례 3 — 협동적 문제해결 능력 Up!

- **팀별로 역할극을 꾸미면서 이번 단원에서 학습 한 내용을 스스로 정리하여 발표할 수 있다.**
- **친구들의 발표를 보면서 새로 알게 된 내용을 스스로 정리할 수 있다**

E. EDS로 선정하기	A. 팀-그림 완성하기	E. PMI로 평가하기
EDS로 아이디어 선정해요	팀 그림을 함께 완성해요	PMI, 설명하고 평가해요
☆봄철에 있었던 다양한 경험을 이야기 나누기 ☆팀별 아이디어 선정하기	☆선정된 아이디어로 함께 그림을 그리고 종이 나누기 ☆각자의 방법으로 완성하기	☆하나의 그림으로 붙이고, PMI에 작품을 설명하기 ☆PMI로 상호평가하기

1 EDS로 각자의 아이디어를 평가하고 선정해요

1차시
상호평가활동

봄철에 있었던 각자의 경험에 대하여 자유롭게 이야기를 나누어요. 그리고 EDS학습지에 이번 팀-그림의 주제에 대하여 각자의 의견을 말하고, 각각의 아이디어에 대해 평가를 내려요. 평가 결과에 따라 이번 팀-그림 그리기의 주제를 선정했답니다.

봄 철 경험에 대해 자유롭게 말을 하고, 그리고 싶은 주제를 적어보세요.

나는 작년 부모님과 함께 00산의 벚꽃 구경을 갔던 것이 기억에 제일 남아

나는 힘들게 청소를 했던 거..ㅠㅠ

봄 하면 봄나들이가 가장 기억에 남으니까, 나는 봄나들이를 주제로 하면 좋겠어

나는 봄의 다양한 날씨가 제일 먼저 떠올라. 날씨를 주제로 하면 어떨까?

EDS평가지로 평가해서 결정하자!

이렇게 아이디어를 선정했어요

이것만은! Tip

학생들의 **생각을 다양하게 알아보고 스스로 선정하는 것**이 목적입니다. 간혹 엉뚱한 생각을 적더라도 이해하는 것도 학생에 대한 배려가 될 것 같아요

2 각자의 다양한 방법으로 팀-그림을 완성해요

1~3차시
창의예술활동

EDS평가하기 활동으로 결정된 팀별 주제에 따라 함께 밑그림을 그렸어요. 그리고 **팀원의 수에 맞게, 그리고 각자의 방법의 어려운 정도에 따라**서 그림을 잘랐어요. 다양한 방법은 **스크래치, 모자이크, 점묘법, 물감, 찰흙 붙이기**였어요. 다양한 그리기 방법으로 **독창적으로 표현함으로써 몰입도가 높아졌고, 창의성도 한 단계 높아**졌어요.

① 방법 선택하고,

② 서로 도우며 완성

너무 행복한 시간

크기가 작아서 그리기에 부담이 적고, 함께 도움을 주고받으며 하나로 완성이 되어 행복했어요

3 PMI로 작품을 설명하고, 즐겁게 서로 평가해요

3차시
상호평가활동

완성된 작품에 대해 PMI학습지에 설명을 적었어요. 그리고 모든 작품을 교실에 전시하고, 서로의 작품에 대해 상호평가를 해주었어요. 평가도 이제는 즐거운 수업시간이 되었어요.

① 전시하고, 감상한 뒤

② 평가해요

YES! 네! 배웠어요!

그림 작품을 어떻게 평가하면 좋을지 조금 알 것 같아요. 우리 팀과 다르게 다양하게 표현한 작품이 정말 많네요.

활동결과지

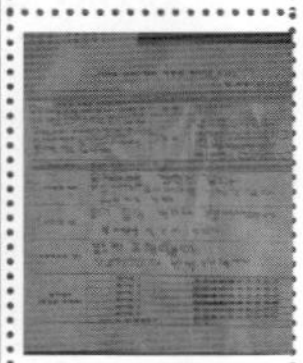

이렇게 계획했어요

바른 생활 관련 주제에서 언제나 사용이 가능했어요!

주제 분리수거를 해야 하는 이유를 알고, 실천해보자 — **주제차시: 총 3차시**

협동적 문제해결 능력 Up! 수업사례 4

활동 목표

통합교과 주제중심 교육 Check-Point
: 학교와 지역 사회를 연결하는 경험 제공하기

- **가지 만들기 활동을 통해 분리수거의 필요성과 중요성을 알 수 있다.**
- **활동카드 만들기를 통해 분리수거를 어떻게 하는지 스스로 알 수 있다**
- **달리고 찾아라 활동을 통해 분리수거를 직접 실천할 수 있다.**

D. 가지 만들기	A. 활동카드 만들기	A. 달리고 찾아라
가지만들어 중요성을 알아요	**카드만들어 부리수거 방법**	**달리고 찾아라로 실천하기**
☆분리수거 경험을 실타래로 엮어가며 이야기하기 ☆가지만들어 중요성 알기	☆분리수거 방법 이야기하기 ☆활동카드를 만들고, 오늘의 활동 함께 선정하기	☆함께 선정한 활동으로 달리고 찾아라 활동하기 ☆분리수거 실천해보기

1 가지를 만들어서 분리수거 중요성을 깨달아요

1차시
토의토론활동

바른 생활의 **중요성을 스스로 깨닫도록** 긍정의 가지와 부정의 가지를 만들어보았어요. 분리수거를 잘 하지 않을 경우 나의 생활이 어떻게 될지, 잘 할 경우에는 어떻게 변화할지 알아보면서 **분리수거의 소중함을 이야기를 통해 알게** 되었어요.

실타래로 하나되기

분리수거를 했던 경험과 왜 해야하는지 자신의 이야기를 나눠보세요

- 엄마랑 분리수거를 하러 갔었는데, 제대로 되어 있지 않아서 더러워서 가기 싫어
- 재활용하면 환경 보호에 도움이 된대

긍정&부정 가지 만들기

<우리들의 **엉뚱한** 상상>

- 분리수거를 하면 쓰레기를 다시 사용할 수 있고, 거리가 깨끗해져
- 거리가 깨끗해지면 기분이 좋아져
- 기분이 좋으면, 매일 매일 행복해

이것만은! Tip

모든 가지를 가득 채우는 것이 목적이 아니에요. 가득 채우려다보면 엉뚱하게 흘러가더라구요. **이야기의 흐름이 어울리도록 상상하여 적는 것이 중요**해요

2 활동에 필요한 카드를 직접 만들어 참여를 높여요

1~2차시
창의예술활동

가지만들기 활동을 통해 **분리수거의** 소중함을 알게 되었어요. 이제는 직접 분리수거를 실천해보는 활동을 달리고 찾아라 활동으로 해보겠습니다. 활동을 하기 전에 다양한 재활용품을 그림으로 표현을 해서 재활용품 카드를 만들어보세요

① 함께 이야기하고,

② 그림을 그려서

③ 문제카드 완성해요

너무 기대되는 시간
우리가 직접 만든 문제카드로 활동을 하면서 수업이 더 재미있고 기다려지기 시작했어요

3 다양한 방법으로 달리고 찾아라 활동해요

2~3차시
창의예술활동

완성된 작품에 대해 PMI학습지에 설명을 적었어요. 그리고 모든 작품을 교실에 전시하고, 서로의 작품에 대해 상호평가를 해주었어요. 평가도 이제는 즐거운 수업시간이 되었어요.

①문제를 향해 준비~~

②함께 해결해서,

③분리수거 통에

YES! 실천할게요!
어떻게 분리수거를 하면되는지 알겠어요. 집에서도 꼭 분리수거 실천해서 환경보호에 앞장설게요^^

이렇게 계획했어요

배움 내용과 생활을 관련짓는 주제에서 항상 활용했어요!

주제 나의 생활과 관련된 노래 개사로 배운 내용 기억하기 **주제차시: 종 2차시**

활동 목표

통합교과 주제중심 교육 Check-Point
: 학습을 유목적인 활동으로 여기게 하기

협동적 / 수업사례 5 / 문제해결 / 능력 Up!

- **짝과 함께 서로 가르쳐 주고 배우는 활동으로 배운 내용 기억할 수 있다.**
- **짝과 함께 재학습한 내용을 토대로 팀별로 모여서 함께 배운 노래를 팀원의 실제 생활과 관련되게 개사하여 발표하고 상호 평가할 수 있다.**

I. 짝과 함께 해결	A. 개사하여 관련짓기	E. 신호등으로 평가
짝과 함께 알아보고 해결	**생활과 관련지어 개사하기**	**손 신호등으로 내가 평가하기**
☆학습한 내용을 나의 생활과 관련지어 생각해보기 ☆짝과 함께 이야기해보기	☆팀별로 오늘 배운 내용과 관련된 나의 생활 이야기하기 ☆노래 개사하여 연습하기	☆연습한 노래 팀별 발표하기 ☆초록, 노랑, 빨강의 손 신호등으로 상호평가하기

1 짝과 함께 배운 내용을 나의 생활과 연관지어보기

1차시
생각교환활동

배운 내용을 어떻게 정리해야 하는지 어려워하는 아이들을 위해 짝과 함께 학습한 것을 서로 가르쳐주고 배우는 시간을 주었어요. 배운 내용을 그대로 이야기하는 것이 아니라 서로의 생활과 관련지어서 질문을 하고, 서로 답변을 해주었어요.

작년 벚꽃 구경 간 것과 그때의 옷차림을 알려주자

봄철 옷차림은 때와 장소가 중요해
나는 봄 비오는 날 장화를 꼭 신고 다녀

짝과의 이야기를 통해 알게 된 내용을 발표해 보세요

이래서 정말 좋았어요!
공부한 내용을 나의 생활과 연관 짓고, 짝과의 이야기를 통해 서로의 경험을 알 수 있어서 재미있었어요!~

활동 Tip
짝과의 활동은 ①생활과 연관 지어 학습내용을 기억하기 ②짝의 말을 정리하여 발표하기 ③발표를 들으면서 '저렇게 이해되는 구나'라는 피드백을 얻으면서 고급 사고력을 경험하게 되요

2 우리들의 생활과 관련되게 개사하여 발표해요

1~2차시
창의예술활동

교과서에서 제시하는 여러 노래를 불러보고, 연주하는 것에서 그치는 수업에 아쉬움이 남았어요. 학습내용을 각자의 삶, 생활과 연관 지어 생각해보고, 그에 맞게 개사하여 발표하면 오래 기억할 뿐 아니라 스스로 학습하게 될 거라는 생각을 하게 되었어요.

① 함께 이야기해서,

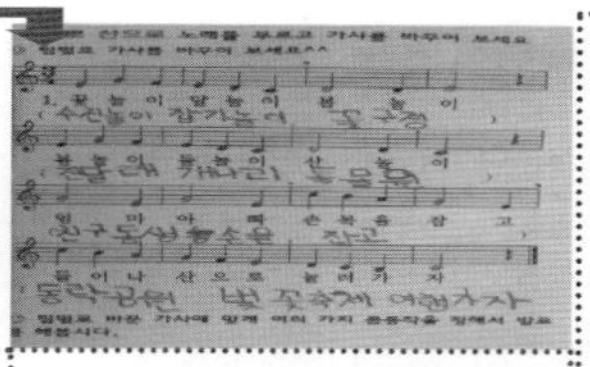
② 생활관련 노래개사하여

노래를 개사하니 어떠니?
경험을 살려 공부한 내용을 연관 지어보니까 더 재미있어요. 이렇게 공부하는 거군요

③ 자유롭게 연습하기

3 노래 발표하고, 손 신호등으로 상호평가해요

2차시
상호평가활동

이번에는 팀별로 개사한 노래를 발표하고, 각자의 손 신호등을 활용하여 상호평가하는 시간을 가져볼게요. 다른 팀원들의 다양한 경험을 노래로 들어보면 더 좋겠지요? 그리고 신호등으로 노래를 재미있게 평가해보세요.

우리 팀 발표 잘 들어 주세요^^

① 발표하고,

② 신중히

③ 신호등 들어요

YES! 그래! 좋아요!
초록은 동의, 빨강은 반대, 노랑은 질문을 듣고 평가할게요~^^
색으로 표현하는 간단한 상호평가로 평가시간이 재미있어요!

이렇게 계획했어요 — 다양한 아이디어를 이끌어내는 주제에서 항상 활용했어요!

주제	봄 철, 건강한 내가 되기 위해 해야 할 일 알기	주제차시: 총 2차시

창의성 협동적 능력 Up! 수업사례 6

활동 목표

통합교과 주제중심 교육 Check-Point
: 학습과 신생활을 연계하는 배움 제공하기

- 커지는 눈덩이 활동으로 봄철 건강한 내가 되기 위해 할 일에 대해 생각의 폭을 넓힐 수 있다.
- 다른 팀과의 생각을 교환하고, 내가 할 일로 만다라트를 완성할 수 있다.

I. 커지는 눈덩이	I. 즐거운 기차놀이	D.만다라트 완성하기
생각을 눈덩이처럼 불려보기	즐거운 기차놀이로 생각교환	문제해결 만다라트 완성
☆주제에 대한 나의 생각적기 ☆짝과 함께 생각 공유하기 ☆팀 전체 생각 함께 모으기	☆팀 생각 중, 다른 팀에게 알려주고 싶은 생각 선정하기 ☆기차놀이로 생각 교환하기	☆이번에 알게 된 모든 생각을 토대로 해결안 선정하기 ☆해결안으로 만다라트 완성하기

1 나, 너, 우리, 눈덩이처럼 생각을 키워봐요

1차시
생각교환활동

더 많은 생각과 아이디어를 얻기 위해 **나의 생각, 짝과의 생각, 팀의 생각을 차례대로 알아보는 활동**을 했어요. 나 혼자 적을 때보다, 짝과 함께 적을 때, 그보다는 팀 전체의 생각을 모아서 적을 때 생각의 양이 훨씬 많음을 알게 되었어요.

① 나의 생각 적고,

② 짝과 함께 적고

③ 팀이 함께

<우리들의 커지는 생각들>

- 봄철에는 따뜻해지니 운동을 해야지
- 나는 봄철에 나는 봄나물을 많이 먹어서 건강해질거야
- 황사 올 때 마스크도 껴야 돼

이것만은! Tip

커지는 눈덩이 활동은 생각이 모이면 모일수록 더 다양해짐을 알아서 문제를 해결할 때 함께 모이면 쉽게 해결함을 알게 하는 활동이에요. 학생들의 다양한 생각과 엉뚱한 상상을 막지 말고, 응원해주는 것도 필요하겠죠?^^

2 즐거운 기차놀이로 팀별 생각을 교환해요

1~2차시

생각교환활동

앞의 활동으로 나, 짝, 팀의 생각을 모아보았어요. 이제는 팀별로 어떠한 생각을 하고 있는지 다른 팀의 생각을 알아보는 시간을 가져보아요. 팀별로 모은 생각 중에서 다른 팀에게 알려주고 싶은 생각을 고르고, 포스트-잇에 적어서 활동지에 붙이고 기차를 만들어요. 칙칙폭폭~ 떠나는 기차와 함께 생각의 폭을 더 넓혀보아요.

① 생각 선정하고,

② 기차 만들어요

팀 전체 생각이 적혀있는 것 중에서 다른 팀에게 알려주고 싶은 것 15개를 골라보세요.

더 고르면 안되요?! 주고 싶은 생각이 너무 많아요.

저희도 그래요! 팀 생각을 알아보니 우리가 할 일이 엄청나게 많다는 것을 알게 되었어요.

이제 생각 교환하러 떠나볼까요?

① 칙칙폭폭~~

② 생각 교환해요

짜잔~ 완성!

문제는 이렇게

생각을 서로 교환해보니 해야 할 일이 무엇인지 알겠어요. 앞으로도 문제는 함께 해결해야겠어요

3 내가 실천할 행동을 선정하여 만다라트 완성해요

2차시

토의토론활동

팀의 생각, 팀별 생각을 교환해보면서 학습 주제에 대한 다양한 생각을 알아보았어요. 아제는 팀별로 알게 된 많은 생각들 중에서 내가, 우리가 꼭 지켜야 할 행동을 토의토론을 통해 8가지를 골라서 만다라트를 완성해볼게요.

① 생각을 선정하고

② 만다라트 완성하기

활동 Tip

다양한 생각들 중 내가 지금부터 꼭! 지킬 수 있는 것으로 선정할 수 있도록 해주세요^^ 배움이 바로 삶이니까요

만다라트 공유

이렇게 계획했어요

올바른 행동의 필요성을 알아야하는 주제에서 활용했어요!

주제 봄 철, 알맞은 옷 입기 방법으로 생선뼈를 완성해보자 — 주제차시: 총 2차시

활동 목표

통합교과 주제중심 교육 Check-Point
: 학습내용을 생산적인 것을 만들어주기

- **봄 철, 날씨에 따라 어떻게 옷을 입었는지 서로의 경험을 실타래로 엮어가며 이야기를 나눌 수 있다.**
- **봄 철, 날씨에 따른 올바른 옷차림 방법으로 생선뼈를 완성할 수 있다**

협동적 문제해결 능력 Up! 수업사례 7

I. 실타래 이야기해요	D. 가지 만들기	I. 생선뼈 완성하기
실타래로 엮으며 이야기하기	가지를 만들어 상상하기	생선뼈를 만들어 정리하기
☆봄 철, 날씨에 따라 옷을 어떻게 입었는지 떠올려보기 ☆실타래로 엮으며 이야기하기	☆봄 철, 옷을 알맞게 입었을 경우와 입지 않을 경우에 어떻게 될지 상상하여 가지만들기	☆봄 철, 옷차림을 다양하게 알아보고 날씨별로 분류하기 ☆분류에 따라 생선뼈 완성하기

1-2 실타래로 엮고서, 가지 만들어 상상하기

1차시
생각-토의중심

봄 철, 다양한 날씨에 대해 서로 이야기를 먼저 나누었어요. 그리고 날씨에 따라 어떻게 옷을 입고 다녔었는지 각자의 경험을 실타래로 엮으며 이야기를 나누었어요. 날씨에 어울리지 않은 옷을 입었을 때의 경험을 이야기하며 부정과 긍정 가지도 만들었어요.

① 함께 이야기하고,

② 마인드맵으로 정리해서

무엇을 이야기 하면 좋을까?
봄 날씨에 대해 먼저 이야기를 나누고, 그에 따른 옷차림을 알아보면 좋을 것 같아요

③ 가지로 상상해보아요

3 생선뼈를 완성하여 바른 옷차림 알아보기

2차시
생각교환활동

가지 만들기로 바른 옷차림의 중요성을 알게 되었어요. 그래서 날씨에 따른 바른 옷차림의 방법에 대해 이야기를 나누고, 생선뼈를 이용해 체계적으로 정리했어요.

먼저 생선뼈를 만들어서 날씨에 따라 분류해야지

황사, 꽃샘추위, 맑음, 봄비로 나누자!
그래! 그리고 옷차림을 자세히 적자!

생선뼈를 이용해서 이렇게 정리해서 스스로 알아보아요

짜잔! 이렇게 완성해요

생선뼈 유용하네요

평소 이야기를 나누고 어떻게 정리하면 좋을까 .고민이었는데, 생선뼈를 이용하니 쉽게 정리되네요

활동 Tip

생선뼈만들기는 다양한 이야기를 정리하는데 도움을 주는 학습방법이에요. 분류를 자유롭게 하되, 학습 주제와 어긋난 방향으로 정리를 하는 경우에는 지도를 해줘야 겠죠?^^

3 2016학년도, 프로젝트와 함께 한 우리 교실 수업 이야기...

HI- 1 행복한 나의 꿈을 가져요!

행복한 나의 꿈은 왜?!

행복은 스스로 노력해 만들어갈 수 있다. 행복을 머리로 정확히 이해하고, 가슴으로 무엇인지 느끼고, 행동한다면 누구나 행복을 만들어 갈 수 있다. 우리 학생들도 같다. 하지만 어느 순간부터 아이들의 꿈은 공무원이 1위를 차지하고 있다. 이런 아이들에게 자신의 강점을 찾아서, 잠재력을 끌어내어 스스로의 만족감과 책임감을 경험하게 해야 한다. 이에 나의 강점을 찾고, 행복한 꿈을 꾸게 도와주는 것이 가장 필요했으며 중요하였다.

그렇다면, 행복한 나의 꿈은 어떻게?!

중 프로젝트	주요 활동 내용(교과)	인.사. 수업 활동 명	인. 사. 연결
❶ 나 & 우리! 누구일까요?	나를 소개해요(창체)	짝과 함께 해결해요	협력, 의사소통력
	나는 어떤 사람?(즐생)	섞여서 생각 교환해요	책임, 문제해결력
	나는 나의 주인(즐생, 슬생)	동영상으로 흥미를 높여요	협력, 문제해결력
	우리는 누구일까?	실타래로 엮어봐요	책임, 의사소통력
❷ 내 꿈을 소개해요!	내가 잘하는 것은?	칠판을 나누고 공유해요	책임, 정보처리력
	나의 꿈을 그려보아요	동영상으로 흥미를 높여요	협력, 문제해결력
	우리 꿈을 노래로!	노래를 개사해서 외워요	배려, 의사소통력
	꿈을 함께 불러요	다 함께 발표해요	책임, 정보처리력
❸ 나의 현재 & 미래 이야기	재미있는 말이란?	최고의 생각을 찾아요	협력, 정보처리력
	나의 성장 이야기	짝과 함께 해결해요	협력, 의사소통력
	나의 꿈을 지켜요	abcde로 글쓰기	책임, 의사소통력
	나의 성공 이야기	다양한 팀 책 만들기	배려, 문제해결력
❹ 내 꿈을 향해 꿈을 엮어요!	나의 꿈을 소개해요	문제와 정답 우리가 만들어요	배려, 문제해결력
	꿈을 찾아 달려요	달리고 찾아요	책임, 정보처리력
	이렇게 실천을 다짐해요	눈덩이를 크게 키워요	협력, 의사소통력
	꿈 책을 엮어요	내 이름 걸고 평가해요	배려, 정보처리력

기대 UP!

내가 누구인지 깨닫고, 친구에게 소개하며 소통하는 우리들
나의 취미, 특기를 알고 서로의 꿈을 배려하며 꾸는 우리들
나의 꿈을 지켜나가기 위해 협력하여 해결하는 우리들
꿈을 이루기 위해 스스로 실천하는 책임감을 가지는 우리들

꿈에 대한 책임감, 서로의 꿈을 소중히 여기는 배려심, 함께하는 협력심 UP!
꿈을 향해 나아가기 위해 서로 소통하며 정보를 처리하여 문제를 해결하는 우리!

이런 우리들이 되어! **행복한 나의 꿈을 가지게** 되었어요!

1. 내가 누구인지 알고, 자신감과 자존감을 높여 스스로 책임감을 가지는 우리들
2. 긍정적 사고의 중요성을 깨닫고 먼저 배려하며 함께 협력하려는 우리들
3. 함께 책을 완성해보면서 소통하며 다양한 정보로 문제를 해결하려는 우리들
4. 나의 꿈을 위해 해야 할 일을 서로의 생각으로 다양하게 정하고 다짐하는 우리들

	나 & 우리! 누구일까요?	내 꿈을 소개해요!	미래의 나는 어떤 모습일까?	내 꿈을 향해 꿈을 엮어요!
배움목표	나, 그리고 함께하게 될 우리가 누구인지 알아감으로써 자존감을 높여 함께함에 있어서 적극성을 높여본다.	내가 잘하는 것, 좋아하는 것을 통해 나의 꿈을 알아보고, 우리들의 꿈을 모아서 노래로 표현하여 꿈 실천을 다짐한다.	재미있는 말을 넣어 나의 꿈을 이루는 성공이야기를 꾸며 보면서 스스로의 삶에 대한 책임감을 가져본다.	꿈을 소개하고, 실천할 일을 다양하게 알아보면서 서로의 생각과 사고가 모일 때 더욱 다양한 것을 알 수 있음을 깨닫는다.
인사관련	인 나와 우리에 대한 스스로의 **책임감** 사 우리로써 처음 만나서 이루어지는 **의사소통**의 기회	인 서로의 손을 그려주며 친구를 **배려** 사 서로의 꿈을 모아 개사하고 연주하며 **정보처리** 경험	인 긍정적으로 생각하며 함께 **협력** 사 함께 모여서 극장책을 만들면서 **문제해결** 과정을 경험	인 꿈을 직접 그리며 **책임과 배려** 사 실천 만다라트를 완성하기 위해 **소통하며 문제해결**
활동과정	①나를 알아보아요 (취미, 특기, 성격) ②자기 소개하기 ③책 만들기 (나는 나의 주인) ④미래의 나를 소개 (언젠가.. 나는) ⑤팀 구성 & 빌딩	①내가 잘하는 것? ②나의 꿈을 그려요 (도형을 이용해요) ③우리의 꿈을 노래로 개사해요 ④우리 꿈을 함께 노래로 불러요 (실로폰과 함께)	① 재미있는 말은? ② 나의 성장 이야기를 만들어 봐요 ③ 우리 모두 긍정적으로 생각해요 ④ 나의 꿈을 이렇게 꼭 이룰 거 에요 (극장책 만들기)	① 나의 꿈을 그림으로 소개해요 ② 꿈을 향해 함께 달리고 찾아요 ③ 꿈을 위해 무엇을 해야 할까요? ④ 이것만은 꼭 실천 할 거 에요!
평가계획	아이들이 직접 만든 책자와 첫 팀별 활동 모습 및 참여정도를 통해 이야기를 나누며 상호평가 실시	우리들의 꿈으로 노래를 개사한 내용과 실로폰 연주를 하며 발표하는 모습을 통해 상호평가 실시	직접 만든 극장책을 이용하여 상호평가를 실시하고, abcde 글쓰기를 이용한 교사평가 함께 실시	달리고 찾아라 참여정도와 만다라트와 다짐카드 작성 및 실천정도에 대해 자기와 상호평가 실시

이런 의도로

1. 지금은 자기 PR시대, 나를 다양하게 소개하고 함께 만들어가는 팀을 구성하기
2. 나를 알고, 그에 맞는 꿈을 꾸며 친구들과 함께 우리들의 꿈 즐겁게 표현하기
3. 꿈을 이루기 위해 스스로 긍정적으로 사고하며 성공에 대한 자신감 가지기
4. 꿈을 다양하게 소개하고, 꿈을 이루기 위해 스스로 할 일 알고 실천 다짐하기

❶ 나 & 우리! 누구일까요?

총 11차시

관련 핵심성취기준
통즐2141, 창 · 체(적응활동)

관련 인(성). 사(고).					
배	협	책	문	의	정
	☑	☑		☑	☑

나를 알고 다양하게 소개해요

창 · 체(적응활동) + 나2(2단원, 즐생)

우리 서로 함께 하기 전에 가장 먼저 해야 할 것이 내가 누구인지, 나를 알아보는 활동입니다. 나를 모르고서는 상대방을 알지 못하며, 나를 알아야 상대를 알게 되고 배려할 수 있으며, 나 스스로에 대한 책임감도 느끼게 됩니다.

네! 오른쪽과 같은 활동을 통해 나에 대해 알아보고, 다양한 방법으로 나를 소개했어요! 나는 이런 사람이에요^^

육각딱지로 소개해요

열 풍선으로 소개해요

삼행시로 소개해요

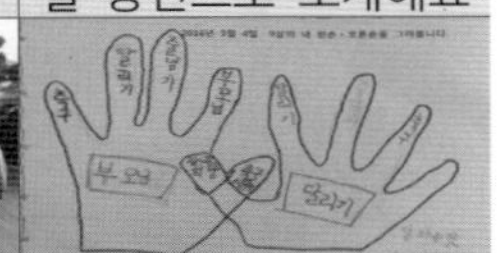
나의 손으로 소개해요

나는 나의 주인 & 미래의 나는...

창 · 체(적응활동) + 나2(2단원, 즐생, 슬생)

내가 누구인지, 내가 어떠한 사람인지 다들 알게 되었나요?

저는 책 읽는 것을 좋아하고, 글을 잘 써요! 제가 어떤 사람인지 조금 알게 되었어요.

여러분의 주인은 바로 여러분입니다. 나의 주인은 나라는 것을 스스로 깨닫고, 나의 미래를 내가 계획하고 만들어가야 합니다.

그래서 아래처럼 나는 나의 주인이라는 책을 만들고, 미래의 나는 어떠한 사람이 될지 상상해서 이야기를 꾸며보았어요.

이렇게 해서 나의 주인은 내가 되었어요!

이렇게 팀을 구성하고 빌딩했어요!

창 · 체(적응활동) + 나2(1단원, 즐생)

내가 누구인지 알게 되었습니다. 이제는 한 학기동안 함께 하게 될 친구들과 만나게 될 거에요. 함께 만나서 어떠한 친구들인지 이야기를 나눠보세요.

안녕! 우리 함께 모였으니 이야기를 나누고 선생님이 알려주신 팀 빌딩 활동을 하자!

이렇게 구성해서

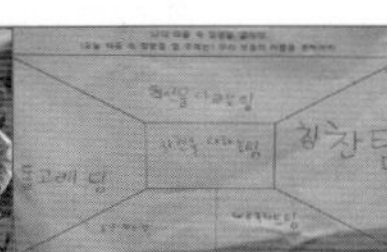
이름을 정하고

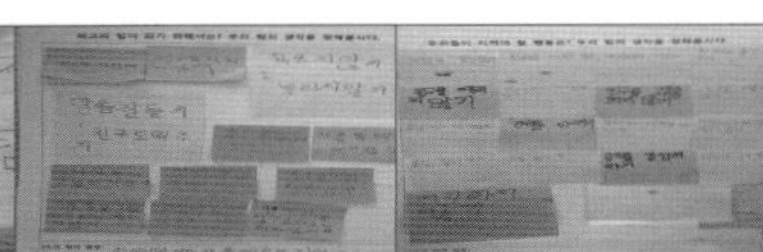
의사소통해서 (팀을 위해 나와 우리는?)

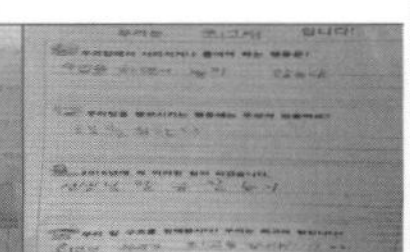
팀을 소개해요

② 내 꿈을 소개해요!

총 15차시

관련 핵심성취기준	관련 인(성). 사(고).					
통슬2141, 수학 22021-3, 통즐 2141, 창 · 체(적응활동)	배	협	책	문	의	정
	☑	☑	☑	☑	☑	☑

나를 알고, 나의 꿈을 그려 보아요

수학(2단원) + 나2(2단원, 슬생)

여러분은 어떤 사람일까요? 무엇을 잘하고, 좋아하고, 성격이 어떨까요?

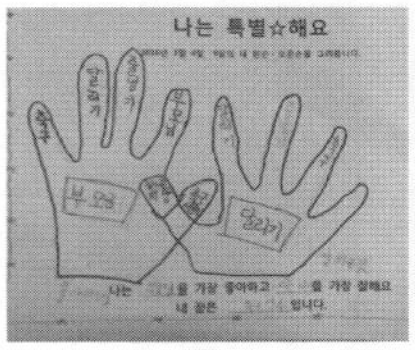

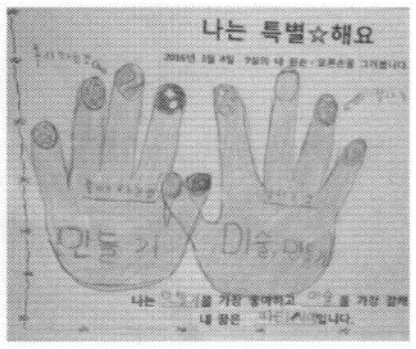

저는 축구를 좋아하고 공차는 것을 잘하고, 승부욕이 강한 것 같아서 축구선수 될 거에요.

꾸미고 그림 그리는 것이 좋아서 디자이너가 될 거에요!

여러분은 이제 내가 잘하고 좋아하는 것을 알고, 그에 맞는 나의 꿈을 정해보았어요. 지금부터는 수학 도형 단원을 통해 삼각형, 사각형, 오각형, 원 등을 배우고, 다양한 모양의 도형을 이용하여 나의 꿈을 그림으로 표현하는 시간을 가져볼게요.

1학년 때는 세모였던 게 삼각형이고, 네모는 사각형이고, 동그라미는 원이구나.

원으로 나의 얼굴을 그리고, 삼각형으로 .. 사각형으로는 ..을 표현할거야

학교에서 도형 찾아서

도형을 함께 배우고

이렇게 나의 꿈을 도형으로 표현했어요

나의 꿈을 노래로 만들어 불러요!

나2(2단원, 슬생+즐생)

이제 여러분은 모두 나의 꿈이 무엇인지 알게 되었어요. 이제 나의 꿈을 이용해서 노래를 개사해서 함께 발표를 하도록 할 거에요.

나는 나는 자라서~ 우리나라 지키는 멋진 경찰관이 될 테야~
나는 나는 자라서~ 예쁜 옷을 만드는 유명한 디자이너가 될 테야~
나는 나는 자라서~ 우리나라 이끌어가는 똑똑한 대통령이 될 테야~
나는 나는 자라서~ 인기 많고 유명한 최고의 연예인이 될 테야~

이제 우리는 개사를 다 했으니까, 실로폰으로 연주하면서 노래를 부를 수 있게 함께 연습 하자~

이제 연습을 다 한 것 같으니 발표를 하도록 할게요. 발표를 들으면서 친구들의 장래희망이 무엇인지 활동지에 적어보면서 노래를 들어보세요.

왜? 꿈을 적을까요?
친구들의 꿈을 적은 뒤, 알게 된 친구들의 꿈을 이용하여 꿈을 찾아 달려요 활동(00쪽)에 이용하게 된다.

③ 미래의 나는 어떤 모습일까요?

총 16차시

관련 핵심성취기준	관련 인(성). 사(고).					
	배	협	책	문	의	정
1252-3, 통바 2141	☑	☑	☑	☑	☑	☑

재미있는 말로 만드는 나의 성장 이야기

국어(1단원)

이번 시간에는 여러분 스스로 꿈을 지키는 방법에 대해 알아보겠습니다. 그 전에 국어 1단원을 통해 재미있는 말이 무엇인지 함께 배운 후, 나의 성장 이야기를 재미있는 말을 넣어서 만들어보는 시간을 가질게요.

우리 같이 으악! 도깨비다를 읽고서, 재미있는 표현을 찾고 그 이유를 적어보자.

나는 쿨쿨이 재미있는 표현 같아. 나도 나의 꿈을 이루기 위해 밤에는 쿨쿨 잠을 잘 자도록 할거야^^

나는 첨벙첨벙이 재미있어. 나의 꿈인 수영선수가 되기위해서 첨벙첨벙 물 놀이를 열심히 할거야

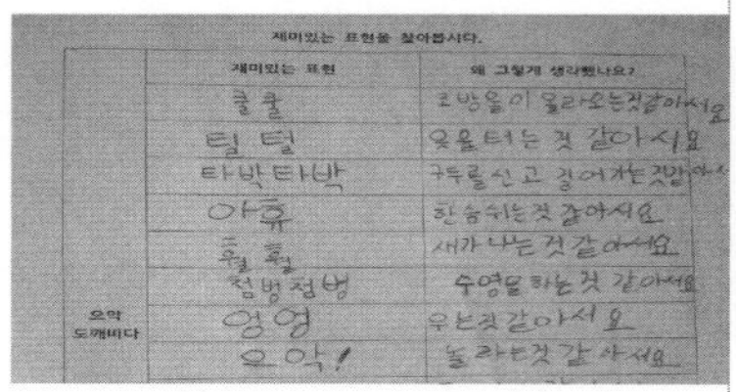
재미있는 표현을 찾아봅시다.

	재미있는 표현	왜 그렇게 생각했나요?
으악 도깨비다	쿨쿨	
	털 털	옷을 터는 것 같아서요
	타박타박	구두를 신고 걸어가는것같아서
	아휴	한숨쉬는것 같아서요
	훨훨	새가 나는것같아서요
	첨벙첨벙	수영을 하는것 같아서요
	엉엉	우는것같아서요
	으악!	놀라는것 같아서요

지금부터는 여러분의 성장이야기 책을 만들건 데, 준비한 사진을 붙이고 아래에 재미있는 표현을 넣어서 이야기를 만들어보세요.

함께 사진을 보면서 재미있는 표현을 찾아보는 우리들 이쁘죠??^^

사진도 붙이고, 함께 찾은 재미있는 표현을 넣어서 이야기를 만들었어요

꿈을 지키기 위한 나의 성공 이야기

국어(1단원) + 나2(2단원, 바생)

여러분은 꿈이 무엇인지 알아보았다. 지금부터는 여러분의 꿈을 지키고, 꿈을 이루기 위해 긍정적으로 사고하는 방법을 배우고, 나의 성공이야기를 꾸며보겠습니다.

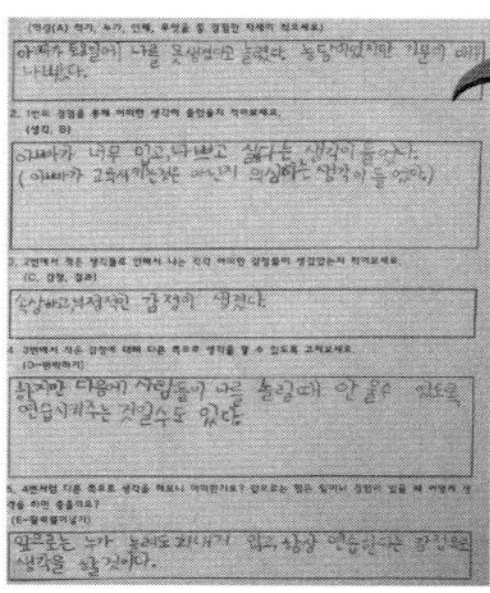

나의 꿈을 이루기 위해서는 부정적인 생각보다는 긍정적인 생각이 중요한 것 같아. 나는 잘 할 수 있다는 자신감을 가지고 꿈을 이루기 위해 스스로 책임감을 가져야겠다고 느꼈어.

나도 안 좋은 일이 있을 때 꾹 참거나 화를 내기 보다는, 그러한 감정을 다스리고, 좋은 쪽으로 생각을 바꿔보는 연습을 해야 될 것 같아.

abcde로 글쓰기란 무엇일까?

abcde는 나의 안 좋은 경험(a)에 대해 나의 생각과 감정(b)을 적고서, 그로 인해 어떠한 결과(c)가 있었는지 알아본다. 하지만, 만약 다른 쪽으로 생각(d)했다면 어떠했을지 상상하고, 앞으로는 안 좋은 일에 대해 어떻게 생각하고 행동할지 스스로 다짐(e)해보는 활동이다.

이제 여러분은 꿈을 이루기 위해 긍정적으로 생각하고 행동하는 방법을 배웠습니다. 앞으로 여러분은 어떻게 성공할 것인지 상상하여 극장책을 만들어 보세요.

함께 이야기 나누고, 나의 성공이야기를 극장책으로 만들어요.

④ 내 꿈을 향해, 실천을 다짐해요!

총 15차시

관련 핵심성취기준
통슬2141, 통즐2141, 통바2141

관련 인(성). 사(고).					
배	협	책	문	의	정
☑	☑	☑	☑	☑	☑

나의 꿈을 소개하고, 달리고 찾아요

나2(1단원 슬생+즐생)

팀별로 모여서 서로의 꿈을 소개하고, 도형을 이용하여 우리들의 꿈을 소개해요

우리 팀은 나무를 그리고, 사각형과 삼각형을 이용해서 꿈을 소개하는 그림을 그렸어요.

소개한 꿈과 도형을 이용해서 나의 꿈을 그림으로 표현해야지~

그리고 그 그림을 이용해서 달리고 찾아라 활동하러가자

꿈을 향해 달리고 찾아요!

달리고 찾아라 Tip

문제&정답카드 만들고,

꿈을 향해 출발~!

같은 꿈 친구 찾아서

달려오세요~~^^

교과서에서 제시하는 다양한 활동을 미션으로 제시하는 체육 활동으로, 활동별로 방법이 바뀜.

꿈을 위해 실천을 다짐해요

나2(1단원 슬생+즐생+바생)

이제 여러분은 나의 꿈을 이루기 위해 실천해야 하는 나의 다짐을 알아볼게요.

나의 생각을 적고,

짝과 생각 모으고,

팀 생각 모은 후,

팀별로 교환해요

사고의 확장, 수렴, 재 확산을 경험하면서 창의적 사고력을 높여줌.

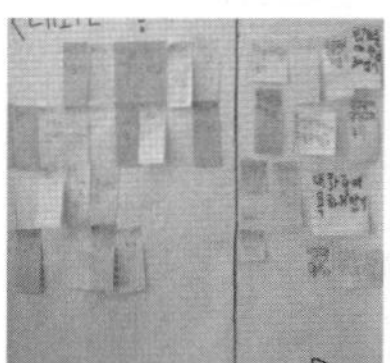

이렇게 완성했어요!

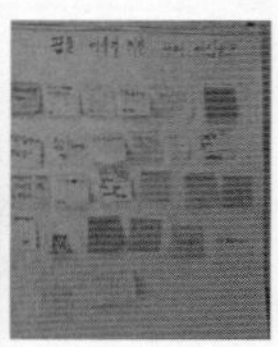

8개를 함께 골라서 다짐 만다라트 완성하고

나의 다짐카드를 만들어서, 이렇게 함께 공유해요

생각교환활동 Tip

①팀원들 각자 1~6까지의 수중에서 하나씩 고른다(자기 팀 숫자 제외)
②자기 팀 생각 중 교환하고 싶은 생각 하나를 골라서 같은 숫자를 고른 친구들과 해당하는 팀에서 만나서 교환한다
③모든 숫자를 고르도록 5번 반복하여 실시한다.

꿈 책 만들기

먼저 그동안의 활동에 대해 팀별로 함께 모여서 이야기를 나누었어요.

00쪽 참고

둘씩 짝 찌어 상호평가를 하고, 교실 뒤편에 우리 책을 전시했어요^^

HI- 2 건강한 신체에 건전한 정신! 나의 몸을 소중히 여겨요

건강한 나의 몸은 왜?!

건강한 신체에 건전한 정신이 깃든다는 말에서 알 수 있듯이, 과거 현자들은 신체와 정신의 완전한 발전과 조화로운 결합을 강조하였다. 행복한 꿈을 꾸고, 그 꿈을 실현하기 위해서는 스스로에 대한 **책임감**, 친구에 대한 **배려**와 함께하는 **협력**심이 필요하며, 삶의 다양한 **문제**를 **정보**를 통해 서로 **소통**하며 **해결**해가는 능력이 필요지만, 이와 함께 **신체의 건강함도 중요**하게 여겨야 함을 알 수 있다. 이를 위해 나의 몸을 소중히 여기는 마음을 가지고, 직접 실천할 줄 아는 **건강한 아이로 길러**주고자 하였다.

그렇다면, 나는 어떻게 소중히 ?!

중 프로젝트	주요 활동 내용(교과)	인. 사. 수업 활동 명	인. 사. 연결
❶ 내 몸이 무럭무럭 자라요	세 자리수를 배워요	외쳐서 찾고, 함께 수행해요	협력, 문제해결력
	내 몸이 무럭무럭	게임활동으로 즐거운 시간	협력, 의사소통력
	나의 몸을 그려요	팀 그림을 완성해요	협력, 의사소통력
	이렇게 자랐어요	PMI로 평가해요	배려, 의사소통력
❷ 건강한 나 & 우리 봄을 만들어요	나의 봄 이야기	실타래로 엮어봐요	책임, 의사소통력
	변덕쟁이 봄	다양한 팀 책 만들기	협력, 정보처리력
	아프지 말아요	기차로 주고 받아요	배려, 의사소통력
	건강한 나의 봄	우리 팀 문제 해결하기	책임, 정보처리력
❸ 건강한 나 & 우리 여름을 만들어요	앗! 아파요!	칠판을 나누고 공유해요	책임, 의사소통력
	여름철 조심해요	노래를 개사해서 외워요	배려, 문제해결력
	여름철 건강 상식알기	섞여서 생각 교환해요	책임, 의사소통력
	건강한 여름 만들기	우리 팀 만다라트 완성하기	책임, 문제해결력
❹ 안전한 나 & 우리 여름을 약속해요	앗! 위험해요!	실타래로 엮어봐요	협력, 의사소통력
	여름철 우리들의 약속	기차로 주고 받아요	배려, 정보처리력
	여름방학 이건 조심해요	음악과 함께 시로 표현해요	협력, 문제해결력
	안전한 여름 방학 만들기	역할극으로 정리해요	협력, 정보처리력

기대 UP!

무럭무럭 자란 나의 몸을 보면서 건강에 대한 책임감 가지는 우리들
건강한 봄을 만들기 위해 소통하며 실천할 것을 스스로 찾는 우리들
즐거운 여름을 만들기 위해 서로 배려하며 문제를 해결하는 우리들
안전한 여름을 만들기 위해 함께 협력하여 정보를 처리하는 우리들

건강에 대한 책임감, 친구와 함께 건강을 실천하려는 배려심과 협력심 UP!
건강한 신체를 위해 서로 소통하며 정보를 처리하여 문제를 해결하는 우리!

이런 우리들이 되어! 스스로 나의 몸을 소중히 여기게 되었어요!

1. 무럭무럭 자란 우리를 위해 서로를 배려하고, 함께 문제를 해결하려는 우리들
2. 건강한 봄을 만들기 위해 서로 소통하여 알아보고 협력하여 완성하는 우리들
3. 건강한 여름을 만들기 위해 서로 정보 교환하여 실천 행동 알아가는 우리들
4. 여름철 안전 중요성 깨닫고, 더 많은 친구들과 함께 소통하며 지키려는 우리들

	내 몸이 무럭무럭 자라요	건강한 나 & 우리 봄을 만들어요	건강한 나 & 우리 여름을 만들어요	안전한 나 & 우리 여름을 만들어요
배움목표	함께 모여서 세 자리수를 배우고, 내 몸이 자라는 과정을 재미있는 말로 표현함으로써 배움에 대한 흥미와 관심, 책임감을 높인다.	변덕스러운 봄 날씨로 인해 봄에 자주 아픈 이유를 스스로 깨닫고, 우리 함께 건강한 봄을 위해 실천해야 할 일을 알고 실천을 다짐한다.	여름철 더운 날씨로 인해 건강의 중요성을 깨닫고, 건강한 봄을 위해 우리가 실천해야 하는 행동이 무엇인지 다양하게 알고 실천 다짐한다.	여름철 물놀이, 해충으로 인해 안전에 위협이 됨을 알고, 안전한 여름 방학을 위해 실천해야 하는 행동을 많은 친구들과 소통하며 지킨다.
인사관련	인 친구들의 몸을 그려주며 느끼는 배려 사 함께 카드를 완성하여 달리고 찾아라로 문제해결경험	인 봄 날씨 책을 만들며 알게 되는 협력 사 건강한 봄을 지내기 위해서 함께 나누는 의사소통	인 건강상식 알기 위해 배려하고 협력 사 건강한 여름을 지내기 위해 함께 소통하며 해결하기	인 안전수칙 알기 위해 배려하고 협력 사 안전한 여름방학을 위해 정보를 소통하며 해결하기
활동과정	① 세 자리 수 는 왜 필요한 건가요? ② 달리고 찾아서 세 자리 수 만들어요 ③ 세 자리 수가 필요한 나의 몸 ④ 내가 자라서 이제는 두렵지 않아요 (나의 책 만들기)	① 나의 봄 이야기 ② 우리들의 변덕스러운 봄 이야기 (삼각무대 책 만들기) ③ 건강한 봄은 어떻게 만들 수 있나? ④ 병원놀이로 건강한 나의 봄 만들기	① 칠판으로 우리 모두의 경험 공유하기 ② 노래 개사하여 건강한 여름 표현해요 ③ 우리가 지킬 여름철 건강상식은? ④ 나는 이것만은 꼭 지킬거에요	① 여름에는 이것을 조심해야 해요 ② 안전 여름 위해 실천을 다짐해요 ③ 안전한 여름방학을 만들어요 ④ 안전한 여름방학 위해 직접 실천해요
평가계획	함께 그린 친구 몸과 세자리수와 재미있는 표현을 넣은 이제는 두렵지 않아요 책자를 이용하여 상호평가 실기	건강한 봄을 위해 할 수 있는 일을 최대한 많이 생각해내고 다짐하는 정도로 자기와 상호평가 실시	건강한 여름을 위해 우리가 지켜야 할 행동으로 꾸민 노래를 발표하는 모습을 보면서 상호평가	안전한 여름방학을 위해 표현한 시화는 내이름걸고, 역할극의 활동 모습은 신호등으로 상호평가

인.사. 의도

1. 세자리수가 넘는 나의 키로 무럭무럭 자라는 나의 모습을 직접 표현하기
2. 변덕스러운 봄에 아프지 않고 건강한 봄을 만드는 방법 스스로 실천하기
3. 여름철 건강 중요성 깨닫고, 스스로 건강을 지키려는 마음 다지고 실천하기
4. 여름철 안전사고의 심각성을 알고, 친구들과 함께 안전한 여름 방학 만들기

❶ 내 몸이 무럭무럭 자라요~

총 39차시

관련 핵심성취기준	관련 인(성). 사(고).					
통슬2131, 통즐2131, 통바 2131, 문학1251 수22021-1, 수22021-2, 수22021-3	배	협	책	문	의	정
	☑	☑		☑	☑	

세 자리 수를 알고, 달리고 찾아요

나2(1단원, 슬생, 즐생) + 국어(1단원)

여러분은 태어나서 지금까지 자라면서 몸의 변화 중 무엇이 크게 변했나요?

저는 키가 자라는 게 제일 신기해요. 몸이 계속 계속 커져요^^
어릴 때는 정말 작았는데 지금은 키가 이만큼이나 컸어요.

지금은 키가 얼마만큼 큰지 알 수 있나요? 여러분은 키를 재기 위해서는 세 자리 수를 알아야 합니다. 달리고 찾아라로 세 자리 수를 함께 배워보도록 하겠습니다.

세 자리 수 문제로 함께 모으는 골든벨 대회를 하고, 숫자카드를 만들어서 세 자리수를 만들어보자

함께 모으는 골든 벨 이란? Tip!
정답자만 계속 참여하는 골든벨과 달리 모든 학생이 문제에 참여하는 활동이다. 각 문제별 정답자수를 모두 모아서 기준을 넘으면 전체에게 보상을 해주는 활동으로, 이번 시간에는 기준을 넘어 달리고 찾아라 활동을 하게 되었습니다.

앗싸! 달리고 찾아라

숫자카드 만들고,

준비하고~~

숫자 뽑아서

세 자리수 만들어요

수 크기 따라 배열 하고 임의 수를 뽑아 그 수에 해당하는 팀에서 점수 부여=>운이 작용!

내 몸이 무럭무럭 자랐어요

수학(2단원)+나2(1단원, 즐생, 슬생)+수학(1단원)

이제 직접 우리 몸을 그려보고 세 자리수가 얼마나 큰 수인지 직접 느껴봅시다.

선생님 세 자리 수는 열 개씩 묶어 세도, 열 개가 있어야 되요. 직접 몸을 그려보면서 세 자리수가 얼마나 큰지 알아보아야겠어요.

그래요. 지금부터 그러면 실제로 세 자리수가 얼마나 큰 수인지, 그리고 내가 얼마나 자랐는지 직접 몸을 그려보면서 알아보도록 할게요~

내가 누울게. 나의 몸을 그려줘

우아! 우리가 이렇게나 많이 큰 거야? 더 건강해야지^^
세 자리수가 이렇게나 큰 수 였구나.

그리고! 내 몸이 자랐어요!

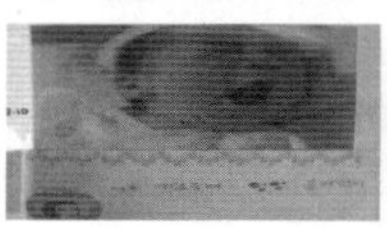
엉엉 울던 내가

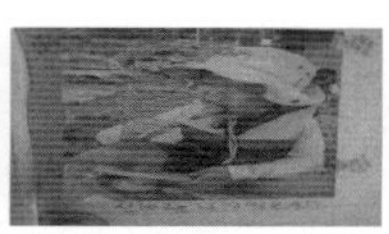
걸어 다니게 되고

이 만큼 자라서

이제는 두렵지 않아요

❷ 건강한 나와 우리의 봄을 만들어요!

총 70차시
3.00.~3.00.

관련 핵심성취기준
통슬2131, 통즐2131, 통바 2131, 1234-3, 1235-1 수21022-1~7, 수21023, 수21024-1~2, 수21025, 수21026

관련 인(성). 사(고).					
배	협	책	문	의	정
☑	☑	☑		☑	☑

우리들의 변덕스러운 봄 이야기

국어(9단원) + 나2(1단원, 슬생, 바생)

변덕스러운 봄 날씨로 인해 겪었던 경험이나 아파서 병원에 갔던 경험에 대해 실타래를 손가락에 엮어가면서 이야기를 나눠보세요.

나는 낮에는 더워서 반팔을 입었는데, 저녁에 갑자기 추워져서 그 다음날에 감기에 걸린 경험이 있었어
엄마가 황사가 온다고 마스크를 쓰라고 했어 불편했어
비가 너무 자주 와서 밖에서 놀지 못해서 너무 아쉬웠어.

손가락에 실타래를 엮으며 돌아가며 이야기를 나누는 활동
이야기에 참여 못하던 친구들도 모두 참여하게 되었어요!

함께 나눈 이야기를 바탕으로, 변덕스러운 봄 날씨로 책을 만들어보세요.

함께 이야기 나누고,

협력하고 도와가면서,

짜잔! 이렇게 완성^^

아프지 말고 건강한 봄 만들기

국어(2단원)+수학(3단원)+나2(1단원, 바생, 슬생,

이제는 변덕스러운 봄 날씨에 대비하여 건강하게 보내는 방법에 대해 알아볼게요.

기차놀이

나 ⇒ 짝 ⇒ 팀의 생각 모으고

15개 선정하여

기차 만들어서

생각을 교환해요

활동을 통한 사고의 확장, 수렴, 재 확산의 경험을 제공하여 다양한 생각을 알아보는 활동

즐거운 기차놀이로 알게 된 다양한 생각들 중에서 우리가 꼭 건강을 위해 지켜야 할 생각을 8가지를 골라서 이렇게 만다라트를 완성했어요.
그리고 내가 지금부터 나의 건강한 몸을 위해서 꼭 실천을 다짐하는 행동을 하나 선정해서 카드를 만들어서 함께 공유하고 다짐했어요!

다양한 생각 속 스스로 실천을 다짐하는 우리들!

이제는 병원놀이와 덧셈과 뺄셈문제 만들기를 하도록 할게요

모형돈 준비하고

병원놀이 한 후,

덧셈, 뺄셈 해요

③ 건강한 나와 우리 여름을 만들어요

총 10차시

관련 핵심성취기준	관련 인(성). 사(고).					
	배	협	책	문	의	정
통즐2441, 통바2441, 통슬2441, 1252-3, 수23041-2	☑		☑	☑	☑	☑

앗! 여름철에 조심해요

여름2(2단원, 슬생) + 국어(6단원)

여름철에 아팠던 경험을 다 함께 이야기 나눠보도록 할게요. 칠판에 여러분이 여름에 아팠던 경험, 병원에 갔던 경험을 포스트 잇에 적어서 함께 공유할게요

나는 여름에 식중독에 걸려서 병원에 입원을 한 적이 있어
운동장에서 놀다가 어지러워서 집에서 누워있었던 게 생각나

여름에는 더운 날씨 때문에 아팠던 경험이 많을거에요. 더운 날씨 때문에 음식이 잘 상하고, 뜨거운 태양 때문에 밖에서 놀다가 힘들었던 경험도 있어요.

여름에 아프지 않으려면 어떡하지?

우리 함께 지켜야 할 일로 노래를 개사해서 발표하자

그래! 그러면 다같이 건강한 여름을 보낼 수 있을 거야

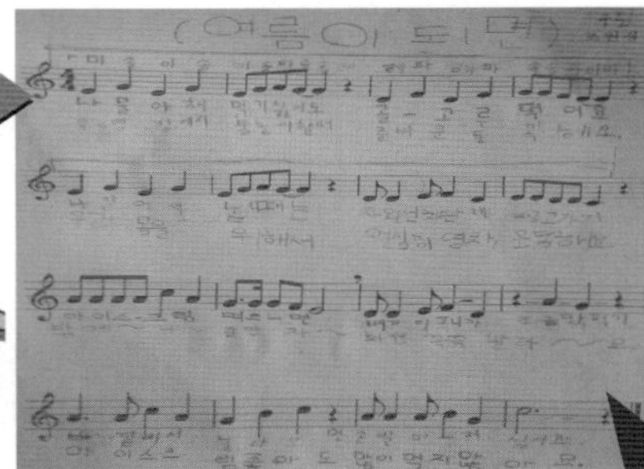

우리는 여름철에 아프지 않기 위해서 우리가 해야 하는 행동으로 노래 개사했어. 우리들의 발표는 왼쪽 QR코드로 확인!

건강 상식 쌓아 건강한 여름 만들기

창・체(환경)+여름2(2단원, 바생)+1단원, 바생)

지금부터는 여름철 건강을 위해 우리가 알아야 하는 것에 대해 더 알아볼게요. 팀별 주제 만다라트 만들고, 만다라트 안의 8개의 생각을 가지고 노래를 개사해보세요.

서로의 생각을 교환해요	 나의 생각 적고,	 짝과 생각 나누고	 팀의 생각 모은 후	 팀별 생각 나눠요
팀별주제 만다라트 완성해요	 여러 생각 살펴보고	 8개를 선정하여	 만다라트 완성한 후	 개사 후 공유해요

건강한 나와 우리의 여름을 만들기 위해 실천해야 하는 것에 대해 다양하게 알아보고, 우리 팀의 생각을 정리하여 8개를 선정하여 만다라트를 완성했습니다. 지금까지 알게 된 건강 상식 중 내가 꼭 지키고자 하는 것 한 개를 골라서 다짐카드를 만들어보세요

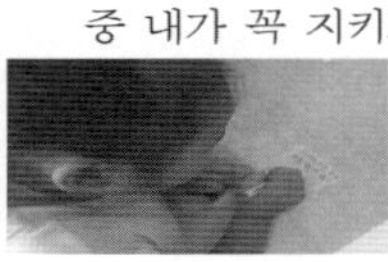

나의 생각을 결정해서

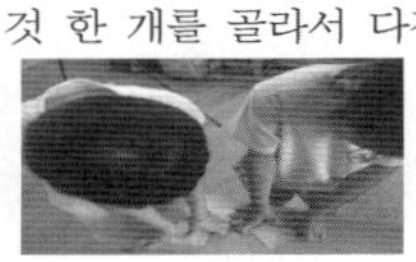

지장찍고 다짐카드 완성하여

공유하는 시간을 가져요

④ 안전한 나와 우리의 여름을 만들어요!

총 16차시

관련 핵심성취기준
통즐2441, 통바2441, 1216-1, 1216-2, 창체(적응)

관련 인(성). 사(고).					
배	협	책	문	의	정
☑		☑	☑	☑	☑

앗! 여름철에 위험해요

수학(5단원) + 창・체(환경)

여름철에 조심해야 하는 해충에 대해 알고 있나요? 그리고 여름에 여러분이 조심해야 하는 안전 수칙에 대해서 알고 있나요? 여름에는 무엇이 위험할까요?

나는 여름에 모기에 너무 자주 물리는 것 같아
나는 음식 쓰레기에 파리가 너무 많이 보여서 징그러워
나는 바퀴벌레... 완전 우웩!

나는 바닷가에 갈 때 항상 엄마, 아빠가 보이는 곳에서만 놀려고 했어
나는 구명조끼를 반드시 입고, 준비운동도 꼭 하고 물에 들어가

이렇게 알게 된 안전한 여름을 보내기 위해 우리들은 어떠한 약속을 하면 좋을까요?

나, 짝, 팀의 생각을 모으고 팀별로 생각을 교환한 후

이렇게 우리들의 생각을 정리했어요

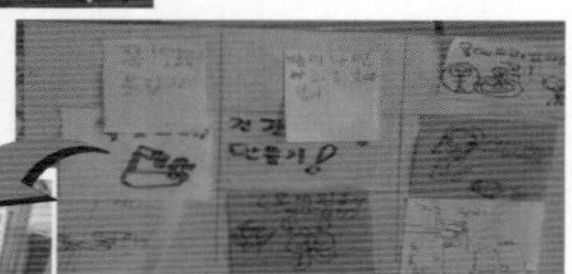

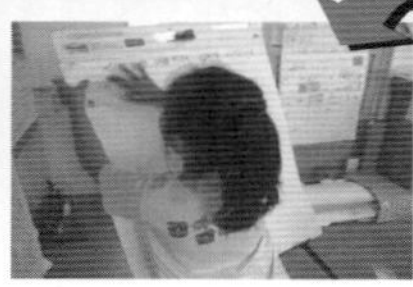

안전한 여름을 위해 나의 실천카드 만들어서 지장을 찍어 다짐해요

조심조심! 안전한 여름 방학 만들기

국어(6단원) + 여름2(1단원, 슬생, 즐생, 바생)

지금까지 알게 된 여름 철 안전 수칙을 지켜가면서 안전한 여름 방학을 만들기 위해 우리들이 지켜야 할 행동에 대해서 알아보고 발표해보는 시간을 가져볼게요.

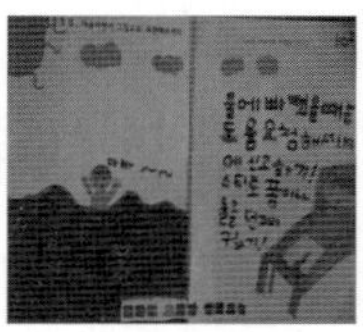

우선은 여름에 왜 안전을 지켜야 하는지 나의 생각을 글로 표현했어요

나의 생각을 짝, 팀과 공유하고, 기차놀이로 서로 주고받아요

여러분은 여름 방학을 안전하게 보내기 위해 조심해야 하는 행동에 대해 다양하게 알아보았어요. 어떻게 하면 여러분은 이러한 행동을 지키려는 마음을 가질까요?

우리 마음을 담아서 동영상으로 제작해서 다른 친구들에게도 우리들의 생각을 전해요
역할극을 표현해서, 미리 한번 연습삼아서 행동을 해보면 더 잘 지킬 것 같아요

이래서 시화로 표현 뒤에 동영상으로 제작해서 함께 지키려는 마음을 공유해요

다짐을 그림 이야기로 표현하여 동영상 제작 후 공유했어요

&

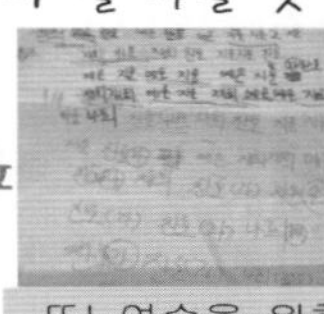

또! 연습을 위해 역할극도 했어요

HI- 3 친구의 감정에 공감하여 바른 관계를 형성해요

친구 감정에 공감은 왜?!

학교에서의 도덕교육을 위한 노력이 무색할 정도로 여전히 도덕적 냉담함과 잔인함을 보여주는 학교 폭력과 따돌림 현상이 지속되고 있으며 사회적으로 큰 문제를 일으키고 있다. 이는 타인의 고통에 관심을 기울이고 **공감하는 능력을 소홀히 한 결과**라고 할 수 있다. 친구들의 감정을 무시하고 공감하지 못한다면 그들이 원하는 **행복한 꿈도 사라지**게 될 것이다. 그리고 공감의 시작은 바르고 고운 언어 사용이다. 이에 **고운 언어**와 함께하는 친구 **감정 공감**프로젝트를 통해 서로 **바른 관계를 형성**해가고자 한다.

그렇다면, 바른 관계는 어떻게 형성 ?!

중 프로젝트	주요 활동 내용(교과)	인, 사, 수업 활동 명	인, 사, 연결
① 고운말로 우리 함께 공감해요	말에는 힘이 있다	좋은 하루 만들기	책임, 의사소통력
	고운말이 필요해요	다 함께 발표해요	책임, 정보처리력
	친구의 감정은?	가지 만들어 상상해요	협력, 의사소통력
	고운말을 사용해요	게임활동으로 즐거운 시간	협력, 의사소통력
② 나 & 우리 서로 관심 가져요	친구의 생각은?	EDS로 서로 평가해요	배려, 의사소통력
	그림을 그려주어요	팀 그림을 완성해요	협력, 의사소통력
	자세히 살펴봐요	미션을 수행해서 찾아요	배려, 정보처리력
	어디가 변했니?	게임활동으로 즐거운 시간	협력, 의사소통력
③ 나 & 너의 감정 함께 느껴봐요	나의 감정은?	일급비밀을 찾아요	책임, 문제해결력
	감정에 공감이란?	역할극으로 정리해요	배려, 정보처리력
	즐거운 공감놀이	게임활동으로 즐거운 시간	협력, 의사소통력
	우리 서로 공감해요	동영상으로 흥미를 높여요	협력, 문제해결력
④ 우리는 환경과도 바른 관계 가져요	사라져가는 곤충과 식물	실타래로 엮어봐요	책임, 의사소통력
	환경은 소중해요	역할극으로 정리해요	배려, 정보처리력
	우리 책임감을 가져요	EDS로 평가해요	배려, 의사소통력
	녹색 마을을 만들어요	PMI & 내 이름 걸고 평가	책임, 문제해결력

기대 UP!

고운말의 소중함 알고, 고운말로 소통하여 공감하려는 우리들
친구에 대해 더욱 깊은 관심을 가지기 위해 협력하는 우리들
친구의 감정에 공감하며 정보를 이용하여 문제해결하는 우리들
환경의 소중함알고, 환경을 위해 함께 문제를 해결하는 우리들

감정에 대한 책임감, 친구 감정과 생각에 공감하는 배려심과 협력심 UP!
감정 공감으로 바른 관계 형성위해 소통하며 정보를 처리하여 문제를 해결하는 우리!

이런 우리들이 되어! **공감**하여 **친구**들과 **바른 관계**를 가져요!

❶ 고운 말의 소중함과 중요성을 깨닫고, 공감을 통해 먼저 배려하게 된 우리들
❷ 친구의 생각과 감정에 공감하면서, 더욱 자세히 친구를 살펴보게 된 우리들
❸ 친구의 표정을 통해 어떠한 감정인지 공감하면서 더욱 협력하게 된 우리들
❹ 함께 계획하고 꾸미고 만들면서 소통으로 정보 교환하며 문제해결하게 된 우리들

	고운 말로 우리 함께 공감해요	나 & 우리 서로 관심 가져요	나 & 너의 감정 함께 느껴봐요	우리는 환경과도 바른관계 형성해요
배움목표	고운말의 중요성을 스스로 깨닫고, 나는 평소에 어떠한 말을 자주 사용하는지 알고서 친구를 배려하는 말 사용 실천 다짐하기	친구의 감정과 생각에 공감하는 방법을 알고, 공감의 중요성을 스스로 깨닫고서, 친구를 더 자세히 살펴보고자 하는 태도를 가진다.	표정에 감정 이름을 만들고, 어떠할 때 그러한 감정을 느끼는지 함께 이야기를 나누면서 서로의 감정에 공감하는 법을 배우게 된다.	사라져가는 곤충과 식물을 통해 환경오염의 심각성을 깨닫고, 스스로 환경을 지키고 녹색마을을 만들기 위해 실천을 다짐하게 된다.
인사관련	인 고운말의 중요성을 알고서 함께 배려 사 고운말에 대한 서로의 생각을 교환해보는 의사소통	인 친구의 생각에 공감하며 그림을 그려주며 서로 배려 사 서로 바뀐 모습 보며 의사소통	인 다양한 놀이 활동을 통한 협력 사 서로의 다양한 정보를 교환하며, 함께 문제를 해결	인 함께 꾸미고 만드는 활동으로 협력 사 함께 소통하며 계획을 세워서 협력하여 문제 해결
활동과정	①지난 한 주, 나는 어떤 말을 사용했나? ②고운 말에는 이러한 힘이 있어요 ③친구의 감정을 살펴보아야 해요 ④우리 함께 고운 말을 사용해요 (덧셈, 뺄셈 문제)	①상상하여 돌아가며 그림을 그려주어요 ②친구의 감정을 살피면 어떤가요? (가지 만들기) ③나와 우리의 바뀐 모습은 무엇일까? (선생님 & 우리)	①표정카드에 이름을 정해주세요 ②우리들의 표정은 어떤 감정일까요? (교육연극 활동) ③즐거운 쇼미 게임 ④우리 반 감정 책을 완성해요	①사라져가는 곤충과 식물 알아보기 ②역할극으로 소중히 여기는 행동표현해요 ③녹색마을을 위해 스스로 계획 세워요 ④여름창문 꾸미고 녹색 마을 만들어요
평가계획	나의 말에 친구들은 어떠한 감정을 가지는지 알아보는 활동 결과로 덧셈, 뺄셈 문제를 만들고 그 결과로 평가	돌아가며 그려준 그림과 가지 만들기 결과에 대해 함께 이야기를 나누면서 상호평가 하기	정지화면을 꾸미고, 표정의 이름을 맞추는 활동 결과로 상호평가를 실시하며, 우리 반 감정 책으로 자기 평가 실시	여름 창문 꾸미기와 초록 마을 만들기결과에 대한 PMI와 내 이름 결고를 활용하여 상호평가 실시

인.사. 의도

❶ 평소 나의 언어 습관에 대해 스스로 반성하고, 고운 말의 소중함을 깨닫기
❷ 친구의 생각과 감정을 자세히 살펴보고, 어떻게 공감을 하는 건지 깨닫기
❸ 표정과 감정을 서로 연결지어보고, 친구의 표정을 살펴보고 감정에 공감하기
❹ 환경 오염 심각성 깨닫고 스스로 환경 지키기 위한 실천관련 책임감 느끼기

총 3차시

❶ 고운 말로 우리 함께 공감해요!

관련 핵심성취기준	관련 인(성). 사(고).					
	배	협	책	문	의	정
1218-1, 1218-2, 1213-1, 1232-1~3, 창 · 체(적응)		☑	☑		☑	☑

힘이 있는 고운 말이 필요해요

창 · 체(적응) + 국어(4단원)

노래 들으며 지난 한 주 동안 자신이 사용한 말을 생각해보세요. 친구들이 좋아했던 말, 싫어했던 말은 무엇인지 떠올려보고, 좋은 하루 만들기 활동을 해보세요.

나는 친구에게 바보야! 라고 하고 세균아라고 별명을 불러서 친구가 화를 많이 냈던 게 생각이나.
나도 그런 말을 들었으면 정말 기분이 나빴을 것 같아.

좋은 하루 만들기란? Tip!
보통 월요일 아침, 주말동안 있었던 일에 대해 이야기를 적고, 팀별로 돌려 읽으면서 선플을 달아주는 활동으로, 이번 프로젝트에서 가장 먼저 친구들에게 고운 말을 쓸 때와 아닐 때 친구의 반응이 어떠한지 알아보기 위해 사용하였다.

이제는 고운 말의 힘에 대해 실험으로 알아볼게요.

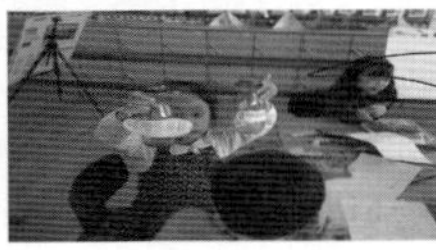

선생님! 이렇게 유리병에 넣고, 말을 적었어요!

우아! 진짜 고운 말은 힘이 있구나!

이제는 내가 자주 사용하는 말이 친구를 가깝게 하는 말인지 멀게 하는 말인지 알아보고, 아름다운 세상을 만들기 위해 고운 말이 필요함을 동영상으로 만들어볼게요.

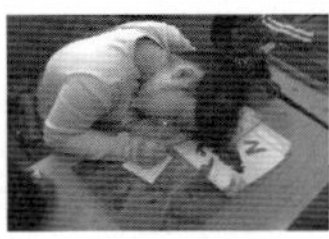
내가 자주 사용한 말 5개 적고

차례대로 나와 발표를 합니다.

친구들은 말을 듣고 멀리 가깝게 움직이며 표현합니다.

고운 말이 친구관계에서 중요함을 그림 영상으로 만듭니다.

친구 감정을 알고 고운 말 사용해요

창 · 체(적응) + 국어(4단원)

가지 만들기 활동으로 고운 말을 쓸 때와 아닐 때 우리들의 삶이 어떻게 변화할지 상상해보세요.

고운 말을 쓰면 친구가 좋아하고, 그러면 친구들이 많아지고, 행복해져
안 쓰면 친구들이 싫어하고, 계속 싸우게되고.. 결국에는 감옥에 갈거야

가지 만들기 활동이란? Tip!
긍정가지와 부정가지로 구분되며, 각각의 가지별로 앞으로 어떻게 될지 이야기를 상상하여 꾸며보는 활동으로, 바른생활 교과에서 주로 활용할 수 있는 재미있는 활동이다.

그리고 어제 내가 사용한 말을 이용하여 우리들의 말에 친구들의 감정이 어떠한지 알아보고, 그 결과에 따라 덧셈과 뺄셈 문제를 만들어서 풀어볼게요.

우리들의 말을 감정과 함께 표현하고

말에 따라 숫자판을 옮겨가며 표현하고

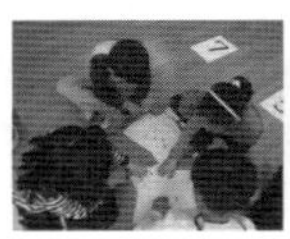
마지막 숫자로 덧셈, 뺄셈문제를 만들어요.

임의 수를 선정하여 스티커 제공(운 작용)

❷ 나 & 우리, 서로 관심을 가져요!

총 14차시

관련 핵심성취기준	관련 인(성). 사(고).					
1252-1, 1252-2, 수21022-1~7, 창·체(적응) 1213-1, 1232-1~3, 1256-1~2	배	협	책	문	의	정
	☑	☑			☑	☑

친구의 생각대로 그림을 그려주어요

국어(4단원) + 창·체(적응)

친구의 감정을 알아차리고, 서로에게 공감하는 것은 말로도 할 수 있지만, 표정이나 몸짓으로도 할 수 있습니다. 오늘은 서로의 그림을 그려주면서 친구들의 생각이 어떠한지, 그리고 나는 나의 생각이나 감정을 잘 표현하는지 알아보도록 할게요.

책상을 뒤로 다 밀고, 우리는 네모난 모양으로 둘러 앉았아요

음악을 들으면서 친구들이 그려주면 좋을 것 같은 그림을 생각했어요

그리고 1분 동안 나의 생각을 그림으로 표현했어요

그리고 돌아가면서 1분씩 서로의 그림에 그림을 그려주었어요.

우리들의 결과에요^^

친구의 생각에 공감하며 그림을 그리면서 어떠한 생각이 들었는지 가지만들기 활동을 통해 다시 알아볼게요.

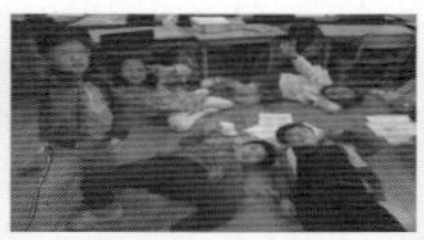

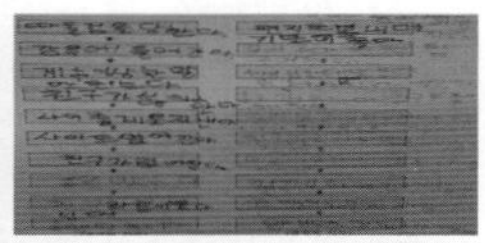

함께 고민하며 이야기를 상상하여 가지를 꾸미면서, 친구 감정에 공감이 중요함을 우리들 스스로 깨닫게 되었어요!

자세히 살펴봐봐! 어디가 바뀌었니?

국어(4단원) + 창·체(적응)

친구의 감정에 공감하고, 바른 관계를 형성하기 위해서 필요한 것은 친구에 관심을 가지고, 유심히 살펴보는 것도 중요합니다. 여러분은 친구를 얼마나 유심히 살펴보고, 관심을 가지며 지내나요? 간단한 놀이 활동으로 알아보도록 할게요.

우선은 선생님이 시범을 보일게요. 선생님의 모습을 잘 살펴보세요. 그리고 눈을 감고 어디가 바뀌었는지 맞춰보세요

위에 옷의 옷깃이 접혀있었는데 펴졌어요

그리고 슬리퍼를 신고 있었는데 지금은 벗고 있어요.

그래요. 아주 잘 맞추었네요. 이제는 팀별로 활동해보세요

잘 보고 어디가 바뀌었는지 맞혀봐!

알았다! 묶여있던 머리를 풀었다~

바지가 펴져있었는데, 지금은 접혀있고, 시계가 사라졌어

팀별로 나와서 반 전체가 맞혀봤어요

바뀐 모습 맞추기 활동은 왜?!! TIP!

아이들은 친구에게 관심을 가지지 못하는 경향이 강하다. 친구에게 관심을 가지는 것이 바른 관계를 형성하는데 가장 기본이 된다는 사실을 알려주는 활동이다. 즐거운 활동과 함께 관심을 가지기 시작한 우리들^^

❸ 나 & 너의 감정을 함께 느껴 봐요!

총 3차시

관련 핵심성취기준
1213-1, 1232-1~3, 1256-1~2, 창·체(적응)

관련 인(성). 사(고).					
배	협	책	문	의	정
☑	☑	☑	☑	☑	☑

나의 감정 & 감정에 공감이란?

국어(4단원) + 창·체(적응, 학·폭)

오늘은 감정의 다양한 종류에 대해 배워보도록 할게요. 선생님이 주는 표정만 들어있는 표정 카드에 팀별로 상상하여 어느 감정인지 카드에 이름을 적어주세요.

이 표정은 뭔가 기분이 안좋아보이는 얼굴 같은데..
그러면 이 표정은 씁쓸한 표정으로 이름을 정하면 좋을 거 같애.

이제 표정에 이름을 다 정했으니까, 표정에 따라 정지화면을 꾸며보고 연습하자. 표정과 행동을 잘 정해야 친구들이 알 수 있어

어떤 감정을 표현한 걸까? 자세히 보자~
어떤 감정인지 골든벨 판에 적어서 맞춰보자

감정을 정지화면으로 꾸미고

골든 벨 판에 적어서, 함께 골든 벨 모아요

즐거운 공감놀이로 서로 공감해요

국어(4단원) + 창·체(적응, 학·폭)

이번에는 재미있는 놀이 활동을 통해 더욱 다양한 감정에 대해서 알아보고, 각각의 감정에 대해 어떠한 경험을 할 때 그러한 감정이 들었는지 이야기해보는 시간을 가져볼게요.

쇼미 카드를 가져가요

쇼미 게임은 이렇게 해요 Tip!

각자 5장의 카드를 가지고 갑니다. 그리고 5장의 카드를 모두 같은 표정 카드로 만드는 게임입니다. 이를 위해서 한 장의 카드를 오른쪽 친구에게 전달을 하게 됩니다. 전달할 때는 전달하고자 하는 카드에 있는 표정이나 감정이 어느 행동을 할 때 가지게 되는지 자신의 경험을 말하고 난 뒤 주게 됩니다.

이렇게 활동을 했어요

이렇게 둘러 앉아서

카드를 받고서

이야기 후 카드주고

이렇게 쇼미 외쳐요

우리들은 다양한 감정에 대해 배웠습니다. 이번 프로젝트 마지막 활동으로 우리반 감정 책을 만들어서 영상으로 제작해보도록 할게요.

우리 반 감정 책을 한명에 한 장씩 완성해서 만들어보자
어떠한 책이 만들어질지 벌써부터 기대가 되는 걸?^^

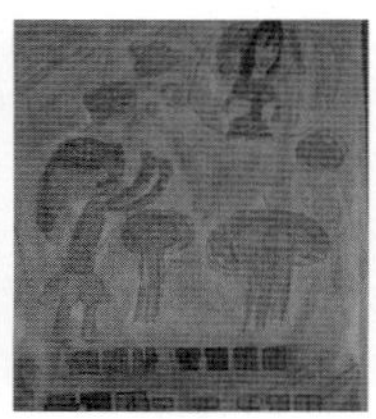

④ 우리는 환경과도 바른 관계를 가져요!

총 52차시
3.00.~3.00.

관련 핵심성취기준	관련 인(성). 사(고).					
	배	협	책	문	의	정
통즐 2421, 통슬2421, 통바2431, 통바 2421, 창체(환경) 1216-2, 1234-3, 수 21031-1, 수 21031-2	☑		☑	☑	☑	☑

사라져가는 곤충과 식물, 소중히 해요

창・체(환경)+여름2(1단원, 즐생, 슬생)+국어(3단원)

여러분은 사라져가는 곤충과 식물에 대해 조사를 하고 발표를 해보았습니다. 사라져가는 곤충과 식물을 다시 보고 싶은 마음을 담아 초록 우산을 만들어보겠습니다.

나는 사라져가는 곤충 중 반딧불이는 꼭 보고싶은 마음이 있어
나는 엄마가 이야기 했던 물장군을 이번 여름에 꼭 보고 싶어

그래서 우리는 보고 싶은 곤충과 식물로 초록우산을 만들었어요

우리 지역에 수달이 돌아왔다는 뉴스를 함께 보았습니다. 어떻게 하면 사라져가는 다양한 곤충과 식물을 이렇게 우리 곁으로 다시 돌아오게 할 수 있을까요?

나는 쓰레기를 버리지 않고, 있는 쓰레기도 주워야 겠어
나는 꽃이나 식물을 많이 심어서 초록 환경을 만들거야

우리 생각 모아서

역할극으로 표현하고

서로 맞춰보았어요

책임감을 가지고 녹색마을 만들어요

여름2(1단원 슬생 바생 즐생)+수학(6단원)+국어(7단원)

여러분이 바라는 녹색 마을은 무엇인가요?

내가 바라는 녹색마을은 나무와 숲, 풀과 식물이 많은 마을이야
나는 예쁜 꽃들이 많이 피어있으면 좋겠어
나는 곤충과 동물이 많았으면 좋겠어.

EDS로 생각 평가로 모은 뒤,

함께 계획 세우고, 준비물도 스스로 나눠요

여러분의 계획대로 녹색마을을 만드는 시간을 가질게요. 선생님이 미리 여러분을 위해서 다양한 재료들을 준비해주었습니다. 사용하고 싶은 만큼 사용해도 됩니다.

곤충 만들기 나무 재료 준비!

녹색 마을 기본 재료 준비!

두가지 활동을 동시에 했어요

여름 창문 꾸미기 (36쪽)

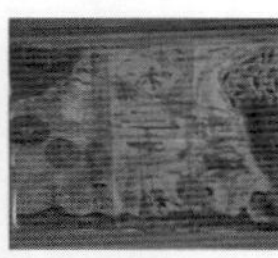

이렇게 꾸미고

우리 활동모습이에요^^

녹색 마을 만들기

이렇게 만들고

우리 활동모습이에요^^

HI- 4 바른 관계 형성으로 우리도 가족이 될 수 있어요!

바른 관계 형성은 왜?!

행복한 꿈을 꾸면서 건강한 나로 자라나려는 **책임감**을 기르고, 함께 **공감**하는 법을 알면서 **배려**하는 방법을 배우게 되었다. 이러한 책임감과 배려를 통해 함께 **협력**할 수 있는 **바른 관계를 형성하는 단계가 필요**하였다. 바른 관계를 형성하고, 우리가 함께 하나가 되어서 현재 학교나 사회적으로 가장 큰 문제가 되는 **학교폭력을 예방**하는 방법은 **서로가 가족이라는 인식**을 가져야 한다. 우리가 함께 가족이 될 수 있다는 생각의 변화를 가져오기 위하여 '**바른 관계형성으로 우리도 가족이 되어요**' 주제를 정하였다.

그렇다면, 우리가 어떻게 가족이 ?!

중 프로젝트	주요 활동 내용(교과)	인, 사, 수업 활동 명	인, 사, 연결
❶ 우리들만의 친척 만들기	친척은 어떻게 되나요?(슬생)	다 함께 발표해요	책임, 의사소통력
	선생님의 친척이 되어요(슬생)	이젤패드로 생각 교환해요	책임, 정보처리력
	친척을 소개해요(바,슬,즐생)	우리 반 만다라트 완성하기	배려, 문제해결력
	고마운 마음을 표현해요(국,즐)	우리 팀만의 문제 만들기	협력, 문제해결력
❷ 우리만의 친척 이야기 만들기	우리 친척 이야기 꾸미기(즐생)	실타래로 엮어봐요	책임, 의사소통력
	서로의 이야기 꾸며주기(슬생,국어)	팀 그림 완성해요	협력, 문제해결력
	선생님의 옷을 만들어라(수학)	함께하는 융합교육	협력, 문제해결력
	친척 소개 책 만들기(바,슬,즐)	다양한 팀 책 만들기	책임, 정보처리력
❸ 다양한 가족을 만들어요	다양한 가족 알기(바생,슬생)	신호등으로 평가하기	배려, 정보처리력
	별별 가족 만들기(즐생,슬생)	팀 그림을 완성해요	책임, 문제해결력
	별별 가족 이야기(국어,슬생)	달리고 짝을 찾아요	협력, 문제해결력
	내가 할 수 있는 일(바생)	섞여서 생각 교환해요	배려, 의사소통력
❹ 즐거운 가족을 만들어요!	별별 가족 으쌰! 으쌰!(즐생)	술래를 잡아와요	협력, 의사소통력
	옷 만들기 재도전!(수학)	함께하는 융합교육	책임, 문제해결력
	별별 가족 인형 만들기(즐생)	다양한 팀 책 만들기	협력, 문제해결력
	인형극 발표해요(창체,즐생)	역할극으로 정리해요	협력, 정보처리력

기대 UP!

우리 모두 선생님의 친척이 되어서 서로를 배려하는 우리들
다양한 친척이야기를 통해 우리반도 가족이 됨을 알게된 우리들
다양한 형태의 가족이 되어보고, 스스로 책임감 가지는 우리들
즐거운 가족 대항경기로 함께 소통하며 문제를 해결하는 우리들

가족에 대한 책임감, 우리반도 가족이 됨을 알면서 배려심과 협력심 UP!
하나의 가족이 되어보는 활동을 위해 소통하며 정보를 처리하여 문제를 해결하는 우리!

이런 우리들이 되어! 바른 관계로 우리도 가족이 되었어요!

❶ 서로 가족이 될 수 있음을 깨닫고, 나의 역할에 대한 책임감을 가지는 우리들
❷ 스스로에 대한 책임감과 서로에 대한 배려고 함께 협력하는 우리들
❸ 주어진 미션 및 문제를 해결하기 위해 함께 이야기 나누며 소통하기
❹ 함께 소통하면서 주어진 정보를 적극 활용하여 문제를 해결하는 우리들

	우리들만의 친척 만들기	우리들 친척 이야기 만들기	다양한 별별 가족을 만들어요	즐겁고 행복한 별별 가족들!
배움목표	선생님의 친척이 되어서 친척이 되는 과정을 깨닫고, 팀별로 친척이 되어서 서로에게 고마움과 감사함을 가지도록 한다.	모두 함께 친척이 되어 서로 배려하는 마음을 깨닫고 함께 협력하여 미션을 해결하면서 소통하며 정보를 이용하여 문제를 해결한다.	직접 다양한 가족의 일원이 되어서 소통을 통해 다양한 가족 이야기를 만들면서, 서로를 배려하고 협력하여 함께 문제를 해결한다.	다양한 체육 경쟁활동을 통해 책임, 배려, 협력을 경험하며, 옷 만들기와 인형극을 통해 다양한 정보를 이용하여 소통하며 해결한다.
인사관련	인 가족의 일원으로써 책임과 배려 사 소통하며 친척을 만들고, 정보를 이용하여 문제해결	인 가족으로써 배려하며 협력 사 소통하며 정보 이용하여 함께 미션을 해결	인 다양한 가족에 대한 배려와 협력 사 이야기를 만들기 위해 소통하며 정보 처리하여 해결	인 체육활동을 통한 협력, 책임, 배려 사 배움을 토대로 만들어가는 활동으로 문제를 해결
활동과정	①가족이란? ②역할을 배정하여 선생님 친척 되기 ③cd를 이용하여 우리들만의 친척소개 ④편지로 고마움을 표현하고, 고쳐 쓰고 질문 만들고 해결	①잡지책을 이용하여 가족이야기 만들기 ②가족이야기를 장소에 따라 꾸미기 ③임의단위 이용 선생님 옷 만들어라 ④나의 친척 소개 책 완성하기	①다양한 가족이란? ②잡지책을 이용하여 다양한 가족 만들기 ③함께하여 별별 가족 이야기 만들기 ④주변의 다양한 가족을 위해 내가 배려할 수 있는 일 알기	①긴 줄넘기 경기와 다양한 방법의 줄다리기 경기 참여하기 ②자를 이용하여 선생님 옷 만들기 ③별별 가족 인형 만들고, 인형극으로 꾸며서 발표하기
평가계획	고마움을 표현한 편지글과 미션에 따라 작성한 고쳐 쓰기 및 아이들이 만든 질문을 통해 상호평가 실시	팀별 가족 이야기를 통한 교사 평가 및 친척 소개 책을 이용한 둘 가고 둘 남아 상호평가 실시	별별 가족 이야기와 활동 참여도에 대한 상호평가 및 달리고 찾아라 활동 결과에 따른 교사평가 실시	운이 작용하는 체육 활동 경기 결과와 옷 만들기 결과에 따른 평가 및 인형극 상호평가 실시

인.사. 의도

❶ 가족에 대한 생각을 확대하여 우리 반도 하나의 가족이 될 수 있음을 깨닫기
❷ 우리들이 만들어가는 친척 이야기로 서로의 소중함과 배려심을 경험하기
❸ 다양한 가족을 만들어봄으로써 주변의 다양한 사람들에 대한 관심 높이기
❹ 즐겁고 행복한 다양한 활동으로 가족의 사랑을 느끼고 행복의 소중함 알기

총 16차시

❶ 우리들만의 친척 만들기

관련 핵심성취기준	관련 인(성). 사(고).					
통슬 2331, 통바 2331, 통즐 2331 1244-1, 1244-2	배	협	책	문	의	정
	☑	☑	☑	☑	☑	☑

가족을 알고, 친척이 되어 보아요

국어(8단원) + 가족2(1단원, 바생, 슬생)

여러분은 가족하면 떠오르는 것이 무엇인가요? 노래를 들으면서 가족하면 떠오르는 것, 그리고 가족이란 무엇인지 나의 생각을 정리해보세요.

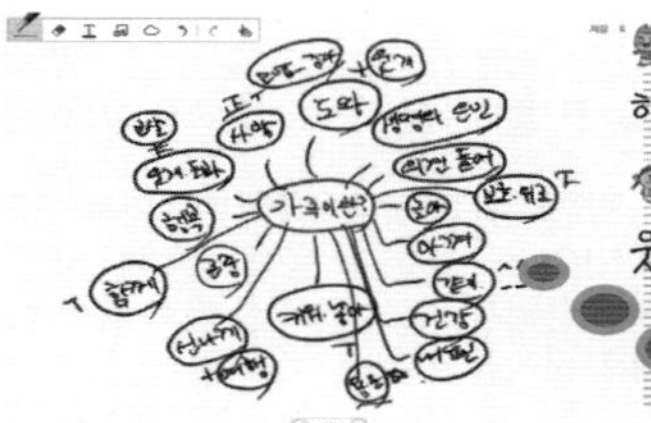

가족하면 엄마, 아빠가 떠올라요. 엄마, 아빠는 저를 사랑해주시고, 보호해주시는 분이에요

저는 가족하면 나와 함께 놀아주고, 행복하게 해주고, 함께 웃고 울어주는 사람이 떠올라요

'가족하면 아빠, 엄마를 떠올리지만, 정의를 살펴보니 우리 반 친구들도 가족이라 생각하겠구나.'

가족에 대한 여러분의 생각을 한 달 간의 프로젝트를 통해 넓혀보도록 하겠습니다. 오늘은 여러분 모두 선생님의 친척이 되어서, 팀별로 가족을 구성하여 우리들만의 친척을 만들어봅니다. 그리고 친척을 위해 내가 할 수 있는 일을 다양하게 알아봅니다.

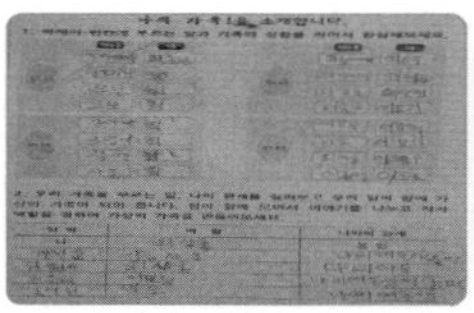

①이렇게 친척이 되어

② 이젤패드 생각교환 & 만다라트로 알아보아요

선생님! 제가 이모에요^^

저는 큰아버지니까, 이제부터 저한테 존댓말 사용하세요

선생님! 우리도 가족이 될 수 있다는 걸 느껴요^^

친척을 소개하고, 고마움을 표현해요

국어(8단원) + 가족2(1단원, 바생, 슬생)

각 팀별로 가족이 되었습니다. 팀별로 서로 주고받은 내용을 바탕으로 하여, 각자의 역할에 따라 우리 팀 가족(친척)을 소개하는 그림을 CD를 이용하여 모빌로 만들고, 편지글로 고마운 마음을 표현한 뒤에 질문이 살아있는 국어수업을 하겠습니다.

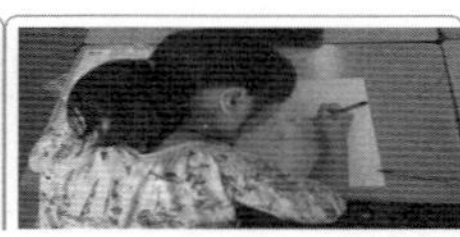

팀별로 돌아가며 더 많이 소개해주고, 이렇게 모빌로 완성해요

나는 3팀을 보니까 역할에 대한 사진이 없는 것 같아. 이 사진을 더 붙이면 좋겠어,

짜잔! 우리는 가족이야!

질문이 살아있는 국어 수업은 이렇게! Tip!

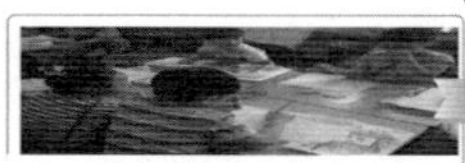

① 배우기전 편지 쓰기

② 편지 쓰는 법 배우기

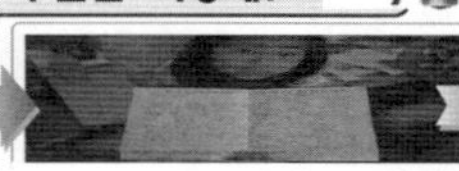

③ 스스로 편지 고치기

④ 나만의 질문 만들기

⑤ 모아서 제비뽑기

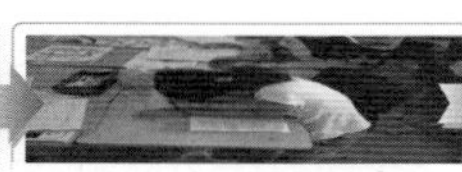

⑥ 편지읽고, 답변하기

⑦ 쓴 친구에게 확인받기

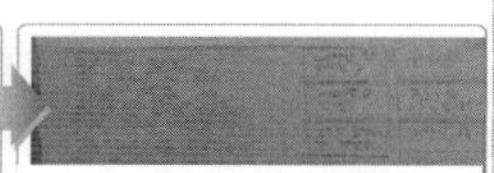

⑧ 팀 최고의 질문 뽑기

❷ 우리들만의 친척 이야기 만들기

총 25차시

관련 핵심성취기준
통슬 2331, 통바 2331, 통즐 2331
1211-2, 1214-1, 1234-1, 1214-2, 수23041-1~2

관련 인(성). 사(고).					
배	협	책	문	의	정
	☑	☑	☑	☑	☑

모두 도와가며 친척 이야기 만들기

국어(10단원) + 가족2(1단원, 즐생)

국어교과를 통해 장소의 변화에 따라 글을 정리하는 법을 배웠습니다. 이제는 장소의 변화에 따라 우리 친척 이야기를 만들어보는 시간을 가지겠습니다. 실타래로 엮어가면서 실제 친척과의 이야기를 나누고, 이를 통해 우리 팀 이야기를 만들어보세요

나는 작년 여름 바닷가에 놀러갔을 때가 떠올라

나는 할아버지 생신 때 함께 모였을 때가 떠올라...

손가락에 실을 엮어가며, 돌아가며 이야기를 나눠요

우리는 함께 캠핑을 가는 이야기로 가족 이야기를 꾸몄어요. 신나요^^

그리고, 우리 팀 가족 이야기를 만들어요

장소의 변화에 따라 이야기를 만들어 보았습니다. 이제는 그 이야기를 팀 그림 그리기 활동으로 표현하도록 하겠습니다.

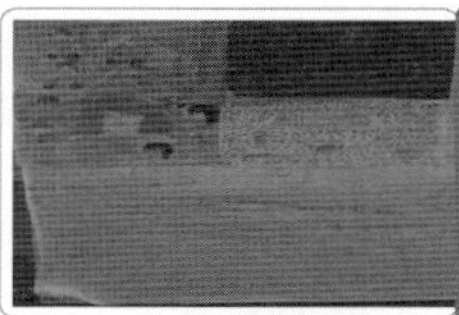

팀 그림 그리기?
팀별로 하나의 그림을 함께 그리고, 팀원의 수대로 그림을 나누고 다양한 방법으로 완성한 뒤, 하나의 작품으로 만드는 활동

① 우리 이야기를 그림으로 이렇게 표현하고,

팀별로 돌아보면서, 그림을 보고 떠오르는 이야기를 포스트잇에 적어서 이야기를 더 풍성하게 만들어주세요

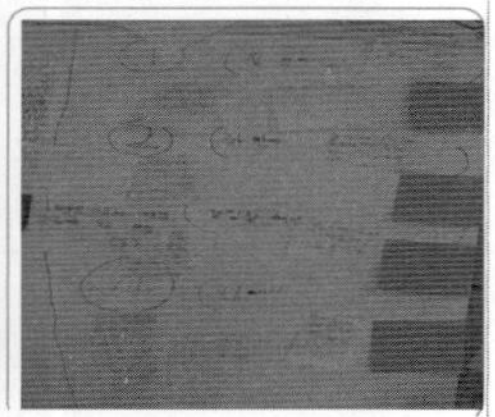

② 이렇게 친구들의 이야기를 더 만들어 주고,

파랑은 동의, 노랑은 질문, 빨강은 반대 의견을 표시하며, 나의 손 신호등으로 상호평가 했어요.

평가도 즐거운 우리 반~^^

선생님 옷과 친척 소개 책을 만들어라

국어(10단원) + 가족2(1단원, 즐생, 바생, 슬생)

이제 모두 선생님의 가족이 되었습니다. 그런데 선생님이 옷이 필요해요.

선생님의 팔, 다리, 허리 등은 선생님 손으로 해서 각각 3뼘, 4뼘, 2뼘 조금 넘네요. 이 길에 맞게 옷을 만들어주세요

그러면 내가 손 뼘으로 해서 길이를 잴 테니까 00이가 오리고 00이는 붙이자

그래 좋아! 그런데 그렇게 하면 선생님 몸에 안 맞을 것 같은데...

우선 해보자. 길이가 그렇다고 하니까...

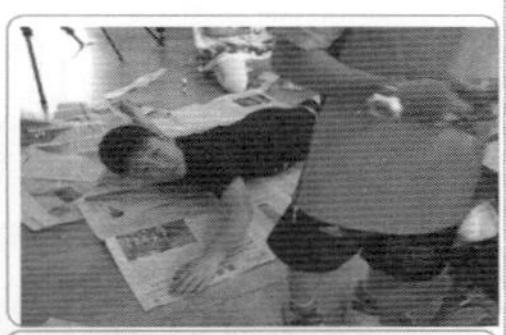

선생님 옷 입은 거 봐봐! 역시 맞지 않아

그러니까 표준단위가 필요한 건 가봐..흑흑

이제 표준단위가 필요한 것을 알았구나

다양한 동물책 만들기

③ 다양한 별별 가족 만들기

총 10차시

관련 핵심성취기준	관련 인(성). 사(고).					
	배	협	책	문	의	정
통슬 2341, 통바 2341, 통즐 2341, 1214-2, 1256-2	☑	☑	☑	☑	☑	☑

다양한 가족 알고, 별별 가족 만들기

가족2(2단원 슬생, 바생)

우리 주변의 다양한 가족에 대해 팀별로 이야기를 나누고, 그 중에 하나를 골라서 우리 팀만의 별별 가족을 만들어 보세요.

①실타래로 엮으며 다양한 가족 알고서, ② 가족 유형 중 하나를 골라요

활동 Tip

우리는 모두 가족임을 알아가는 과정이므로, 양보와 배려를 우선 시 해야겠죠? 우리 반은 이렇게 양보하였지만, 안된다고 하면 제비뽑기를 하는 것이 재미와 납득을 모두 잡는 방법일 듯..

우리 팀은 다문화 가족을 골라서 별별 가족을 만들고 있어요. ◇◇아! 어떻게 하면 될까?

선생님이 지난 시간에 우리 팀 가족 만들기 때처럼 잡지책을 이용해서 별별 가족을 만들면 된대

그래요. 지난 시간처럼 잡지책과 이젤패드를 이용해서 별별 가족을 만들어보세요

별별 가족 이야기로 내가 할 일 알기

가족2(2단원 바생) + 국어(10단원)

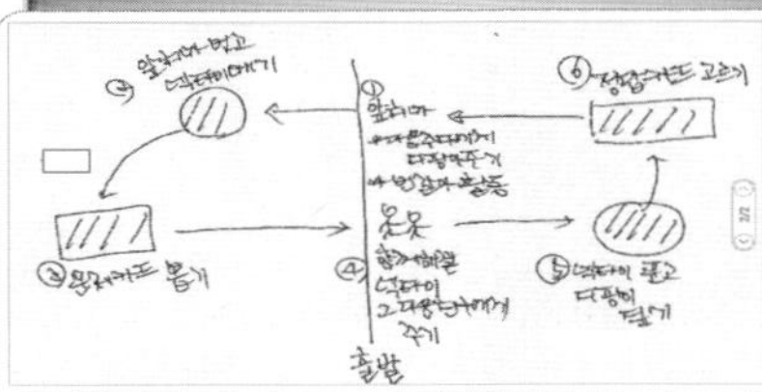

왼쪽 그림의 달리고 찾아라 활동으로 문장 부호의 종류와 쓰임새에 대해 체육활동과 함께하는 문제풀이를 통해 스스로 깨닫고 배워보세요.

달리고 찾아라 활동은 언제 하더라도 너무 재미있는 것 같애

그리고 노는 것 같은데 하고나면 기억이 남는다니까^^

나도! 오늘도 이어주는 말 5가지 모두 알게 되었어^^

이제 이어주는 말을 모두 사용하여 별별 가족 이야기 만들고, 질문도 만드세요

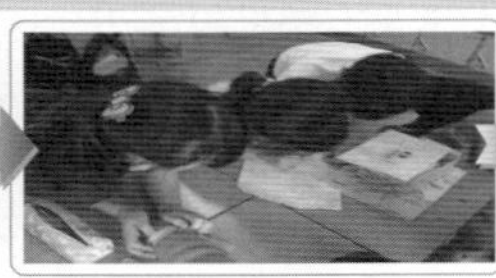

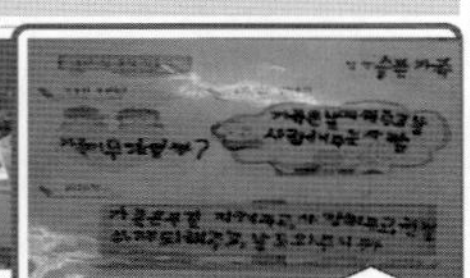

① 가족 이야기 만들고 ② 질문 5개 만들어서 ③ 돌아가며 질문해결해 우리반 최고 질문!

마지막으로 별별 가족위해 내가 할 수 있는 일을 알고, 실천 다짐해요

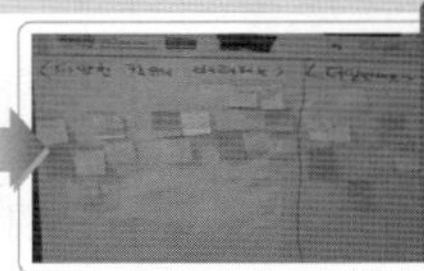

① 나와 짝 생각 모으고, ② 우리 팀 생각 모으고, ③ 팀별 생각교환해서 생각 선정하여 팀-만다라트 완성!

끝으로 나의 실천다짐을 적고서, 지장을 찍어서 공유판에 붙여서 함께 다짐했어요!

④ 즐겁고 행복한 별별 가족들!

총 26차시

관련 핵심성취기준
통슬 2341, 통즐 2341, 수23043, 수23044, 창체(학폭)

관련 인(성). 사(고).					
배	협	책	문	의	정
	☑	☑	☑	☑	☑

즐거운 별별 가족 대항 경기

수학(4단원) + 가족2(2단원 즐생)

지금부터 즐거운 별별 가족 대항 경기를 시작하겠습니다.

① 긴 줄넘기 함께 넘기 ② 다양한 줄다리기 경기 ③손바닥과 엉덩이 씨름

선생님! 정말 즐거운 시간이 었어요^^ 우리가 이제는 정말 가족처럼 하나가 된 것 같은 기분이 들어요

저는 줄넘기가 정말 어려울 줄 알았는데.. 함께 연습하고 노력하니 이제는 자신이 생겨요

그래요. 여러분 모두 즐거운 가족이 되었다니 선생님도 너무 행복해요

다음은 선생님 옷 만들기 재도전을 해 볼 거에요. 이번에는 자를 이용해서 선생님 신체 길이를 재고서, 옷을 만들어보세요. 이번에는 꼭 맞을 거라 기대해요^^

이렇게 자를 이용해서 선생님의 신체 길이를 재어보고,

함께 역할을 나눠서 옷을 만들어보았어요

☑YES! 표준단위의 중요성을 알게 된 우리들! 자를 이용하니 옷이 딱 맞았어요!

행복한 별별 가족 인형극 발표하기

창・체(학・폭) + 가족2(2단원, 슬생, 즐생)

여러분은 이제 즐거운 별별 가족이 되었고, 이와 함께 우리 반이 서로 가족이 될 수 있음을 알게 되었어요. 지금부터는 행복한 별별 가족 인형극을 발표할 시간이에요

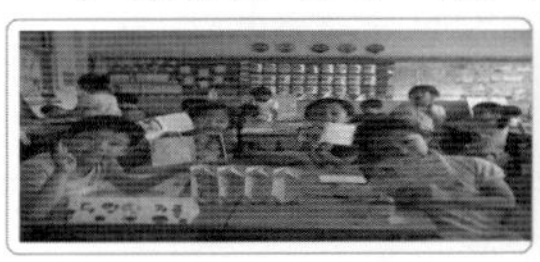

① 별별 가족 구성원 정해 ② 재료로 가면 만들어서 ③ 짜잔! 이렇게 별별 가족 가면 완성!

우아! 이렇게 만들고 나니 별별 가족이 너무 행복해 보여요. 선생님! 인형극은 어떻게 꾸미면 될까요?

그래요. 여러분 모두 즐거운 가족이 되었다니 선생님도 너무 행복해요 가족끼리 폭력을 쓰면 안 되죠? 가족인 우리가 함께 행복하게 살아가는 내용으로 인형극 꾸며서 발표하면 되요~~^^

☑YES! 학교폭력예방을 위한 최고의 교육은 아이들의 생각을 변화시키는 것이다. 우리들이 함께하는 가족임을 깨닫는다면 학교폭력이 사라지는 행복한 우리 반이 되겠죠?^^

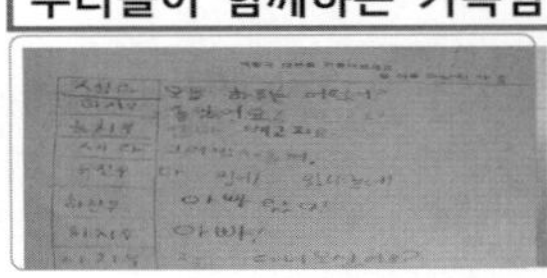

① 이렇게 대본을 만들어, ② 인형극을 발표하고, ③ 우리는 상호평가해요

☑YES! 인형극을 감상하며 알게 된 점, 느낀 점을 기록하여 즐겁게 상호평가하는 우리들!

HI- 5 우리들의 모든 기억, 아름다운 추억으로 만들어요!

아름다운 추억 만들기는 왜?!

사람들의 기억은 잊어버리게 된다. 하지만 **기억이 추억**이 되면, 행복한 기억으로 남아서 행복한 삶을 만들어줄 수 있는 **힘을 가지게** 된다. 건강한 신체, 건강한 마음, 그리고 이를 통해 건강한 관계를 형성해보았다. 우리들의 행복하고 건강한 기억들이 아이들의 **추억이 되어**서 앞으로 그들이 스스로 **삶의 이야기를 만들어갈 수 있는 힘**이 되게 하고 싶었다. 미래를 결정하는 것은 과거의 경험이 아니라, 과거의 **경험을 어떻게 해석**하고 **기억하고 추억**하는가에 **미래가 달려**있다고 하였다.

그렇다면, 추억을 어떻게 만들어요 ?!

중 프로젝트	주요 활동 내용(교과)	인. 사. 수업 활동 명	인. 사. 연결
❶ 함께하는 우리들의 봄	함께 이야기 나눠요	실타래로 엮어봐요	책임, 의사소통력
	노래와 함께 즐겨요	노래를 개서해서 공부해요	책임, 정보처리력
	우리함께 약속해요	팀 만다라트 완성해요	협력, 문제해결력
	자연과 더불어	음악과 함께 시로 표현해요	협력, 정보처리력
❷ 신나고 & 깨끗한 우리들의 봄	봄나들이 준비해요	우리 팀 문제 해결하기	협력, 문제해결력
	함께하는 신나는 봄	게임활동으로 즐거운 시간	협력, 의사소통력
	자연을 생각해요	reach로 용서해요	배려, 의사소통력
	보호하는 깨끗한 봄	음악과 함께 시로 표현해요	협력, 정보처리력
❸ 함께하는 우리들의 여름	나의 여름 이야기	좋은 하루 만들기	책임, 의사소통력
	이렇게 변하는 여름	계절에 맞게 교실 꾸며요	협력, 문제해결력
	여름에 뭐 하고 싶니?	실타래로 엮어봐요	책임, 의사소통력
	함께 만들어가는 우리 여름	술래를 잡아 찾아와요	협력, 문제해결력
❹ 맛있고 & 신나는 우리들의 여름	여름은 맛있어	EDS로 상호평가해요	배려, 의사소통력
	맛있는 우리들의 여름	손 신호등으로 평가해요	배려, 의사소통력
	모자와 부채 만들기	우리 팀 문제 해결하기	협력, 문제해결력
	신나는 여름 방학 만들기	둘가고 둘남아서 평가해요	책임, 정보처리력

기대 UP!

자연 보호와 함께하는 봄 나들이로 책임, 배려 경험하는 우리들
신나는 우리들의 봄을 위해 함께 소통하며 만들어가는 우리들
우리들의 여름을 함께 소통하며 만들어가며 문제해결하는 우리들
맛있고 신나는 여름을 만들기위해 서로 배려하고 협력하는 우리들

자연에 대한 책임감, 함께 만들거는 봄과 여름위해 배려심과 협력심 UP!
우리들의 봄과 여름을 만들기 위해 소통하며 정보를 처리하여 문제를 해결하는 우리!

이런 우리들이 되어! 행복하고 아름다운 추억을 함께 쌓아요!

1. 다양한 의사소통으로 만들어보는 봄 이야기로 배려하는 마음을 가지는 우리들
2. 행복한 봄 추억을 쌓기 위해 서로의 정보를 이용하여 문제를 해결하는 우리들
3. 함께 만들어가는 즐거운 여름 이야기로 소통하며 정보를 처리하게 된 우리들
4. 신나는 여름 추억을 쌓기 위해 서로의 정보를 이용하여 문제를 해결하는 우리들

	함께하는 우리들의 봄	신나고 & 깨끗한 우리들의 봄	함께하는 우리들의 여름	즐겁고 & 안전한 우리들의 여름
배움목표	함께 만들어가는 봄 이야기와 자연과 더불어 스스로의 실천 약속을 다짐하면서 나와 우리, 그리고 환경을 생각하는 마음 가지기	계획을 세우고 실제 떠나보는 봄나들이를 통해 스스로 책임감을 가지고 함께 참여하게 되며, 아이들의 삶과 연계된 설명하는 글을 써본다.	나의 경험을 바탕으로 여름이 되면 우리 주변이 어떻게 변하는지 알고, 함께 협력하여 행복한 여름을 만들고자 하는 마음을 가진다.	여름에 만들고 싶은 음식, 물건으로 맛있고 신나는 여름을 함께 만들어보면서, 소통하고 정보를 처리하며 문제를 해결하려한다.
인사관련	인 배려하며 만들어가는 봄을 위한 협력 사 함께 만들어가는 봄 이야기를 위한 다양한 의사소통	인 신나고 깨끗한 봄을 위한 책임감 사 신나고 깨끗한 봄을 위한 다양한 정보 이용한 문제 해결	인 함께 만드는 즐거운 여름 위한 배려 사 여름 놀이를 함께 찾기 위해 소통하며 정보처리	인 즐겁고 안전한 여름을 위한 책임감 사 즐겁고 안전한 여름 위한 다양한 정보 이용한 문제 해결
활동과정	①나의 봄나들이 경험은 무엇인가요? ②노래로 봄나들이를 표현해요 ③봄나들이는 자연과 더불어~ (만다라트 완성해요) ④자연을 위해 우리 서로 약속해요	①신나는 우리들 봄나들이 계획세우기 ②떠나요~ 우리들의 봄나들이 ③봄나들이에서 무엇을 보고 느꼈나요? (설명하는 글쓰기) ④분리수거와 재활용품으로 물건 만들어요	① 좋은 하루 만들기로 나의 여름 추억을 이야기나누기 ② 여름 풍경의 교실 창문 꾸미기 ③여름에 하고 싶은 놀이 팀별로 정해서 함께 참여하기	①여름에 만들고 싶은 음식 정하기 ②함께 모여서 음식 만들고 평가하기 ③여름 물건 직접 만들어보기 ④직접 만든 악기로 신나는 여름 휴가 부르기
평가계획	봄나들이 노래 개사하여 발표하는 모습과 자연을 위한 실천다짐 정도를 살펴보면서 자기와 상호평가	설명하는 글을 쓰고, 배운 내용대로 고쳐 쓴 뒤, 각자 만든 질문을 서로 풀어보면서 글과 질문에 대한 상호평가	팀별로 결정한 여름 놀이에 모두가 함께 참여하고 운이 작용하도록 만든 경기 결과에 따라 상호평가	함께 만든 여름 음식과 신나는 여름 노래 발표를 이용하여 손신호등을 이용한 상호평가

인. 사. 의도

1. 함께 만들어가는 봄 이야기로 너와 나, 그리고 환경이 함께하는 봄 만들기
2. 실제로 함께 떠나는 봄나들이 체험활동을 통해 즐겁고 행복한 추억 만들기
3. 서로의 여름 이야기를 통해 함께 하고 싶어하는 여름 놀이로 추억 만들기
4. 신나는 여름 방학을 만들기 위해 할 수 있는 것을 함께 찾으며 추억 만들기

❶ 함께하는 우리들의 봄 이야기 만들기

총 16차시

관련 핵심성취기준	관련 인(성). 사(고).					
통즐 2241, 통슬2241, 통바2241, 창체(환경), 1226, 1233	배	협	책	문	의	정
		☑	☑	☑	☑	☑

함께 이야기 나누고, 노래로 표현해요

봄2(2단원 즐생, 슬생, 바생)

여러분은 봄 하면 떠오르는 이야기가 있나요? 가족들과 다녀왔던 나들이를 포함해서 봄 하면 가장 떠오르는 이야기를 실타래로 엮어가며 함께 이야기를 나눠보세요.

나는 작년 봄에 가족들이랑 OO공원에 놀러가 함께 자전거를 타면서 꽃을 구경했던 경험이 제일 기억에 남아

나는 벚꽃을 구경하러 진해에 놀러갔던 경험이 기억에 남아. 차를 너무 오래타서 힘들었고, 사람들도 많았지만 가족과 함께여서 너무 좋았어

실타래로 엮어가며 이야기 나누면서 실로 하나 된 우리들~^^

함께 나눈 이야기를 바탕으로 팀 그림을 그리고, 그림에 맞게 가사를 개사하여 노래로 발표하는 시간을 가져볼게요.

함께 나눈 이야기를 섞어서 함께 하나의 그림을 다양한 방법으로 완성했어요

그림 내용에 맞게 들로 산으로 노래를 개사 했어요

그리고 실로폰으로 함께 연습하고 발표를 했어요^^

우리 함께 자연과 더불어 약속해요

창 · 체(환경) + 국어(5단원)

이번 프로젝트에서는 봄나들이를 직접 떠나보는 시간도 가져보게 됩니다. 그 전에 우리 함께 만드는 봄나들이를 만들기 위해 자연과 함께 더불어 지내는 방법도 알아볼게요.

서로의 생각을 교환해요

나의 생각 적고,

짝과 생각 나누고

팀의 생각 모은 후

팀별 생각 나눠요

팀별 만다라트 완성해요

여러 생각 살펴보고

8개를 선정하여

만다라트 완성한 후

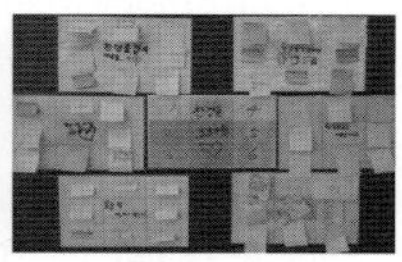

함께 공유해요

함께 만드는 봄나들이를 위해 우리가 할 수 있는 일과 환경을 생각하며 환경과 함께 만들어가는 봄나들이를 위해 할 수 있는 일을 알아보고 만다라트를 만들었습니다. 이제는 내가 꼭 실천하고자 하는 행동을 하나 선정하여 지장을 찍어서 다짐해보세요.

나의 생각을 결정해서

지장을 찍고서 다짐카드 완성하여

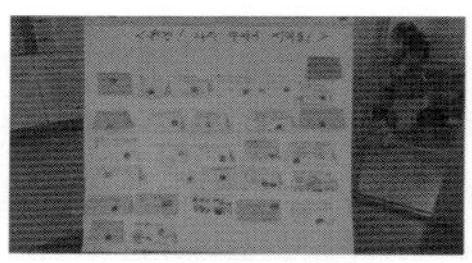

함께 공유하는 시간을 가져요

❷ 신나고 & 깨끗한 우리들의 봄 만들기

총 31차시

관련 핵심성취기준
통슬2241, 통즐2241, 통바2241, 창체(환경) 1233, 1226, 25011-1

관련 인(성). 사(고).					
배	협	책	문	의	정
☑	☑		☑	☑	☑

신나는 우리들의 봄나들이

봄2(2단원, 슬생, 즐생) + 국어(5단원)

여러분 내일은 함께 떠나는 봄나들이 시간입니다. 그 전에 오늘은 봄나들이를 가서 어떠한 식물을 관찰하고, 시간을 어떻게 보낼지 팀별로 계획을 세워볼게요.

무엇을 하면 좋을지 활동지를 보면서 곰곰이 우선 나의 생각을 정리해보았어요.

그리고 함께 인터넷을 살펴보면서 우리가 함께 떠나게 될 봄나들이 장소에 대해 알아보았어요.

그리고 함께 알아본 내용을 바탕으로 해서 시간 계획을 함께 세우고 봄나들이 장소에서 함께 하고 싶은 놀이도 팀별로 정하고, 발표를 해보는 시간을 가졌어요. 즐거운 여행이 기대 되요^^

열심히 함께 시간 계획을 세우는 우리들 모습~
어때요 멋있죠?^^

이렇게 나들이 가서 함께 하고 싶은 놀이도 직접 연습삼아 해보았어요^^

깨끗한 우리들의 봄 만들기

창체(환경)+봄2(2단원, 바생, 즐생)+수학(5단원)

함께 봄나들이를 즐겁게 다녀왔습니다. 다녀오면서 어떠한 것을 느꼈나요?

계획을 세워서 함께 떠나니까 작년 현장체험학습 때보다 훨씬 더 즐거웠던 것 같아요

그리고, 기억에 남는 식물들도 많이 생겼어요.

그래서 이번 시간에는 체험학습을 추억하기 위해서 국어 5단원에서 제시하는 설명하는 글쓰기를 해보도록 하겠습니다. 나의 글을 이용한 질문이 살아있는 국어시간 시작~^^

지난 과제로 우리가 미리 써온 설명하는 글을 함께 살펴보고, 어떻게 쓰는건지 배워보자

배운 것을 바탕으로 해서 이렇게 고쳐 써 봤어요

그리고 고쳐쓴 글을 가지고 나만의 질문을 만들어서 서로 풀어보았어요

어때요 선생님? 내가 쓴 글로 질문을 만들면서 하는 국어 수업은 정말 재미있어요

이제는 달리고 찾아라로 직접 분리수거도 해보고, 재활용품 이용해 물건도 만들어볼게요

달리고 찾아라로 직접 분리수거를 해보았어요. 집에서 실천할 수 있어요

재활용품으로 줄넘기 보관함과 개인 화분을 만들어요

③ 함께 하는 우리들의 여름 만들기

총 20차시

관련 핵심성취기준	관련 인(성). 사(고).					
	배	협	책	문	의	정
통즐 2441, 통슬 24412, 통바2441, 1216-1, 1216-2		☑	☑	☑	☑	

나의 여름 이야기 & 여름은 변해요

여름2(2단원 슬생, 즐생)

여러분 그동안 여름이 되었을 때, 가장 기억에 남는 일로 좋은 하루 만들기 활동을 해보겠습니다. 친구들은 여름하면 어떤 기억이 나는지 알아보고 선플을 달아보세요.

나는작년 여름에 가족들과 함께 계곡에서 캠핑을 했던 기억이 제일 남아

나는 엄마, 아빠랑 워터파크에 놀러가서 수영을 하면서 놀았던게 제일 기억 나

좋은 하루 만들기로 서로의 여름 이야기를 소통하고 공유하는 우리들

이렇게 여러분이 여름하면 다른 계절과 다른 기억이 떠오르는 이유가 무엇일까요?

여름하면 날씨가 더워지고, 여름도 길어지고 다른 계절보다 놀기 좋아서요

이젤패드에 생각을 모아서 여름이 되면 우리들의 모습이 어떻게 변하는지 알아보았어요

여름이 되면 바뀌는 모습으로 교실 창문을 꾸며보도록 할게요.

이렇게 계획을 세워서

여름풍경창문 꾸며요

여름에 하고 싶은 놀이로 함께 만들어요

여름2(2단원, 즐생) + 국어(11단원)

여러분은 여름에 어떤 놀이를 가장 많이 하나요? 우리 반 친구들과 함께 하고 싶은 놀이를 팀별로 하나씩 선정해서 우리 함께 즐거운 여름을 만들어보아요.

①실타래로 엮으며 다양한 놀이를 알고서

eds로 얼음땡 놀이를 정해요

② 하고 싶은 놀이를 정해요

우리도 얼음땡인데요

어쩌죠?

활동 Tip

함께 만들어가는 즐거운 여름이 이번 프로젝트 목적입니다. 여러 가지 활동을 하는 것보다 서로의 의견을 존중하고, 같은 활동이지만 조금만 변형하면 다른 방법도 여러 가지가 있겠죠?

① 즐거운 피구시간

② 신나는 물총 놀이

③ 국어와 함께 몸으로 표현하는 스피드 게임

선생님! 정말 즐거운 시간^^ 역시 함께 노는 게 컴퓨터 게임보다 훨씬 더 재미있다는 걸 알았어요

저도 여름이라고 시원한 곳만 찾지 말고, 이렇게 함께 어울려 노는 방법을 찾아야겠어요.

④ 맛있고 신나는 우리들의 여름 만들기

총 10차시

관련 핵심성취기준	관련 인(성). 사(고).					
통즐 2441, 통슬 24412, 통바2441, 1252-3, 수25011-1~2, 수23041-2, 창체(환경)	배	협	책	문	의	정
	☑	☑	☑	☑	☑	☑

맛있는 우리들의 여름 만들기

창체(환경) + 수학 (5단원) + 여름2(1단원, 슬생)

여러분은 여름하면 무엇이 떠오르나요? 그래요. 여러분의 발표처럼 다양한 종류의 과일이 떠오르기도 합니다. 그래서 이번 시간에는 맛있는 여름을 만들어볼게요.

우리는 여름하면 팥빙수가 떠오르니까 아이스크림을 이용한 팥빙수를 만들어보자

이렇게 만들고 싶은 음식 의견을 내고

팥빙수를 교실에서 만들기 힘들 것 같아서 나는 별로...

나는 파시통통이라는 아이스크림을 이용하면 될 것 같은데..

EDS 활동으로 통해 서로의 의견에 대해 평가해요

EDS 평가활동?
각 아이디어에 대해 좋은, 부족한, 흥미로운 정도로 구분하여 상호 평가하고 점수로 결정하는 활동

① 상호 평가하여 아이디어를 결정해서

팀별로 결정된 음식의 종류에 따라 각자 가지고 올 준비물을 정하고, 가지고 와서 맛있는 여름 만들어보세요

② 함께 모여서 스스로 음식을 만들어요

서로의 음식을 먹어보고, 신호등으로 평가해 보아요.

평가도 활동처럼 재미있게 하는 우리 반~^^

신나는 우리들의 여름 휴가 만들기

수학(4단원)+여름2(2단원 즐생, 바생)+국어(11단원)

여름이 되면 가족들과 함께 떠나는 여름 휴가가 제일 기대가 될 거에요. 우리 교실에서도 우리 팀이 가족이 되어서 신나고 재미있는 여름 휴가를 만들어볼게요.

여름휴가 팀별모자 만들기

어떤 모자 만들까?

만들 모자 정해서

각자 완성하여

팀 모자를 완성해요

여름휴가 팀별부채 만들기

어떤 부채 만들까?

팀 주제를 정해서

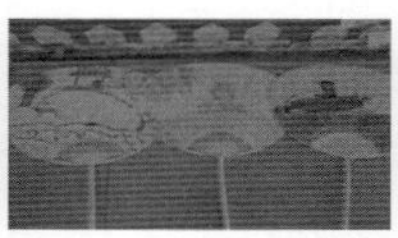
부채를 완성하고,

안전 실천 다짐해요

그리고

①유리병 실로폰 만들고, 연주곡 결정해서

오! 물높이따라 소리가 달라지네

② 발표회 열고, 신호등 평가해요

이야기를 정리하면서...

무슨 색의 교사가 되고 싶나요?

어느 모임에서 질문을 받은 내용이다. 이러한 질문에 다른 교사들은 특정 색을 말하며 이유를 설명한다.

나는 선뜻 말을 하지 못했다.

나는 무슨 색의 교사이지? 내가 추구하는 색이 뭐지? 나는 추구하는 색이 없는데?

그렇다. 나는 어떠한 색을 추구하는 교사가 되고 싶지 않다. 아니 그러한 사람이 교사가 되어야 한다고 생각한다. 어떠한 색을 입히는 순간..

교사는 다른 것을 살펴보지 못하게 되는 것 같다.

이러한 생각으로 나는 말했다

"하얀색"이라고..

물론 계속 하얀색이 되어서는 안 된다. 학기 초에는 적어도 그래야 한다. 어떠한 색도 입히지 않고 어떠한 편견도 없는 하얀색..

그러한 백지 상태에서 매 학년 아이들에 맞는 색을 스스로 입혀야 한다고.

그리고 다시 학년말이 되면 하얀색이 되어야 한다고..

또 다시 나에게 스스로 물어보았다.

지금까지 수많은 선생님을 만나왔는데, 어느 선생님이 가장 기억에 남는가?

나는 나에게 따뜻한 말 한마디를 해주는 선생님, 공부하는 것에 지쳐서 힘이 들어할 때 할 수 있다는 자신감을 불어넣어주신 중학교 3학년 때 선생님이 가장 기억에 남는다. 내가 중학교 때까지만 해도 연합고사라는 것이 존재하였고, 그 결과에 따라서 인문계 고등학교 실업계 고등학교를 갈 수 있었던 시기였다. 그 당시 나는 노는 것이 더 좋았고, 공부보다는 친구들과 함께 놀러 다니는 것을 좋아했다. 인문계와 실업계를 갈등하던 나에게 중3 때 선생님은 공부에 대한 욕심도 많고, 고등학교에서는 더 잘 할 수 있을 거라는 용기를 나에게 심어주셨다. 그 결과 나는 이렇게 아이들 앞에서 아이들의 배움과 학습을 위해 고민하고 성찰하는 자리에 있게 된 것 같다.

어쩌면 우리들은 아이들에게 아무선 선택의 여지없이 같은 것만을 가르치고 있는 것은 아닌지 고민을 해본다. 앞으로 어떠한 직업을 가지며 살아갈지 모르는 아이들에게 교과서에서 제시하는 똑같은 지식을 모든 아이들에게 똑같은 생각으로 가르치고 있는 것은 아닌지 고민을 해본다. 세월이 지나고 나면 기억 속에서 사라지게 될 선생님이 스스로 되고 있는 것은 아닌지 생각해본다.

요즘 시대에 교사는 있어도 스승은 없다고 한다. 어쩌면 그러한 말을 교사들이 스스로 자초한 것은 아닌지 생각해본다. 앞으로 유명한 디자이너가 될 아이들에게도 교과서의 표준화된 지식을 가르치고 있고, 유명한 운동선수가 될 아이들에게 교과서의 표준화된 지식을 가르치고 있고, 그냥 평범한 주부가 될 아이들에게도 교과서의 표준화된 지식을 가르치고 있으며, 대중들 앞에서 노래를 부르거나 연기를 하게 될지도 모르는 아이들에게도 교과서의 표준화된 지식을 가르치고 있는 것은 아닌지 스스로 반성을 해본다.

필자는 아이들의 기억에 평생토록 남을 수 있는 행복한 추억을 주는 스승이 되고 싶다. 학교가 행복한 공간이 될 수 있고, 교실이 행복한 장소가 될 수 있고, 수업이 행복한 시간이 될 수 있다는 것을 알려주고 싶었다. 이것이 내가 생각하는 행복 교육이다. 그리고 이러한 행복한 기억이 아이들의 배움과 학습으로 이어질 수 있도록 끊임없이 그 연결고리를 찾아서 아이들에게 제공하고 싶었다.

앨빈 토플러는 이러한 말을 했다.

> " 21세기 문맹인은 글을 못 읽거나 못 쓰는 사람이 아니다. 학습하지 못하는 사람, 학습하는 것을 버리지 못하는 사람, 재학습하지 못하는 사람이 문맹인이다."

어쩌면 우리들은 대학교 때까지 학습한 내용으로 그리고 그동안 우리들이 수업을 받아왔던 방식 그대로 우리 아이들을 바라보고 지도하고 가르치려고 한 것은 아니었는지 스스로에게 물어보고자 한다.

오늘도 여전히 학습한 내용을 다시 돌아보면서 우리 아이들을 바라보고자 한다. 행복 교육은 우리 아이들의 모습 속에 답이 있다고 생각한다. 그리고 그러한 아이들의 모습을 지켜주기 위하여 학교, 교실, 수업이 변화해야 한다고 생각한다. 거꾸로 배움, 아이들의 행복을 위한 열쇠는 우리가 지금 소속해 있는 학교, 교실, 그리고 내가 이끌어가는 수업 속에서 찾아야 한다. 그리고 그 해답은 멀리 있지 않다. 우리 교실 속에 바로 그 해답이 있다.

변화를 두려워하지 말고, 아이들을 믿고 기다려주는 교사가 되기를 나 스스로 희망해본다. 오늘 지금 이 순간에도 우리 아이들은 성장하고 발전을 하고 있다. 그러한 성장과 발전에 우리들이 발판이 되었으면 한다.

끝으로 나의 이야기를 들어주시고, 나의 의견을 적극 받아주셔서 학교의 변화, 교실의 변화, 수업의 변화를 위해 부족하고 어리석은 생각을 모두 받아주고 인정해주신 박용진 교장 선생님, 최영일 교감 선생님께 깊은 감사의 인사를 전합니다. 그리고 나와 함께 이야기를 공유하고, 아이들의 삶을 가꾸어갈 수 있는 방법을 함께 찾고 실천해가고 있는 장세규 선배님, 정종영 선생님, 박진영 후배님께도 함께 감사의 인사를 전합니다. 또한 이번 거꾸로 배움 두 번째 이야기는 2016학년도 박사 학위를 취득하면서, 나의 교육 철학과 교육 이야기가 담긴 책이 만들어지게 되면 좋겠다는 의견과 함께, 나의 이야기가 하나의 책으로 엮길 수 있도록 물심양면으로 적극 신경써주시고 노력해주셨던 김규태 교수님께 진심어린 감사의 인사를 전합니다. 항상 존경하며, 교육적 동반자가 되어 주셔서 감사합니다. 마지막으로 항상 곁에서 나의 교육 철학과 수업 방법, 그리고 아이들의 배움과 학습을 위해 함께 고민하고 성찰을 해주는 나의 아내 최혜선과 이러한 고민을 시작하는 계기가 되어 준 나의 두 딸, 예슬, 예진에게 감사와 사랑의 인사를 전하며, 매일 매일 나를 위해 기도하고 사랑을 전해주는 나의 모든 가족들에게도 감사의 인사를 대신합니다. 나의 가르침과 배움이 앞으로 내가 만나게 될 수많은 아이들의 성장과 발전에 큰 밑거름이 되기를

매일 매일 기도합니다.

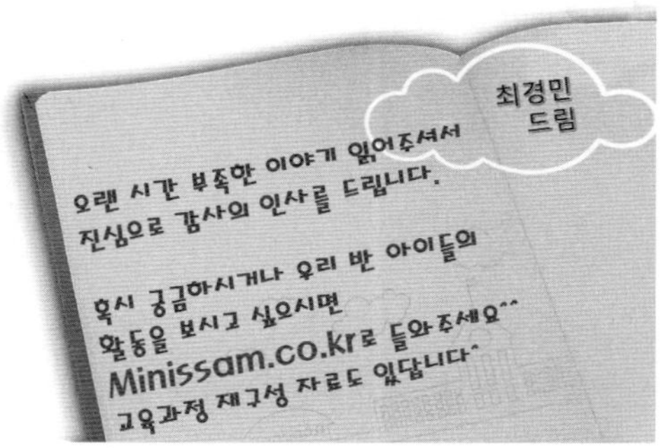

교사의 기도

-오 천 석-

오! 주님 내가 교실 들어갈 때에
나에게 힘을 주시어 유능한 교사가 되게 해 주소서
나에게 지식 이상의 지혜를 주시어
내가 준비한 지식을 아는데 그치지 말고
나에게 배우는 학생들의 삶의 중요성을 깨닫게 해 주소서

나에게 그들을 설득시킬 지혜를 주시어
냉담한 그들의 얼굴이 학습에 대한 관심으로 피어나게 해 주소서
학습에 큰 관심이 없는 학생들의 가슴속에
내가 관심을 불러 일으켜야 되겠나이다

배반기의 쌀쌀한 얼굴도 마다 않으신
당신의 그 친절을 나에게 주시어
가면 뒤에 숨어있는 고독한 학생들의 마음을 사로 잡게 해 주소서

나에게 당신의 그 인내를 주시어 실패해도 낙심 말 게
학생들에게 학습을 공부해서 새롭고 즐겁게 공부할 수 있도록
지도하는 교사가 되게 하소서
나에게 통찰력과 겸손을 주시어
나는 어른이라는 것과 학생들은 나만큼 자제력도 없으며
그 원하는 바도 다르다는 것을 올바르게 인식하게 해 주소서
가르치면서도 배우게 해 주소서
모든 지식을 다 갖추고 있더라도 사랑이 없으면
나에게 아무 유익이 없사오니
사랑을 꼭 실천해야 된다는 것을 배워 알 게 해 주소서
주여 !
마지막으로 내가 받을 최대의 보상은 여기에서가 아니라
저 세상에서라는 것을 깨닫게 해 주소서
이 땅위에서 당신을 빛낸 공로로 내가 가르친 학생들과 함께
나는 천국에서 별처럼 빛나더라는 것을 알 게 해 주소서

참고 문헌

이런 책을 함께 읽으면 좋을 것 같아요

강문숙, 홍광표(2014). SNS 활용 프로젝트 학습 사례 질적 연구. 평생학습사회, 10(4), pp.85-112.

강신주(2013). 강신주의 감정 수업. 서울: 민음사.

김대현(2011). 교육과정의 이해, 경기; 학지사.

김이경, 정수현, 박호근, 박상봉(2004). 교원자격 · 양성제도 개편 방안 연구. 서울: 한국교육개발원.

김정진(2013). 파지티스 패러다임. 서울: 교보문고.

김현섭(2013). 수업을 고민하다, 디자인하다, 함께 나누다, 바꾸다. 경기: 한국협동학습센터.

김현수(2014). 행복한 교실을 만드는 희망의 심리학. 서울: 에듀니티.

남정석, 소진희, 전진영, 연정은, 이혜린(2012). 초등 고학년 학급 경영. 경기: 아이스크림.

데이브 버제스(2013). 무엇이 수업에 몰입하게 하는가. 서울: 토트.

도로시 리즈(2014). 질문의 7가지 힘. ㈜더난콘텐츠그룹(노혜숙 역).

사토 마나부(2013). 교사의 도전. 서울: 우리교육(손우정 역).

서우철, 이경원, 한은정(2013). 수업을 살리는 교육과정. 서울: 맘에 드림.

손우정(2012). 배움의 공동체. 서울: 해냄.

송인섭(2007). 학습력의 실태 및 제고방안. 한국교육학회 학술대회, pp.21-36.

신을진(2015). 교사의 성장을 돕는 수업 코칭. 서울: 에듀니티.

엄연옥(2009). 자기주도학습이 내 아이를 망친다. 서울: 한스 미디어.

우리교육(2005). 초등 학급운영. 서울: 우리교육.

우문식(2014). 행복 4.0. 서울: 물푸레.

이루어지나 (이경옥 옮김). 서울: 시그마 프레스.

이신동(2007). 영재교육 선택인가?, 필수인가?. 한국교육학회, 2007, pp.71-74.

이혁규(2013). 누구나 경험하지만 누구도 잘 모르는 수업. 서울: 교육공동체 벗.

이현정(2016). 공무상 재해 불인정, “학생들 때문에 뇌혈관 발병” 교사 패소 이유는? 서울신문.

장경원, 고수일(2013). 액션러닝으로 수업하기. 서울: 학지사.

저너선 헤이트(2010). 행복의 가설. 서울: 물푸레.

전문성(2013). 토의 토론 수업방법 56. 서울: 교육과학사.

전중환(2016). **본성이 답이다**. 서울: 사이언스 북스.
정성식(2014). **교육과정에 돌직구를 던져라**. 서울: 에듀니티.
정유진2013). **지니샘의 행복교실 만들기**. 서울: 에듀니티.
제인 넬슨(2010). **긍정의 훈육**. 서울: 프리미엄 북스.
제인 넬슨, 린 로트, 스티븐 글렌(2014). **학급긍정훈육법**. 서울: 에듀니티.
조성철(2014). 마음 다쳐 떠나려는 교원들, 교실도 아프다. 한국교육신문.
존 버그만, 애론샘즈(2015). **거꾸로 교실, 진짜 배움으로 가는 길**. 서울: 에듀니티.
주디 일리스(2012). **수업 혁명 2**. 학습 동기 유발편. 서울: 한국 뇌기반 교육 연구소.
최경민, 김규태(2015). **거꾸로 배움, 교실에서 찾은 아이들의 행복열쇠**. 경기: 양성원.
칙무어만, 낸시 웨버(2013). **지혜로운 교사는 어떻게 말하는가**. 서울: 학문화.
한국교육개발원(2014). **OECD 교육지표**. 서울: 한국교육개발원.
한국교육개발원(2015). **한국교육개발원 교육여론조사**. 서울: 한국교육개발원.
Bernie T., & Charles. F.(2012). 21세기 핵심역량. 서울: 학지사.
Larry. K. M., Arletta B. K., & Dee. F.(2009). **팀 기반 학습**. 서울: 학지사(이영민, 전도근 역).
Hamilton, E., &Cairns, H.(Eds.).(1961). *The collected dialogues of Plato*. Princeton University Press.
Susan A. A., Micheal. W. B., Michele D., .Marshs. C. L., &Marie. K. N.(2012). **학습은 어떻게 이루어지나** (이경옥 옮김). 서울: 시그마 프레스

저 / 자 / 소 / 개

■ **최경민**(교육학박사)

현) 상모초등학교 담임교사 및 연구부장
경북 학생활동중심 수업 선도 교사
경북 구미 학생활동중심수업 컨설턴트

〈주요 저서〉

- 교육조직행동 척도(2015)
- 거꾸로 배움, 교실에서 찾은 아이들의 행복 열쇠(2016)
- 학위논문과 통계분석(2016)

〈주요 논문〉

- 초등교사의 긍정심리자본과 학생 핵심역량 관계에서 학교조직몰입의 매개효과(학교사회복지, 2014)
- 초등교사의 긍정심리자본이 조직몰입에 미치는 영향: 행복과 직무스트레스의 매개효과(한국열린교육학회, 2015)

■ **김규태**(철학박사)

현) 계명대학교 사범대학 교육학과 조교수
교육부 교직발전기획단 위원(2013-2014)
한국교육개발원 자유학기제 컨설턴트(2013, 2014)

〈주요 저서〉

- 교육행정 및 교육경영(2014)
- 교육조직행동 척도(2015)
- 최근 교육학의 이해(2015) 등 다수
- 학위논문과 통계분석(2016)

〈주요 논문〉

- 교육감의 행정행위와 책무성에 대한 학부모와 교원의 인식 분석(한국교육정치학회, 2015)
- 초등교사의 긍정심리자본이 조직몰입에 미치는 영향: 행복과 직무스트레스의 매개효과(한국열린교육학회, 2015)
- 교육감의 행정행위와 책무성에 대한 국가의 관여 방식과 기제에 관한 쟁점 분석(한국교육정치학회, 2014)
- 초등교사의 긍정심리자본과 학생 핵심역량 관계에서 학교조직몰입의 매개효과(학교사회복지, 2014) 등 다수

거꾸로 배움, 두 번째 이야기

학생 바보 교사의 용기

1판 1쇄 인쇄 — 2016년 9월 1일
1판 1쇄 발행 — 2016년 9월 5일

저　　자 - 최경민　김규태
발 행 인 - 강 철 원
발 행 처 - 양 성 원
주　　소 - 경기도 파주시 월롱산로 71(야동동)
전　　화 - 031-946-3861(代)
팩　　스 - 031-946-3864
이 메 일 - tnwpub@naver.com
출판등록 - 2015년 8월 31일 제 2015-000211 호

ISBN 979-11-87118-82-4

정가 17,000원